新商科"互联网＋教育"
电子商务专业系列教材

# 电子商务基础与实务

姚春荣 ◎ 主编
朱江鸿　刘　丹 ◎ 副主编

电子工业出版社
Publishing House of Electronics Industry
北京·BEIJING

## 内 容 简 介

本书可作为高等院校经管类专业相关课程的教材，也可作为相关技术人员的自学用书及培训机构的培训教材。

全书共 12 个项目，包括概述、基础技术、交易模式、关键环节和新应用 5 个方面，着重介绍了 B2C、C2C、新零售、B2B 和跨境电商，概括介绍了网络营销、电子商务安全、电子支付、电商物流和客户关系管理等内容，简要介绍了移动电商、直播电商等电子商务的新应用。每个项目包含多个任务，每个任务中都有任务描述、任务准备、任务实施，形成任务驱动闭环。许多任务中设有视野拓展、拓展练习和思政小课堂。项目后设有知识巩固，题型丰富，包括主观题和客观题，并设有技能训练。

未经许可，不得以任何方式复制或抄袭本书部分或全部内容。
版权所有，侵权必究。

图书在版编目（CIP）数据

电子商务基础与实务 / 姚春荣主编. —北京：电子工业出版社，2023.4
ISBN 978-7-121-45247-5

Ⅰ.①电… Ⅱ.①姚… Ⅲ.①电子商务－高等学校－教材 Ⅳ.①F713.36

中国国家版本馆 CIP 数据核字（2023）第 046057 号

责任编辑：宫雨霏
印　　刷：大厂回族自治县聚鑫印刷有限责任公司
装　　订：大厂回族自治县聚鑫印刷有限责任公司
出版发行：电子工业出版社
　　　　　北京市海淀区万寿路 173 信箱　邮编：100036
开　　本：787×1 092　1/16　印张：17.75　字数：431 千字
版　　次：2023 年 4 月第 1 版
印　　次：2023 年 4 月第 1 次印刷
定　　价：59.80 元

凡所购买电子工业出版社图书有缺损问题，请向购买书店调换。若书店售缺，请与本社发行部联系，联系及邮购电话：（010）88254888，88258888。
质量投诉请发邮件至 zlts@phei.com.cn，盗版侵权举报请发邮件至 dbqq@phei.com.cn。
本书咨询联系方式：（010）88254199，sjb@phei.com.cn。

# 前言 PREFACE

电子商务（简称"电商"）的理论与实践发展迅猛，新零售、移动电商、直播电商、农村电商等电子商务的新应用成为新的发展方向。为紧跟学科发展、适应社会经济发展和教学需要，编者特组织多位教师编写了《电子商务基础与实务》。本书可作为高等院校经管类专业相关课程的教材，也可作为相关技术人员的自学用书及培训机构的培训教材。

本书以任务驱动，强调应用导向；思政价值引领，许多任务中设有视野拓展、拓展练习和思政小课堂；应用最新数据和案例，内容新颖、丰富；项目后设有知识巩固，包括主观题、客观题和技能训练，实战性强。

本书涵盖了电子商务活动中涉及的各个方面，紧跟电子商务发展的最新动态，既全面又新颖。全书共12个项目，包括概述、基础技术、交易模式、关键环节和新应用5个方面，着重介绍了B2C、C2C、新零售、B2B和跨境电商，概括介绍了网络营销、电子商务安全、电子支付、电商物流和客户关系管理等内容，简要介绍了移动电商、直播电商等电子商务的新应用。每个项目中都有任务描述、任务准备、任务实施，形成任务驱动闭环。

本书提供了丰富的课程配套资源，主要包括PPT、教案、微课和视频、期末试卷及答案、课程大纲等。读者可以登录华信教育资源网（http://www.hxedu.com.cn）获取。

本书由姚春荣任主编，朱江鸿、刘丹任副主编，由具有丰富教学经验的老师分别承担撰写工作，具体分工如下：朱江鸿编写项目三；刘丹编写项目十；姚春荣编写项目一、项目二、项目四、项目五、项目六、项目七、项目八、项目九、项目十一、项目十二。本书前言、参考文献和全书统稿工作由易静老师完成。隋东旭老师对书稿进行了细致的审校工作。本次编写参考了众多专家及十余位授课教师的意见和建议，在此向这些专家和授课教师表示诚挚的谢意！衷心希望各位专家、广大师生对本书给予批评、指正，我们将不断地对本书进行更新和完善。

编　者

# 目 录 CONTENTS

## 项目一　电子商务基础认知 ······················································ 1

### 任务一　初识电子商务 ······················ 2
　　一、电子商务的产生与发展 ········ 2
　　二、电子商务的概念 ················ 4
### 任务二　电子商务的分类 ·················· 7
　　一、按交易主体分类 ················ 8
　　二、按运作方式分类 ·············· 11
　　三、按开展交易的地域范围分类 ··· 11
### 任务三　电子商务的新应用 ············ 12
　　一、在线旅游 ························ 13
　　二、在线教育 ························ 16
　　三、互联网医疗 ···················· 17
　　四、电子政务 ························ 23
　　五、农村电子商务 ················ 25
　　六、直播电子商务 ················ 26
### 任务四　电子商务的模型与框架 ··· 27
　　一、电子商务的模型 ·············· 28
　　二、电子商务的一般框架 ······ 29
### 任务五　电子商务的基础技术 ······ 32
　　一、电子数据交换技术 ·········· 32
　　二、互联网技术 ···················· 35
　　三、Web 开发技术 ················ 39
　　四、其他新兴技术 ················ 40
### 知识巩固 ············································ 43
### 技能训练 ············································ 44

## 项目二　B2C 电子商务 ······························································ 45

### 任务一　B2C 电子商务概述 ·········· 46
　　一、B2C 电子商务的含义 ······ 46
　　二、B2C 电子商务的应用特点 ··· 46
　　三、B2C 电子商务的分类 ······ 50
### 任务二　B2C 电子商务的盈利模式与
　　　　　　成功关键 ························ 56
　　一、B2C 电子商务的盈利模式 ··· 56
　　二、B2C 电子商务的成功关键 ··· 58
### 任务三　B2C 电子商务典型案例分
　　　　　　析——唯品会 ················ 61
　　一、唯品会概况 ···················· 61
　　二、唯品会的盈利模式 ········ 62
　　三、唯品会成功的关键 ········ 63
### 知识巩固 ············································ 65
### 技能训练 ············································ 66

## 项目三　C2C 电子商务 ······························································ 67

### 任务一　C2C 电子商务概述 ·········· 68
　　一、C2C 电子商务的含义 ······ 68
　　二、C2C 电子商务的应用特点 ··· 69
　　三、C2C 电子商务的分类 ······ 69
### 任务二　C2C 拍卖网站的运作模式 ··· 72
　　一、网络拍卖网站的形式 ······ 72
　　二、网络拍卖的方式 ············ 74
　　三、网络拍卖网站案例——淘宝网 76
### 任务三　C2C 店铺平台的运作模式 ······ 78
　　一、在 C2C 店铺平台上购物和开
　　　　店的流程 ·························· 79
　　二、C2C 店铺货源的选择 ······ 80
　　三、网上开店流程——淘宝网 ···· 82
### 知识巩固 ············································ 84
### 技能训练 ············································ 85

## 项目四　新零售 ………………………………………………………………… 86

### 任务一　新零售的概念与特征 ………… 87
一、新零售的概念 …………………… 87
二、新零售的特征 …………………… 88
### 任务二　新零售的框架 ………………… 89
一、前台：重构人、货、场 ………… 90
二、中台：营销、市场、流通链、生产模式变革 …………………… 91
三、后台：基础环境、新兴技术赋能发展 …………………………… 92
### 任务三　新零售的商业模式与发展方向 … 96
一、新零售的商业模式 ……………… 97
二、新零售的发展方向 …………… 103
知识巩固 …………………………… 107
技能训练 …………………………… 108

## 项目五　B2B 电子商务 ……………………………………………………… 109

### 任务一　初识 B2B 电子商务 ………… 110
一、B2B 电子商务的含义 ………… 110
二、B2B 电子商务的特点 ………… 110
三、B2B 电子商务的分类 ………… 112
四、B2B 电子商务的发展 ………… 114
### 任务二　基于企业自有网站的 B2B 交易 …………………………… 117
一、基于采购商网站的 B2B 交易 …………………………… 117
二、基于供应商网站的 B2B 交易 …………………………… 119
### 任务三　基于第三方中介网站的 B2B 交易 …………………………… 120
一、基于第三方中介网站的 B2B 交易的主要功能 ……………… 121
二、基于第三方中介网站的 B2B 交易的机制 …………………… 122
三、B2B 电子商务中介网站的类型 ……………………………… 123
知识巩固 …………………………… 126
技能训练 …………………………… 127

## 项目六　跨境电子商务 …………………………………………………… 128

### 任务一　初识跨境电子商务 ………… 129
一、跨境电子商务的定义 ………… 129
二、跨境电子商务的分类 ………… 130
三、跨境电子商务的发展趋势 …… 132
### 任务二　初识跨境电子商务平台 …… 133
一、全球速卖通 …………………… 133
二、亚马逊 ………………………… 134
三、eBay …………………………… 136
四、敦煌网 ………………………… 137
五、Wish …………………………… 138
### 任务三　跨境电子商务物流 ………… 141
一、跨境电子商务物流模式 ……… 141
二、如何选择跨境电子商务物流渠道 …………………………… 142
三、海外仓 ………………………… 143
四、跨境电子商务物流的通关与报关 …………………………… 144
### 任务四　跨境电子商务支付 ………… 146
一、跨境支付概述 ………………… 146
二、跨境电子商务支付方式 ……… 148
三、初识离岸公司 ………………… 151
四、初识离岸账户 ………………… 152
知识巩固 …………………………… 155
技能训练 …………………………… 156

## 项目七　移动电子商务 …………………………………………………… 157

### 任务一　移动电子商务 ……………… 158
一、移动电子商务的概念 ………… 158

二、移动电子商务的特点………… 158
  三、移动电子商务平台…………… 159
 任务二　移动电子商务技术………… 161
  一、移动网络技术………………… 162
  二、移动应用开发技术…………… 163
  三、二维码技术…………………… 164
 任务三　移动电子商务的应用……… 166
  一、移动支付……………………… 167
  二、移动营销……………………… 168
  三、移动出行……………………… 169
  四、移动网店……………………… 170
  五、移动商务的其他应用………… 171
 知识巩固……………………………… 172
 技能训练……………………………… 174

## 项目八　网络营销…………………………………………………………………… 175

 任务一　网络营销…………………… 176
  一、网络营销的含义与特点……… 176
  二、网络营销的职能……………… 177
  三、传统市场营销与网络营销的
    关系…………………………… 178
 任务二　网络市场调研……………… 181
  一、网络市场调研的定义与特点… 181
  二、网络市场调研的步骤………… 182
  三、网络市场调研的方法………… 183
 任务三　网络营销策略……………… 184
  一、网络营销产品策略…………… 185
  二、网络营销价格策略…………… 186
  三、网络营销渠道策略…………… 186
  四、网络促销策略………………… 187
 任务四　网络营销的常用方法……… 188
  一、搜索引擎营销………………… 189
  二、自媒体营销…………………… 189
  三、软文营销……………………… 192
  四、网络社群营销………………… 194
  五、网络直播营销………………… 194
  六、病毒式营销…………………… 195
  七、其他网络营销方法…………… 196
 知识巩固……………………………… 198
 技能训练……………………………… 199

## 项目九　电子商务安全……………………………………………………………… 200

 任务一　电子商务安全……………… 201
  一、电子商务面临的安全威胁…… 201
  二、电子商务的安全性要求……… 204
 任务二　电子商务安全技术………… 205
  一、加密技术……………………… 206
  二、认证技术……………………… 208
  三、安全协议……………………… 210
  四、防火墙技术…………………… 210
 任务三　电子商务安全管理………… 211
  一、组织机构管理………………… 212
  二、法律制度管理………………… 214
  三、日常安全防范管理…………… 214
 知识巩固……………………………… 216
 技能训练……………………………… 217

## 项目十　电子支付…………………………………………………………………… 218

 任务一　电子支付认知……………… 219
  一、电子支付的含义……………… 219
  二、电子支付的发展……………… 220
  三、常用的电子支付系统………… 220
 任务二　电子支付工具与网络银行… 223
  一、电子支付工具………………… 223
  二、网络银行……………………… 227
  三、手机银行……………………… 229
 任务三　第三方支付与移动支付…… 230
  一、第三方支付…………………… 231
  二、移动支付……………………… 234
 知识巩固……………………………… 235
 技能训练……………………………… 236

## 项目十一　电子商务物流与供应链 ······ 238

### 任务一　电子商务物流 ······ 239
一、物流的含义、功能与分类 ······ 240
二、电子商务物流的含义与特点 ······ 244
三、电子商务环境下物流的实现模式 ······ 245

### 任务二　电子商务仓储与配送 ······ 247
一、电子商务仓储的概念与分类 ······ 248
二、电子商务物流配送的概念与流程 ······ 250
三、电子商务物流配送中心 ······ 252

### 任务三　电子商务供应链 ······ 255
一、电子商务供应链的概念 ······ 255
二、电子商务供应链的流程 ······ 256
三、电子商务供应链的功能 ······ 257

知识巩固 ······ 258
技能训练 ······ 259

## 项目十二　客户关系管理 ······ 260

### 任务一　客户关系管理认知 ······ 261
一、客户关系管理的含义 ······ 261
二、客户关系管理解决的主要问题 ······ 263

### 任务二　电子商务客户关系管理 ······ 264
一、电子商务客户满意管理 ······ 265
二、电子商务客户忠诚管理 ······ 265
三、电子商务客户服务管理 ······ 266

### 任务三　客户关系管理系统 ······ 268
一、初识客户关系管理系统 ······ 268
二、客户关系管理系统的关键技术 ······ 270

知识巩固 ······ 273
技能训练 ······ 274

## 参考文献 ······ 275

# 项目一

## 电子商务基础认知

传统商务因受时间、空间和特定条件的限制,越来越难以面对快速变化的需求和竞争激烈的市场,这些迫切需要电子商务赋能,帮助企业降低成本、提高效率,为企业带来巨大收益。作为一种新的商务运作模式,进入21世纪以来,电子商务将生产企业、物流企业、消费者和政府等带到了一个数字化的虚拟空间,影响和改变人们生产和生活的方方面面。随着国家"互联网+"计划的实施,电子商务迎来了新一轮的发展机遇,呈现出不同于以往的新内涵、新特征和新趋势,成为推动经济增长的新动力。

## 任务一　初识电子商务

### 任务描述

电子商务是互联网快速发展的直接产物,是网络技术应用的全新发展方向,它的产生基于经济全球化和信息全球化,代表着 21 世纪新经济的发展方向。电子商务已经渗透传统商务活动的各个环节和领域,正全面影响和改变社会、经济、生活、教育等各个方面。通过对电子商务的产生与发展、概念与特点的学习,对其形成初步认识。

### 学习目标

1. 掌握电子商务的概念
2. 了解电子商务产生与发展的条件
3. 掌握电子商务的发展阶段

### 任务准备

引导问题 1:在生活中,传统商务活动依然存在。出行时乘坐出租车,你有什么感受,请举例说明。

引导问题 2:电子商务实现了信息的双向交互和供需的实时匹配,提高了效率。通过手机软件打车,你有什么感受,请举例说明。

引导问题 3:除了出行,传统商务与电子商务在很多领域都存在区别,如教育、医疗,请举例说明。

### 任务实施

## 一、电子商务的产生与发展

### 1. 电子商务的产生

20 世纪 60 年代,计算机和网络技术飞速发展,从而构建了电子商务赖以生存的技术基础,并预示了未来商务活动的一种发展方向,人们提出了电子商务这个概念。其产生和发展需要具备两个条件。一是信息技术的发展。信息技术的发展,特别是计算机的广泛应用和网络的普及和成熟,为电子商务的发展提供了动力和应用条件,是推动电子商务发展的利器。二是商务的发展。随着社会经济的发展,商品供大于求的现象非常普遍,企业为了提升竞争力,急需一种新的商务模式来提高企业竞争力,电子商务即扮演了这种角色。电子商务是人类社会经济发展的必然产物。

总之,信息技术的进步和商务的发展使社会网络化、经济数字化、竞争全球化、贸易自由化成为必然,电子商务也应运而生(见图 1-1)。

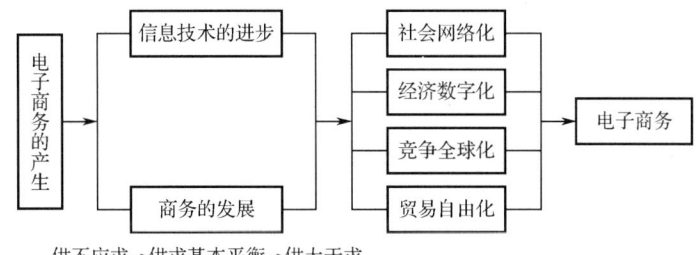

图 1-1 电子商务产生的条件

### 2. 电子商务的发展阶段

电子商务的发展根据其使用的网络不同,可分为四个阶段:基于电子数据交换(Electronic Data Interchange,EDI)的电子商务;基于互联网的电子商务;基于 3G、4G、5G 的移动电子商务;基于新兴技术的智慧电子商务(见图 1-2)。

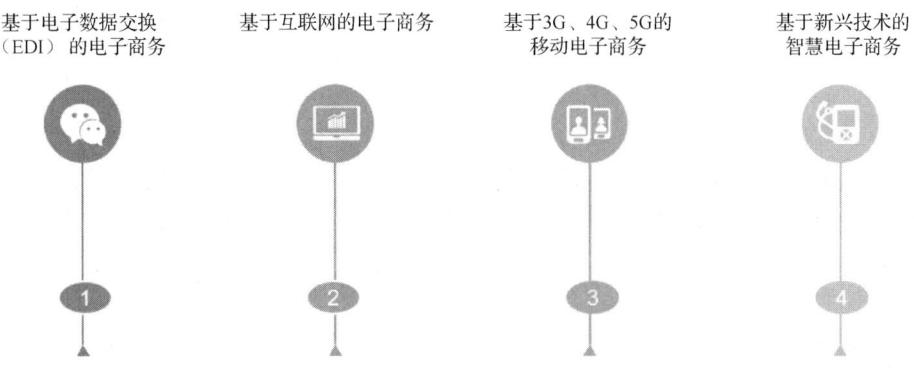

图 1-2 电子商务的发展阶段

(1)基于电子数据交换(EDI)的电子商务。

20 世纪 60 年代,美国的贸易商在使用计算机处理商务文件时发现,由人工输入一台计算机中的数据 70%来源于另一台计算机的输出文件,于是开始尝试在贸易伙伴之间的计算机网络中实现数据的传递与转换。20 世纪 90 年代,EDI 应运而生,EDI 显著地减少了人为因素在文件传递和处理过程中的干扰,大大提升了数据的准确性和工作效率,减少了纸张票据的使用,基于 EDI 的电子商务被人们形象地称为"无纸贸易"。在互联网普及之前,它是最主要的电子商务应用技术。

(2)基于互联网的电子商务。

EDI 技术仅限于大型企业之间开展 B2B 电子商务,需要搭建专用网络,成本高,很多中小微企业无法应用,缺乏普遍性,因此,人们迫切需要一种开放的、低成本的、可共享的网络平台为中小企业提供机会。20 世纪 90 年代中期,互联网迅速从大学和科研机构走向企业和家庭。1991 年,商业贸易活动正式进入互联网,电子商务成为互联网应用的一大热点。电子商务的先驱是 1994 年由杰夫·贝索斯创立的亚马逊公司(Amazon)。2010 年之后,传统跨国零售商沃尔玛(WalMart)公司也建立了自己的网上商店。2014 年之后,电子商务有了许多新的应用,如电子政务服务、移动电子商务均得到了很好的发展。2020 年以来,直播电子商务、跨境电商成了电子商务发展的新风口。

（3）基于3G、4G、5G的移动电子商务。

随着移动通信技术的发展，手机上网已经成为重要的上网方式，在3G和4G时代，智能手机、平板电脑的普及推动了移动电子商务的发展，改变了很多基于互联网的电子商务的"规则"。

据2021年IMT-2020（5G）大会发布的数据显示，截至2021年10月底，我国累计建成5G基站129.1万个，覆盖全国所有地级以上城市市区、97%以上的县区以及50%的乡镇镇区，行业虚拟专网数量超过2 300张。终端连接数超过4.7亿个，用户渗透率达28.7%，5G应用已覆盖第一产业、第二产业、第三产业的诸多领域，部分重点领域已进入商业落地阶段。在5G时代，电子商务会有更深层次的变化。

（4）基于新兴技术的智慧电子商务。

2015年，政府工作报告中提出了制订"互联网+"行动计划，电子商务是"互联网+"行动计划的一项重要内容，也是核心内容之一。"互联网+"不仅是技术变革，而且是一场思维变革。站在"互联网+"的风口上，O2O、新零售、互联网金融、智能制造、智慧城市等细分领域的创新应用和实践遍地开花。2016年，"五新"，即新零售、新制造、新金融、新技术、新能源被提出，将电子商务企业（电商企业）从纯电商领域扩展至跨越行业界限的技术平台，推动电子商务进入智慧电商阶段。

智慧商务是基于移动互联网、云计算、大数据、物联网、人工智能、区块链等新兴技术而产生与发展。它帮助企业在数字技术快速变化的环境中，通过社区、协作、流程优化和分析，在购买、销售、市场活动和服务客户等各环节寻求更智慧的途径整合流程，加强互动，增加为客户、合作伙伴和利益相关方所提供的价值。

### 视野拓展

智慧电子商务的建设包括三个方面：①智慧电子商务云数据资源中心。通过建设电子商务云数据资源中心，构建电子商务云，像提供水、电一样向企业按需提供智慧电子商务服务。②电子商务服务云智慧应用。构建良好的产业生态环境，在电子商务云上搭建满足B2B/B2C行业电子商务需求的智慧应用平台和系统，建立智慧电子商务软件与相关运维管理环境，通过电子商务云智慧应用推动相关产业及行业的发展，并助力智慧城市相关产业和行业的发展。③电子商务云开发环境。搭建满足针对各种类型的电子商务应用开发环境。

## 二、电子商务的概念

### 1. 商务的概念

广义的商务概念，英文是Business，是指一切与买卖商品服务相关的商业事务。狭义的商务概念仅指交易或贸易，始于商品展示活动，终于商品配送。广义的商务链更长，包含的活动更多（见图1-3）。本书综合多种说法认为：商务是以营利为目的的市场经济主体，为实现商品交换而开展的一系列经营管理活动的总称。

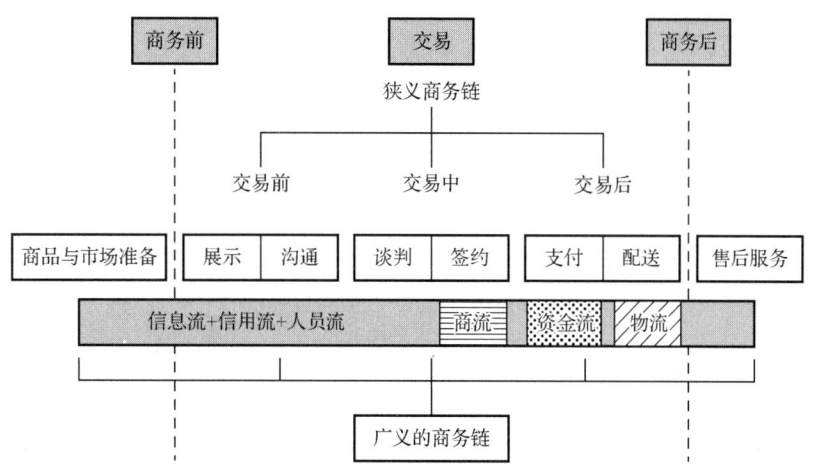

图 1-3　广义的商务链

### 2. 电子商务的定义

电子商务是一个不断发展的概念。电子商务引起人们的普遍关注，源于 IBM 公司于 1996 年提出的"Electronic Commerce"概念，它于 1997 年提出了更广范畴的"Electronic Business"概念，同年 7 月，美国政府发布电子商务白皮书，电子商务被正式应用。

简言之，电子商务是通过各种电子方式而不是面对面方式完成的交易。电子商务是信息技术的高级应用，用来增强贸易伙伴之间的商业关系。国内外迄今为止还没有对"电子商务"的权威、严格及统一的定义。不同国家、机构、企业、学者等均根据自己的角度给出不同的定义。本书综合多种说法认为：电子商务是指利用互联网及现代信息技术进行的任何形式的商务运作、管理活动与信息交换。它包括企业内部的协调与沟通、企业之间的合作以及网上交易三个方面的内容。

电子商务可以分为广义的电子商务和狭义的电子商务（见图 1-4）。广义的电子商务（Electronic Business，EB）是指利用现代信息技术使整个商务活动实现电子化。利用的网络可以是内部网（Intranet）、外联网（Extranet）和互联网（Internet）等不同形式的网络。它包括企业资源计划、管理信息系统、客户关系管理、供应链管理、人力资源管理、战略管理、市场管理、财务管理等。狭义的电子商务（Electronic Commerce，EC）仅指利用互联网开展的交易或与交易相关的商务活动。

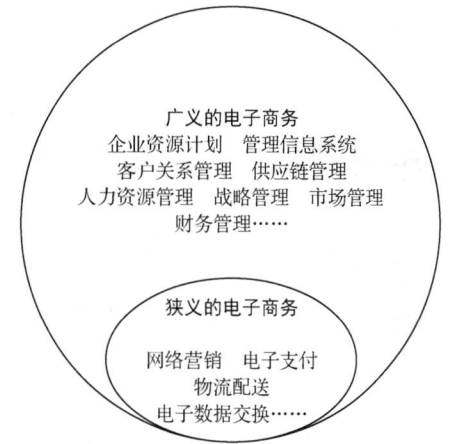

图 1-4　广义和狭义的电子商务的外延比较

### 3. 电子商务的特点

电子商务与传统商务相比，其优点是显而易见的。图 1-5 说明了传统商务通信方式与电子商务通信方式的比较。

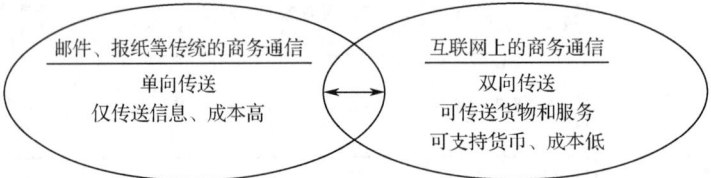

图1-5 传统商务通信方式与电子商务通信方式的比较

此外，电子商务的特点表现在以下方面。

（1）交易虚拟化。

通过计算机互联网进行的贸易，贸易双方从贸易磋商、签订合同到支付等，无须面对面，均通过计算机互联网完成，整个交易都在网络环境中进行，完全虚拟化，是一种非接触式交易。

（2）交易成本低。

电子商务使得买卖双方的交易成本大大降低，具体表现在：①距离越远，在网络上进行信息传递可节省的成本就越多，此外，缩短时间及减少重复的数据录入也降低了信息成本；②卖方可通过互联网进行产品和服务的宣传推广，降低宣传成本；③互联网使买卖双方即时沟通供需信息，从而降低库存成本；④企业利用内部网可实现"无纸办公"，提高效率，节省时间，降低管理成本。

（3）交易效率高。

由于互联网将贸易中的商业报文标准化，使商业报文能在世界各地即时完成传递与计算机自动处理，商务活动过程无须人员干预便可在最短的时间内完成。电子商务克服了传统贸易方式费用高、易出错、处理速度慢等缺点，极大地缩短了交易时间，使整个交易更方便、快捷。

（4）交易透明化。

买卖双方从交易的洽谈、签约到货款的支付、交货通知等整个过程都在网络上进行。通畅、快捷的信息传输可以保证各种信息之间互相核对，防止伪造信息的流通。

### 视野拓展

传统商务是用户可以利用电话、传真、信函和传统媒体来实现商务交易和管理过程。电子商务是以信息网络技术为手段、以商品交换为中心的商务活动。两者之间有着很大的区别。扫描二维码查看二者的区别。

传统商务与电子商务的区别

### 拓展练习

你了解广义的电子商务概念中涉及的关键名词（企业资源计划、管理信息系统、客户关系管理、供应链管理、人力资源管理、战略管理）的含义吗？

## 【思政小课堂】

### 云游世界屋脊的明珠

2020年3月1日下午2点,世界文化遗产布达拉宫首次通过网络直播的形式,开展了一场与全国网友互动交流的"云游世界屋脊的明珠"参观游览活动。这是布达拉宫1388年以来的第一次直播。布达拉宫始建于公元7世纪,因其独特的建筑、数量众多的宫藏文物和厚重的历史文化内涵,被誉为"世界屋脊的明珠"。

布达拉宫网络游览活动通过淘宝直播"云春游"走进网友的视野。布达拉宫管理处讲解员次仁卓嘎站在红山脚下,从"雪城"及布达拉宫的历史开始讲起,拉开了此次"云游览"的帷幕。此次网络直播时长为60分钟,直播内容包括布达拉宫常规参观路线、宫殿建筑工艺、文物古迹日常保护工作等内容。由于网络直播没有实体客流量的压力,此次布达拉宫直播还特别开放了一些极少开放的古籍文献数字化保护与利用工作现场以及金顶等区域。在直播的60分钟内,总计观看达92万人次,超过了布达拉宫全年150万人次客流量的一半以上。

(资料来源:人民网。)

思考:电子商务带给旅游哪些改变?

启发:有时候换一个角度分析、解决问题会有"柳暗花明"般的收获。因此,我们即使面临挑战和困境,也要学会与时俱进、主动创新、拥抱变化。

## 任务二 电子商务的分类

### 任务描述

有人在网上购买服饰,有人在网上购买书籍,有人通过手机付费在网上看电影、玩游戏,还有人或企业通过网络进行宣传推广和销售管理等,这些都属于电子商务的范畴。电子商务不断发展,其内容也在不断丰富。因此,要认识电子商务,需要从不同角度对其进行了解。

### 学习目标

1. 理解电子商务的分类
2. 能对企业的电子商务类型进行判断

### 任务准备

**引导问题1**:通过浏览阿里巴巴1688首页的主要内容和功能,对其交易模式、经营产品、支付方式、物流配送、客户服务等进行详细分析。

**引导问题2**:通过浏览天猫商城首页的主要内容和功能,对其交易模式、经营产品、支付方式、物流配送、客户服务等进行详细分析。

**引导问题3**:通过浏览京东首页的主要内容和功能,对其交易模式、经营产品、购物搜索、物流配送、客户服务等进行详细分析。

**引导问题4**：通过浏览聚美优品首页的主要内容和功能，对其交易模式、经营产品、购物搜索、物流配送、客户服务等进行详细分析。

**引导问题5**：总结以上网站的相同点和不同点。

### 任务实施

电子商务应用的范围很广，从不同角度可以将其分为不同的类型（见图1-6）。

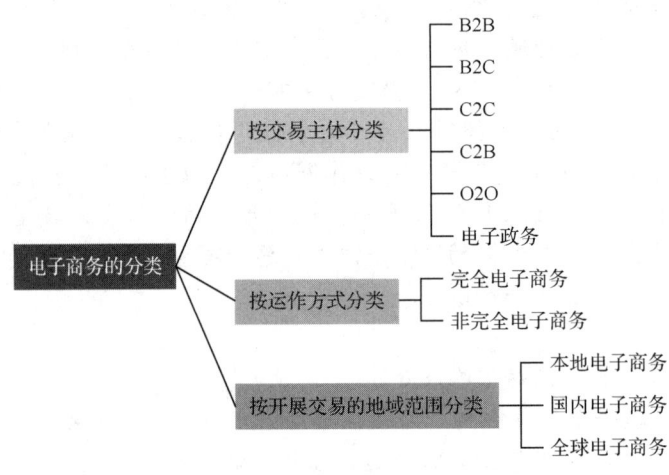

图1-6　电子商务的分类

## 一、按交易主体分类

电子交易的参与者主要有企业、消费者、政府机构等。按交易主体划分，电子商务可分为企业与企业之间的电子商务、企业与个人消费者之间的电子商务、个人消费者与个人消费者之间的电子商务、个人消费者与企业之间的电子商务、线上线下电子商务、电子政务等。不同类型电子商务，不仅表现在交易主体上，也表现在交易模式乃至整个商务模式上，因此，这种划分标准实际上等同于按交易模式划分。

### 1. 企业与企业之间的（Business to Business，B2B）电子商务

企业与企业之间的电子商务是电子商务应用最早和最受企业重视的形式，是企业与企业之间通过互联网开展商务活动的电子商务模式。利用专用增值网络（Value Added Network，VAN）进行电子数据交换是B2B电子商务产生、发展的基础，B2B电子商务通过网络交换信息，传递各种电子单证（如订单、合同、付款通知等），从而实现交易过程的电子化和无纸化。

B2B电子商务是目前应用最广泛的一种电子商务模式，其中的企业可以是生产制造类企业，也可以是商家；既可以自建商务网站开展电子商务活动，如海尔，也可以借助第三方交易平台开展电子商务活动，大多数企业选择后者，典型的B2B代表网站有阿里巴巴、慧聪网、敦煌网、中国制造网、中国化工网等。

### 2. 企业与个人消费者之间的（Business to Consumer，B2C）电子商务

企业与个人消费者之间的电子商务是一种企业与个人消费者之间进行商品或服务交易的电子商务模式，这是消费者利用互联网直接参与经济活动的形式，基本表现为在线零售形式。1999年，王峻涛创立8848网上商城，标志着B2C电子商务的产生，这家网上商城是中国电子商务企业的旗舰，迅猛发展了两年，在2001年9月以倒闭结束。B2C电子商务中的企业既可以自建网站宣传或销售商品和服务，也可以是为其他企业提供交易平台服务的第三方企业。典型的B2C代表网站有亚马逊、京东商城、天猫商城、唯品会等。

### 3. 个人消费者与个人消费者之间的（Consumer to Consumer，C2C）电子商务

个人消费者与个人消费者之间的电子商务是一种个人消费者之间通过网络商务平台实现交易的电子商务模式。电子工具、网络和虚拟市场使所有的个人消费者都可以在网上销售自己的闲置商品或者在网络商务平台上开网店。淘宝网就属于这一类，它为客户提供了一个虚拟交易社区。

### 4. 个人消费者与企业之间的（Consumer to Business，C2B）电子商务

个人消费者与企业之间的电子商务是互联网经济时代新的商业模式。这一模式改变了原有生产者（企业和机构）与消费者的关系，消费者贡献价值，企业和机构消费价值。C2B电子商务的核心是以消费者为中心，先由消费者提出需求，后由生产企业按需求组织生产。在通常情况下，消费者根据自身需求定制产品和价格，或主动参与产品设计、生产和定价。产品、价格等彰显消费者的个性化需求，生产企业进行定制化生产。阿里巴巴董事局主席张勇将C2B解释为：以销定产，在零库存的情况下先销售再进行高效的供应链组织。

C2B电子商务的特点表现在三个方面：①临时性。C2B电子商务中的消费者组织是临时聚合的，集体议价和联合购买都是一次性的，这说明C2B电子商务的临时性或一次性。②目标性。消费者组织需求的目标非常明确，即获得最大的优惠或最符合自己需求的产品。而企业群体的目标性同样强烈，这也是企业群体和消费者谈判的筹码和底线。③周期性。首先由需求驱动使消费者自觉聚合，其次集体计价和联合购买，最后目标完成，这是一个典型的生命周期。在C2B电子商务消费者周期性地组织起来进行集体购买。

C2B电子商务一方面彻底改变了消费者在传统电商中的弱势地位，体现了消费者为核心的消费观念，真正为消费者做到省时、省力、省钱；另一方面，扩展了企业的发展空间。在原材料价格普遍上扬的情况下，采用电子商务C2B模式，不仅可以降低中小企业成本，而且可以打通虚拟市场，扩大交易份额，进行企业结构性转变，使中小企业向半虚拟企业发展。同时，网络销售的商品让生产厂家的利润提高、价格战减少、中间渠道消失，可以以销定产，减少库存成本。

### 5. 线上线下（Online to Offline，O2O）电子商务

O2O电子商务指将线下的商务机会与互联网结合，让互联网成为线下交易的平台，

这个概念最早源于美国。在O2O电子商务中，整个消费过程由线上和线下两部分构成。线上平台为消费者提供消费指南、优惠信息、便利服务（预订、在线支付、地图等）和分享平台，线下商户则专注于提供服务。

在O2O电子商务中，消费者的消费流程可以分解为五个阶段（见图1-7）。

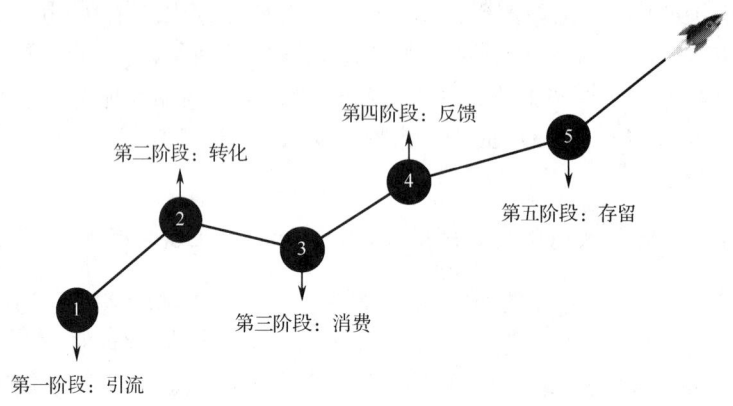

图1-7　O2O电子商务中消费者的消费流程

第一阶段——引流。线上平台作为线下消费决策的入口，可以汇聚大量有消费需求的消费者，或者引发消费者的线下消费需求。常见的O2O平台引流入口包括：消费点评类网站（如大众点评）、电子地图（如百度地图、高德地图）、社交类网站或应用（如微信、人人网）。

第二阶段——转化。线上平台向消费者提供商铺的详细信息、优惠（如团购、优惠券）、便利服务，方便消费者搜索和对比商铺，并最终帮助消费者选择线下商户，完成消费决策。

第三阶段——消费。这里的消费是指狭义的消费，即消费者利用线上获得的信息到线下商户享受服务。

第四阶段——反馈。消费者将自己的消费体验反馈在线上平台上，有助于其他消费者做出消费决策。线上平台通过梳理和分析消费者的反馈，形成更加完整的本地商铺信息库，可以吸引更多的消费者使用线上平台。

第五阶段——存留。线上平台为消费者和本地商户建立沟通渠道，帮助本地商户维护消费者关系，使消费者重复消费，成为商家的回头客。

O2O电子商务和B2C电子商务、C2C电子商务、团购既有联系，又有区别（见图1-8）。在B2C电子商务和C2C电子商务中，消费者在线支付购买的商品通过物流公司送到消费者手中，而在O2O电子商务中，消费者在线支付，购买线下的商品和服务，到线下去自提商品或享受服务。与团购相比，O2O电子商务是线上线下相结合的销售模式，而团购是临时性的促销活动。

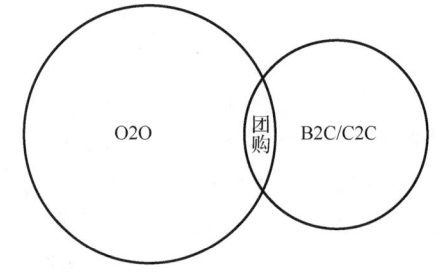

图1-8　O2O电子商务和B2C电子商务、C2C电子商务、团购的关系

### 6. 电子政务

电子政务一般包括企业与政府之间的电子商务、个人消费者与政府之间的电子商务、政府与政府之间的电子商务三种模式。企业与政府之间的电子商务，涵盖了政府与企业间的各项事务，包括政府采购、税收、商检、管理条例发布以及法规和政策颁布等。中央政府采购网（见图1-9）就属于这种模式。个人消费者与政府之间的电子商务，覆盖个人与政府之间的若干事务，如个人住房公积金的缴纳、养老金的领取和个人纳税等。

图1-9 中央政府采购网

## 二、按运作方式分类

按商务活动的运作方式不同，电子商务可以分为完全电子商务和非完全电子商务。

### 1. 完全电子商务

完全电子商务是指在交易过程中的信息流、资金流、商流、物流都能够在网上完成，商品或服务的整个商务过程都可以在网络上实现的电子商务。它主要适用于无形商品和服务，如电子报刊、计算机软件、各种付费电子版论文等。

### 2. 非完全电子商务

非完全电子商务是指商品交易的全过程无法完全依靠电子商务方式实现的电子商务。它主要针对有形商品，需要依靠一些外部要素，如运输系统、邮政系统等完成货物的运输和配送，利用传统的线下渠道（如快递公司等）完成商品的交割。

## 三、按开展交易的地域范围分类

按交易的地域范围，电子商务可分为三类，即本地电子商务、国内电子商务和全球电子商务。它们的差别主要表现在对电子商务系统和环境等方面的特殊要求上。

### 1. 本地电子商务

本地电子商务指在本地区范围内开展的电子商务，交易双方都在本地范围之内，利用本地的电子商务系统开展商务活动。本地电子商务的地域范围较小，可以有效地整合本地资源，是开展国内电子商务和全球电子商务的基础。

### 2. 国内电子商务

国内电子商务指在本国范围内（或某一关境内）进行的电子交易活动，其交易范围较广，对软、硬件要求较高，在全国范围内实现商业电子化、自动化、金融电子化，交易各方需具备电子商务知识、经济能力、技术能力和管理水平等。国内电子商务系统在构成要素和连接网络上与本地电子商务没有本质区别，只是范围更广、规模更大。

### 3. 全球电子商务

全球电子商务又称跨境电子商务，指分属不同关境的交易主体，通过电子商务平台达成交易、进行电子支付结算，并通过跨境电商物流及异地仓储运送商品，从而完成交易的一种国际商业活动。全球电子商务涉及交易各方相关系统，如买方国家进出口公司系统、海关系统、金融系统、税务系统、运输系统、保险系统等。全球电子商务内容繁杂，数据来往频繁，要求其系统严格、准确、安全、可靠，应制定世界统一的电子商务标准和商务（贸易）协议，使全球电子商务得到顺利发展。

**拓展练习**

思考：为什么 C2B 模式越来越受欢迎？从长远发展角度看，C2B 模式还存在哪些问题需要解决？

**【思政小课堂】**

据传言，最早的"剁手党"也许是金庸名著《射雕英雄传》中的"北丐"大侠洪七公。在心理学上，"剁手党"的表现可被称为强迫性购物（Compulsive Buying）。强迫性购物是一种功能紊乱的消费行为，这类人群失去了对购物行为的控制，会持续过度地购物。

思考：如何避免成为"剁手党"，进行理性消费？

启发：站在消费者的角度上，要树立理性消费观念，可放下对手机的过度依赖，多花时间在阅读及其他更有意义的事上；站在社会资源利用的角度上，理性消费可减少资源闲置和浪费，有利于构建节约型社会和环保型社会。

## 任务三　电子商务的新应用

**任务描述**

随着电子商务的魅力越来越大，网络经济、"眼球"经济、虚拟企业、网络银行、网络影响、网络广告、网络直播等一大批新词正在被人们所熟知和认同,这些热词从侧面反映了电子商务对社会和经济产生的影响。电子商务的应用已经渗透社会经济的各个领域,涵盖了旅游行业、教育行业、医疗行业、信息服务业、政府机构、交通服务业等。

### 学习目标

1. 熟悉电子商务的应用
2. 能够清晰地描述电子商务在某一行业中的应用情况

### 任务准备

**引导问题1**:通过网络查阅资料,了解春雨医生的特色服务。请举例说明。
**引导问题2**:通过网络查阅资料,了解平安健康的特色服务。请举例说明。
**引导问题3**:通过网络查阅资料,了解阿里健康的特色服务。请举例说明。
**引导问题4**:通过网络查阅资料,了解腾讯医疗健康的特色服务。请举例说明。

### 任务实施

## 一、在线旅游

### 1. 在线旅游的发展

在线旅游又称旅游电子商务(Online Travel Agency,OTA)。从消费者角度看,它是指旅游消费者通过网络向旅游服务提供商预订旅游产品或服务,并通过网上支付或线下付费的一种形式。各旅游主体可以通过网络进行产品营销或产品销售。从旅游服务商角度看,它是指通过互联网、移动互联网及电话呼叫中心等方式,整合旅游企业的内部资源和外部资源,扩大旅游信息的传播和推广,实现旅游产品和服务的在线发布和销售,为消费者与旅游企业之间提供知识共享、增进交流与交互的平台网络化运营模式(见图1-10)。

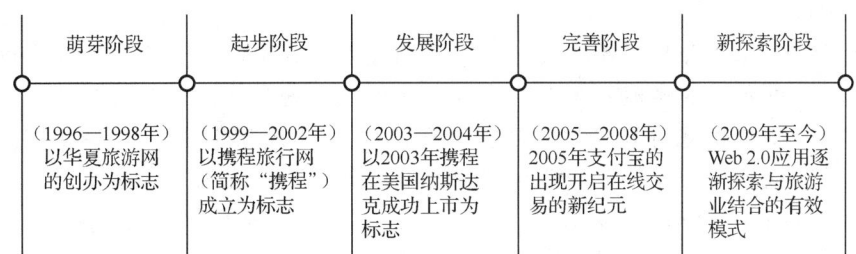

图1-10 在线旅游的发展历程

### 2. 在线旅游的分类

在线旅游可从交易主体和商业模式两个方面进行分类(见图1-11)。
(1)按交易主体分类。
按照交易主体划分,在线旅游可分为B2B交易模式、B2C交易模式和C2B交易模式。

① B2B 交易模式。旅游业是一个由众多子行业构成、需要各子行业协调配合的综合性产业。食、宿、行、游、购、娱各类旅游企业之间存在复杂的代理、交易、合作关系。它具体又细分为四种类型：一是旅游企业之间的产品代理，如旅行社代订机票与客房，旅游代理商代售旅游批发商组织的旅游线路产品；二是组团社（与游客签订合同的旅行社）之间相互拼团，也就是当两家或多家组团旅行社经营同一条旅游线路，实现规模运作，从而使经营成本降低；三是旅游地接社（在旅游地负责接待、服务的旅行社）批量订购当地客房、景区门票等；四是客源地组团社与目的地地接社之间进行的委托、支付等。

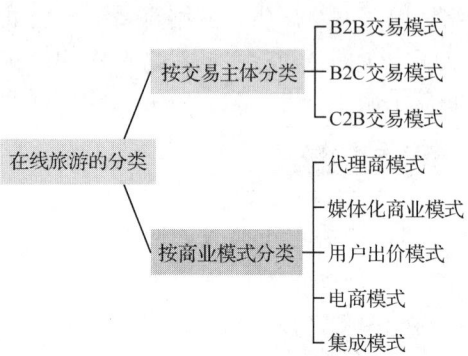

图 1-11  在线旅游的分类

② B2C 交易模式。此模式的"B"端一般是 B2C 在线旅游网站或 App，旅游散客可在上面获取旅游目的地信息、自主设计旅游活动日程表、预订客房和车船机票等，也可报名参加旅行团，通过在线旅游网站或 App 订房、订票。B2C 交易模式是当今世界应用最为广泛的电子商务形式之一。

③ C2B 交易模式。C2B 交易模式由客户提出需求，然后由企业通过竞争满足客户的需求。C2B 交易模式主要通过在线旅游中间商（专业旅游网站、门户网站旅游频道等）进行。C2B 交易模式是一种由需求方主导的交易模式，它体现了客户在市场交易中的主体地位，可以帮助旅游企业更准确、及时地了解客户的需求，促进旅游业向为客户提供丰富的产品和满足客户个性化需求的方向发展。

（2）按商业模式分类。

① 代理商（Agency）模式。此模式是目前在线旅游企业中最主要的一种商业模式，即在用户和产品供应商中担当代理商的角色，在交易中通过抽取佣金赚钱。这个模式单笔交易营收虽然较低但很稳定。去哪儿网、携程、艺龙、世界邦旅行网的运营模式都属于这种模式。

② 媒体化（Media）商业模式。此模式通过内容分享、社交等聚集大量目标人群，主要通过广告展示、内容植入等方式盈利，典型代表为马蜂窝、穷游网（见图 1-12）、面包旅游等。随着信息分享平台的增多，在内容大同小异的情况下，靠广告作为主要收入已经不能成为长久之计，需要与其他商业模式结合，寻求多元化发展。

③ 用户出价（Merchant）模式。该模式创于美国，就是和酒店、机票、租车以及目的地服务商合作，以固定的配额和价格获取相关产品。同时，在线旅游服务商拥有相应的自主定价权，可向消费者收费，以此获得产品差价。此模式单笔交易营收通常比较高。反向拍卖的模式遵循了经济学中的"保质期"越近，商品价值越小的理论。美国的在线旅游服务企业，也是全球最大的在线旅游服务商 Priceline.com 的运营模式就属于这一模式。

④ 电商（EC）模式。该模式主要指旅游产品的在线商城化，实现线上和线下双渠道销售。这一模式的盈利方式和传统旅游产品的盈利方式基本一致，比较稳定，但是因为旅游产品的价格透明度较高，所以盈利空间普遍较小，携程、途牛网等就采用这种模式。

图 1-12 穷游网

⑤ 集成（Integration）模式。该模式主要指集成在线旅游市场各种商业模式的部分特点，通过综合优化实现盈利的一种商业模式。例如，一键全程代订自助游，该模式可以实现用户一站式自助挑选与行程相关的（包括部分稀缺的）旅行产品，让用户以接近乃至低于目前跟团游的价格，享受跟团游无法比拟的体验。集成模式通过综合优化各种商业模式，实现在线旅游市场商业创新新思路。

**3. 在线旅游未来的发展方向**

（1）直播成标配，云旅游大行其道。越来越多的旅游景区借助抖音、快手、淘宝等互联网平台、虚拟现实（Virtual Reality，VR）技术等开展线上旅游，通过"直播带货"赋能旅游经济。更多的旅游企业着眼于未来发展，加快了智慧旅游建设的步伐。2020年3月1日，布达拉宫历史上第一次通过淘宝直播"云春游"开播一小时观看人数便近百万，就是一个很好的例子。

（2）智能化、主题化。未来，用户通过在线旅游平台预订服务和消费将更加智能、便捷、高效。休闲度假旅游线路将向主题化、深度化方向发展，更加侧重改善游客对旅游的体验。

（3）增加细分品类。随着游客对旅游品质的要求越来越高，在线旅游市场细分品类日益增多，亲子游、游轮游、定制游等个性化服务开始涌现。细分品类增多也意味着在线旅游需要在新市场的开拓中重新整合市场资源，一方面深耕资源，另一方面寻找精准客户，并将两者匹配，该业务模式对在线旅游平台的资源整合能力具有较高的要求。

（4）获取流量多元化。随着旅游的产业链条不断去中间化，资源得以更高效地被直接传递到游客手中。未来，在线旅游平台的流量渠道将更丰富多变，单一的搜索流量、圈层的社群流量、单客经济的复购流量等都将成为其流量的来源。社交流量崛起，新流量格局初现端倪。基于微信小程序的旅游市场未来还将有更多的服务点可以去挖掘，如同程艺龙除了在微信钱包中有机票、火车票和酒店预订入口，还新增了微信小程序预订入口，用户只需在微信搜索后点击相应的小程序就可以打开。

## 二、在线教育

### 1. 在线教育的发展

在线教育（E-Learning），也称远程教育、网络教育，在现行概念中一般指的是一种基于网络的学习行为，即为了教育、培训和知识管理而进行的在线信息传递。教与学可以突破时间、空间等条件限制，使得知识获取渠道更加灵活多样。

美国是在线教育的发源地，有60%的企业通过网络的形式进行员工培训。1998年以后，在线教育在世界范围内兴起，从北美、欧洲迅速扩展到亚洲地区。越来越多的国内企业对在线教育展现出浓厚的兴趣，并开始实施在线教育解决方案。2019年10月2日，中华人民共和国教育部等11个部门联合印发《关于促进在线教育健康发展的指导意见》，提出到2020年，在线教育的基础设施建设水平大幅提升，互联网、大数据、人工智能等现代信息技术在教育领域的应用更加广泛，资源和服务更加丰富，在线教育模式更加完善。

### 2. 在线教育的类型

（1）B2C在线教育模式。

B2C在线教育模式是商家直接面向用户销售产品和服务的商业模式。目前市面上约47%的在线教育企业都属于B2C模式，如猿题库（见图1-13）、VIPABC、51Talk等。B2C在线教育模式的授课形式也在不断演变，从录播课程到直播课程，从大班课到一对一、混合类课程，力求掌握消费者心理，满足消费者需求。

B2C在线教育模式的公司，由于担任教育自营主体的角色，一般以相对垂直的教育领域为主要课程产品，如语言培训、职业培训、技能培训等，解决了在线教育标准化的问题，课程一般令人放心。B2C在线教育模式是目前在线教育公司运用最广泛的一种商业模式，长投学堂就属于这种模式。

（2）C2C在线教育模式。

C2C在线教育模式是用户自己把产品放到平台上去出售的商业模式。这一模式被誉为"教育界中的淘宝网"，通过教育机构合作讲师团队入驻平台或者个人讲师入驻的形式，向用户提供直播或点播课程。平台本身并不生产课程，它属于第三方为个人提供技术平台，为用户提供学习课程。如荔枝微课就是这一模式的典型代表。

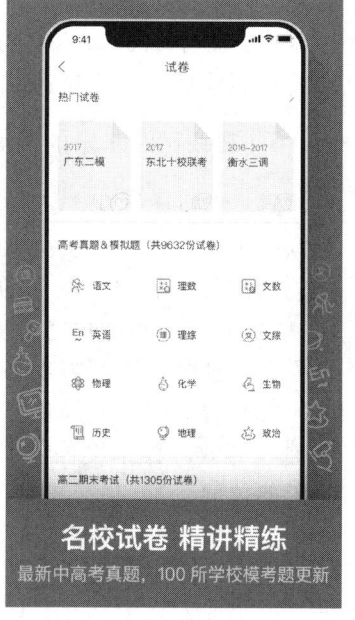

图1-13 猿题库

该模式的本质是连接供需。一方面将自己的流量或者用户转卖给视频或者直播的内容提供商，未来利用出售给他们内容的分成来牟利；另一方面基于内容或提供商的吸引力反哺平台，为平台吸引获取更多的用户和流量。其突出优势表现在避开沉重的服务和内容，只需要在其中抽取一定费用。劣势是无法控制内容的质量，更多依赖平台的人工审核。

近两年这种模式吸引了BAT（指百度、阿里巴巴和腾讯）和网易电商企业的入驻并加快布局抢占先机。主要受三方面因素的影响和推动：①技术因素。AI、云存储、语音识别、互动直播等技术有长足的进步。基础技术的进步，使还原线下学习模式变得可能。②政策因素。2018年年初，教育信息化2.0行动计划将智慧教育创新发展行动列为八大行动之一，提出积极开展智慧创新教育研究和示范，推动新技术支持下教育的模式变革与生态重构。③课程内容充足的沉淀。经过过去几年的沉淀，在线教育课程资源、年龄覆盖已经基本完整。例如，网易已经在悄然之间完成从幼儿教育、小学、中学、大学乃至工作后的职业技能教育等各个阶段的教育课程覆盖，产业根基逐渐扎实。

百度强调和学校的结合，把技术和平台开放给学校使用。腾讯更强调连接和投资，2018年以来已经出现一系列投资案例，倾向于把自身教育平台开放给其他合作伙伴，共同建设生态，这个生态相对松散、开放。网易注重自身的生态建设，几乎所有产品和服务都是内生的，形成了一整套软硬件生态体系，而且目前来看这个生态是最完整的闭环，自研能力也给该企业带来了更大的价值潜力。阿里巴巴在这方面的投入则较少。

## 三、互联网医疗

互联网医疗是互联网在医疗行业的新应用，包括了以互联网为载体和技术手段的健康教育、医疗信息查询、电子健康档案、疾病风险评估、在线疾病咨询、电子处方、远程会诊，以及远程治疗和康复等多种形式的健康管家服务。

近几年，互联网医疗机构遍地开花、形态日趋丰富，从中央到地方，涉及互联网医疗的政策指导和规范频出，从野蛮生长到逐步成熟，不断释放出中国推动互联网医疗健康发展的积极信号。2015年3月30日，中华人民共和国国务院正式印发《全国医疗卫生服务体系规划纲要（2015—2020年）》，明确提出积极应用移动互联网、物联网、云计算、可穿戴设备等新技术，推动惠及全民的健康信息服务和智慧医疗服务，推动健康大数据的应用。在医生多点执业、互联网售药等多项政策利好的形势下，医药企业竞相发力互联网医疗。电商企业布局医疗市场，传统药企也纷纷掘金互联网医疗蓝海。

目前互联网医疗商业模式的核心是实现医疗资源的去中心化。互联网医疗的核心商业模式一般分六类：互联网医院（如微医）、医药电商（如京东健康）、互联网医疗保险（如平安好医生）、互联网健康服务（如春雨医生）、移动医疗（如阿里健康）、医疗大数据（如腾讯医疗）。

### 1. 互联网医院

互联网医院是实体医院的线上模式。根据中华人民共和国国家卫生健康委员会（以下简称"国家卫健委"）2018年9月印发的《互联网医院管理办法（试行）》，互联网医院必须有实体医疗机构作为线下支撑，互联网医院所能开展的科室设置和诊疗科目不得超出所依托的实体医疗机构的科目范围。互联网医院可以提供慢性病和常见病复诊，可以开具电子处方，但不能提供首诊。

2020年，国家卫健委、国家医疗保障局（以下简称"国家医保局"）等部门密集出台了一系列政策（见图1-14），大力推动互联网医院发展。互联网医院受到各方青睐，迅速增长的居家问诊需求、国家医保局将其纳入医保支付、相关主管部门颁布的多重政策红利，使得互联网医院发展迎来了一个新高峰。

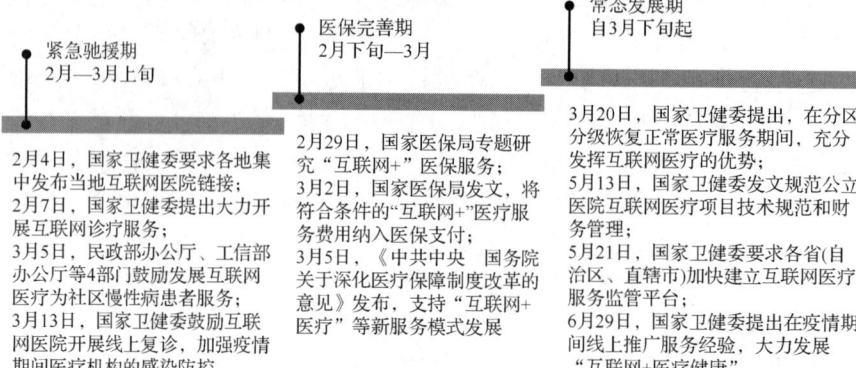

图1-14　政策对互联网医院的推动

2015年12月7日，全国首家互联网医院——乌镇互联网医院正式开业。其依托线下实体医院建立，提供在线复诊、远程会诊、家庭医生签约等服务，开创了在线预约、远程诊疗、在线处方、药品配送、在线医保等一系列融合式医疗服务的先河。

互联网医院模式的典型代表是微医，微医互联网医院通过互联网和人工智能技术，帮助医院、医生、药企、险企等产业链主体实现云化与智能化。微医的互联网医院主要包含三个层次，分别是互联网医院平台、互联网家庭医生签约服务平台、微医分级诊疗平台，其共同点是通过互联网赋能实现医疗资源的配置，但侧重点有所不同。

（1）互联网医院平台功能主要包括在线咨询问诊、远程会诊，并且能够提供影像、病理、心电图等检查检验服务。该模式通过与三甲医院合作进行，使三甲医院医生和基层医疗力量合作。截至2020年1月，微医业务覆盖了31个省/自治区/直辖市和香港特区，以及澳大利亚、泰国等国家，平台连接了逾36万名医生、3 200家医院，实名注册用户为2.1亿个。

（2）互联网家庭医生签约服务平台由家庭医生提供咨询、慢病管理、诊后随访服务，此外，通过互联网平台家庭医生能够实时监督患者，为患者提供精准预约、转诊、绿色通道等服务。

（3）微医分级诊疗平台提供微医互联网医院与三甲医院合作，打造微医互联网医联体，为基层医疗机构赋能，有助于将专家的经验和技术传递给基层医生。通过远程医疗的方式，实现患者的分级诊疗。

**2. 医药电商**

医药电商是指以医疗机构、医药公司、银行、医药生产商、医药信息服务提供商、第三方机构等以营利为目的的市场经济主体，凭借计算机和网络技术（主要是互联网）等现代信息技术，进行医药产品交换及提供相关服务的行为。医药电商以互联网平台为载体，将传统医药和新兴互联网技术有机结合，为用户提供购药、送药等服务。其主要特点为便捷，用户足不出户即可享受购药、配送、用药等服务。

在2020年新冠疫情暴发后，国家卫健委多次发文，鼓励开展远程医疗服务，引导患者网络购药，以避免外出就诊或购药引发交叉感染。药品和防疫用品成了需求最大的商品，医疗电商的销量不断增加，人们对医药电商认知度也有所提升。未来实体药店将依托医药电商，加速融合，推动线上线下协同发展，转型为以药品销售服务为基础，延伸至诊疗服务、健康管理、金融等一系列增值服务，构建"医+药"健康服务的闭环生态。

医药电商的典型代表是京东健康（见图1-15）。2014年，京东获得《互联网药品交易服务资格证书》A类证书，2019年5月开始独立运营，初步形成业内最完整的"互联网+"医疗健康布局，覆盖药品全产业链、医疗全流程、健康全场景、用户全生命周期。2020年3月，集预约挂号、医生咨询、线上购药、健康科普、预约体检、健康管理等功能的京东健康App（见图1-16）上线。

图1-15　京东健康网站首页

图1-16　京东健康App界面

### 3. 互联网医疗保险

2019年8月，国家医保局发布《国家医疗保障局关于完善"互联网+"医疗服务价格和医保支付政策的指导意见》，首次将"互联网+"医疗服务纳入医保支付范畴。随着国家层面对于互联网在线诊疗的进一步规范化，各省层面互联网医疗纳入医保将进入实质性发展阶段。2020年2月15日，浙江省医保局率先在邵逸夫医院进行医保在线支付试点，医保在线支付取得真正意义上的突破，实现医保统筹账户在线支付。

"互联网+"医疗保险的商业模式发展现在尚处于早期探索阶段。目前主要有自筹自建模式和双方合作模式两种。自筹自建模式包含两种途径：一是互联网医疗公司自身成立健康保险公司，典型代表是阿里健康；二是保险公司布局互联网医疗，典型代表是平安好医生。互联网医疗企业和保险公司合作是常见的方式。

平安好医生（2021年1月更名为平安健康，见图1-17）于2015年4月上线，平安好医生App（2021年1月更名为平安健康App，见图1-18），平安好医生是平安集团在医疗科技领域布局的重要成员，与平安智慧城市、平安医保科技等公司共同构成了平安集团的医疗健康生态圈。平安好医生与保险机构存在天然的合作基础，通过持续产品创新和生态平台的完善，使其具备了与保险机构深化合作的空间，共同探索医疗健康和保险的场景结合和落地，为打造出"医疗健康+保险"创新生态打下了深厚的基础。

图1-17　平安健康网站首页

### 4. 互联网健康服务

互联网健康服务实现了以患者为中心的理念，利用互联网可以大大提升用户的医疗健康服务体验，让医生和患者建立起长期关系，在不增加费用的前提下让患者得到更好的服务。

互联网健康服务的核心运作模式有三种。

（1）在线问诊。在线问诊与互联网医院有着本质区别，前者主要满足消费医疗需求，后者是传统医疗的延伸。在线问诊的盈利模式与互联网医院有很大不同，受限于政策约束，在线问诊只能提供健康咨询服务，不能开展诊疗服务，不能开具处方。这也就造成在线问诊更多通过将流量引至医药电商业务来实现创收。远程轻问诊需求是患者下载互联网在线问诊平台的核心驱动力，这一业务相当于流量入口。

图 1-18　平安健康 App 界面

（2）互联网+家庭医生。为解决看病难、看病贵和医疗资源利用率的问题，国家积极推行家庭医生签约服务。家庭医生签约服务是以社区卫生服务中心为平台、以家庭为单位、以服务承诺为基础、以家庭医生为核心、为广大居民提供基本卫生服务的一项创新保障制度，对于实现基层首诊、分级诊疗、转变医疗卫生服务模式有重要意义。

（3）互联网+社区居家养老。互联网+社区居家养老服务有利于解决供需双方信息交流的不通畅；有利于丰富社区居家养老的服务内容，扩展居家养老的服务项目；有利于提高社区居家养老服务的服务效率和管理效率。①在生活照料服务方面，"互联网+"既可以方便老年人获取基本服务，又可以为老年人提供生活信息的提示和咨询服务。②在医疗护理服务方面，针对其时效性和专业性的特征，可以通过智能可穿戴设备对老年人的健康信息进行采集与无线传输。同时，依托互联网信息平台，将在线咨询、预约挂号、远程会诊、远程培训、网上购药、缴费报销、结果查看等功能统一集成在社区居家养老服务信息平台之中，可以方便老人看病就医、及时了解相关信息。③在紧急救助服务方面，可以通过无线传感器和报警系统等信息技术，让老年人在紧急关头获得送医、送药、心理咨询服务，同时利用相关监控设备进行联网监控和远程监护，能及时发现老年人的身体和所处环境的异常。

互联网健康服务模式的典型代表是春雨医生（见图 1-19），2011 年，春雨医生推出轻问诊服务，利用移动互联网和手机帮助用户和医生进行快速、便捷的交流。移动问诊服务已经形成一个规模庞大的线上互动和服务网络。2014 年，春雨医生推出空中医院，帮助医生在互联网上对自己的医疗服务进行定价，面向互联网用户销售自己的服务。2015 年，春雨医生开始探索私人医生，从医生和患者一对一交流出发，建立起医生和患者的长期关系。2016年，春雨医生推出问诊开放平台，将问诊能力赋能给互联网上其他大健康用户服务平台。具体提供的服务有：在线问诊服务、家庭医生服务、社区居家养老服务。

### 5. 移动医疗

随着5G时代的到来，智能手机和新型移动设备的渗透率日渐提高，越来越多的人希望通过手机等移动终端来获得高质量的医疗健康信息服务，移动医疗作为新的产业增长点正成为关注热点。我国老龄化趋势加快，人们对医疗健康的需求上升，医疗健康服务行业快速增长。同时，移动互联网快速发展并与医疗行业深度融合，凭借低成本、高效率、方便快捷的优势，移动医疗App深受市场喜爱。

移动医疗模式的典型代表企业是阿里健康（见图1-20），它是阿里巴巴集团在医疗健康领域的旗舰平台。阿里健康凭借阿里巴巴集团在电子商务、互联网金融、物流、大数据和云计算等领域的优势，全渠

图1-19　春雨医生App界面

道推进医药电商及新零售业务，并为大健康行业提供线上线下一体化的全面解决方案，推动社会医药健康资源实现跨区域共享配置，提高普通民众就医、购药的便捷性。

图1-20　阿里健康网站首页

### 6. 医疗大数据

医疗大数据立足于医疗信息化基础，探索布局相关数据的采集、分析和应用。其应用可以为政府部门监管提供重要的参考数据，从而更有效地对医疗健康行业进行管控以及实施流行病防治。同时，企业可以基于医疗大数据采取更加适宜的战略战术，借助医疗大数据提升自身运营效率和市场竞争力。对用户而言，医疗大数据技术有利于形成健康闭环，实现对用户健康的全天候监控，从而进行个性化医疗健康管理与疾病

预防，带来全新的医疗与健康管理体验。

医疗大数据模式的典型代表是腾讯医疗健康（见图1-21），其储备的医疗大数据包括约50万个医学术语、超过20万个医学标注、超过100万个术语关系规则、超过1 000万条健康知识、超过8 000万条高质量医疗知识以及超过1亿条开放医疗百科数据，涵盖了绝大部分对外公开的权威医学知识库。

图1-21　腾讯医疗健康网站首页

## 四、电子政务

当前，全球信息化进程正在改变着人们的生活方式。世界各国高度重视电子政务的发展，电子政务发展水平已经成为衡量国家及城市竞争力的指标之一。

### 1. 电子政务的含义

电子政务指政府运用计算机网络和通信等现代信息技术手段，实现政府组织结构和工作流程的优化重组，超越时间、空间和部门分隔的限制，建成一种精简、高效、廉洁、公平的政府运作模式，以便全方位地向社会提供优质、规范、透明、符合国际水准的管理与服务。

### 2. 电子政务的优势

与传统政务相比，电子政务有以下优势：

（1）电子政务可以优化政府工作流程，使政府机构设置更为精简合理，从而解决职能交叉、审批过多等问题。

（2）电子政务可以使政府运作公开透明。这可以在很大程度上遏制暗箱操作等现象。

（3）电子政务可使政府信息资源利用更充分、更合理。电子政务既使得政府各类信息资源数据库互联共享成为可能，又使得这些资源得到统筹管理和综合利用，从而避免资源闲置、浪费和重复建设。通过电子政务共享的信息资源更易存储、检索和传播，共享的范围和数量也更大，可以更有效地支持政府的决策。

（4）电子政务可以有效地提升政府监管能力。电子政务通过网络能够实现快速和大规模的远程数据采集和分析，从而可以实现跨地域信息的集中管理和及时响应，大大增强监管者的核对、监管能力。

(5) 电子政务可以使政府服务功能增强。电子政务将推动传统的政府由管理型向服务型转变，政府职能由管理控制转向宏观指导。

(6) 电子政务可以使政府办事效率更高，管理成本更低。网上办公提高了办事效率，节约了政府办公费用的开支。政府通过网络可以直接与公众沟通，及时收集公众的意见，提高政府的反馈速度，降低政府的管理成本。

### 3. 电子政务的分类

根据其服务对象的不同，电子政务可以分为政府对政府的电子政务，政府对企业的电子政务，政府对公民的电子政务和政府对雇员的电子政务。

(1) 政府对政府的电子政务。

政府对政府的（Government to Government，G2G）电子政务是电子政务的基础性应用，即上下级政府、不同地方政府和不同政府部门之间实现的电子政务活动。

(2) 政府对企业的电子政务。

政府对企业的（Government to Business，G2B）电子政务指政府通过电子网络系统进行电子采购与招标，精简管理业务流程，快捷迅速地为企业提供各种信息服务。

在 G2B 电子政务中，政府主要通过电子化网络系统为企业提供公共服务。G2B 电子政务旨在打破各政府部门的界限，实现业务相关部门在资源共享的基础上迅速快捷地为企业提供各种信息服务，精简管理业务流程，简化审批手续，提高办事效率，减轻企业负担，为企业的生存和发展提供良好的环境，促进企业发展。

(3) 政府对公民的电子政务。

政府对公民的（Government to Citizen，G2C）电子政务是政府通过电子网络系统为公民提供各种服务。G2C 电子政务所包含的内容十分广泛，如教育培训服务、就业服务、电子医疗服务、社会保险网络服务、公民信息服务、交通管理服务、公民电子税、电子证件服务等。

(4) 政府对雇员的电子政务。

政府对雇员的（Government to Employee，G2E）电子政务也被有些学者称为内部效率效能电子政务模式。G2E 电子政务是通过网络技术实现内部电子化管理的重要形式，也是 G2G、G2B 和 G2C 电子政务模式的基础。G2E 电子政务主要利用互联网建立起有效的行政办公和员工管理体系，为提高工作效率和公务员管理水平服务。

### 4. 电子政务的内容

电子政务的内容就是在现代信息网络环境下，在网上建立电子政务平台，并使政府扮演好服务者、管理者和消费者这三个重要角色。

(1) 政府扮演"服务者"角色。

政府在实施电子政务过程中，要充分体现"以人为本，服务大众"的思想。在电子政务建设中，政府的"服务者"角色主要体现在以下几方面：监督电子化、资料电子化、沟通电子化和市场规范化。

(2) 政府扮演"管理者"角色。

电子政务的出现，不仅可以使政府基本实现主要办公业务的数字化、网络化和信息化，使政府高效率、高质量地进行宏观管理和科学决策，而且还可以使政府工作的透明度更高，为社会公众提供更好的服务。在电子政务环境下，政府管理主要发生了以下几个方面的变化：办公电子化、调控电子化和监督职能电子化。

（3）政府扮演"消费者"角色。

政府不仅是国家的管理者，而且也是一个巨大的消费者，政府每年都要购买大量公共用品。政府先汇总要购买的物品，然后进行网上电子招标，这可以让企业公开、公正、公平地进行竞争，减少了腐败行为发生的可能性。同时，电子招标节省了时间和精力，提高了工作效率，并实现了政府采购的国际化。

## 五、农村电子商务

### 1. 农村电子商务的定义

农村电子商务通过网络平台嫁接各种服务于农村的资源，拓展农村信息服务业务、服务领域，使之成为遍布县、镇、村的"三农"（农业、农村、农民）信息服务站。农村电子商务平台配合密集的乡村连锁网点，以数字化、信息化的手段，通过集约化管理、市场化运作、成体系的跨区域跨行业联合，构筑紧凑而有序的商业联合体，降低农村商业成本，扩大农村商业领域，使农民成为平台的最大获益者，使商家获得新的利润增长。

农村电子商务平台的实体终端直接扎根于农村服务于"三农"，真正使"三农"服务落地，使农民成为平台的最大受益者。

### 2. 农村电子商务提供的服务

农村电子商务服务包含网上农贸市场、特色旅游、特色经济、数字农家乐和招商引资等内容。

（1）网上农贸市场。迅速传递农林渔牧业供求信息，帮助外商出入属地市场，和属地农民共同开拓国内市场，走向国际市场。同时，网上农贸市场还包括农产品市场行情和动态快递、商业机会撮合、产品信息发布等内容。

（2）特色旅游。依托当地旅游资源，通过宣传推介来扩大对外知名度和影响力，从而全方位介绍属地旅游线路和旅游特色产品及企业等信息，发展属地旅游经济。

（3）特色经济。通过宣传和介绍各个地区的特色经济、特色产业和相关的名优企业、产品等，扩大产品销售通路，加快地区特色经济、名优企业的迅猛发展。

（4）数字农家乐。为当地的农家乐（有地方风情的各种餐饮娱乐设施或单元）提供网上展示和宣传的渠道。通过运用地理信息系统技术，制作全市农家乐分布情况的电子地图，同时采集农家乐基本信息，使其风景、饮食、娱乐等特色尽在其中，既方便城市百姓的出行，又让农家乐获得广泛的客源，实现城市与农村的互动，促进当地农民增收。

（5）招商引资。搭建各级政府部门招商引资平台，介绍政府规划发展的开发区、生产基地、投资环境和招商信息，更好地吸引投资者到各地区进行投资生产经营活动。

## 六、直播电子商务

### 1. 直播电子商务的含义

直播电子商务，简单说就是"网红+直播+电商"，是将线上购物通过直播的形式呈现，通过主播的话术带动用户消费。直播电子商务是基于视频互动而孕育出来的一种新的商品渠道业态，是主播（明星、网红、创作者等）借助视频直播形式推荐卖货并实现"品效合一"的新兴电商形式。直播电子商务于2016年最早由淘宝直播推出，2019年因快速发展而被称为直播电商元年，并在2020年高歌猛进，头部主播、明星、主持人、明星企业家等纷纷开始直播带货。直播电子商务是电子商务进化的新阶段。直播电子商务作为内容电商的高级形态和最新形式，其"现场+同场+互动"的特点，实现了内容多维度升级，能够通过更紧密的互动与用户建立起难得的更为长久的"信任感"，更好地输出品牌价值，真正实现"品效合一"。

### 2. 直播电子商务的模式分类

直播电商可根据不同的需求进行不同模式的直播，很多人选择电商直播的原因是其能够让用户更加切身地感知到服务主体的存在，用户的诉求可以较快得到回应，会让商品显得更加真实，吸引广大消费者购买。

（1）电商平台直接镶嵌直播功能的模式。

电商平台镶嵌直播功能的模式其实已经被许多电商界顶级企业应用，如淘宝、京东等，他们在自己的平台中镶嵌相应的直播功能，相当于把直播变成电商的"附属品"。在电商平台直接镶嵌直播功能的模式下，电商平台一开始主要利用流量带动直播流量，等直播平台拥有充足的固定流量后，再利用直播流量反哺电商平台。采用这种模式的电商，多数偏向于利用网红、明星等推广价格能够被广大消费者接受的"大众消费品"，在短时间内达到促销的目的。

（2）直播平台通过商品链接与电商平台发生关系的模式。

这种模式目前非常少。一些专业的游戏直播平台，可能会在直播室中挂上游戏币、游戏点卡的购买链接，在直播结束后，链接会马上被拿下，并不会长期被摆放。直播平台不愿意长期挂上电商链接的原因在于，虽然"直播+电商"的模式可以带来更多利益，但是大部分专业直播平台的收益来源还是以粉丝打赏为主，直播平台挂上电商链接，可以进行商品销售，可能会影响粉丝对直播的体验，造成平台流量损失。

（3）以直播为主的内容电商平台的模式。

这种模式具有独特的平台属性，在该平台上的产品基于直播推荐出售，直播和电商是互惠互利的关系，两者绑定在一起，不隶属。这种新的电商模式与传统电商相比，增加了直播功能。这种模式才是真正的"直播+电商"的营销模式。这种方式使流量的变现渠道变得更加广泛，强化了直播营销可执行的内容。

直播电子商务在2020年以星火燎原之势，席卷全国各地。它的爆发是我国技术进步、消费升级、产业转型、城市发展、市场变革等多重因素叠加的产物。CINNIC数据显示，截至2020年12月，我国网络直播用户规模达6.17亿个，较2020年3月增长5 703万个，占整体网民的62.4%；其中，电商直播用户规模为3.88亿个，较 2020 年 3 月份增长 1.23 亿个，占整体网民的 39.2%。淘宝、抖音、快手在直播电商行业形成三足鼎立态势。

直播电子商务的本质是高质量、高效率的品牌营销，既需要高质量的商品和服务，也需要高效率的传播和供应链。在视频化的营销时代，直播电子商务更需要基于价值的产品创造、渠道传递和内容传播。通过直播电子商务，重构商品流通中的人、货、场，这是直播电子商务的创新重点。

**视野拓展**

扫码了解我国电子政务经历的五个阶段。

我国电子政务建设经历的五个阶段

### 【思政小课堂】

#### 有一种民意叫"人民的名义"

一部主旋律电视剧《人民的名义》自开播就走上了"爆款"之路，成功掀起全民观影热潮。这部电视剧生动展现了党的十八大以来党中央猛药去疴、激浊扬清的决心和行动，之所以能获得收视率和口碑的"双丰收"，归根结底在于民意。

民意是最大的政治，正义是最强的力量，《人民的名义》火爆的背后是有着广泛而坚实的群众基础的。它是一部符合老百姓口味的"视觉大餐"。群众的眼睛是雪亮的，反腐败是一场正义之战，坚持有腐必反、有贪必肃，让每一个腐败分子受到应有的制裁，这正是实现民利、顺应民意的积极行动，不但丝毫不会损害党和政府的形象，相反却能让群众对执政党自我净化、自我完善、自我提高的能力更添信赖。

（资料来源：人民网。）

启发：民心所向，政必由之。《人民的名义》反映出人民群众对我们党反腐正风行动的支持和期待。民意作为反腐败的最强大后盾，产生了巨大的反腐"正能量"。只有始终把民意厚植于反腐斗争全过程，坚持以民意为导向，着力解决好人民群众最关心的、反映最强烈的腐败问题，才能推动反腐斗争不断取得胜利。

## 任务四　电子商务的模型与框架

**任务描述**

电子商务的概念模型是对现实世界中电子商务活动的一般抽象描述。电子商务框架是实现电子商务从技术到一般服务层所应具备的完整的运作基础，它在一定程度上改变了市场的基本结构。传统的市场交易链是在商品、服务和货币交换过程中形成的，而电子商务的应用强化了信息这个重要因素，于是就有了信息服务、信息商品和电子货币等。然而，商品交易的实质并没改变，只有在贸易过程中一些环节所依附的载体发生了变化，也就相应地改变了形式。

电子商务系统需要时刻和外界进行信息交流。同时，这一系统内部还包括不同的部分，例如，网络、计算机系统、应用软件等。支持企业电子商务系统的外部技术环境包括电子化银行支付系统和认证中心的证书发行及认证管理部分。企业电子商务系统的核心是电子商务应用系统,这一部分的设置是为了满足企业的商务活动要求,而电子商务应用系统的基础则是不同的服务平台,它们构成应用系统的运行环境。

### 学习目标

1. 掌握电子商务的概念模型
2. 掌握电子商务的基本框架

### 任务准备

引导问题 1:SCM 是供应链管理。对于生产型企业来说,供应链管理是电子商务的核心。上网查阅相关资料,了解其内涵。

引导问题 2:CRM 是客户关系管理。对于服务型企业来说,客户关系管理是电子商务的核心。上网查阅相关资料,了解其内涵。

引导问题 3:ERP 是企业资源规划。它主要被用于企业内部资源的有效利用与控制管理。上网查阅相关资料,了解其内涵。

引导问题 4:在整个电子商务应用框架中,这三者是怎样的关系?总结并说明。

### 任务实施

## 一、电子商务的模型

电子商务的概念模型是对现实世界中电子商务活动的一般抽象描述,它由电子商务实体、电子市场、交易事务、信息流、资金流、商流、物流等基本要素构成(见图 1-22)。

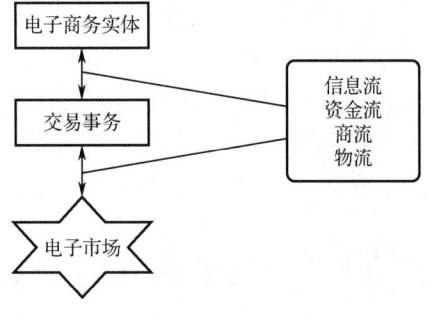

图 1-22 电子商务的概念模型

(1)电子商务实体,又称电子商务交易主体,是指能够从事电子商务活动的客观对象,它可以是企业、银行、商店、政府机构、科研教育机构和个人等。

(2)电子市场是指电子商务交易主体从事商品和服务交换的场所,它由各种各样的商务活动参与者,利用各种通信装置,通过网络连接成一个统一的经济整体。

(3)交易事务是指电子商务交易主体之间所从事的具体的商务活动的内容,如询价、报价、转账支付、广告宣传、商品运输等。

(4)电子商务的任何一笔商务活动都包含四种基本的"流",即信息流、资金流、商流和物流。

① 信息流既包括商品信息的提供、促销行销、技术支持、售后服务等内容,也包括诸如询价单、报价单、付款通知单等商业贸易单证,还包括交易方的支付功能、支付信誉和中介信誉等。

② 资金流主要是指资金的转移过程,包括付款、转账、结算、兑换等。

③ 商流是指商品或服务所有权的转移。

④ 物流主要是商品和服务的流动过程。包括运输、存储、流通加工、包装、装卸搬运、配送和信息处理等一系列的活动。

"四流"互相依存,密不可分,相互作用,既是独立存在的单一系列,又是一个组合体(见图1-23)。其具体关系为:以信息流为核心和依据,通过资金流实现商品的价值,通过物流实现商品的使用价值,物流是资金流的前提与条件,资金流是物流依托的价值担保,并为适应物流的变化而进行调整;信息流对资金流和物流起着指导和控制作用,并为资金流和物流提供决策依据;商流既是交易的核心,也是交易的最终目的。

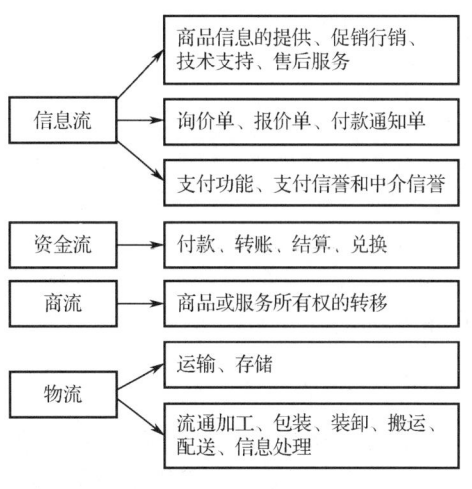

图1-23 电子商务的"四流"

## 二、电子商务的一般框架

电子商务的基本框架是指实现电子商务从技术到一般服务层所应具备的完整的运作基础。完整的电子商务体系体现在全面的电子商务应用上,而这需要相应层面的基础设施和众多支撑条件构成的环境要素。这些从整体上可分为四个层次(自下向上分别为网络层、技术支持层、服务支持层、应用层)和三大支柱(国家政策及法律法规、技术标准和网络协议、物流体系的构建)(见图1-24)。

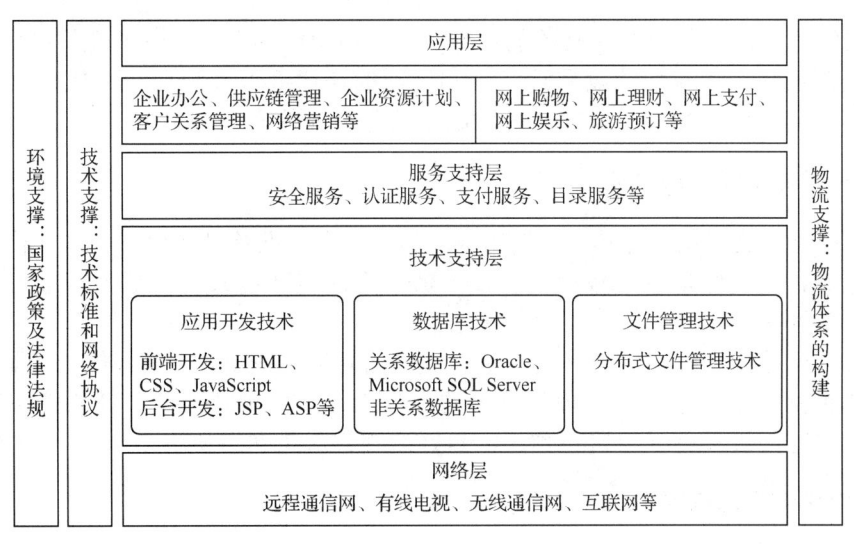

图1-24 电子商务的一般框架

### 1. 网络层

网络层即网络基础设施层,是实现电子商务最底层的基础设施,决定和解决了电子商务信息传输使用的线路问题,既是信息传输系统,也是实现电子商务的基本保证。

电子商务的主要业务是基于互联网的，因此，互联网是网络基础设施中最重要的部分。

### 2. 技术支持层

技术支持层决定和解决了如何在网络上传输信息和管理信息的问题。从技术角度来看，技术支持层主要包括应用开发技术、数据库技术和文件管理技术。其中，应用开发技术包括后端开发和前端开发。后端开发考虑的是如何实现功能和数据的存取、平台的稳定性与性能等；前端开发考虑的是 Web 页面的结构、Web 的外观视觉表现以及 Web 层面的交互实现等。

### 3. 服务支持层

服务支持层被用来为电子商务应用提供支持，包括电子支付、目录服务等。其中，电子认证服务是电子商务服务层的核心，它通过为参与交易者签发数字证书来确认电子商务活动中各方的身份，然后通过加密和解密的方法实现安全的网上信息交换与交易。

### 4. 应用层

应用层是指在生产、流通和消费等领域的各种电子商务应用系统，主要包括网上购物、网上理财、网上支付、网上娱乐、网上出行、旅游预订等个人用户的电子商务应用，以及在此基础上企业开展的企业办公、供应链管理、企业资源计划管理、客户关系管理、网络营销活动等。

### 5. 国家政策及法律规范

开展商务活动时必须遵守有关的法律、法规和相应的政策。电子商务出现后，原有的法律规范已经不适应新的发展环境，制定新的法律规范并形成一个成熟、统一的法律体系，已成为世界各国（地区）发展电子商务活动的必然趋势。

### 6. 技术标准和网络协议

技术标准定义了用户接口、传输协议、信息发布标准等技术细节。它是信息发布和传递的基础，是网络信息一致性的保证。就整个网络环境来说，技术标准对于保证兼容性和通用性是十分重要的。

网络协议是计算机网络中为进行数据交换而建立的规则、标准或约定的集合。对于处在计算机网络中两个不同地理位置上的用户来说，要进行通信，就必须按照通信双方预先约定好的规程进行。这些预先约定好的规程就是网络协议。

### 7. 物流体系的构建

一项完整的商务活动，涉及信息流、商流、资金流和物流这四种流动过程。物流是电子商务的重要组成部分，是信息流和资金流的基础和载体。实体商品生产和交换的全过程需要物流活动的支持，没有现代化的物流运作模式支持和一个高效、合理、畅通的物流系统，电子商务所具有的优势就难以发挥。因此，物流业的发展壮大对电子商务的快速发展起着重要的支撑作用。

## 拓展练习

查阅资料，说明电子商务系统（主要由电子商务网络系统、供应方、认证机构、网上银行、物流中心、需求方、电子商务服务商组成，见图1-25）包含的具体内容。

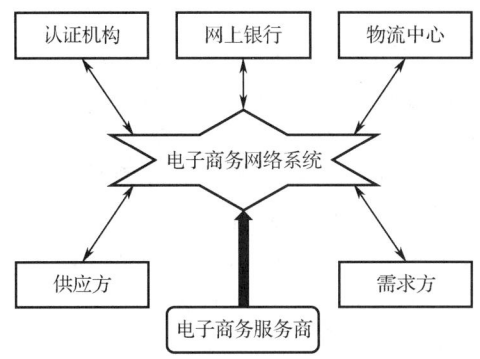

图1-25 电子商务系统的组成

## 【思政小课堂】

### 关于加强网络文学作品版权管理的通知

2016年11月14日，国家版权局发布了《关于加强网络文学作品版权管理的通知》（以下简称《通知》）。《通知》要求网络服务商落实企业主体责任，履行好法律义务，建立健全四项工作机制，具体包括侵权处理机制、版权投诉机制、通知删除机制和上传审核机制等具体法律义务。

其一，侵权处理机制指《通知》第2条，无论是直接提供内容的网络服务商还是提供相关网络服务的第三方网络服务商，都要建立健全侵权作品处理机制，加强内部版权监督管理，依法履行保护网络文学作品版权最基本的义务。

其二，版权投诉机制指《通知》第4条，要求直接提供内容的网络服务商应当积极受理权利人投诉，及时依法处理权利人的合法诉求。

其三，通知删除机制指《通知》第6条，要求提供相关网络服务的第三方网络服务商应当在其服务平台显著位置载明投诉方式，并在接到权利人通知投诉24小时内删除侵权作品、断开相关链接。

其四，上传审核机制指《通知》第8条，要求提供信息存储空间的网络服务商，应当审核并保存版主、应用程序开发者等的姓名、账号、网络地址、联系方式等信息，履行好违法犯罪线索报告等责任和义务，配合执法部门查处侵权盗版行为。

四项工作机制实现了版权投诉处理有入口、有出口，有投诉、有应对，有审核、有删除，从而确保在制度建设层面覆盖网络文学作品传播的全流程，在实际操作层面确保处理侵权纠纷有途径、无死角。

（资料来源：法律快车。）

思考：对于网络内容提供商而言，他们应如何更好地执行《通知》的相关要求？

启发：网络服务商落实企业主体责任，履行好法律义务。在追求自身经济目标的同时，也要承担一定的社会责任，每个公民都是如此。法律面前人人平等，要及时关注新的法律法规的出台，做一个知法、守法的好公民。

电子商务基础与实务

## 任务五　电子商务的基础技术

### 任务描述

电子数据交换是电子商务的雏形和金钥匙，被形象地称为"无纸贸易"，是电子商务与传统商务的分水岭。互联网是电子商务应用的重要通信网络基础，万维网技术提供了电子商务应用的环境。本次学习主要围绕实施电子商务所需的基础技术，首先介绍电子数据交换的工作原理，互联网系统的组成及使用的协议，其次对互联网应用进行总结概括，再次介绍常用的网站建设的客户端技术和服务器端技术，最后介绍物联网、云计算、大数据、人工智能等新兴技术，这些技术是相互交叉、相互支撑的。电子商务是一种技术含量很高的商务活动，只有各参与方配合和共同努力，才能真正实现健康和稳定发展，体现其应用价值。

### 学习目标

1. 熟悉电子数据交换的工作原理
2. 了解互联网的知识
3. 掌握互联网的应用
4. 了解物联网、云计算、大数据、人工智能等新兴技术的应用

### 任务准备

引导问题1：物联网作为一种新兴技术，正在受到国家和企业的高度重视，通过网络查阅相关资料，了解物联网在智能交通方面的应用，举例谈谈自己的感受。

引导问题2：物联网作为一种新兴技术，正在受到国家和企业的高度重视，通过网络查阅相关资料，了解物联网在智能医疗方面的应用，举例谈谈自己的感受。

引导问题3：物联网作为一种新兴技术，正在受到国家和企业的高度重视，通过网络查阅相关资料，了解物联网在智能家居方面的应用，举例谈谈自己的感受。

引导问题4：智能家居具体的适用场景目前主要是哪些地方？如果在家里使用智能家居，你有顾虑吗？有哪些方面的顾虑？

### 任务实施

### 一、电子数据交换技术

#### 1. 电子数据交换的概念

电子数据交换（EDI）至今没有统一的定义，但各种定义有三方面的内容是一致的：资料采用统一标准，传递电子信息，信息在计算机之间传递。

国际标准化组织将电子数据交换描述成"将商业或行政事务处理按照一个公认的标准，形成结构化的事务处理或报文数据格式，从计算机到计算机的电子传输方法。"本书

采用国际标准化组织给出的定义。早期的电子数据交换网络是专用的增值通信网络，当时的电子数据交换可以被看作现代电子商务的雏形。EDI 也被形象地称为"无纸交易"，是一种利用计算机进行商务处理的新方法，可以节约成本、减小差错率、提高效率。

### 2. 电子数据交换的构成

构成 EDI 系统的三个要素是：EDI 软件和硬件、EDI 通信网络、数据标准化。一个部门或企业要实现 EDI，首先，必须有一套计算机数据处理系统；其次，为使本企业内部数据比较容易地转换为 EDI 标准格式，应采用 EDI 标准；最后，通信环境的优劣也是关系 EDI 成败的重要因素之一。

（1）EDI 软件和硬件。

EDI 的软件主要有转换软件、翻译软件和通信软件，EDI 的工作过程如图 1-26 所示。

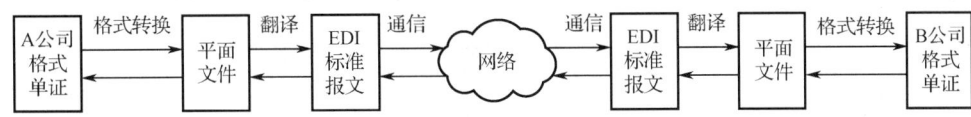

图 1-26　EDI 的工作过程

① 转换软件（Mapper）。它可以帮助用户将原有计算机系统的文件转换成翻译软件能够理解的平面文件（Flat File），或是将从翻译软件接收来的平面文件，转换成原计算机系统中的文件。

② 翻译软件（Translator）。它可以将平面文件翻译成 EDI 标准格式，或将接收到的 EDI 标准格式翻译成平面文件。

③ 通信软件。EDI 标准格式的文件外层加上通信信封（Envelope），再送到 EDI 系统交换中心的邮箱（Mailbox），或由 EDI 系统交换中心将接收到的文件取回。

EDI 所需的硬件设备大致有：计算机、调制解调器及电话线。

（2）EDI 通信网络。

EDI 通信方式有两种：直接连接和增值网络。前一种方式只有在贸易伙伴数量较少的情况下使用，随着贸易伙伴数量的增多，当多家企业直接用电脑通信时，会出现由于计算机厂家不同、通信协议差异以及工作时间不易配合等问题造成的困难。为了克服这些问题，许多应用 EDI 的公司逐渐采用第三方网络与贸易伙伴进行通信，即增值通信网络的方式。

（3）数据标准化。

EDI 标准是 EDI 专用的一套结构化数据格式标准。商业伙伴实施 EDI，必须遵循一定的 EDI 报文标准。在国际上，自 20 世纪 60 年代起就开始了 EDI 标准的研究，存在两大标准体系：一个是流行于欧洲和亚洲的，由联合国欧洲经济委员会制定的 UC/EDIFACT 标准；另一个是流行于北美的，由美国国家标准化委员会制定的 ANSIX.12 标准。

### 3. 电子数据交换的发展

（1）国外电子数据交换的发展。

据统计，20 世纪 60 年代，平均每做成一笔生意需要 30 份纸制单证，而全世界每年做成的贸易超过 1 亿笔，这样因贸易活动而产生的纸制文件数以十亿计。20 世纪 60 年代末至 70 年代初，人们在贸易活动中为了节约纸张、提高效率，发明了 EDI，在当时，用纸制单证订货做成一笔生意平均需要 55 美元，而用 EDI 订货只需 27 美元。

美国是最早使用 EDI 的国家（见图 1-27）。20 世纪 90 年代初，全球已有 2.5 万家大型企业采用 EDI，美国 100 家大型企业中有 97 家采用 EDI。

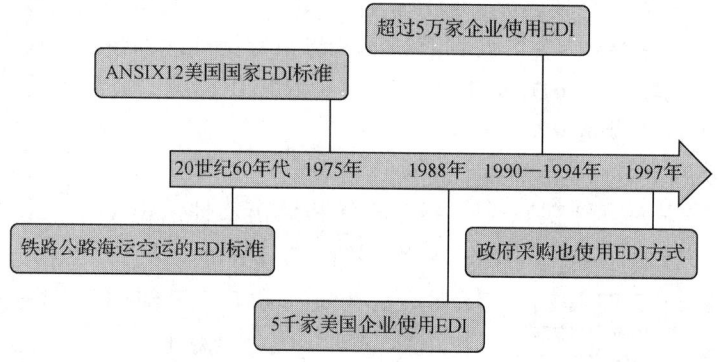

图 1-27　美国 EDI 的应用

20 世纪 90 年代中期，美国有 3 万多家公司采用 EDI，西欧有 4 万家 EDI 企业用户，包括化工、电子、汽车、零售业和银行（见图 1-28）。

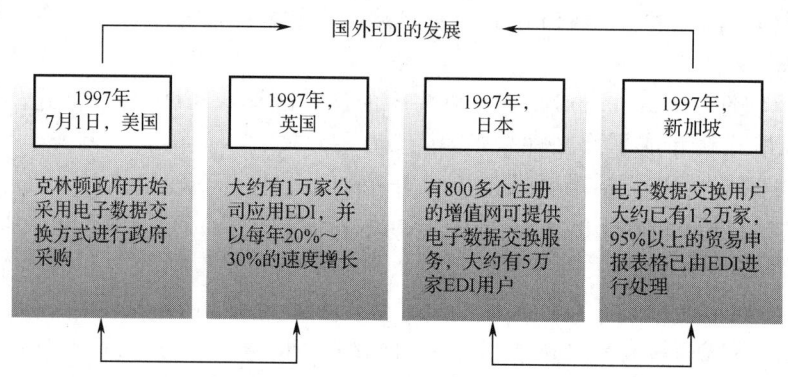

图 1-28　国外 EDI 的应用

（2）国内电子数据交换的发展。

我国基于电子数据交换的电子商务始于 20 世纪 90 年代初。1990 年，中国引入 EDI 概念；1991 年，中国促进 EDI 应用协调小组成立；1996 年 2 月，当时我国的对外经济贸易部成立了国际贸易电子数据交换服务中心；1996 年 12 月 18 日，联合国贸易网络组织中国发展中心在北京成立；1996 年，北京海关与中国银行北京分行在我国首次开通了电子数据交换通关电子划款业务。与此同时，各省、自治区、直辖市及中央部委也都设立了专门的职能部门来负责协调电子数据交换的应用推广工作。经过各级政府部门的努力推广，电子数据交换从应用最多的进出口贸易逐渐扩展到商检、税务、邮电、铁路和银行等领域。

（3）全球电子数据交换的发展。

2021 年 6 月发布的《2021—2027 全球与中国电子数据交换（EDI）软件市场现状

及未来发展趋势》显示，全球 EDI 软件市场的主要生产商为 True Commerce、MuleSoft、SPS Commerce 等企业，排名前三的企业占全球市场约 35%的份额。北美和欧洲是主要市场，占全球约 80%的市场份额。2020 年全球 EDI 软件市场规模达 62 亿元，预计 2027 年将达到 109 亿元，年复合增长率为 8.0%。

### 4．手工方式与 EDI 方式的比较

（1）手工方式下的贸易单证的传递。

操作人员先使用打印机将企业数据库中存放的数据打印出来，形成贸易单证，然后通过邮局或传真的方式发给贸易伙伴；贸易伙伴收到单证后，录入人员将其手工录入数据库，以便各个部门共享（见图 1-29）。手工方式的缺点是买卖双方之间重复输入的数据较多，容易产生差错、准确率低、劳动力消耗多、时延较长。

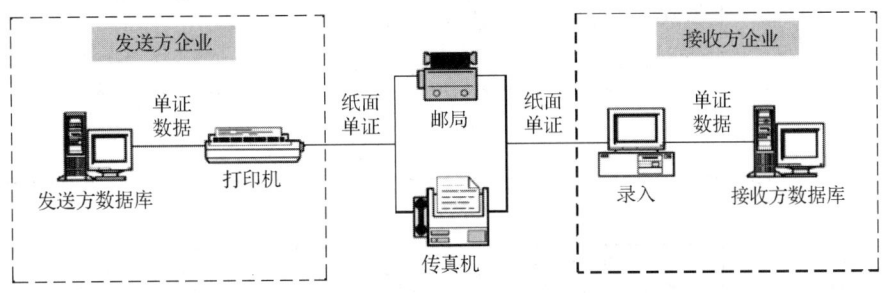

图 1-29　手工方式下贸易单证的传递过程

（2）EDI 方式下的贸易单证的传递。

发送方数据库中的单证数据先通过 EDI 软件转换为平面文件，再将平面文件翻译成标准 EDI 报文，通信软件将标准 EDI 报文外层加上"通信信封"，通过网络（增值通信网络或互联网）传递给接收方的计算机。接收方的计算机再通过 EDI 软件将标准 EDI 报文转化为贸易单证，转化为本企业内部的数据格式，存入数据库（见图 1-30）。

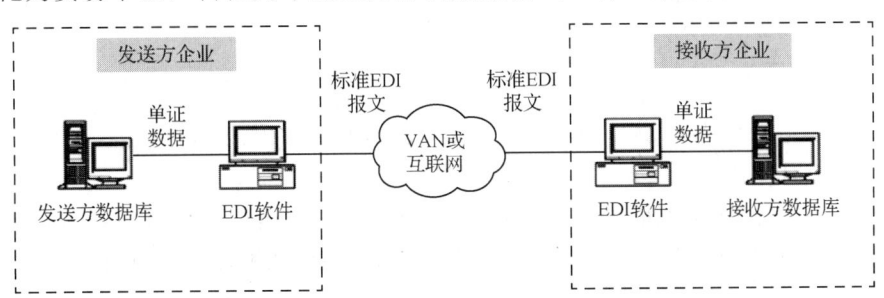

图 1-30　EDI 下贸易单证的传递过程

## 二、互联网技术

### 1．互联网的产生和发展

互联网是人类历史发展中的一个里程碑，也被称为国际互联网络、交互网络和网际网等。它是由分布在全世界的计算机遵循一定的通信协议并通过各种网络设备相互连接而成的。互联网是将处于不同地理位置，并且有独立计算能力的计算机系统经过传

输介质和通信设备相互连接，在网络操作系统和网络通信软件的控制下，实现资源共享的计算机集合。互联网已经成为世界上覆盖面最广、规模最大、信息资源最丰富的计算机信息网络（见图1-31）。

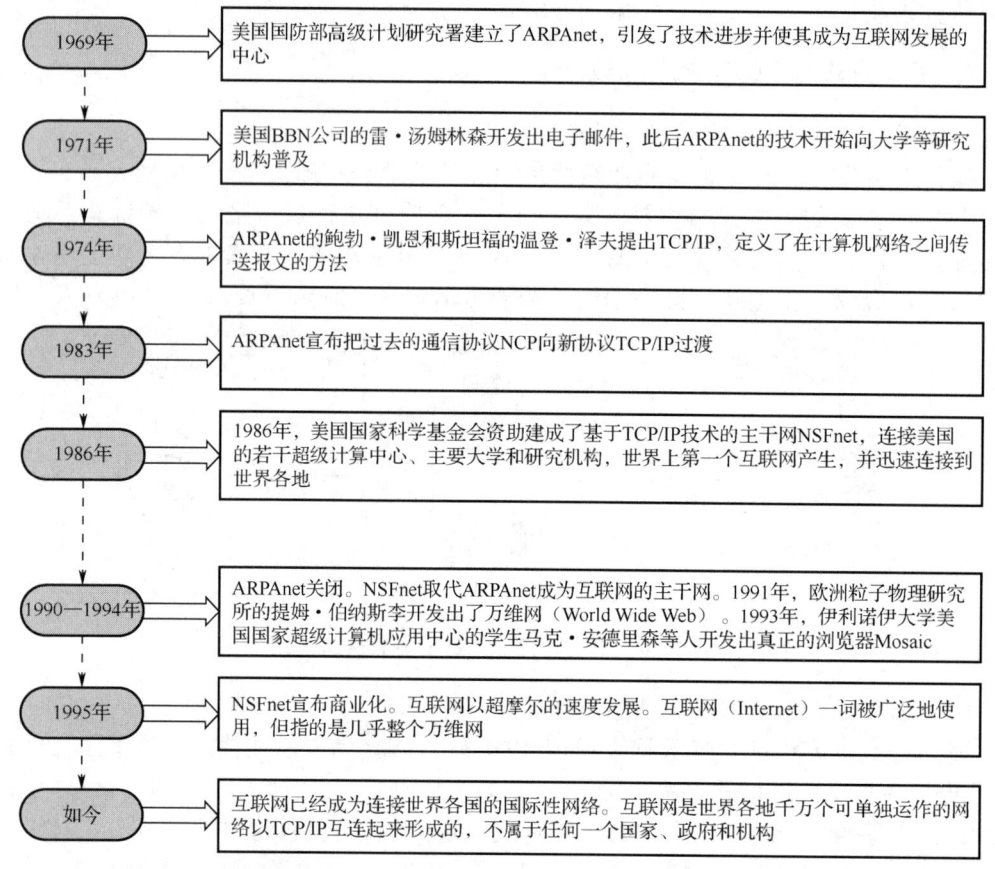

图 1-31　互联网的发展

### 2．互联网协议

互联网协议是由多个协议组成的，包括 TCP/IP、HTTP、SMTP、POP3 和 IMAP 等。

（1）TCP/IP。

TCP/IP 是供已连接互联网的计算机进行通信的通信协议，即传输控制协议/网际协议（Transmission Control Protocol/Internet Protocol）。TCP/IP 规范了网络中所有的通信设备，尤其是一台主机与另一台主机之间的传送方式，可保证所有送到某个系统的数据能够准确无误地到达目的节点，并且非常详细地规定了计算机在通信时应遵循规则。

TCP/IP 采用四层的层级结构，每一层都呼叫其下一层提供的网络来解决自己的需求。具体如下：

① 应用层：应用程序间沟通的层，如简单电子邮件传输协议（SMTP）、文件传输协议（FTP）、网络远程访问协议（Telnet）等。

② 传输层：提供了节点间的数据传送及应用程序之间的通信服务，主要功能是数据格式化、数据确认和丢失重传等。

③ 互联网络层：负责提供基本的数据封包传送功能，让每一个数据包都能够到达目的主机（但不检查是否被正确接收），如网际协议（IP）。

④ 网络接口层：接收 IP 数据包并进行传输。

（2）HTTP。

超文本传输协议（Hyper Text Transfer Protocol，HTTP）是客户端浏览器或其他程序与 Web 服务器之间的应用层通信协议。在互联网的网络服务器上存放的都是超文本信息，客户机需要通过 HTTP 传输所要访问的超文本信息。

用户在浏览器地址栏中输入的网站地址被称为统一资源定位符（Uniform Resource Locator，URL）。在浏览器的地址栏中输入一个统一资源定位符或在网页中单击一个超级链接时，统一资源定位符就确定了要浏览的地址。

（3）SMTP、POP3 和 IMAP。

电子邮件传输协议（Simple Mail Transfer Protocol，SMTP）的作用是向用户提供高效、可靠的邮件传输服务。SMTP 在两种情况下工作：一种情况是电子邮件从客户机传输到服务器时；另一种情况是电子邮件从某一个服务器传输到另一个服务器时。

邮局协议（Post Office Protocol，POP）被用于电子邮件的接收。它使用传输控制协议（TCP）的 110 端口，现在常用的是第三版，简称 POP3。POP3 采用客户/服务器工作模式。当客户端需要服务时，客户端的软件（如 Outlook Express、Fox Mail 等）将与 POP3 服务器建立 TCP 连接，完成邮件的发送。

互联网邮件访问协议（Internet Message Access Protocol，IMAP）是通过互联网获取信息的一种协议。IMAP 像 POP3 那样提供了方便的邮件下载服务，能让用户离线阅读电子邮件。

### 3．IP 地址与域名

（1）IP 地址。

IP 地址，又称网际协议地址，它给每个连接在互联网中的主机分配一个地址，使互联网上的每台主机（Host）都有一个唯一的地址。计算机利用这个地址在主机之间传递信息。常见的 IP 地址分为 IPv4 与 IPv6 两大类。

采用 IPv4 技术时，IP 地址的长度为 32 位，分为 4 段，每段 8 位，用十进制数字表示，每段数字的范围为 0～255，段与段之间用英文句点隔开，如 192.168.1.1。IP 地址由网络地址和主机地址两部分组成，其中，网络地址用来标识连入互联网的网络，主机地址用来标识该网络上的主机。

随着互联网及物联网的发展，IP 地址的需求量越来越大，而全球 IPv4 的网络地址数已于 2011 年 2 月分配完毕，2011 年后我国 IPv4 网络地址总数基本维持不变。截至 2020 年 12 月，我国 IPv4 地址数量为 38 751 万个。

为了扩大地址空间，IPv6 应运而生。IPv6 采用 128 位地址长度，几乎可以不受限地提供地址。它不仅可以实现计算机之间的联网还可以实现硬件设备与互联网的连接，如家用电器、传感器、照相机和汽车等的联网。截至 2021 年 8 月，我国已申请 IPv6 地址资源居全球第一。

（2）域名。

由于 IP 地址是数字标识，使用时难以记忆和书写，因此在 IP 地址的基础上发展出了一种符号化的地址方案,来代替数字型的 IP 地址。每一个符号化的地址都与特定的 IP 地址相对应。这种与网络上的数字型 IP 地址相对应的字符型地址被称为域名。访问一个域名时,域名服务器通过域名解析将域名转换成 IP 地址。

① 域名的构成。

这里以华中师范大学的域名为例来说明其构成,它的网址由两部分组成:"www"是网络名,"ccnu.edu.cn"为域名。"ccnu"是这个域名的主体,最后的"edu.cn"则是该域名的后缀,代表这是一个国际域名和国家顶级域名。

域名中的标号由英文字母和数字组成,每一个标号不超过 63 个字符,字母不区分大小写。标号中除连字符"."外不能使用其他的标点符号。级别最低的域名写在最左边,级别最高的域名写在最右边,由多个标号组成的完整域名总共不应超过 255 个字符。

② 域名的级别。

域名可分为不同级别,包括顶级域名(见表 1-1)和二级域名等。

表 1-1 顶级域名及类型

| 顶级域名 | | 域名类型 |
| --- | --- | --- |
| 国际顶级域名 | com | 商业机构 |
| | edu | 教育机构 |
| | gov | 政府部门 |
| | int | 国际组织 |
| | mil | 军事部门 |
| | net | 网络提供商 |
| | org | 非营利组织 |
| 国家(地区)顶级域名 | 国家(地区)代码,如 cn、au、jp 等 | 各个国家(地区)顶级域名 |

顶级域名分为两类:一类是国家(地区)顶级域名,如中国是 cn、美国是 us、日本是 jp;另一类是国际顶级域名,如 com 表示商业机构、net 表示网络提供商、org 表示非营利组织。

二级域名是指顶级域名之下的域名。在国际顶级域名下,它是指域名注册人的网上名称,如 alibaba、baidu 等;在国家(地区)顶级域名下,它表示的是注册企业的类别,如 com、edu、gov、net 等。

③ 注册域名。

域名的注册遵循先申请、先注册的原则,管理机构对申请人提出的域名是否损害了第三方的权利不进行任何实质审查。同时,每一个域名都是独一无二、不可重复的。与传统的知识产权领域相比,域名是一种全新的客体,具有独特性,域名的使用是全球范围的,没有传统的、严格的地域限制;域名一经获得即可永久使用,但需要定期续费;域名在网络上是唯一的,一旦注册,其他人不得注册、使用相同的域名,因此,其专有性也是绝对的。另外,域名非经法定机构注册不得使用,这与传统的专利和商标等客体不同。

4. 互联网的应用

为了实现相互沟通和资源共享,互联网提供了许多服务功能,随着互联网的发展,其服务功能还会不断丰富。

（1）WWW 服务。

万维网（World Wide Web，WWW）通常简称 Web，是当前最流行、最受欢迎的信息浏览工具。万维网是以 HTML 语言和 HTTP 为基础，建立在客户机/服务器（Client/Server）模型之上，能够提供各种互联网服务的用户界面统一的信息浏览系统。浏览器提供了一个友好的信息查询界面，用户可以用统一资源定位符（Uniform Resource Locator，URL）直接链接到主页，或者从已启动的主页开始通过超链接逐级浏览，漫游整个万维网。

（2）电子邮件服务。

通过电子邮件系统，用户可以快速地与世界上任何一个角落的网络用户取得联系。电子邮件中可以包含文字、图像和声音等。同时，用户还可以得到大量免费的新闻和专题邮件，并轻松实现信息搜索。电子邮件的传输是通过 SMTP 完成的。

（3）FTP 服务。

文件传输协议（File Transfer Protocol，FTP）是互联网提供的一项基本文本传输服务。用户可以通过 FTP 把自己的计算机与世界各地运行 FTP 的服务器相连，访问服务器上的大量信息。FTP 既能将远程计算机上的文件复制到本机上，也能将本地的文件复制到远程计算机上。前者是下载（Download），后者是上传（Upload）。

（4）网络社区服务。

网络社区就是网络化、信息化的社区，包括 BBS 论坛、贴吧、公告栏、群组讨论、个人空间等形式。同一主题的网络社区集中了具有共同兴趣的访问者。在 Web 2.0 时代，网络社区呈现巨大的商业价值。Web 2.0 与 Web 1.0 相比，最大的进步就是用户和用户之间、产品供应商和企业之间具有更强的协作性。

## 三、Web 开发技术

Web 是建立在互联网基础上的应用技术。Web 主要由 Web 服务器、Web 浏览器，以及一系列协议和约定组成，使用超文本、多媒体技术，以便人们在网上漫游、进行信息浏览和信息发布。它不仅提供传统的收发电子邮件、阅读电子新闻、下载免费软件、访问 Gopher 资源等功能，而且能提供网上聊天、BBS、讨论组、网上购物等许多新功能。

浏览器/服务器（Browser/Server，B/S）结构是典型的 Web 应用系统结构。这种模式统一了客户端，将系统功能实现的核心部分集中到服务器上，简化了系统的开发、维护和使用。B/S 结构采用的是浏览器请求、服务器响应的工作模式。

用户可以通过浏览器访问互联网上由 Web 服务器产生的文本、数据、图片、动画、视频点播和声音等信息。而每一个 Web 服务器又可以通过各种方式与数据库服务器连接，大量的数据实际存放在数据库服务器中。

（1）客户端发送请求：用户在客户端（浏览器页面）提交表单操作，向服务器发送请求，等待服务器响应。

（2）服务器端处理请求：服务器端接收并处理请求，对请求进行数据处理，并产生响应。

（3）服务器端发送响应：服务器端把用户请求的数据（网页文件、图片、声音等）

返回给浏览器。

（4）浏览器解释执行 HTML 文件，呈现在用户界面上。

### 1. Web 客户端技术

Web 客户端的主要任务是展现信息内容。Web 客户端设计技术主要包括：HTML 语言、Java 脚本语言（JavaScript）、可扩展标记语言（XML）、级联样式表（CSS）、动态 HTML（DHTML）以及虚拟现实建模语言（VRML）。这些技术各有优势，也有各自适用的领域。

### 2. Web 服务器端技术

服务器端的主要技术包括：公共网关接口（Common Gateway Interface，CGI）、动态服务器页面（Active Server Pages，ASP）、Java 服务器页面（Java Server Pages，JSP）、超文本预处理语言（Hypertext Preprocessor，PHP）。随着电子商务的发展，静态网页越来越不能满足客户的需求，动态网页技术应运而生，逐渐成了电子商务系统中 Web 服务端的基本实现方式。

## 四、其他新兴技术

### 1. 物联网

物联网（Internet of Things，IoT）是新一代信息技术的重要组成部分，IT 行业又被称为泛互联，意指物物相连，万物万联。它包含两层意思：第一，物联网的核心和基础仍然是互联网，是在互联网基础上的延伸和扩展的网络；第二，其用户端扩展到了任何物品与物品之间，彼此间可进行信息交换和通信。

1995 年，美国微软公司联合创始人比尔·盖茨（Bill Gates）在《未来之路》一书中，最早提出物联网的概念，2005 年，国际电信联盟（International Telecommunication Union，ITU）在突尼斯举行的信息社会世界峰会上正式确定了物联网的概念，并在之后发布的《ITU 互联网报告 2005：物联网》报告中给出了较为公认的定义：物联网是通过智能传感器、射频识别设备、卫星定位系统等信息传感设备，按照约定的协议，把任何物品与互联网连接起来，进行信息交换和通信，以实现对物品的智能化识别、定位、跟踪、监控和管理的一种网络。显而易见，物联网所要实现的是物与物之间的互联、共享、互通，因此又被称为"物物相连的互联网"。

当前较为公认的物联网基本架构包括三个逻辑层，即感知层、网络层、应用层。物联网的应用涉及方方面面：在智能家居、智能交通、智能物流等基础设施领域的应用，有效地推动了这方面的智能化发展，使有限的资源得到更加合理的分配和使用，从而提高了行业效率、效益；在医疗健康、教育、金融、服务业、旅游业等与生活息息相关的领域的应用，从服务范围、服务方式到服务质量等方面都有了极大的改进，大大地提高了人们的生活质量；在涉及国防军事领域方面的应用，虽然还处在研究探索阶段，但物联网技术的嵌入有效提升了军事智能化、信息化、精准化，极大提升了军事战斗力，是未来军事变革的关键。

## 2. 云计算

云计算发展是需求推动、技术进步和商业模式转变共同促进的结果。云计算是随着虚拟化技术、处理器技术、分布式计算技术、宽带互联网技术、面向服务架构（Service-oriented Architecture，SOA）技术和自动化管理技术的发展而产生的（见图1-32）。

（1）云计算的定义。

不同机构对云计算给出了不同定义。

维基百科的定义：云计算是一种基于互联网的计算新方式，通过互

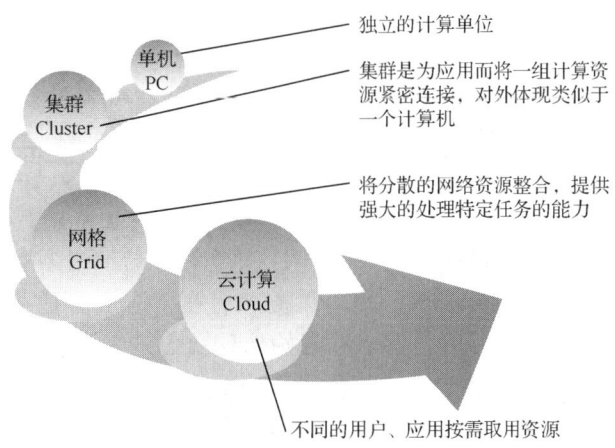

图1-32 云计算的发展历程

联网上异构的服务为个人和企业用户提供按需即取的计算、软件和信息。

Gartner公司的定义：云计算是一种使用网络技术并由IT能力而具有可扩展性和弹性能力作为服务提供给多个外部用户的计算方式。

美国国家标准与技术研究院的定义：云计算模型能以按需方式，通过网络，方便访问云系统的可配置计算资源共享池。同时它以最少的管理开销及最少的与供应商的交互，迅速配置提供或释放资源。

综上所述，云计算是通过网络提供可伸缩的、廉价的分布式计算能力的一种技术。用户只需要在具备网络接入条件的地方，就可以随时随地获得所需的虚拟化资源，如网络、服务器、存储、应用软件、服务等。

（2）云计算的分类。

根据云服务对象的不同，云计算可以分为公有云、私有云和混合云三种类型（见表1-2）。

表1-2 云计算的服务类型

| 服务类型 | 定 义 | 当前应用领域 | 应用举例 |
| --- | --- | --- | --- |
| 软件作为服务 SaaS | 用户通过互联网，以按需付费的方式定购并获得所需的应用软件服务，不需要再购买软件并建设与之相关的基础设施，而改用向提供商租用基于Web的软件，来管理企业经营活动，且无须对软件进行维护 | 目前的商业化应用主要集中在CRM、ERP、OA、防病毒领域 | • Google Apps<br>• Salesforce.com |
| 平台作为服务 PaaS | 用户通过服务提供商提供的编程接口，能够快速而经济地在服务提供商的基础设施平台上部署基于互联网、具备大规模并行扩展能力的软件系统 | 目前的商业化应用主要集中在搜索领域和特定应用领域 | • Google App Engine<br>• Hadoop<br>• Force.com |
| 基础设施作为服务 IaaS | 用户通过互联网能够快速而经济的从服务提供商订购并获得存储、网络、服务器等计算资源 | 目前的商业化应用主要集中在存储服务、计算服务等 | • Amazon EC2，S3（公有云）<br>• HP Blade System Matrix（私有云） |

① 公有云面向所有用户提供服务，用户一般可通过互联网使用，并不拥有云计算资源。如阿里云、腾讯云、金山云和百度云等。它使客户能够访问和共享基本的计算机基础设施，包括硬件、存储和带宽等资源。这种服务能够以低廉的价格，提供有吸引力的服务给最终用户，创造新的业务价值，公有云作为一个支撑平台，还能够整合上游的服务（如增值业务、广告）提供者和下游最终用户，打造新的价值链和生态系统。

② 私有云是为某一个客户单独使用而构建的，面向内部用户提供云计算服务。企业拥有基础架构的自主权，并且可以基于自己的需求改进服务、自主创新。这种服务加速企业内部创新的速度，整合企业内部资源，提高资源利用率，同时降低管理成本，因而可提供对数据、安全性和服务质量的最有效控制。私有云可以被部署在企业数据中心的防火墙内，也可以被部署在一个安全的主机托管场所。私有云能保障客户的数据安全，目前已有企业开始构建自己的私有云。

③ 混合云是公有云和私有云两种服务方式的结合。企业在选择公有云服务的同时，基于安全和控制原因，会将部分企业信息放置在私有云上，大部分企业使用的是混合云模式。

### 3. 大数据

大数据（Big Data）是指无法在一定时间范围内用常规软件工具进行捕捉、管理和处理的数据集合，是需要新处理模式才能具有更强的决策力、洞察发现力和流程优化能力的海量、高增长率和多样化的信息资产。

大数据技术就是从各种类型的数据中快速获得有价值信息的技术。大数据处理方法有很多，一般来说，大数据处理流程包括大数据采集及预处理、大数据存储及管理、大数据分析及挖掘、大数据展现四个步骤。

大数据已被广泛应用于各个行业，包括金融、汽车、餐饮、电信、物流、交通等在内的社会各行各业。大数据的应用往往是与云计算、人工智能及物联网紧密结合的。

### 4. 人工智能

人工智能（Artificial Intelligence，AI）是研究、开发用于模拟、延伸和扩展人的智能的理论、方法、技术及应用系统的一门新的技术科学。它可以对人的意识、思维等信息过程进行模拟。该领域的研究包括机器人、语音识别、图像识别、自然语言处理和专家系统等。

人工智能技术关系到人工智能产品是否可以顺利应用到我们的生活场景中。在人工智能领域，它包含了机器学习、知识图谱、自然语言处理、人机交互、计算机视觉、生物特征识别、AR/VR 七个关键技术。

人工智能具有广阔的应用前景。"AI+"已经成为发展趋势，目前智能家居、智能零售、智能交通、智能医疗、智能教育、智能物流、智能安防是人工智能应用最多的几大领域。

**拓展练习**

你了解哪些大数据典型案例？思考并回答：大数据技术给我们的生活带来了哪些改变？

## 【思政小课堂】

### 腾讯会议

腾讯会议是腾讯云旗下的一款音视频会议产品,于2019年12月底上线。具有300人在线会议、全平台一键接入、音视频智能降噪、美颜、背景虚化、锁定会议、屏幕水印等功能。该软件提供实时共享屏幕、支持在线文档协作。自2020年1月24日起,腾讯会议面向用户免费开放单场300人的会议。2020年3月23日,腾讯会议开放应用程序界面(Application Program Interface,API)接口。为了满足用户日益增长的云上办公需求,腾讯会议不断对重点功能和服务升级,40天内更新迭代了14个版本。

思考:腾讯会议是一个什么样的办公平台?

启发:腾讯会议以用户需求为中心进行的产品开发,基于居家办公"痛点"创新,满足了用户云办公的需求。真正的需求挖掘一定要基于用户的痛点进行,并在此基础上寻找创新灵感。需求点就是创新点、创意点。企业要站在用户的角度上思考问题,而作为个人,我们也需要学会换位思考。

## 知识巩固

### 一、名词解释

在线旅游　互联网医疗　农村电子商务　直播电子商务　大数据

### 二、单项选择题

1. 电子商务的核心是(　　)。
   A. 计算机技术　　B. 数据库技术　　C. 网络　　D. 商务
2. 电子数据交换的简称是(　　)。
   A. EB　　B. EDI　　C. NET　　D. EC
3. 广义上的电子商务对应的标准英文是(　　)。
   A. Electronic Business　　B. Electronic Commerce
   C. E-mail　　D. Electronic Internet
4. 唯品会网站的类型是(　　)。
   A. B2B　　B. C2C　　C. B2C　　D. B2G
5. CRM指的是(　　)。
   A. 客户关系管理　　B. 企业资源计划
   C. 供应链管理　　D. 人力资源管理
6. 电子商务发展的第一个阶段是(　　)。
   A. 基于EDI的电子商务　　B. 基于互联网的电子商务
   C. 基于4G、5G的电子商务　　D. 基于新技术的智慧商务
7. 浏览Web网页,应使用(　　)服务。
   A. 资源管理器　　B. 浏览器软件　　C. 电子邮件　　D. OFFICE 2000

8. 以下协议中，（　　）是文件上传协议。
   A．FTP　　　　　　　B．HTTP　　　　　　C．Telnet　　　　　　D．BBS
9. 电子数据交换的定义至今没有一个统一的规范，但（　　）等方面的内容是相同的。
   A．资料用统一标准　　　　　　　　　　B．利用电信号传递信息
   C．计算机系统之间的连接　　　　　　　D．利用互联网进行信息传递
10. 物联网的概念是由（　　）提出的。
    A．IBM　　　　　　　B．乔布斯　　　　　　C．比尔·盖茨　　　　D．马化腾

### 三、多项选择题

1. （　　）是电子商务概念模型的组成要素。
   A．交易主体　　　　　B．电子市场　　　　　C．交易事务　　　　　D．交易手段
2. 按商业活动运作方式分类，电子商务可以分为（　　）。
   A．直接电子商务　　　　　　　　　　　　B．B2B 电子商务
   C．B2C 电子商务　　　　　　　　　　　　D．间接电子商务
   E．C2C 电子商务
3. 电子商务中的任何一笔交易都包括（　　）等。
   A．物流　　　　　　　B．资金流　　　　　　C．信息流　　　　　　D．现金流
4. 从商业模式角度划分，在线旅游可以分为（　　）。
   A．代理商模式　　　　　　　　　　　　　B．媒体化商业模式
   C．用户出价模式　　　　　　　　　　　　D．电商模式
   E．集成模式
5. 电子商务框架结构包括（　　），其中网上购物属于（　　）。
   A．网络层　　　　　　　　　　　　　　　B．技术支持层
   C．服务支持层　　　　　　　　　　　　　D．国家政策及法律规范
   E．技术标准和网络协议　　　　　　　　　F．电子商务应用层

### 四、简答题

1. 简要回答电子商务的分类。
2. 简要回答 C2B 模式的特点及具体类型。
3. 电子商务的发展经历了哪些阶段？
4. 互联网医疗的核心商业模式有哪些？
5. 物联网的关键技术有哪些？

## 技能训练

1. 百度搜索乐村淘和益农淘两个农产品电商网站，浏览并记录相关信息，结合两个网站，总结分析农产品电商的应用现状。
2. 下载钉钉和腾讯会议两款网络会议软件和网络电话软件并安装使用，总结这两款软件给电子商务带来了哪些便利。

# 项目二
# B2C 电子商务

根据观研天下发布的《2021 年中国 B2C 电商平台行业分析报告——市场深度调研与发展趋势研究》，B2C 电子商务仍是我国近几年促消费、扩内需的重要引擎。2021 年第一季度，全国网上零售额为 28 093 亿元，同比增长 29.9%。B2C 电子商务作为目前我国电子商务和移动电子商务的主流模式，其覆盖年轻用户较多，以大平台为品牌背书，更符合电子商务用户对服务质量和商品保障的期望。在移动电子商务发展渐趋稳定的环境下，B2C 电子商务的覆盖率也将进一步提升，其高净值用户占比较 C2C 电子商务、C2B 电子商务等其他电子商务模式更高。

## 任务一 B2C 电子商务概述

### 任务描述

B2C 电子商务是最活跃的电子商务模式，是以互联网为主要手段，由企业通过网站和 App 向消费者提供商品和服务，完成企业与消费者之间的各种商务活动、交易活动、金融活动和综合服务活动。唯品会作为第三方平台类的典型代表发展势头迅猛，京东作为自营类的典型代表其物流优势成为业界标杆，通过学习它们的应用特点了解其共性。通过学习 B2C 电子商务分类熟悉各 B2C 电子商务企业的具体特色和盈利模式，寻求其发展规律。

### 学习目标

1. 了解 B2C 电子商务的特点，熟悉 B2C 电子商务的分类
2. 学会分析具体的 B2C 企业的特色优势及存在的问题

### 任务准备

引导问题 1：唯品会发展势头良好，通过浏览唯品会官网和查阅其他资料，总结其特色和差异化服务，并举例。

引导问题 2：京东商城为了提升用户体验，不惜重金做物流，始终将用户体验放在第一位，其物流服务有哪些特色，并举例。

引导问题 3：苏宁易购是传统苏宁电器公司顺势而为开展线上业务的表现形式，试分析其吸引目标客户的具体做法。

### 任务实施

#### 一、B2C 电子商务的含义

B2C 电子商务是按电子商务交易主体划分的一种电子商务模式，是企业与消费者直接开展商业活动的一种电子商务模式。其具体是指通过信息网络及电子数据信息的方式实现企业或商家机构与消费者之间的各种商务活动、交易活动、金融活动和综合服务活动，是消费者利用互联网直接参与经济活动的形式。B2C 电子商务一般以直接面向客户开展零售业务为主，主要借助互联网开展在线销售活动，因此又被称为网络销售。

#### 二、B2C 电子商务的应用特点

**1. 从商品中介变为商品信息中介**

在网络环境中，B2C 电子商务企业面临来自内部的交易费用和利润的双重压力，同时受到来自外部的同类企业的竞争和生产厂商直销的威胁，因此 B2C 企业要生存和

发展，就要与传统的品牌、营销渠道、支付环节和配送体系建立合作关系。京东商城图书板块（见图 2-1），通过与出版商建立直接合作，为客户提供最多最全的图书信息、最快的物流服务、最好的产品品质和最优惠的价格等服务，真正做到"多快好省，只为品质生活"。聚美优品作为化妆品限时特卖商城，坚持只从品牌厂家、正规代理商、国内外专柜等可信的进货渠道采购商品，让消费者拥有良好的服务体验，进而取得消费者信任，短短几年就积聚了上亿的活跃用户（见图 2-2）。

图 2-1　京东商城图书板块

图 2-2　聚美优品的服务体验信息

## 2. 从商品交易场所转换为商品配送中心

传统的零售企业以商品交易为核心，是一个商品集中交易的场所，其物流系统处于从属地位。而对于 B2C 电子商务企业来说，因为互联网突破了空间，销售环节相对被弱化，而物流环节需要加以强化。随着 B2C 电子商务应用越来越普遍，企业对现代化的大型商品配送中心的需求也成为发展的必然。

目前只有少数资金雄厚、发展前景好的电子商务企业拥有自己的商品配送中心,主要为自己的交易提供物流支持。从长远看,这种仅为一家企业服务的配送中心是不能满足网上交易需求的,它必须响应和满足成千上万B2C企业的需求,形成专业化、社会化的商品配送中心,如菜鸟物流、京东商城。菜鸟物流一直致力于打造开放的社会化物流大平台,主要为国内商家、消费者提供履约及增值服务,以及为跨境及全球服务中的第三方商家提供服务。菜鸟物流坚持长期主义,聚焦产业化、全球化和数智化,夯实物流核心能力,最终促使建立社会化资源高效协同机制,提升中国社会化物流服务品质(见图2-3)。京东商城作为B2C电子商务的典型代表,其物流服务具有独特的优势,其口号"多快好省,只为品质生活"中的"快"即是为用户提供的提升速度的增值服务。京东商城提供了丰富多样的增值物流服务(见图2-4)。

图2-3 菜鸟物流网站首页

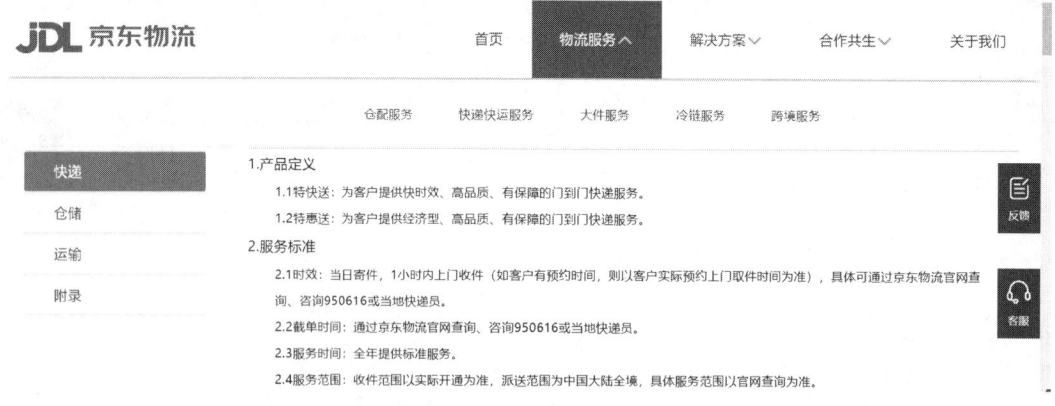

图2-4 京东物流服务

### 3. 从提供大众化服务变为提供个性化服务

传统零售企业因为成本、服务半径有限等原因,面向消费者提供大众化服务,任何顾客的个性化需求都必须服从企业所能提供的有限商品与服务。零售企业的一个重要功能在于收集市场信息并反馈给生产厂商,但在传统市场环境中,这个处理过程较长,信息经过多个环节的传递容易失真,从而难以满足顾客的个性化需求,也难以实现个性化服务。

不同于传统零售企业,B2C 电子商务企业利用互联网提供的在线表单或电子邮件自动回复、转发系统,能对每位顾客的个性化需求做出及时响应,同时将订单信息传送至生产厂商,生产厂商按需生产,不仅缩短了供货时间,也能满足顾客的特殊需求,实现个性化服务。创立于 2002 年的钻石小鸟就是一个为客户量身定做钻戒的品牌网站。网站设有"定制"频道和"体验中心"频道,是对个性化服务最生动的展示(见图 2-5)。

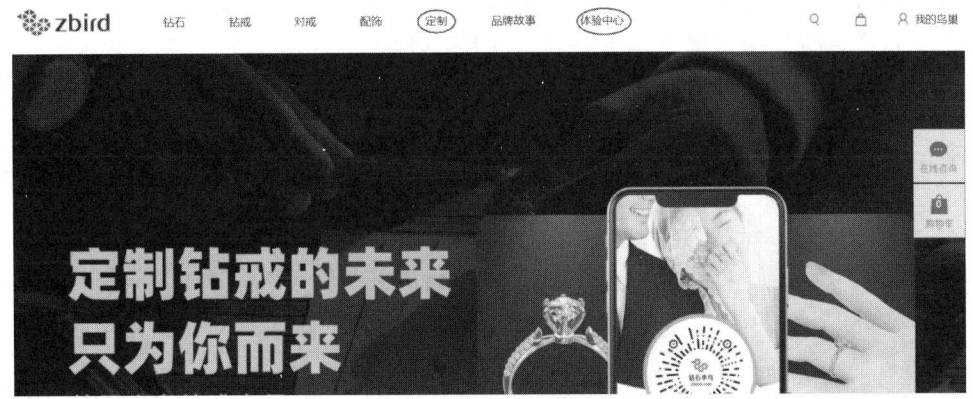

图 2-5 钻石小鸟官网

### 4. 从商品管理变为用户管理

传统零售企业是以商品的组织、服务和销售为核心,提供服务类产品的企业所能提供的也是大众化服务。然而,B2C 电子商务企业的个性化服务是与用户管理紧密相关的,企业将以用户管理为核心,针对每个用户的个性化需求,提供相应的产品和服务,这是 B2C 电子商务必须坚持的基本原则。

B2C 电子商务企业从商品管理上升到用户管理,这是更高层次的管理,这个变化恰当地把握了企业是服务性企业的本质。小米创始人雷军曾说,互联网是注意力经济,消费者的耐心更短,这就要求每个企业必须主动创新,提供差异化的服务从而防止自己的忠诚客户流失,这也是 B2C 电子商务的活力之源。小米社区就是小米与客户保持长期互动,维护客户黏性的重要窗口(见图 2-6)。

图 2-6 小米社区

## 三、B2C 电子商务的分类

### 1. 按照企业与消费者之间的买卖关系分类

按照企业与消费者之间的买卖关系，B2C 电子商务可分为卖方企业对买方个人的 B2C 电子商务和买方企业对卖方个人的 B2C 电子商务。

卖方企业对买方个人的 B2C 电子商务是常见的 B2C 电子商务模式，即企业出售商品和服务给消费者，如京东商城和天猫商城。

买方企业对卖方个人的 B2C 电子商务是企业在网上向个人求购商品或服务的一种电子商务模式。这种模式应用最多的是企业在网上招聘人才。智联招聘就是以这种模式为招聘企业和求职个人提供沟通平台（见图 2-7）。

图 2-7　智联招聘官网首页

### 2. 按照交易客体分类

按照交易客体不同，B2C 电子商务可分为无形商品和服务的 B2C 电子商务、有形商品和服务的 B2C 电子商务。前者的整个交易过程可以完全通过网络进行，后者则不完全在网上实现整个交易过程，需要借助线下手段的配合才能完成。物流配送是有形商品和服务的 B2C 电子商务的根本保证，直接影响用户体验。

（1）无形商品和服务的 B2C 电子商务。

计算机网络本身具有信息传输和信息处理功能。无形商品和服务（如电子信息、计算机软件和数字化视听娱乐产品等）一般可以通过网络直接提供给消费者。商品所有权和使用权的转移几乎是同步的。无形商品和服务的 B2C 电子商务主要有网上订阅模式、广告支持模式、网上赠予模式和付费浏览模式。

① 网上订阅模式。

网上订阅模式是指消费者通过网络订阅企业提供的无形商品和服务，在网上直接浏览或消费的电子商务模式。这种模式主要被一些商业在线企业用来销售电子刊物、有线电视节目、课程等。同时，一些在线服务提供商提供培训服务和在线娱乐等也属于这种模式，如腾讯课堂是一个专业在线教育平台，以免费或收费等方式为用户提供全新一站式、沉浸式学习体验服务（见图2-8）。

图2-8　腾讯课堂网页

② 广告支持模式。

广告支持模式是指在线服务提供商免费向消费者提供在线信息服务，其营业收入完全靠网站或App上的广告收入的电子商务模式。这种模式不直接向消费者收费，是目前最成功的模式之一。百度等搜索引擎服务商和新浪等信息门户网站主要就是依靠广告收入来维持经营活动的，这种模式对网站或App的要求较高，至少需要具备两个条件：一是浏览量高，二是有统计功能。

③ 网上赠予模式。

采用网上赠予模式的企业主要有两类：软件公司和出版商。软件公司在发布新产品或新版本时通常在网上免费提供测试版，网上用户可以免费下载试用。这样，软件公司不仅可以获得一定的市场份额，而且扩大了测试群体，保证软件测试的效果。当最终版本公布时，测试用户通常会因参与软件测试而享受一定的价格优惠。学习通就是基于微服务架构打造的课程学习、知识传播与管理分享的平台（见图2-9）。

图2-9　学习通下载页面

④ 付费浏览模式。

付费浏览模式是指企业通过网站或 App 向消费者提供按次收费的网上信息浏览和下载的电子商务模式。付费浏览模式让消费者根据自己的需求，在网站上有选择地购买一篇文章或其部分内容，在数据库里付费获取查询的内容，如中国知网、百度文库等（见图 2-10）。一次性付费参与游戏娱乐将会是未来流行的付费浏览方式之一。

图 2-10　百度文库 VIP 收费页面

（2）有形商品和服务的 B2C 电子商务。

有形商品是指传统的实物商品。有形商品和服务的查询、订购和付款等均可在网上进行，但最终的交付活动不能通过网络实现，需要借助线下物流配送等方式完成。有形商品和服务的 B2C 电子商务根据经营主体的不同主要分为以下两类：

① 独立 B2C 网站。

独立 B2C 网站主要是指企业自主搭建的网上交易平台。拥有较强资金和技术实力的企业，能够自主完成电子商务前台和后台系统的构建。独立 B2C 网站又可分为三种情况：

一是新生网站是完全的虚拟企业，在线下没有实体商店。典型代表是亚马逊、京东商城等。目前，亚马逊、京东商城等新生网站也在尝试开线下实体店。

二是传统商店自办网站，是传统商店转型发展的需要，如苏宁电器（苏宁易购）和国美电器（国美在线）等。目前，已开设网站的传统零售企业多采用互补性的经营策略：一方面，企业通过建立门户网站，树立企业形象和推广企业产品，起到广告宣传和信息发布的作用,从而带动并扩大线下店铺的销售量;另一方面,企业采用错位经营的方法,使网上业务与线下业务尽量不重合,并通过网络平台提供售后服务和技术支持,如苏宁易购采取线上加线下同价策略实现转型升级,借助传统实体店的供应优势,为消费者提供更准时的送货、更超值的价格、上新货更快的服务(见图2-11)。

图2-11 苏宁易购网站首页

三是开展网络直销业务的厂商,此类网站由具有较高品牌知名度的生产制造商设立,生产商生产出产品后利用网络平台直销,网络平台使传统的销售方式发生了变化,给传统企业带来了更大的商机,典型企业有海尔等。一般情况下,生产制造商的电子商务网站是B2B2C混合模式,海尔商城既面向个人提供个人与家用产品,也面向企业或组织机构提供商用解决方案产品和服务(见图2-12)。

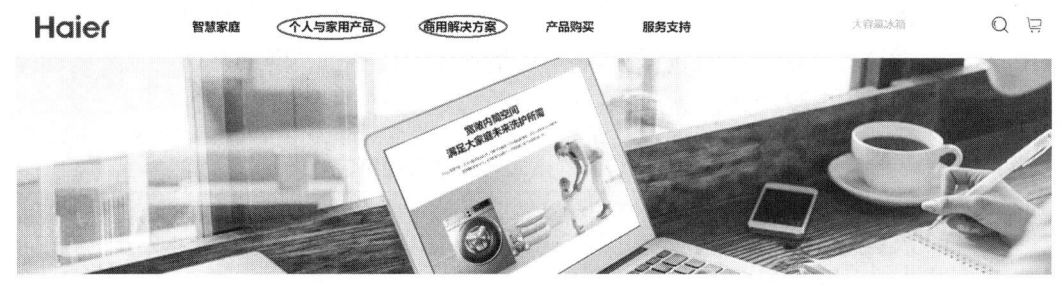

图2-12 海尔商城网站首页

② B2C电子化交易市场。

B2C电子化交易市场又称B2C电子商务中介商,是指在互联网环境下,利用现代信息技术把参与交易的买卖双方集合在一起形成的虚拟交易环境。B2C 电子化交易市场一般不直接参与电子商务交易，而是作为独立的第三方，为第一方和第二方提供服务。B2C 电子化交易市场扮演新型的电子商务中介商角色，其经营的重点是聚集入驻企业和消费者，为两者牵线搭桥，形成规模经济效应和商业马太效应，提升电子化交易市场的人气。天猫商城就属于 B2C 电子化交易市场，为入驻企业提供虚拟店铺服务，通过收取保证金等服务费作为主要收入来源（见图 2-13）。

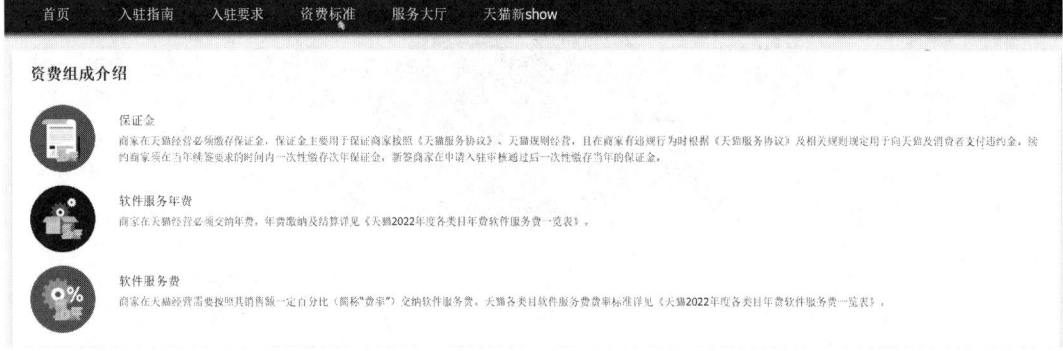

图 2-13　天猫商城的资费标准

### 视野拓展

扫描二维码查看马太效应的内涵。

马太效应的内涵

### 3. 按照 B2C 网购模式分类

目前，B2C 电子商务主要是从 B2C 网购模式的角度来分类的。按照 B2C 网购模式可分为综合平台商城模式、综合独立商城模式、网络品牌商城模式、连锁购销商城模式等。B2C 网购模式代表平台的比较见表 2-1。

表 2-1　B2C 网购模式代表平台的比较

| 模式 | 代表平台 | 销售的商品 | 商城的优势 | 商城的劣势 |
| --- | --- | --- | --- | --- |
| 综合平台商城模式 | 天猫商城 | 商品的采购、拍摄、上架、发货均由开店卖方全程自营、维护 | 只做网络交易平台，不涉及具体商品采购和销售服务，便于平台商城做大、做强 | 卖方依靠自有品牌的知名度，需要缴纳一定的租金；平台难以控制商品的质量等 |
| 综合独立商城模式 | 京东商城、亚马逊 | 一般自行经营商城，商品来源于正规渠道，自行采购、仓储、发货、配送等 | 商城握有经营权，可以根据市场情况对销售的产品做出整体调整 | 内部机构庞大、竞争对手强、投资大、在产品展示和订单管理等方面需要进一步完善 |
| 网络品牌商城模式 | 凡客诚品、珂兰钻石 | 品牌通常归在线商城，采用自主生产或贴标形式进行销售 | 对市场趋势反应迅速，拥有自身产品品牌 | 商品线单一，毛利低，推广成本大，顾客认可度较低，公司品类扩张困难 |

续表

| 模式 | 代表平台 | 销售的商品 | 商城的优势 | 商城的劣势 |
| --- | --- | --- | --- | --- |
| 连锁购销商城模式 | 苏宁易购、国美商城 | 采用"实体+网销"模式,自主采购,独立运营 | 依托传统零售商采购平台与强大供应链的支撑,与厂商有合作关系,具有较高品牌信誉度,品牌更丰富 | 线上、线下价格如不统一,易冲击现有的流通渠道与价格体系 |

### 4. 按照运营模式分类

目前，B2C 电子商务运营模式主要分为平台模式、社交模式、特卖模式和优选模式。

平台模式是企业提供交易平台，品牌商家进驻平台，用户在平台上通过搜索商品或进入目标品牌店铺选择商品进行消费，是最典型的 B2C 电子商务运营模式。此类运营模式重点是吸引知名品牌入驻、升级物流体系建设、发力新零售业务及新的垂直细分领域。

社交模式是借助微信社交红利快速传播，在微信端上线小程序或推出拼购频道，通过微信端展开裂变式传播。越来越多的 B2C 平台开始布局社交模式，创新玩法及建立社交用户基础。

特卖模式是平台在供给端为品牌商提供连贯的库存解决方案、在需求端用低价好物提供特卖产品的一种模式，唯品会是该模式早期最典型的代表之一。此模式切合主流 B2C 电子商务用户消费需求。2021 年 5 月阿里巴巴旗下的淘特 App 上线（见图 2-14），作为淘宝特价版的升级版也属于此类模式。

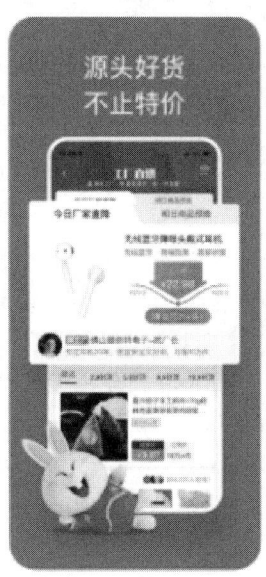

图 2-14　淘特 App 界面

优选模式是消费升级风潮下出现的新的电子商务运营模式，直接对接品牌制造商，以优质、高性价比为卖点吸引用户。此模式未来入局平台逐渐增多，线上线下相结合的发展趋势明显。

### 拓展练习

聚美优品是一家化妆品限时特卖商城，2010 年由陈欧、戴雨森等创立，首创"化妆品团购"模式，请从 B2C 电子商务的分类角度分析聚美优品属于什么类型的 B2C 电子商务平台。

### 【思政小课堂】

查阅并观看纪录片《商战之电商风云》第一集《电商江湖》，了解电子商务的前世今生，体会创新不易、创业艰辛，通过亚马逊、eBay、8848、阿里巴巴、卓越网等电子商务初创期的企业发展历程，总结创新型企业家身上有哪些共同的特质。这对你有什么启发？

（资料来源：CCTV 节目官网。）

## 任务二 B2C 电子商务的盈利模式与成功关键

### 任务描述

B2C 电子商务是最活跃的电子商务模式。亚马逊作为最早开展 B2C 电子商务的平台，也是"自营+第三方"平台类的典型代表，其发展势头迅猛，海尔作为自营类的典型代表，其品牌优势突出，通过了解它们的盈利模式，熟悉各 B2C 电子商务企业的特色和成功关键，对其盈利模式形成全面认识，寻求 B2C 电子商务发展的规律。

### 学习目标

1. 熟悉 B2C 电子商务盈利模式的类型，掌握 B2C 电子商务的成功关键
2. 学会分析具体的 B2C 电子商务企业的特色、优势及存在的问题

### 任务准备

**引导问题 1：** 亚马逊作为全球第一家网上书店，发展势头良好，通过浏览亚马逊官网和查阅其他资料，总结亚马逊的盈利模式，并举例。

**引导问题 2：** 海尔商城为提升用户体验，提供定制化产品和服务，始终将用户体验放在第一位，其成功的关键因素有哪些，请举例。

**引导问题 3：** 拼多多从产生之日起就备受争议，几乎是在争议中不断壮大并蜕变的，试分析其吸引目标客户的具体做法。

### 任务实施

### 一、B2C 电子商务的盈利模式

B2C 电子商务网站一般有以下几种盈利模式：

1. 网络广告收益模式

大多数 B2C 电子商务网站都把收取广告费作为主要的盈利模式。网络广告盈利不仅是互联网经济的常规收益模式,也是很多 B2C 电子商务网站的主要利润来源。这种模式成功的关键是其网页能吸引大量的访客,具有信息门户属性,网络广告能受到关注,如京东商城的快车广告就是京东的一大利润来源。京东快车是基于京东站内推广,按点击付费的实时竞价类广告营销产品,通过对搜索关键词或推荐广告位出价,将商家的推广商品、活动或店铺展示在京东站内丰富的广告位上(见图 2-15)。

图 2-15　京东快车界面

2. 产品销售营业收入模式

一些自营类 B2C 电子商务网站通过网上销售产品,赚取采购价与销售价之间的差价和交易费,从而获取利润。有形商品和服务电子商务网站的盈利模式大部分属于这种类型,典型代表是亚马逊、京东商城、唯品会和海尔商城等。

3. 出租虚拟店铺和提供服务收费模式

部分 B2C 电子化交易平台的主要收入来源是出租虚拟店铺,如天猫商城。一部分 B2C 电子商务网站在销售自营产品的同时,也通过出租虚拟店铺来赚取中介费,如京东商城、当当网等。B2C 电子商务平台会收取入驻商家费用,并根据提供服务级别的不同收取不同的服务费和保证金。

4. 其他间接收益模式

除了将自身创造的价值变为现实的利润,企业还可以通过价值链的其他环节实现盈利。当 B2C 网上支付拥有足够多的用户时,就可以考虑通过其他方式获取收入。以淘宝、天猫为例,近 90%的淘宝、天猫用户会通过支付宝付款,这为淘宝、天猫带来了巨大的利润。淘宝、天猫不仅可以通过支付宝收取签约商户的交易服务费,还可以依靠庞大的用户群赚得广告费。

## 二、B2C 电子商务的成功关键

近年来，虽然 B2C 电子商务在我国发展迅速，但是仍有许多 B2C 电子商务企业因不能盈利而面临生存危机。采取适合企业自身发展的运营模式，是促进 B2C 电商企业可持续发展的关键。B2C 电子商务企业取得成功的关键因素主要有以下几个方面：

### 1. 解决物流配送问题

物流配送是指在经济合理的区域范围内，根据客户的要求对物品进行拣选、加工、包装、分割、组配等作业，并按时送达客户指定地点的物流活动。在 B2C 电子商务中，物流是必不可少的关键因素，是提高客户服务体验的根本保证。京东的成功很大程度上要归因于京东物流的成功，尤其消费者对物流的时效性需求较强烈时，会果断选择在京东平台下单。

### 2. 诚信与安全认证

根据中国互联网络信息中心的调研结果，最初许多人不接受电子商务购物模式的首要原因，是担心安全得不到保障。安全认证包括消费者身份确认及支付确认。现在消费者更多的顾虑是自身的基本信息和支付信息处于"透明"状态，因此要求企业网站和 App 加强安全防护，在保障正常运营的同时，也要对消费者的隐私信息给予足够的保护。诚信与安全认证是 B2C 电子商务网站取得成功的关键因素之一。

### 3. 合理使用支付方式

支付方式决定了资金的流动过程，对 B2C 电子商务网站的成功起决定性作用。目前，在 B2C 电子商务中，主要的支付方式有在线支付和其他支付。

在线支付主要是指依托银行卡完成的支付。B2C 电子商务网站接受银行卡支付的条件是必须和相应的银行签约，成为特约网站。目前，在线支付方式主要有网上支付、第三方支付、电话支付、移动支付等。在线支付具有方便、快捷、高效、经济的优势。

其他支付方式包括银行转账、现金账户支付、现金抵用券支付、礼品卡支付和红包支付等。

### 4. 特色经营

B2C 电子商务企业取得成功的另一个关键因素是特色经营。B2C 电子商务企业只有在产品定位和客户定位上形成自己差异化的优势，灵活经营，找准特色，才能在 B2C 电子商务里找到一条合适的经营之路。

兰亭集势的特色在于主营产品是婚纱礼服，并且拥有自己的婚纱设计中心；京东商城最初的特色是数码产品领域做到产品全和价格低，现在已逐渐发展为"大而全"；聚美优品和唯品会的特色在于选择了细分市场和目标客户；ROSEONLY 主营玫瑰花销售，做花艺界的高端定制是其最大的特色（见图 2-16）。

图 2-16 ROSEONLY 高端定制的玫瑰系列和合作系列

### 5. 网站及 App 黏着度

网站及 App 黏着度是指用户对网站及 App 的依赖度。对网站和 App 而言，黏着度越高，说明用户的忠诚度越高，用户不容易流失，而且通常黏着度越高的网站及 App 盈利能力越强，商业价值越高。因此，需要 B2C 电商企业对自己平台上的商品进行价值分析，结合相关顾客分析，对商品的质量、价格和结构等进行优化，以增强平台的吸引力。B2C 电商平台的服务贯穿于购买前、购买中及购买后，网站黏着度的高低与平台提供的服务密切相关，如白酒品牌江小白被称为情绪饮料，其微博品牌通过与客户的深度互动保持黏着度。

### 6. 有效控制成本

B2C 电子商务本质属于零售业，零售业在相当程度上代表低利润。因此，B2C 电子商务企业首先要解决成本控制问题。顾客之所以选择网上购物，主要原因是网上的商品价格较低。在保证让消费者省钱的同时也让企业赚钱，就要求企业必须有效控制各类成本，才能提升盈利空间。

### 7. 商业能力的合理应用

从目前的趋势看，企业越了解传统行业市场的货源调配、顾客管理、市场营销，越具备实战经验，就越能在电子商务时代脱颖而出。

商业能力包括对市场的了解，对供货商的选择，了解消费者的心理和行为习惯，刺激消费者的购物欲望等，而这些是传统商家比较擅长的。美国的沃尔玛公司在 2001 年推出网上零售后，迅速发展成仅次于易贝和亚马逊的美国第三大在线销售商，中国的苏宁、国美、百联开设网店也都取得了不错的经营业绩，这些传统企业具有的商业能力是它们能够快速取得成功的重要原因。

### 8. 创造成功的网店品牌

创造一个成功的品牌对 B2C 电子商务企业来说是至关重要的。在虚拟的网络世界里，顾客可以不受任何时间和空间的限制从一个商店转到另一个商店，他们在网络上感受到的商店和服务都是无形的。优秀的品牌可以使顾客建立对 B2C 电子商务企业的信任感，这种信任感反过来又为 B2C 电子商务企业造就了广阔的空间，使其进一步提高产品质量和服务。因此，在虚拟世界中，过硬的品牌更有助于企业取得成功。

**拓展练习**

由卓越网创始人陈年创立于 2007 年的凡客诚品，最初主营服装品类，曾经在 B2C 的市场非常红火，2010 年是其鼎盛之年，其所创造的"凡客体"文化更是备受欢迎，但后来因为其步子迈得太大导致逐渐衰落，请试着用本次任务所学知识分析其衰落的原因。

## 【思政小课堂】

### 百城县长直播助农

面对突如其来的疫情影响，快手结合自身平台优势进行了"福苗计划"的新探索，发起"百城县长直播助农"活动。截至 2020 年 10 月，已经和全国超过 50 个地区（覆盖 24 个省、自治区、直辖市）相关政府部门达成合作，举办近 200 场线上活动，直播带货累计销售额超 3.6 亿元。

在第一期活动中，快手邀请了广西乐业县副县长曹文飞、山东商河县常务副县长陈晓东、河北怀安县副县长封殿胜等多位市县级领导开设快手账号，快手匹配 11 位网红达人，配合县长县领导开展 30 场直播，吸引超过 2 000 万人观看，累计销售额 2 000 多万元。活动中出现销售爆款，如广西乐业曹文飞县长，半小时直播卖出沃柑 20 吨；商河县常务副县长陈晓东直播卖扶郎花，38 秒钟 4 万支扶郎花全部售罄。

基于第一期"百城县长 直播助农"收效良好，4 月 1 日至 4 月 15 日，在国务院扶贫办、国家广播电视总局、广西壮族自治区农业农村厅的指导下，快手联合广西 6 市县开展了新一期的直播助农活动。6 位县长直播，在快手端吸引了 1 296 万人观看，收获点赞 158 万。活动累计销售黑粽子、蜂蜜、百香果、红糖等超过 20 多种因疫情而滞销的农副产品，下单量超过 17 万单，六县总销售额突破 458 万元。该直播同时在"学习强国"App"直播中国"栏目同步转播，深受网友喜爱和好评。

4 月 29 日至 5 月 13 日，快手在国务院扶贫办、国家广播电视总局、湖南省委网信办、湖南省商务厅的指导下，联合红网"湘农荟"打造了五场湖南专场直播，此次活动，共吸引 1918 万快手用户围观，获得 157 万点赞，为湖南地区销售农产品总额超过 126 万元。

6 月 10 日晚，快手"寻味新疆公益扶贫"直播活动在乌鲁木齐广播电视台演播厅举行。新疆维吾尔自治区各级政府领导、当地明星艺人和快手网红达人组成带货"天团"，在他们的推介下，来自南疆贫困地区的红枣、核桃等优质特色农产品亮相直播平台，引起千万网友的关注和购买。活动现场，当地政府和快手企业领导走进直播间，与广大网民进行互动，介绍新疆优质、特色农产品，为新疆代言。据统计，本次直播活动自启动以来，共推介销售新疆特色农产品 65 款，覆盖裕民县、和田县、英吉沙县、青河县、于田县、温泉县、洛浦县、若羌县、博湖县、新源县、察布查尔锡伯自治县、精河县、霍城县、哈密市共计 14 个县市，总体观看人次 5 100 万，销售额共计 1 949 万元。

项目二　B2C 电子商务

从"百城县长直播助农"中学到什么？

（资料来源：人民网。）

启发：快手作为深具企业社会责任感的公司，于 2018 年成立扶贫办公室，系统性开展扶贫工作，并于 2019 年发起了电商扶贫项目"福苗计划"，以深入开展消费扶贫行动。直播带货从根本上还是销售，也已经成为助农增收最为高效的渠道之一。在新型电商直播渠道的加持下，基层领导走到"田间地头"用直播镜头为农民赋能，把一方水土养一方的作物和特产带去大江南北，传递正能量，让乡村这棵老树发新芽！

## 任务三　B2C 电子商务典型案例分析——唯品会

### 任务描述

成立于 2008 年的唯品会，是众多 B2C 电子商务企业中快速发展的黑马，其创始人沈亚和洪晓波均是从事传统贸易出身，却另辟蹊径选择在广州作为大本营开启电子商务之旅。他们选择在广州扎根，巧妙地避开了与杭州的天猫、北京的京东等巨头的正面交锋，低调地惊艳整个 B2C 电子商务市场。它独特的商业模式被称为线上奥特莱斯，受到了客户的高度认可。2021 年，唯品会实现净营收 1 171 亿元，同比增长 15%；实现净利润 46.81 亿元，全年活跃用户 9 390 万，较 2020 年同比增长 12%。

### 学习目标

1．了解唯品会的发展历程
2．掌握唯品会的盈利模式和成功关键

### 任务准备

引导问题 1：唯品会有哪些地方吸引你购物？请举例。
引导问题 2：站在客户角度，你认为唯品会还有哪些地方可以改进？

### 任务实施

## 一、唯品会概况

唯品会率先在国内开创了"名牌折扣+限时特卖+正品保险"的商业模式，主要进行时尚品牌商品的销售，以较低的折扣价向消费者出售正品名牌商品。它的电子商务模式是生产商、商贸企业或个人利用互联网的优势来实现与客户之间的信息沟通、产品定制、产品传递功能的网络销售模式。这种模式加上它的零库存物流管理以及与电子商务的无缝对接，唯品会才可以在短时间内在电子商务领域生根发芽。它的总部在广州，在上海、北京、成都、天津、鄂州等地设立分公司和子公司。同时，它拥有四个大规模仓储中心，分别服务于华北、华南、华东、西南的顾客。物流中心引入世界顶级的曼哈顿 WMS 系统，全国仓储面积近 40 万平方米。唯品会的发展历程如表 2-2 所示。

表 2-2 唯品会的发展历程

| 时间 | 发展历程 |
|---|---|
| 2008 年 12 月 | 唯品会名牌限时折扣网正式运营 |
| 2008 年 12 月 | 与中华保险达成战略合作,为用户联合推出"正品保险",是国内首创为商品购买保险的购物网站 |
| 2009 年 10 月 | 手机版上线,引领移动抢购新风潮 |
| 2012 年 3 月 | 在美国上市 |
| 2013 年 11 月 | 新域名上线 |
| 2014 年 2 月 | 开通港澳台跨境平台,发展跨境业务 |
| 2014 年 12 月 | 注册会员突破 1 亿 |
| 2017 年 6 月 | 从"一家专门做特卖的网站"升级为"全球精选正品特卖" |
| 2018 年 5 月 | 宣布唯品国际与京东全球购已在供应链和采买方面达成合作 |
| 2018 年 8 月 | 推出"唯品仓"App |
| 2019 年 11 月 | 宣布与顺丰达成业务合作,持续提升用户的消费体验 |
| 2020 年 9 月 | 升级口号为"品牌特卖,就是超值" |
| 2020 年 12 月 | 布局的首个城市奥莱项目——唯品会(合肥)城市奥莱正式开业 |

## 二、唯品会的盈利模式

盈利能力是企业长久发展的基础,企业的盈利模式决定了企业的盈利能力。唯品会的主要盈利模式有产品销售收入模式和其他收入模式(见图 2-17)。其中产品销售收入约占 98.1%,其他收入约占 1.9%。

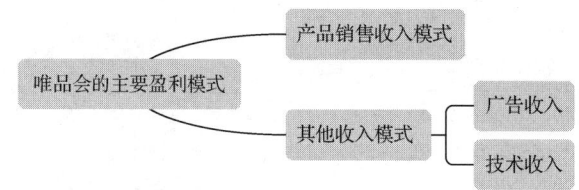

图 2-17 唯品会的主要盈利模式

### 1. 产品销售收入模式

产品销售收入占应收收入的比例很大。唯品会定义的一线城市为北京、上海、广州、深圳,其在四城市的销售额约占 13.0%;二、三线城市为省级和地级市,占比约为 60.0%;县级市和乡镇是四线,占 20.0%以上。未来唯品会将加大地域扩张力度。唯品会合作的品牌数呈上升趋势。目前唯品会服装的销售占比为 50%至 60%,未来会逐步加大其他品类的扩展力度。

### 2. 其他收入模式

其他收入模式如广告收入模式,主要是面向广告主提供页面广告,占营收比的 0.37%。技术收入模式包括:网页设计、数据分析团队、开发手机客户端等。

唯品会之所以可以凭借其产品销售作为主要盈利来源,离不开它提供的差异化闪购服务、提升用户体验的导购模式以及"干线+落地配"的独特物流模式。

## 三、唯品会成功的关键

### 1．聚焦货品本身,价格优势明显

唯品会通过与一线大牌深度合作、买断等方式,获取独家低价货源,从而用深度折扣与高性价比商品吸引消费者。另外,唯品会的自建物流、创新科技也能最大程度降低成本。

### 2．强大买手团队,低价潮流好货

唯品会全球化布局已有多年,拥有一批专业的资深买手团队,能敏锐地捕捉各国当季流行的商品款式。消费者在唯品会能买到低价特卖好货,还能买到在国外畅销的爆品,很多海淘商品甚至低于国外免税店价格。

### 3．打造社交场景,满足客户核心需求

顺应社交电商发展趋势,唯品会不断探索、尝试与消费者深度交互模式。现有的唯品仓(品牌清仓)、小程序等都是唯品会差异化模式下的新社交场景。

### 4．强物流保障,售后服务完善

唯品会系列售后服务政策,为消费者带去"零焦虑"的特卖售后新体验。

### 5．顺势而为,主动创新

以牵手腾讯为契机,唯品会正在进化升级,从货架电商进化到社交电商,从提高转化率转变为提高裂变率,从引流思维转变为裂变思维。社交电商相对于货架电商,是从货品为中心到用户为中心的进化,通过塑造、前置用户关系,实现用户的主动裂变,如同孢子分裂一般,让用户带用户。相比于平台,老用户拉新的成本更低、说服力更强、转化率更高。

**拓展练习**

亚马逊作为全球第一家网上书店,成立于 1995 年,最初的业务就是图书,现在商品品类越来越丰富,请结合"项目一"学习的知识分析为什么电子商务发展初期亚马逊选择图书作为主营业务,为什么现在从专业化经营向综合化经营转变?

**【思政小课堂】**

大力推进技术赋能　　实现农村零售业态升级

"民族要复兴,乡村必振兴。"构建新发展格局,潜力后劲在"三农",迫切需要扩大农村需求,畅通城乡经济循环。对此,全国人大代表、苏宁集团董事长张近东建议,大力推进技术赋能,实现农村零售业态升级。

**1. 乡村消费市场进入加速提质转型阶段**

城乡消费的巨大差距意味着，乡村消费市场有着很大的成长空间。随着农民收入增速不断加快，城乡收入差距不断缩小，特别是在脱贫攻坚目标如期完成后，乡村振兴战略全面推进，乡村消费市场进入加速提质转型的新发展阶段。张近东建议将品质升级、体验升级作为乡村商业消费升级的主要方向，发挥有线上线下融合成功经验的大型零售实体企业的引领和带动作用，通过对农村小微零售企业的数字化赋能，引领带动农村消费品质升级，充分释放农村消费潜力。

**2. 线上线下渠道融合，推动农村零售换挡升级**

释放农村消费活力，最为高效便捷的办法就是充分利用现有农村零售资源，通过线上线下融合赋能，帮助农村实体小微零售商转型升级，让农村居民有机会就近买到物美价廉的正宗商品，"建议政府通过资金扶持、税收优惠、人才引进等方式提供政策支持，鼓励和支持有实力、有经验的大型实体零售企业通过成熟的数字化赋能，对农村小微零售商进行全方位赋能。"

具体而言，一是以供应赋能帮助小微零售构建优质商品资源池，通过提供"门店实物+云货架虚拟"两种方式出样，从源头上解决供应商品种类匮乏，以及压货带来市场风险等问题。

二是以服务赋能帮助小微零售商快速掌握成熟的实体零售运营范式，为小微零售商提供从开业培训，到驻点带教，再到物流支撑，最终到售后服务的全流程帮扶。

三是以科技赋能对小微零售商从人、货、场实现全面数字化升级，重构消费者一站式体验，帮助解决数字化程度低导致的营销效率低下难题。

四是以管理赋能为小微零售商输入先进企业管理经验，帮助建立现代企业管理制度，解决缺乏组织能力应对市场变化难题，让他们在新形势下能够直面市场竞争。

**3. 加快农村电商人才培训，夯实农村消费升级基础**

据农业农村部统计，2020 年，全国近 3 000 万农民工留乡或二次返乡，建议利用返乡农民既熟悉互联网，又兼具本地"熟人社会"的优势，充分发挥农村小微零售业态升级带来的新机遇，帮助留乡农民创业创新，参与到农村消费升级大潮中，切实让农民成为农村市场的主角，分享农村零售升级带来的电商、物流、售后等全产业链发展红利。

政府相关部门统筹规划，把农村电商人才培训作为系统工程，建立由政府、高校、电商企业联动的电商人才培训模式，由政府来顶层设计，高校提供相应智力支持，掌握线上线下融合实践经验的大型零售企业进行实战培训，快速有效地培养出与实际应用"零距离"，与就业岗位"零适应期"的智慧零售"双零人才"，为再造线上线下融合发展的农村实体零售夯实人才基础。

（资料来源：观察者网。）

思考：

（1）结合张近东的建议，谈谈如何推动农村电子商务的发展？

（2）结合自己的家乡特色，如何助力家乡农村电子商务发展，撰写一个项目策划方案（不少于800字）。

启发：张近东的建议，通过技术赋能实现农村零售业态升级，让农村这个老树发出新芽。作为传统零售企业转型成功的典型代表，苏宁充分发挥自身零售优势，既可以推动农村实现新零售，同时也为自己在农村开辟了新的市场空间，一举两得，合而生辉。先"投桃"才"报李"，先付出才有收获。

## 知识巩固

### 一、名词解释

B2C 电子商务　网上订阅模式　独立 B2C 网店　B2C 电子化交易市场
订单转化率

### 二、单项选择题

1．中国知网面向不同等级会员的不同收费属于 B2C 电子商务（　　）模式。
   A．网上订阅模式　　　　　　　　　B．广告支持模式
   C．网上赠与模式　　　　　　　　　D．付费浏览模式
2．从 B2C 网购模式角度划分，京东商城属于（　　）模式。
   A．综合平台商城　　　　　　　　　B．综合独立商城
   C．网络品牌商城　　　　　　　　　D．连锁购销商城
3．每位消费者在 B2C 电商网站上购物前必须要做并且只需做一次的事情是（　　）。
   A．登录　　　　B．结算　　　　C．购物　　　　D．注册
4．在 B2C 电商网站上购物时提供的送货地址应该是（　　）。
   A．真实的　　　B．虚拟的　　　C．多个的　　　D．流动的
5．当消费者订购的商品出现质量或其他问题时与商家联系，商家会要求消费者提供商品的（　　）。
   A．订购单号　　B．购买金额　　C．商品名称　　D．商品描述
6．在网上交易流程的设定方面，一个好的电商网站必须做到的是（　　）。
   A．对客户有所保留
   B．使客户购物操作烦琐但安全
   C．购物流程必须是简单和方便操作的
   D．让客户感到在网上购物与在现实世界中的购物流程是有区别的
7．网上开店中，（　　）环节可以没有。
   A．注册　　　　　　　　　　　　　B．开通第三方支付工具
   C．实名认证　　　　　　　　　　　D．交保证金
8．B2C 电子商务的主要环节不包括（　　）。
   A．物流配送　　B．支付　　　　C．安全认证　　D．电子商务技术
9．（　　）模式是平台在供给端为品牌商提供连贯的库存解决方案，在需求端用低价好物提供特卖产品。
   A．平台模式　　B．社交模式　　C．特卖模式　　D．优选模式
10．以下（　　）平台，率先在国内开创了"名牌折扣+限时特卖+正品保险"的商业模式。
   A．天猫　　　　B．唯品会　　　C．京东　　　　D．苏宁易购

### 三、多项选择题

1. B2C 电子商务的盈利模式包括（　　）等。
   A．收取广告费　　　　　　　　　　B．收取交易费
   C．出租虚拟店铺　　　　　　　　　D．收取软件使用费
2. （　　）等网站属于 B2C 电子商务购物网站。
   A．当当网　　　B．阿里巴巴　　　C．京东　　　D．天猫
3. 无形商品的 B2C 电子商务运作模式主要有（　　）。
   A．网上订阅模式　B．广告支持模式　C．网上赠予模式　D．付费浏览模式
4. 从 B2C 网购模式角度来分类，B2C 网站可分为（　　）等。
   A．综合平台商城　　　　　　　　　B．综合独立商城
   C．网络品牌商城　　　　　　　　　D．连锁购销商城
5. 从交易客体角度分类，电子商务模式可以分为（　　）。
   A．无形商品和服务　　　　　　　　B．有形商品和服务
   C．卖方企业对买方个人　　　　　　D．买方企业对卖方个人

### 四、简答题

1. B2C 电子商务有哪些应用特点？
2. 什么是订单转化率？B2C 电子商务网站及 App 如何提高订单转化率？
3. 无形商品和服务的 B2C 电子商务有哪些具体模式？
4. 常见的 B2C 电子商务的盈利模式有哪些？
5. 唯品会成功的关键是什么？

## 技能训练

1. 从天猫、京东、唯品会或苏宁易购上选一件自己需要的商品完成购买，写出操作流程。要求：①用手机完成支付；②对关键步骤进行截图做简单说明并放在一个文档中。

2. 下载抖音 App 并浏览自己感兴趣的相关视频信息（如美食、服装、美妆、特长、健身等），以其中一项为例，总结提高订单转化率的方法。

3. 苏宁易购是以主营 3C 品类产品起家的，后来开始向家具家居、母婴、服装、医药健康、汽车、运动户外等品类扩张。请根据其转型发展路径，回答以下两个问题：

（1）为什么从垂直电商平台向综合电商平台转型？

（2）如果你将来做电商，相比较苏宁易购这样大型的电商平台，你会选择做垂直型电商还是做综合型电商平台？谈谈自己的观点和看法。

# 项目三
# C2C 电子商务

　　C2C 电子商务是指消费者与消费者之间通过互联网开展的一切商务活动。C2C 电子商务发展十分迅速，据统计，在其产生之初的 2004 年，交易量就达 33.7 亿元。自 2019 年以来，直播电商在 C2C 电子商务中快速发展，群邑电商公布的数据显示，在 2020 年"双 11"期间，淘宝平台直播预售成交额高达 141.4 亿元。C2C 电子商务是建立在网络科技发达之上的商务模式，是实现绿色经济和人类可持续发展的有效方式，是以诚信为本的消费者之间互通有无、相互方便的商务往来，是电子商务所有模式中最热闹、最繁荣的模式。

## 任务一　C2C 电子商务概述

### 任务描述

C2C 电子商务是指消费者与消费者之间通过互联网进行个人交易的电子商务模式，是为买卖双方提供在线交易的中介平台。在该类平台的支持下，卖方个人可以自主在网上进行商品展示与销售；买方个人可以自行选择商品、购买或以竞价方式在线完成交易支付。

目前，我国的 C2C 电子商务平台（简称 C2C 电商平台）主要有淘宝网、eBay 中国等。淘宝网已成为我国最大的 C2C 电商平台。自 2021 年，淘宝网一直在向内容化方向发展，一类是图文内容，如爱逛街、淘头条等，另一类是视频化内容如淘宝直播。运营品类也随着国家政策导向增加农业、农产品的比重，充分利用自身头部电商力量的优势助农。

### 学习目标

1．了解 C2C 电子商务的应用特点
2．熟悉 C2C 电商平台的分类

### 任务准备

引导问题 1：通过查阅网络资料，了解淘宝网、eBay 的创立过程，比较两个 C2C 电商平台在具体运作方面的不同。

引导问题 2：1995 年 eBay 创立，2003 年淘宝网创立，在淘宝网创立之前，eBay 在中国 C2C 电商市场有着绝对优势，淘宝网用了两年的时间扭转了这一市场局面，通过查阅资料，回答淘宝网是如何脱颖而出的。

引导问题 3：通过查阅网络资料，了解拍拍网的发展过程，并总结说明其在 2016 年关闭服务及其背后的原因。

### 任务实施

### 一、C2C 电子商务的含义

C2C 电子商务是按电子商务交易主体划分的一种电子商务模式，是个人对个人直接开展商业活动的一种电子商务模式。消费者与消费者通过互联网开展商业活动，这些商务活动主要是个人交易，也包括其他网络活动如信息搜索、社区交流等。

"双 12" 购物狂欢节最初就是阿里集团为淘宝网量身打造的节日营销，2018 年淘宝网 "双 12" 成交额为 3 000 亿元。从 2020 年的 "双 12" 包裹签收量增长的数据看，当年淘宝网 "双 12" 成交额增长势头明显。

## 二、C2C 电子商务的应用特点

与其他电子商务模式相比，C2C 电子商务具有自身的特点，具体如下：
（1）平台用户数量大、分散，往往身兼多种角色，既可以是买方，也可以是卖方。
（2）C2C 电商平台为买卖双方提供交易场所、技术支持及相关服务。
（3）平台用户没有自己的物流体系，依赖第三方物流体系。
（4）平台的商品多，质量参差不齐。既有有形商品，也有无形商品；既有全新商品，也有二手商品；既有大工厂统一生产的商品，也有小作坊个人制作的商品。
（5）交易次数多，单笔交易额小，低价值商品加上物流费可能会造成商品价格偏高。

## 三、C2C 电子商务的分类

C2C 电子商务可从交易的商品类型和交易平台的运作模式两个角度分类（见图 3-1）。

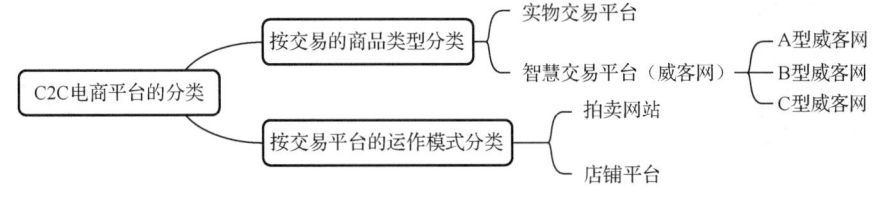

图 3-1  C2C 电子商务的分类

### 1. 按照交易的商品类型分类

按交易的商品类型划分，C2C 电商平台可分为实物交易平台和智慧交易平台。
（1）实物交易平台。实物交易平台（如淘宝网、拍拍网和 eBay 中国等）的商品种类很多，从汽车、计算机到服饰、家居用品，种类齐全。此外，它还设置了网络游戏装备和虚拟货币交易区等。
（2）智慧交易平台，又称威客网，一般交易的是企业或个人的智慧。威客的英文 Witkey 是由"wit"和"key"两个单词组成，它也是"the key of wisdom"的缩写，是指那些利用互联网把自己的智慧、知识、能力、经验转换成实际收益的人。

威客网的用户按照行为可以分为两类：提问者和回答者。其中，提问者提出问题和发布任务，在获得满意的解决方案后支付报酬。回答者接受任务和回答问题，当回答者的解决方案得到提问者的认可后，回答者获得约定的报酬。

按参与的方式不同，威客网可分为三种类型，即 A 型威客网（Ask Witkey）、B 型威客网（Bid Witkey）和 C 型威客网（C2C Witkey）。

A 型威客网即知道型、知识问答型威客网，如百度知道和爱问等。

B 型威客网即悬赏型威客网，用户通过对某个项目进行投标并争取中标，从而获得项目开发机会，最终产生价值，如孙悟空威客网、猪八戒威客网、一品威客网和时间财富网等。

C 型威客网即点对点威客网，用户通过对自身能力进行展示、证明，通过良好的经营状态，将能力转化为能力产品，与需求者之间建立 C2C 的买卖交易关系，如时间财富网等。

这里说明一下，A、B、C 型威客网的划分并没有绝对的界限，如时间财富网既属于 B 型威客网，又属于 C 型威客网。

时间财富网（见图 3-2），原名威客中国网，2010 年正式更名为时间财富网。威客中国是一个通过互联网解决科学、技术、生活、学习问题的交流平台。威客们通过时间财富网把自己的智慧、知识、能力、经验转换成实际收益。威客年龄一般在 18～35 岁之间，以 80 后居多，主要群体为在校大学生和在职人员，工作方式多为兼职。

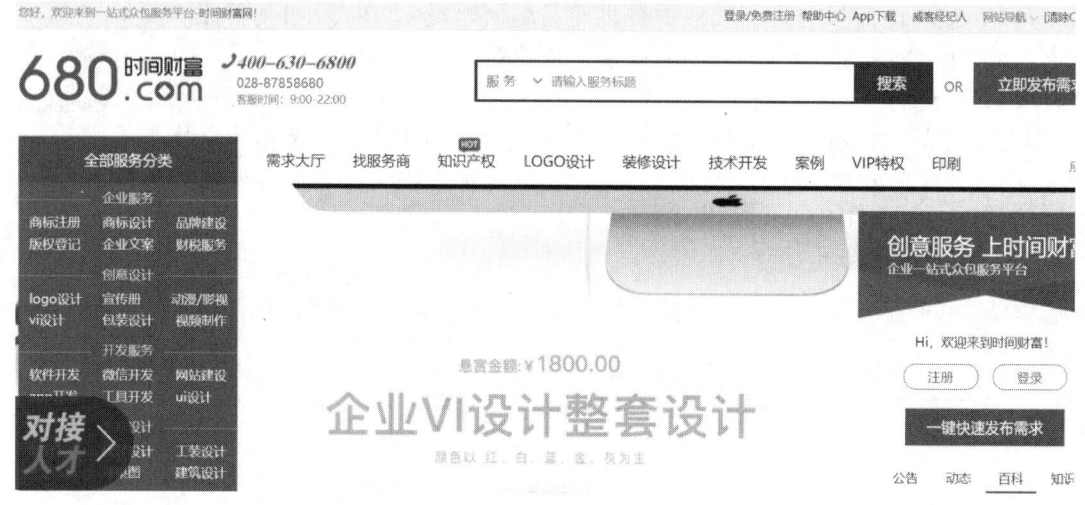

图 3-2　时间财富网

时间财富网悬赏项目包含平面设计、室内设计、网站建设、软件编程、方案策划、劳务服务等多个领域。网站拥有成千上万计的各行业专业人士，并长期活跃在时间财富网。时间财富网金点子库收集威客们的创意，让更多的人了解威客们的想法，与威客合作。每天有来自各地的威客在这里交流，每位会员均可发表文章，展示自己的特长，承接与发布悬赏项目，拥有时间财富网的二级域名。

时间财富网没有门槛，只要有本事就能拿悬赏金，知识和智慧可充分体现价值，是最容易让用户发展潜力、展示才华的地方。

威客的运营流程取决于其任务形式，具体内容如下：

① 现金悬赏任务流程（见图 3-3）：第一步任务发布者发布任务；第二步全额预付定金给威客网站；第三步众多威客完成任务；第四步任务奖金支付给作品最好的一名威客。虽然现金悬赏任务流程易于操作和理解，但它的应用范围有限制。现金悬赏任务流程主要适用的领域包括：一是与生活相关的领域，如百度知道、新浪爱问，用虚拟现金（积分）进行悬赏；二是简单在线工作，如起名、撰写文章、金额较低的图像设计和程序设计等；三是威客营销，如万元悬赏征集广告语、好点子、产品使用建议等。

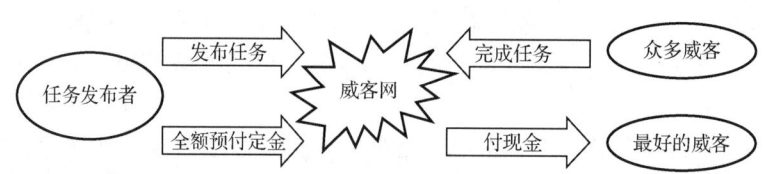

图 3-3　现金悬赏任务流程

② 招标任务流程（见图 3-4）：第一步任务发布者发布任务；第二步支付少量定金或不支付定金；第三步经威客网站确认的高水平威客报名参加；第四步任务发布者选择最合适的威客开始工作；第五步根据工作进度由任务发布者或威客网站向威客支付酬劳。招标任务流程可避免任务发布者预先支付大量现金，但需要威客网站对威客和任务发布者进行信用管理。招标任务流程适用的领域包括：一是金额较大、难度较高的在线工作任务，如高水平的翻译、网站建设、企业策划、法律咨询、软件开发等；二是工程技术领域，如化工、建筑、工程、电力、能源等。

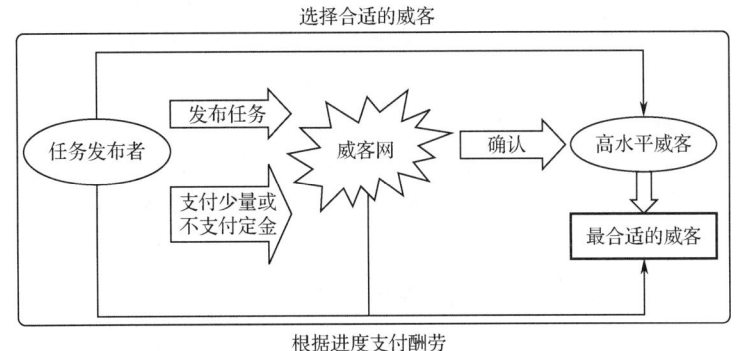

图 3-4　招标任务流程

### 2. 按交易平台的运作模式分类

按交易平台的运作模式，C2C 电商平台可以分为拍卖网站和店铺平台。

（1）拍卖网站。在拍卖网站运作模式下，C2C 电商企业为买卖双方搭建网络拍卖网站，按成交金额的比例收取交易费用。在拍卖网站上，商品所有者或某些权益所有人可以独立开展竞价、议价、在线交易等。

（2）店铺平台。在店铺平台运作模式下，C2C 电商企业提供平台，以方便用户在平台上开设店铺。店铺平台可以通过会员制的方式收费，也可以通过广告或提供其他服务收取费用。

拍卖网站与店铺平台之间没有明确的界限，如淘宝网既是拍卖网站又是店铺平台。

**拓展练习**

1999 年 8 月，易趣在上海由邵亦波和谭海音创立，主营电子商务，两位创始人都毕业于美国哈佛商学院。2000 年 2 月，易趣在全国首创 24 小时热线服务；2000 年 3—5 月，易趣与新浪结成战略联盟；2000 年 5 月，易趣并购 5291 手机直销网，开展网上手机销售；2002 年，易趣与 eBay 结盟，更名为 eBay 易趣，并迅速发展成国内最大的在线交易社区。eBay 易趣不仅为卖家提供网上创业、实现自我价值的舞台，品种繁多、价廉物美的商品资源也给广大买家带来了全新的购物体验。

2006 年 12 月，eBay 易趣与 TOM 在线合作。2007 年，两家公司推出为中国市场定制的在线交易平台。新的交易平台带给国内买家和卖家更多的在线与移动商机，促进 eBay 在中国市场的纵深发展。

思考：易趣为什么选择和 eBay 合作？

## 【思政小课堂】

### 卖家秀和买家秀

买家秀指购买某商家把自己的商品以文字或实物照片的形式在网上展示,供其他买家参考。卖家秀是卖家尽情展示自己的商品的地方,同时也是商家和买家之间的一种互动的宣传方式。

买家秀起源于互联网电商购物。买家秀给买家带来一定的用户体验,从而提升电商服务质量。同时买家秀也是商家和买家之间的一种互动的宣传方式。买家秀能够约束卖家的不良行为。

思考:卖家秀和买家秀的区别给我们什么启示?

启发:站在消费者角度,希望消费者不要冲动消费;站在商家角度,要有职业道德的坚守,对于互联网的商品信息描述要尽可能客观,做到对客户负责。

# 任务二 C2C 拍卖网站的运作模式

### 任务描述

C2C 电子商务的典型应用是网络拍卖和网上交易。eBay 是全球最早的 C2C 电商平台,其典型应用是为买卖双方搭建拍卖网站。eBay 始于一个浪漫的爱情故事。1995 年 9 月 4 日,由 Pierre Omidyar 以 Auctionweb 的名称创立于加利福尼亚州圣荷西。eBay 的创立是为了帮助 Omidyar 的未婚妻交换一些 PEZ Candy 的玩具。

### 学习目标

1. 了解网络拍卖网站的形式
2. 熟悉网络拍卖的方式

### 任务准备

引导问题 1:浏览阿里司法拍卖页面,选择一种标的物,标的物所在地选择"武汉",了解拍卖流程。

引导问题 2:浏览易得网,熟悉其竞拍技巧。

引导问题 3:通过手机下载闲鱼 App,熟悉其竞拍过程。

引导问题 4:比较这三个拍卖网站,分析它们的异同。

### 任务实施

## 一、网络拍卖网站的形式

### 1. 拍卖和网络拍卖的概念

《中华人民共和国拍卖法》(以下简称《拍卖法》)明确规定,拍卖(Auction)是指以公开竞价的形式，将特定物品或者财产权利转让给最高应价者的买卖方式。

拍卖主体包括竞买人、买受人、委托人和拍卖人（见图3-5）。

（1）竞买人是指参加竞购拍卖标的活动的公民、法人或者其他组织。

（2）买受人是指以最高应价购得拍卖标的的竞买人。

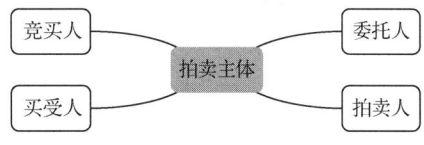

图3-5 拍卖主体的构成

（3）委托人是指委托拍卖公司拍卖特定物品或者财产权利的公民、法人或者其他组织。

（4）拍卖人是指依照《拍卖法》和《中华人民共和国公司法》（以下简称《公司法》）设立的从事拍卖活动的企业法人。在网络上，拍卖人一般是指C2C电子商务拍卖网站或在平台上拍卖商品的企业或个人。

网络拍卖（Auction Online）是指网络服务商利用互联网通信传输技术，向商品所有者或某些权益所有人提供有偿或无偿使用的互联网技术平台，让其在平台上独立开展拍卖活动的在线交易模式。

网络拍卖的基本运作方式是：卖家在拍卖网站上展示欲出售物品的图片等资料供买家挑选；买家可以随时登录拍卖网站挑选自己想购买的物品，出价竞标，实时查看整个拍卖过程。

这种以竞拍方式进行的网上交易能让卖家争取到公平的市场价格，让买家找到相对廉价的所需物品。

**2. 网络拍卖的形式**

网络拍卖网站大致分为以下两种形式：

（1）专业拍卖网站。

专业拍卖网站一般是指传统拍卖公司为实现其现实空间（实际经营）中的既有业务在网络空间上的延伸而建立的拍卖网站。这种形式包括拍卖公司之间联合开展拍卖业务而合作建立的网站，专业拍卖网站有明确的目标市场，因此它们比平台式拍卖网站更具优势。

路易森林（见图3-6），原嘉德在线，成立于2000年，是嘉德国际拍卖公司与日本软件银行集团、中国香港电讯盈科有限公司为开拓网上拍卖业务而组建的专业性拍卖网站，主营中国绘画、书法篆刻、西画雕塑、古瓷杂项、当代工艺、酒品等。

（2）平台式拍卖网站。

平台式拍卖网站是在网络拍卖中提供拍卖服务和交易程序，为众多买家和卖家构筑一个网络交易市场，由卖家进行网络拍卖交易的平台。这类网站的拍卖服务主要采用C2C电子商务模式，在我国以淘宝网为突出代表。平台式拍卖网站的经营目标是促成用户之间的在线交易，网站并不以买家或者卖家的身份参与交易活动。

从技术角度看，提供竞买过程的跟踪和管理是网上拍卖的关键。用户登录网站后，即可通过页面或电子邮件进行交易或跟踪拍卖的进程，如阿里拍卖的司法拍卖（见图3-7）、资产交易、珍品拍卖、拍卖服务。

图 3-6　路易森林的官网首页

图 3-7　阿里司法拍卖首页

阿里司法拍卖的商品包括机动车、住宅用房、土地、林权、无形资产、工程等诉讼资产；资产交易的商品包括房产、车、债权、股权、矿权、农资产品、奢侈品等；珍品拍卖的商品包括珠宝、艺术品、奢侈品等，常以专场形式定期拍卖；拍卖服务有房产服务、汽车服务、债权服务等，服务商可以入驻该平台为企业和个人提供相应的服务。

## 二、网络拍卖的方式

拍卖的最主要特征是动态定价，动态定价是指价格不固定的商业交易。根据买卖双方的人数可将动态定价分为四类（见图 3-8），其中在一个买家、一个卖家的交易类型中，买卖双方可以使用谈判、易货、议价方式，最后的价格由议价实力、商品在市场上的供求和商业环境因素决定。根据动态定价的类型分类，网络拍卖的方式一般可以分为以下几种（见图 3-9）。

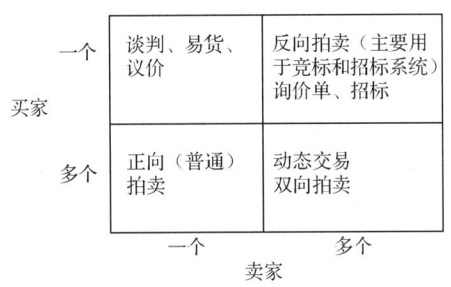

图 3-8 动态定价的类型

（1）普通拍卖。

在一个卖家、多个潜在买家的类型中，卖方采用反向拍卖的方式被称为普通拍卖。这种拍卖方式又可分为英国式拍卖、美国式拍卖和荷兰式拍卖。

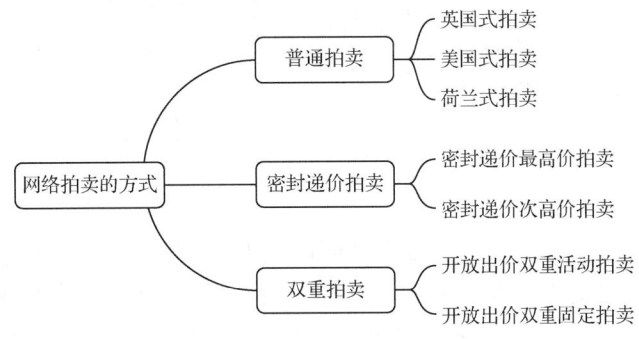

图 3-9 网络拍卖的方式

① 英国式拍卖。英国式拍卖也称英式拍卖、出价逐升式拍卖或增价式拍卖，出价时由低价走向高价。这种方式通常规定了最少加价金额（即加价幅度）。买家在拍卖规定的时间内竞价，如果价格是唯一标准，那么获胜者就是出价最高的人。另外，拍卖前卖家可设定底价，若最高价低于底价，则卖家有权不出售此商品。英国式拍卖可以持续数天，它是目前采用最普遍的网上拍卖竞价方式。

② 美国式拍卖。采用美国式拍卖时，卖家提供多件完全相同的商品，并给出底价。出价人可以在底价之上出价购买任意数量的商品。美国式拍卖也被称为允许出价人指定购买量的英国式拍卖。

③ 荷兰式拍卖。传统荷兰式拍卖也被称为出价逐降式拍卖或减价式拍卖，它起源于荷兰的鲜花市场，起价非常高。这种方式适用于卖方拍卖的商品数量较多，商品质量有差异，或拍卖的商品有保质期的情况。在拍卖过程中，价格按既定的减价金额逐次递减，第一个应价的人买走全部或部分商品，如只买走部分商品，则剩余商品继续减价拍卖。如某一价位有两名或两名以上竞买人应价，则转入加价拍卖。成功拍到商品的竞买人支付的商品价格是自己应价时的价格。相比之下，英国式拍卖速度慢，可能需要几天时间，而荷兰式拍卖的速度快。

（2）密封递价拍卖。

在一个买家、多个潜在卖家的类型中，卖家使用反向拍卖的方式被称为竞标或招标系统，也称密封递价拍卖。

密封递价拍卖是出价人在互不协商的情况下各自递交自己的出价,具体又分为密封递价最高(最低)价拍卖和密封递价次高(次低)价拍卖。前者以出价最高(最低)者胜出,以其出价购得拍卖品,如果拍卖品较多,出价低于前一个出价者可以购得剩余的拍卖品。后者又被称为维氏拍卖,也是出价最高(最低)者胜出,但出价最高(最低)者是按照出价第二高(第二低)的人所出的价格来购买拍卖品的。

网上密封递价拍卖多用于工程项目、大宗货物、土地、房地产等大额项目交易,以及资源开采权出让等交易。目前这种拍卖方式已被越来越多地用在网上销售库存物资及海关处理的货物。

(3)双重拍卖。

在多个卖家、多个买家的类型中,买家及其还价和卖家及其要价相匹配,并考虑双方报出的数量,买卖双方可以是个人也可以是企业,这种拍卖称双重拍卖。

① 开放出价双重活动拍卖。买家和卖家同时递交价格和数量,拍卖人把卖家的要约(从最低到最高)和买家的要约(从最高到最低)匹配,买家和卖家可以通过从其他出价中获得的消息来修改出价。

② 开放出价双重固定拍卖。买家和卖家同时递交价格和数量,拍卖人(拍卖专家)把卖家的要约(从最低到最高)和买家的要约(从最高到最低)匹配,买家和卖家不可以修改出价。

这种拍卖方式只对那些事先知道质量的物品有效,如有价证券或有标准级别的农副产品。在网上双重拍卖中,买方和卖方出价是通过软件代理竞价系统进行的。具体过程是:拍卖开始前,买方向软件代理竞价系统提交最低出价和出价增量,卖方向软件代理竞价系统提交最高要价和要价减量,由网上拍卖信息系统把卖方要约和买方要约自动进行匹配,直到将要约提出的所有出售数量都卖给买家为止。

## 三、网络拍卖网站案例——淘宝网

淘宝网的拍卖方式有增价拍、荷兰拍、降价拍三种。

(1)增价拍。即传统拍卖方式中的英国式拍卖,拍卖商品数量为1,拍卖价格由低到高自由竞价,拍卖结束时,出价最高者获得拍卖的商品。

(2)荷兰拍(荷兰式拍卖)。拍卖商品数量大于1,竞价结束时,出价高者优先获得拍卖商品,相同价格先出价者先得。与传统荷兰拍略有不同,淘宝网荷兰拍的最终成交价一般是最低成功出价。如果靠后的买家可获得的商品数量不足,则可以放弃购买(淘宝网中发布拍卖商品的卖家信用分数必须大于等于11分)。

这里以无线耳机为例:①一位卖家拍卖10个无线耳机,起拍价格为1元,10位买家各自出价购买一个无线耳机,出价金额均为1元,则10位出价者均可以1元的价格购得一个无线耳机;②一位卖家拍卖10个无线耳机,起拍价格为1元,到竞价结束时,有3位获胜的出价者(一个出价5元,买1个;一个出价3元,买1个;一个出价2元,买10个)。最后,这3位竞拍者都将以2元的价格购得此商品,因为前两位出价者出价较高,所以都能得到自己需要的数量(出价相同的,先出价者排前面),最后一位出价者因为出价较低,所以只能得到8个(此时只剩下8个,不能满足他的购买总数,他可以选择放弃购买);③一位卖家拍卖10个无线耳机,起拍价格为1元,到竞价结束时,有2位获胜的出价者(一个出价5元,买1个,一个出价3元,买1个)。

因为他们的购买数量不足10个,所以将以起拍价格(即1元)成交。

(3)降价拍。降价拍是拍卖商品的竞价由高到低依次递减,直到竞买人应价时成交的一种拍卖方式。如果拍卖商品的数量为1,则拍卖在第一个竞买人应价时成交且拍卖结束;如果拍卖商品的数量大于1,则拍卖在所有商品被竞买人应价后,拍卖结束。

竞价方式还可分为个人竞价和集体议价两种方式。个人竞价又分为透明和不透明两种。透明竞价类似于股市的交易,随时可见最新出价;不透明竞价是买方出价,卖方认为合适即可成交,所有的出价只有卖方知道。

### 视野拓展

网络拍卖与传统拍卖有显著的差异(见表3-1)。

表3-1 网络拍卖与传统拍卖的差异

| 比较项目 | 传统拍卖 | 网络拍卖 |
| --- | --- | --- |
| 拍卖标的范围 | 物品的范围广,可以是价值昂贵的物品、价值低廉的物品、有形资产、无形资产,还可以是财产权利 | 物品的范围有限,小到玩具,大到汽车,种类虽繁多,但涉及无形资产、不动产等就很难操作 |
| 拍卖主体 | 拍卖企业必须具备《拍卖法》规定的条件。拍卖活动应当由拍卖师主持,拍卖师的资格取得也有严格的规定 | "拍卖人"和"委托人"同为卖方,"拍卖师"被网络技术平台的交易程序所代替。拍卖网站本身不参与网络拍卖 |
| 拍卖程序 | 拍卖委托、拍卖公告与展示都应当遵循严格的程序与规定。拍卖人对委托人身份、拍卖标的不仅有审查的义务,也有审查的权利 | 没有传统拍卖意义上的委托、公告与展示,其所有交易过程都按照技术平台预先设计的程序进行。技术平台的提供者无法准确地审查卖方身份和物品的真实性 |
| 拍卖的运作成本 | 举行拍卖会成本非常高,要制作、印刷拍卖宣传画册和拍品目录,组织拍卖品展示,租用拍卖场地等,每一项工作都需要一定费用 | 不用租用场地进行拍卖品展示及拍卖会,拍卖网站只是在计算机系统的服务器上安装了一个专门的竞价软件,而买卖双方则自己完成网上拍卖过程的所有事情,这样有效地减少了公司的运作成本 |
| 拍卖的时空限制 | 拍卖受时间和地点的限制,拍卖行不可能把业务拓展到全球。在拍卖会进行的时间里,竞买人可能无法及时参加。拍卖会现场空间的大小也限制了竞买人的数量 | 完全打破时间和空间的限制,不同的物品拍卖可以在同一时间进行,一天24小时,每周7天,拍卖网站上随时都有物品在拍卖。原有的拍卖交易市场无限扩大,使交易范围扩大到了全球 |
| 拍卖标的的拍卖时限 | 每一场拍卖会经过长时间的前期准备后,正式举行的时间仅是短短几小时,一件拍品的成交,在极短的时间里就被决定了 | 一件拍卖标的时间从1天、3天到1周不等。不同的拍卖网站,所规定的拍卖时间各不相同,但总体上均比传统拍卖中的拍卖标的的拍卖时效长得多 |
| 拍卖品的审查 | 传统拍卖中,举行拍卖会要对征集到的拍品进行严格审查 | 网络拍卖的全部过程由卖方和买方完成,拍卖标的不会受到严格的审查 |
| 支付方式 | 竞买人成为拍品最终买受人后,可采用现金、支票、信用卡、邮汇等方式支付拍品订金和其他费用 | 买受人除了采用传统拍卖的支付方式,还可以通过网上银行或拍卖网站作为自己的支付系统支付货款 |
| 拍卖现场的气氛 | 拍卖现场气氛浓烈,竞买人可以享受紧张激烈、互不相让的竞价氛围 | 网络拍卖是一个无声的拍卖过程,竞买人无法感受同聚一堂的热烈气氛 |

【思政小课堂】

### 怎样在闲鱼上鉴别靠谱卖家

（1）卖家的自我描述。内容越多越好，尤其是介绍中提到的比较具体的内容。

（2）注册时长。先看卖家注册了多久，再看卖家卖了多少件宝贝，数量巨大的，需谨慎。

（3）查看卖家发布的动态。看卖家发布的是比较日常的售卖，还是商业化的售卖。根据发布的东西，简单分析卖家的身份，是闲置出售，还是大量销货。

（4）产品描述部分。文字描述抓住重点，客户想要的信息卖家都有提到。

（5）产品照片。照片拍得是否清晰，如果物品拍摄得模糊不清，背景也模糊，就需谨慎。

（6）交流的环节。买家最好提前与卖家交流获得有用信息，不要直接拍。

（7）留言地区。买家可留意咨询人数，如果咨询人数多且卖家留言总是"私信我"，那就需进一步观察。

（8）交流过程。进入私聊过程后，买家看卖家发的字数多少，回答多的，相对认真，也有人就是话少。你主要看他回答问题是否认真，回答敷衍，需谨慎。

思考：如何在闲鱼上避免购物翻车？

启发：在闲鱼上有购物翻车行为，源于互联网的"不接触性"，交易在虚拟环境中开展，尺有所短，寸有所长，互联网平台具有某些方面的"先天不足"，因此越来越多的买卖双方会回到线下交易以此提升交易的有效性。将线上与线下结合在一起是比较理想的方式，协同商务是未来的发展趋势。

## 任务三　C2C 店铺平台的运作模式

### 任务描述

C2C 店铺平台的运作模式又称网上商城运作模式，由电子商务企业提供平台，方便用户在网上开设店铺。目前，国内主要的 C2C 店铺平台有淘宝网等。

### 学习目标

1. 了解 C2C 店铺货源的选择
2. 熟悉在 C2C 店铺平台上开店的流程
3. 能够熟练地在淘宝上开设和运营自己的店铺，并将拍卖的知识应用于淘宝店铺运营中

### 任务准备

引导问题 1：淘宝网作为老牌的 C2C 电商平台，用创新引领平台发展，你可通过淘宝 App，了解其创新功能，并举例说明。

**引导问题 2**：随着市场竞争加剧和市场下沉，淘宝在农村电商的突出创新是什么，并举例说明。

**引导问题 3**：淘宝在用户管理上是怎样维持用户黏性的，并举例说明。

### 任务实施

## 一、在 C2C 店铺平台上购物和开店的流程

### 1. 在 C2C 店铺平台上购物的流程

在 C2C 店铺平台上购物的流程很简单（见图 3-10）。

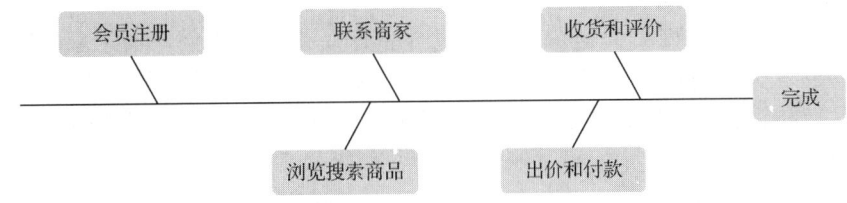

图 3-10　在 C2C 店铺平台上的购物流程

（1）会员注册。C2C 店铺平台的新用户先要进行会员注册。

（2）浏览搜索商品。用户可以利用 C2C 店铺平台的搜索引擎，也可以按照商品分类来选择购买的商品。一般 C2C 店铺平台都具有高级搜索功能。

（3）联系卖家。用户可以通过多种沟通工具联系卖家，除可以直接给卖家留言外，淘宝网买家还可以用阿里旺旺和卖家联系（卖家用千牛工作台），如果用户已经下单，在订单详情页面可查到卖家的手机号。

（4）出价和付款。如果选择的是以拍卖方式出售的物品，必须认真学习该拍卖网站的拍卖规则，明确邮费、剩余时间、起拍价格、加价幅度和当前价格。如果选择的是以一口价方式出售的物品，且卖家不包邮费，则买家的付款金额将是一口价加邮费。

（5）收货和评价。收货后，买家应在第一时间检查物品的状况，如尺寸、新旧程度、颜色等是否和照片一致。如果和照片有出入或自己不满意，则可以和卖家协商退货。收货后，买家要对卖家进行客观、公正的评价。

（6）完成。

### 2. 在 C2C 店铺平台上开店的流程

卖方在 C2C 店铺平台上开店的流程（见图 3-11）。

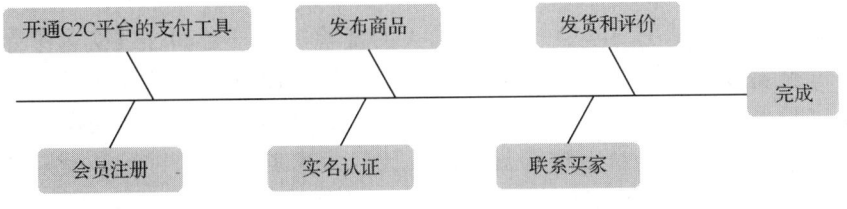

图 3-11　在 C2C 店铺平台上开店的流程

（1）会员注册。方法与买方注册会员时相同。如果作为买方已注册会员，则可以使用同一会员账号。

（2）开通C2C店铺平台的支付工具，如卖家在淘宝网开店需要开通支付宝。

（3）实名认证。用户要在C2C店铺平台上出售商品，必须通过实名认证，具体有个人实名认证和商家实名认证两种：个人实名认证包括支付宝实名认证和淘宝开店认证，必须提供用户本人的身份证；商家实名认证必须提供营业执照等能证明商家身份的证件。

（4）发布商品。通过身份认证后，卖家可以发布商品、开设店铺进行销售。目前，卖家在淘宝网上定价销售（拍卖）物品时不收取任何中介费用，是完全免费的，但C2C网站的增值服务是收取费用的，如淘宝网的旺铺、试衣间等都要收取服务费。

（5）联系买家。在物品销售过程中，随时会有买家留言提问，卖家应及时、耐心地回复留言；也有买家通过站内信件的方式联系卖家，卖家应及时通过沟通工具联系买家。

（6）发货和评价。在确认收到买家的货款后或者知道买家已把货款付给第三方支付机构后，卖家可以安排发货。卖家账户收到买家货款后，卖家需客观、公正地对买家进行评价，买卖双方互相做了评价后都会得到一定的信用积分。

（7）完成。

## 二、C2C店铺货源的选择

卖家在C2C店铺平台上开店成功与否，关键在货源的选择。货源的好坏与店铺动态评分有着直接关联，直接影响网店运营。因此，如何找到好货源，对新手卖家至关重要，货源的选择方式如图3-12所示。

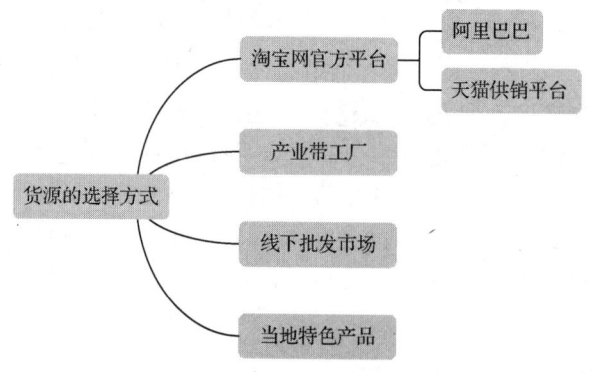

图3-12　货源的选择方式

**1. 淘宝官方平台**

（1）阿里巴巴（见图3-13）是国内最大的货源热销平台和在线交易平台。该网站目前已覆盖服装服饰、原材料、工业品、家居百货等12个行业大类的商品。在阿里巴巴平台上客户虽然选择货源方便、快捷，但是对商品品质、供应链情况等难以把握。因此，客户在阿里巴巴平台上挑选货源时要比较商家的销量、评价和复购率，注意查看图片质量、店铺单品及其销售情况、响应速度和发货速度、诚信通年限、是否有金牛标志等。另外，客户还需要查看厂家的联系方式、地址等信息。淘宝卖家可以利用阿里巴巴的货源做代理，也可以通过阿里巴巴网上进货，然后在自己的店铺中上架销售。

项目三 C2C 电子商务

图 3-13 阿里巴巴网站页面

（2）天猫供销平台。用户在淘宝卖家中心按"货源中心"单击，找到"分销管理"单击进入天猫供销平台（见图 3-14）。淘宝卖家在天猫供销平台上完成注册，申请企业支付宝认证，通过后激活账号即可入驻，入驻成功后才能采购货物。这里特别提醒，卖家没有天猫店铺是不可以入驻的。天猫供销平台上提供的都是有品牌的商品，品质相对较好，图片是原图，但是对销售商有一定限制，如信用等级达到一个钻的级别、好评率达到 99%等，通常在商家的招募书中可以看到详细要求。另外，其对商品的销售价格也有控制，因此商家的利润空间有限。

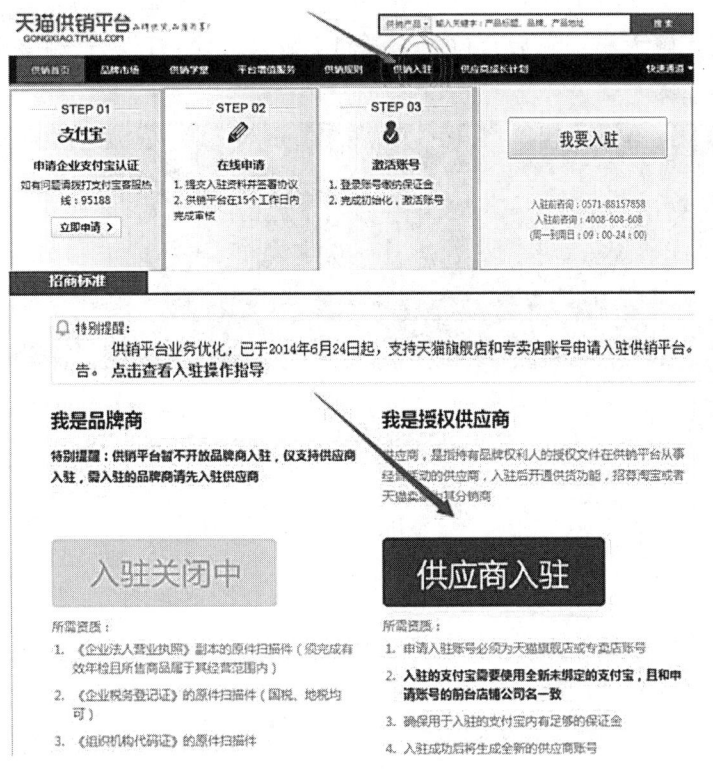

图 3-14 天猫供销平台

· 81 ·

## 2. 产业带工厂

产业带是一条带状的链条产业集中区域，是相关或相同产业的基地，在此区域内可以形成产业集聚效应，更好地壮大产业，如杭州的女装、扬州的毛绒玩具、深圳的3C数码等。用户登录阿里巴巴"源头好货"首页，按"产地"顺序单击，即可看到不同类目产品的产业带以及每个产业带工厂的联系信息，用户可以实地考察其产品质量、价格等。客户在产业带工厂拿货价格便宜、款式多、货源充足、供应链可把控，缺点是要求进货量大、容易压货，且多数厂家不愿与小规模的卖家打交道。

## 3. 线下批发市场

普通的线下批发市场有很多，如义乌小商品城等，线下批发市场更新快、品类多，但是容易出现断货、品质也不易控制。

## 4. 当地特色产品

当地特色产品有新疆大枣、湖北柑橘等。卖家可以与农户直接对接，也是电商助农的一种方式，节约成本，提高利润空间。

## 三、网上开店流程——淘宝网

（1）登录/注册淘宝个人账号。进入开店流程，用户可选择短信入驻（见图3-15）和密码登录入驻（见图3-16）两种方式。如果没有淘宝账号，用户可以选择短信入驻，填写手机号码，输入验证码后会自动生成淘宝账号，如果已经有淘宝账号，用户可以直接选择密码登录。

图3-15 短信入驻方式

（2）进行支付宝实名认证。用户在支付宝App中选择"我的"，然后点击左上角头像位置个人信息去完善信息。

（3）阿里实人认证（见图3-17）。用户在页面输入信息开店后，会跳转千牛工作台，可在此页面按照提示完成支付宝认证和实人认证。

图 3-16　密码登录入驻方式

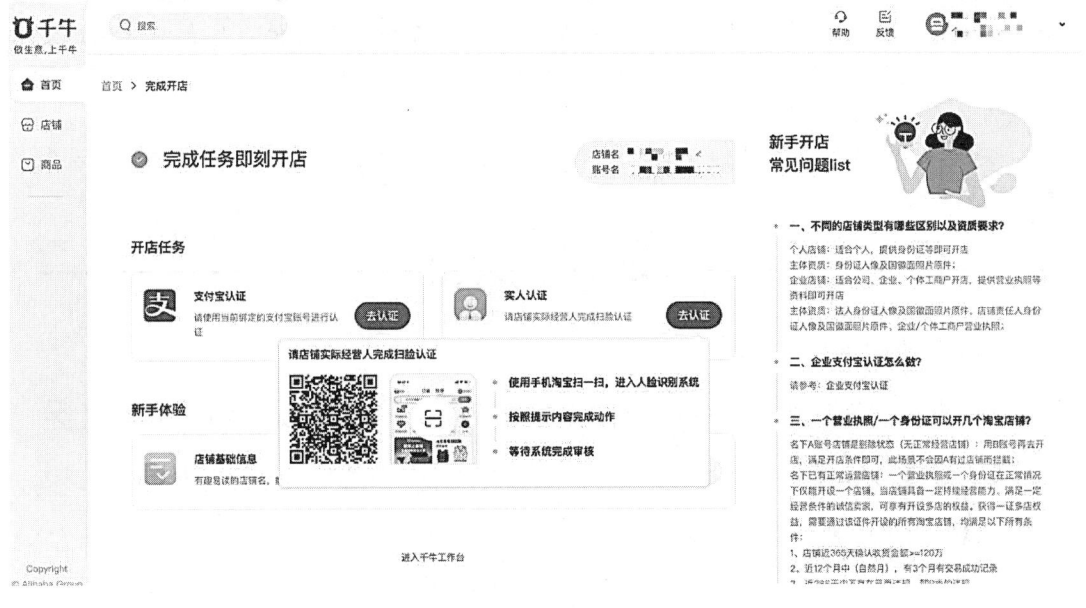

图 3-17　阿里实人认证

（4）填写店铺基本信息。用户可以进入"卖家中心"的"店铺管理"中的"店铺基本设置"进行编辑店铺基本信息，完善店铺。店铺基本信息包括：店铺名、店铺标志、经营地址、工商注册信息等。

### 拓展练习

扫码了解淘宝直通车的作用。

网上购物者的类型一般可以分为以下四种。

（1）专门计划型。购物者在进入在线零售商店前已经确定购买计划。针对他们，在线零售商要提供简便的商品目录和购物搜索引擎等以便他们查找需要的商品。

淘宝直通车的作用

（2）一般计划型。购物者的需求在进入在线零售商店前已经确定，但是购物者会在店内根据商品的品牌来确定满意的商品。针对这类购物者，卖方要注重宣传商品的质量和品牌等。

（3）提醒购买型。购物者的需求已经存在，但在上网时他们通常还没有考虑到购买商品的类型和品牌等，只是在看到网上广告或促销活动时突然产生购买动机。

（4）完全无计划型。购物者在进入在线零售商店前毫无购物计划，但在受到较为强烈的广告、促销刺激后会产生购买动机和购买行为。

思考：你属于哪种类型的购物者？

【思政小课堂】

### 开通淘宝亲情账号的好处

儿女的孝心无处投递，父母的关爱难以传达，淘宝上线的"亲情账号"，构建了一种全新的用户关系，让每个家庭都可以简单分享。用户可以通过添加亲情账号，连接家中长辈、子女、配偶情侣，实现全家人的流畅沟通和便捷支付。儿女可以通过这种方式表达对父母的爱意，父母也找到了与儿女沟通的共同语言。

（资料来源：淘宝学院。）

启示：世间最不能等待的是孝敬父母，树欲静而风不止，子欲养而亲不待，及时尽孝，越早越好。

 知识巩固

## 一、名词解释

C2C 电子商务　威客　网络拍卖　专业拍卖网站　平台式拍卖网站

## 二、选择题

1. 以下属于 C2C 电子商务平台的是（　　）。
A．京东　　　　B．淘宝　　　　　C．苏宁易购　　　D．唯品会
2. （　　）是全球最早的 C2C 电商平台。
A．eBay　　　　B．淘宝　　　　　C．拍拍网　　　　D．易趣
3. 以下对 C2C 电子商务的特点描述不正确的是（　　）。
A．用户身兼多种角色，既可以是买方，也可以是卖方。
B．为买卖双方提供交易场所、技术支持及相关服务。
C．一般没有自己的物流体系，依赖第三方物流体系。
D．商品多，质量好
4. 常见的网络拍卖方式一般有（　　）。
A．荷兰拍　　　B．美国式拍卖　　C．增价拍　　　　D．降价拍
5. 拍卖主体主要包括（　　）。
A．竞买人　　　B．买受人　　　　C．委托人　　　　D．拍卖人
6. 网络拍卖网站的形式主要有（　　）。
A．专业拍卖网站　　　　　　　　B．平台式拍卖网站
C．B2B 拍卖网站　　　　　　　　D．B2C 拍卖网站

7．以下对英国式拍卖描述正确的是（　　）。

A．出价时由低价走向高价

B．通常规定了加价幅度

C．拍卖前卖家不可设定底价

D．在价格是唯一标准的前提下获胜者是出价最高的人

8．网上开店货源的选择主要有（　　）。

A．淘宝官方提供的平台　　　　　　B．产业带工厂

C．线下批发市场　　　　　　　　　D．当地特色产品

9．按交易的商品类型分类，C2C 电商平台可以分为（　　）。

A．实物交易平台　　　　　　　　　B．智慧交易平台

C．拍卖网站　　　　　　　　　　　D．店铺平台

10．（　　）多用于工程项目、大宗货物、土地、房地产等大额项目交易，以及资源开采权出让等交易。

A．英式拍卖　　B．密封递价拍卖　　C．双重拍卖　　D．荷兰式拍卖

### 三、简答题

1．简要回答 C2C 电子商务的特点。

2．简述威客的两种运营流程，现金悬赏任务流程和招标任务流程。

3．按交易的平台运作模式分类，C2C 电子商务的交易模式有哪几种？简要说明每种交易模式的特点。

4．什么是网络拍卖？与传统拍卖相比有哪些优势？

5．淘宝网上的拍卖模式主要应用在哪些行业领域？

## 技能训练

目前国内有一些发展比较成熟的拍卖网站，选择两个拍卖网站（闲鱼、聚拍网）进行分析，回答以下两个问题。

（1）这两个网站采用的是哪种拍卖方式？

（2）这两个网站拍卖标的物各有什么特点？

# 项目四
# 新零售

　　新零售赋能新增长。2016 年 10 月 13 日，在杭州云栖大会开幕式上，未来的五个新的发展趋势被提出，它们是：新零售、新制造、新金融、新技术与新能源。线上线下和物流必须结合在一起，才能诞生真正的新零售。新零售概念被提出后，京东提出了无界零售；苏宁、腾讯提出了智慧零售；网易提出了新消费。2016 年 11 月 11 日，国务院办公厅印发《关于推动实体零售创新转型的意见》（国办发〔2016〕78 号），明确了推动我国实体零售创新转型的指导思想和基本原则。零售业态正在迎来新的革命。

## 任务一 新零售的概念与特征

### 任务描述

阿里巴巴、腾讯、百度、京东、小米、网易、前海云集品等企业已经开始新零售的探索之路。其中,比较出名且从一开始就完全按照新零售模式操作的,有阿里巴巴的盒马鲜生、腾讯和京东系的超级物种、小米公司的小米之家、网易公司的网易严选等。盒马鲜生和超级物种这样新零售终端的共通特性都以大数据、人工智能等核心技术为基础,营造场景迎合新一代消费群体的消费升级需求,布局线上线下,打通二者之间的数据连接,自建物流或者合作物流,追求极高的物流效率,使消费者体验达到极致。

新零售的终极目的就是让人们以更便利的方式购买到质量更好的商品,它对人工智能和大数据技术依赖性强,是一场必须有高新技术参与的变革。如何用有特色的商品、场景、服务、体验打动消费者,触动消费者的心智,已经成为新零售发展最关键的要素。通过学习新零售的概念正确认识其内涵,通过学习新零售的特征熟悉开展新零售模式探索企业的具体特色,寻求新零售发展过程中的规律。

### 学习目标

1. 掌握新零售的概念,熟悉新零售的特征
2. 学会总结分析不同企业开展新零售探索的共同之处及存在的问题

### 任务准备

**引导问题 1**:盒马鲜生是新零售模式的开拓者之一,通过下载盒马鲜生 App 以及对实体门店的布局和规模的了解,总结盒马鲜生成功的关键因素,并举例。

**引导问题 2**:超级物种为了提升用户体验,提供哪些特色服务并采用哪些技术提升用户体验,请举例。

**引导问题 3**:小米之家作为小米公司成立的直营客户服务中心和小米粉丝的交流场所,为广大米粉提供哪些服务,请举例。

### 任务实施

### 一、新零售的概念

新零售(New Retailing)是数据驱动的泛零售形态,指企业以互联网为依托,通过运用大数据、人工智能等先进技术手段,对商品生产、流通与销售过程进行升级,进而重塑业态结构与生态圈,并对线上服务、线下体验以及现代物流进行深度融合的零售新模式。线上线下和物流结合在一起,才会产生新零售。线上是指云平台,线下是指销售门店或生产商,新的物流模式消灭了库存、减少了囤货量。

新零售是以消费者体验为中心,进行人、货、场三要素的重构,真正发挥"线上+线下+数据+物流"的系统化优势,以达到满足消费升级需求、提升行业效率的目标。

## 二、新零售的特征

相比传统零售,新零售的主要特征为以下四个方面(见图4-1)。

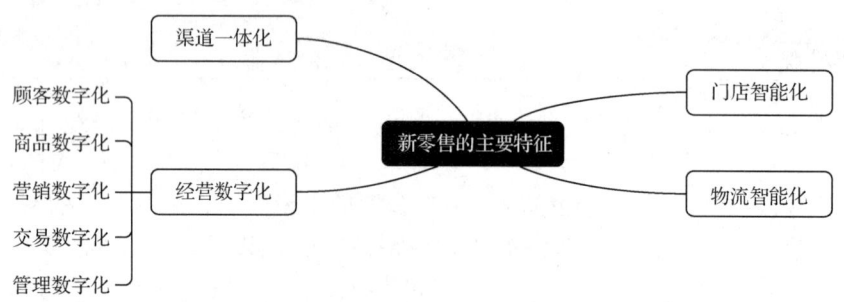

图 4-1 新零售的主要特征

### 1. 渠道一体化

线上线下融合的渠道一体化是新零售的首要特征,真正的新零售应是PC网店、移动App、微信商城、直营门店、加盟门店等多种线上线下渠道的全面打通与深度融合,商品、库存、会员、服务等环节皆合为一个整体。零售商不仅要打造多种形态的销售场所,还要实现多渠道销售场景的深度融合,才能满足消费者的需求。

### 2. 经营数字化

商业变革的目标先通过数字化把各种行为和场景搬到线上,然后再实现线上线下的融合。销售行业的数字化是依托现代信息技术构筑多种零售场景,沉淀商品、会员、营销、交易、服务等数据,实现顾客数字化、商品数字化、营销数字化、交易数字化、管理数字化等经营数字化,为运营决策提供数据基础。其中,顾客数字化是经营数字化的基础和前提。

### 3. 门店智能化

新零售时代赋予门店的已经不仅仅是售卖这一单纯的功能了,和传统门店的差异已经开始凸显。门店不只是对商品的陈列和展示,还以物联网等新兴技术进行智能化改造,应用智能货架与智能硬件延展店铺时空,构建丰富多样的全新零售场景。门店更具体验功能,同时兼具社交、教育功能。门店智能化可提升顾客互动体验和购物效率,增加多维度的零售数据,能把大数据分析结果应用到实际零售场景中。

### 4. 物流智能化

新零售让顾客可以全天候、全渠道、全时段买到商品,并能实现到店自提、同城配送、快递配送等,这就需要对接第三方智能物流配送、物流体系,以此缩短配送周期,实现去库存化。

**拓展练习**

兴盛优选是一家互联网新零售平台,也是一家独角兽企业。它的定位是解决家庭消费者的日常需求，包括蔬菜水果、肉禽水产、米面粮油、日用百货等全品类精选商品。兴盛优选已辐射湖南、湖北、广东、江西、四川、重庆、陕西、贵州、河南、广西、福建、河北、山东、江苏和安徽15个省/直辖市及6 500多个地（县）级城市和乡镇，以及5万多个农村。

请从创新角度谈谈兴盛优选在新零售方面有哪些表现？

【思政小课堂】

面对突如其来的河南暴雨，零售企业纷纷表现出从容的应对方案。有钱的捐钱，有力的出力，在稳物价、保供应这件事情上，没有零售企业掉链子。2021年7月21日，鸿星尔克通过官方微博发布向河南灾区捐赠5 000万元的消息。一天后，"鸿星尔克的微博评论好心酸"冲上热搜第一，鸿星尔克因捐赠成为舆论焦点，多平台累计涨粉千万个，销售额过亿元。

（资料来源：澎湃新闻。）

思考：企业应该从鸿星尔克身上学习什么精神？

启发：不厚其栋，不能任重。鸿星尔克位卑未敢忘国忧，向我们展示了什么是企业社会担当，诠释了舍己为人、无私奉献的精神。

## 任务二　新零售的框架

### 任务描述

新零售的本质是对人、货、场三者关系的重构。人对应消费者画像、数据；货对应供应链组织关系和与品牌的关系；场是场景，对应商场表现形式。场是新零售前端表象，人、货是后端的实质变化。

线上和线下紧密关联，互补优势，合作共赢。消费者的购买行为呈现线上线下融合的明显趋势，线上了解、线下购买，线下体验、线上购买的现象十分常见。电商的优势在于数据，体验却是其软肋；而实体店的优势恰恰在于体验，数据却是实体店的弱项。

在线上流量红利结束、消费升级的大背景下，线上企业比拼的不再是低价，而是服务和体验，因此，阿里巴巴等线上巨头纷纷拥抱线下企业，致力于打造线上线下消费闭环。线下实体店作为流量新入口，弥补了传统电商业务高端用户群体数据的缺失，可助力线上企业描绘多维清晰的消费者画像。线下门店依托线上数据，提高了营销精准率和经营效率。

### 学习目标

1. 通过学习新零售的框架，掌握新零售的体系
2. 学会分析开展新零售模式创新的企业在发展中存在的问题

### 任务准备

**引导问题**：随着新零售概念的推出，阿里巴巴先后收购高鑫零售、银泰商城、三江

购物等，率先通过盒马鲜生入局，通过"线下门店+App"的方式，提供线上线下一体化服务，主打生鲜产品和即时餐饮。盒马鲜生配送覆盖周围 3 公里范围，为用户提供半小时送货到家服务。不到 3 年，盒马门店从上海扩张至全国，一度成为新零售的样板，并且成为阿里巴巴新零售版图中的一号工程。用户线上买菜的习惯被逐渐培养起来。阿里巴巴的几大对手——美团（美团买菜、美团优选）、拼多多（多多买菜）、京东（京喜拼拼）、滴滴（橙心优选）都杀入了社区团购领域。面对社区团购的发展，盒马鲜生需要在哪些方面进一步完善做到人、货、场的整合？

### 任务实施

2017 年 3 月 9 日，在上海举办的 2017 年中国电商与零售创新国际峰会上，阿里研究院正式发布了《新零售研究报告》，该报告指出，新零售的框架（见表 4-1）可以从前台、中台、后台三个维度来阐述。

表 4-1　新零售的框架

| 前台 | 人（消费者）、货（商品）、场（场景） | |
|---|---|---|
| 中台 | 营销、市场、流通链条、C2B 生产模式 | |
| 后台 | 基础设施 | 技术 | 3D/4D 打印、AR/VR |
| | | 传感器、物联网、人工智能 |

## 一、前台：重构人、货、场

### 1. 人：消费者画像

消费者画像（见图 4-2）是以大量数据为基础，通过收集与分析消费者社会属性、生活习惯、行为等用户特征属性的主要信息数据，对全貌进行数学建模，以达到对消费者类型的标签化，直观构建出消费市场的全息画像，完美地抽象出消费者的商业全貌。

在传统零售条件下，各种调研只能完成模糊的消费者画像，而在大数据时代，商家可以对消费者进行更清晰的画像，从而为企业开展精准营销服务提供数据支持。

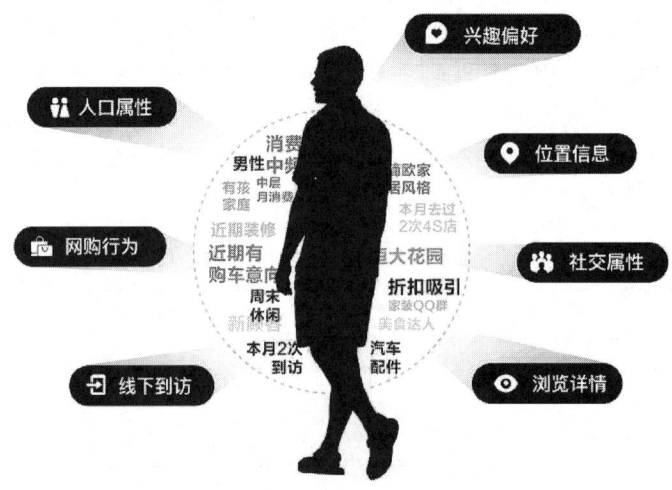

图 4-2　消费者画像

### 2. 货：在交易商品上，从消费者的需求过渡到"商品+服务+内容"

这里的货不再是单一的有形商品概念，而是消费者的综合需求体验（见图 4-3）。现在消费者的诉求已从单纯的"商品+服务"过渡到"商品+服务+内容+其他"，消费者不仅关心商品的性价比、功能、耐用性、零售服务等指标，更关心商品的个性化专业功能，以及商品背后的社交体验、价值认同和参与感。基于数字技术的定向折扣、个性化服务、无缝融合的不同场景，给消费者带来焕然一新的体验。

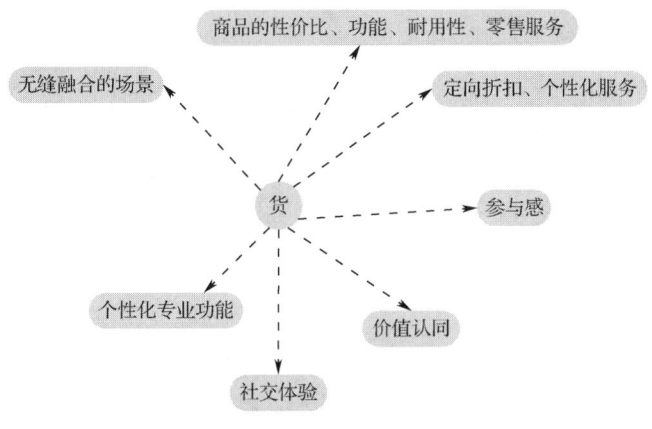

图 4-3　新零售中的货

### 3. 场：消费场景无处不在

新零售将带来无处不在的消费场景，如 PC 端网店、移动 App、微信商城、直营门店、加盟门店等多种形态的销售场所。零售商不仅要打造多渠道销售场景，还要实现多渠道销售场景的深度融合，才能满足消费者的需求。其中，各种移动设备、智能终端、VR 设备等发挥了重要作用。

### 4. 新零售人、货、场的重构

新零售将重构人、货、场三个要素，从过去的"货—场—人"进化到"人—货—场"。在传统零售条件下，品牌商按照经验进行供货，线上线下割裂，对消费者的画像是模糊的。在新零售条件下，消费者画像相对精准全息，品牌商可以实现最优供应链+智能制造，使企业实现按需智能供货。多渠道的消费场景实现了人、货、场的重构。

**视野拓展**

消费者画像是建立在一系列真实数据基础上，描述目标个体特性的模型，全息消费者画像技术是消费者画像技术的延伸，是指在描述消费者时做到全面、真实。

## 二、中台：营销、市场、流通链、生产模式变革

新零售的中台框架实现了营销、市场、流通链、生产模式的变革（见图 4-4）。

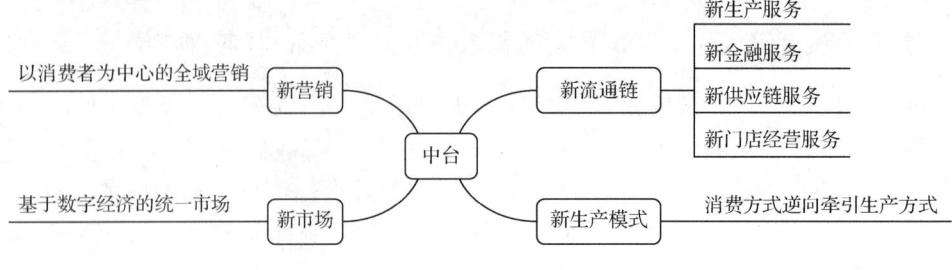

图 4-4　新零售的中台框架

**1. 新营销**

新零售的营销模式，是以消费者为核心的全域营销，其特点为：①数据打通消费者认知、兴趣、购买、忠诚及分享反馈的全链路；②数据可视、可追踪、可优化；③为品牌运营提供全方位精细支撑。

**2. 新市场**

新零售基于数字经济的统一市场，具有全球化、全渗透、全渠道等特征。

**3. 新流通链**

新零售服务商重塑了高效流通链：新生产服务（数字化生产、数字化转型咨询、智能制造）——新金融服务（供应链新金融）——新供应链综合服务（智能物流、数字化供应链、电商服务商）——新门店经营服务（数字化服务培训、门店数字化陈列）。

**4. 新生产模式**

新零售真正实现了消费方式逆向牵引生产模式，是一种由 C2B 催生的高效企业模式，是一种以消费者为中心，个性化的定制模式。通过线上店铺或线下店铺收集消费者的声音，企业甄别这些信息后反馈到生产链条的不同部门。由于数据的流动，就会产生定向牵引的过程，真正实现由消费方式逆向牵引生产变革。

### 三、后台：基础环境、新兴技术赋能发展

**1. 基础环境**

新零售的基础环境主要包括流量、物流、支付、技术和物业等，它们共同促进了新零售的发展（见图 4-5）。

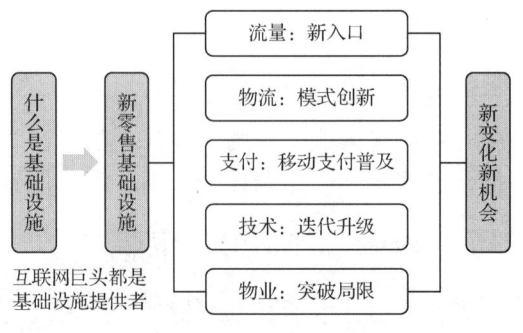

图 4-5　新零售的基础环境

（1）流量。线上电商网店与线下门店相结合为双方带来新的流量入口，促进线上线下零售结合。

（2）物流。模式的创新如前置仓，有效降低了物流成本，也给零售固有的物流模式带来冲击，提供更多想象空间。

（3）支付。移动支付迅速普及，移动支付习惯的建立是新零售发展的推进器。

（4）技术。互联网巨头的技术积累赋能零售商发展，为零售业态演化提供更多可能性。

（5）物业。相对于物业选址要求极高的传统零售业态，线上线下结合的模式使得各门店物业选址的灵活度明显提高。

新零售基础环境的提供者主要是以阿里巴巴、腾讯、京东、亚马逊为首的互联网巨头，它们为新零售的良性可持续发展提供了技术支持和平台建设保证。

新零售基础设施的变化会导致某些要素成本下降，许多原有的行业壁垒被打破。在提升传统零售的运作效率和产品销售的基础上，新零售基础设施的变化也给新业态的孵化提供了新的机会。

**视野拓展**

前置仓是将仓库（配送中心）从城市远郊的物流中心前移到离消费者更近、更快送达的一种解决方案。前置仓的概念是 2019 年新零售和电商行业定的"风口"（对应 2017 年的无人便利店概念、2018 年的社交拼团和社区团购概念）。新零售模式中的无人便利店，以存量市场为目标，与传统的便利店进行成本竞争，但目前无人便利店模式并没有快速扩张。自动货柜摆在写字楼附近、地铁站，是补充便利店的缺失，可视为增量市场，服务于流量大的上班人群。前置仓将线上交易的线下配送推至新的竞争状态，从传统 B2C 电商的隔日达，到次日达、当日达、4 小时配送，再到前置仓的 1 小时左右到达，前置仓可以更快满足消费者需求。

## 2. 3D/4D 打印技术改变了产品生产方式

（1）3D 打印。

3D 打印是一种以数字模型文件为基础，运用粉末状金属或塑料等可黏合材料，通过逐层打印的方式来构造物体的技术（见图 4-6）。3D 打印具有可高度定制化的特点，未来十年内越来越多的人能通过 3D 打印机来制作各种生活用具。2020 年，3D 打印机需求激增，3D 打印机被用于打印口罩、面罩、护目镜、呼吸机甚至隔离病房等防疫物资。全球速卖通数据显示，速卖通商家每 8 秒就卖出一台 3D 打印机，一定程度上缓解了欧美等国面临的防疫物资严重短缺问题。

（2）4D 打印。

4D 打印是指由 3D 技术打印出来的结构能够在外界激励下一种能够自动变形的材料，只需特定条件（如温度、湿度等），不需要连接任何复杂的机电设备，就能按照产品设计自动折叠成相应形状的技术。4D 打印的主要构成要素可以分为四个部分（见图 4-7），其中最关键的要素是智能材料。直接将材料与结构的变形设计内置到物料当中，简化了从设计理念到实物的造物过程，让物体能自动组装构型，实现了产品设计、制造和装配的一体化融合。

图 4-6 西班牙买家对 3D 打印产品的评价

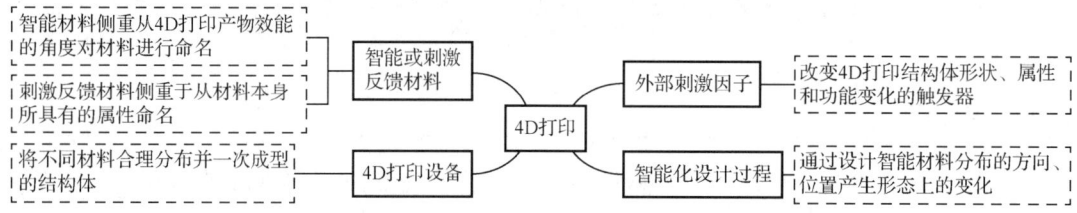

图 4-7 4D 打印的构成要素

### 3．VR/AR 虚实结合的消费体验

（1）VR。

虚拟现实（Virtual Reality，VR）技术，是通过计算机技术生成一种模拟环境，使用户沉浸到创建出的三维动态实景，并同时通过多种传感器设备提供给用户关于视觉、听觉、触觉等感官的虚拟，让使用者仿佛身临其境，是一种对现实世界的仿真系统。

VR 目前的应用领域非常广泛，包括影视娱乐、教育、设计、医学、军事等，VR 的新零售应用领域主要有购物、汽车试驾、旅游体验等。

（2）AR。

增强现实（Augmented Reality，AR）技术，是一种将虚拟信息与真实世界巧妙融合的技术，广泛运用了多媒体、三维建模、实时跟踪及注册、智能交互、传感等多种技术手段，将计算机生成的文字、图像、三维模型、音乐、视频等虚拟信息模拟仿真后，应用到真实世界中，两种信息互为补充，从而实现对真实世界的增强。AR 将真实世界信息和虚拟世界信息无缝集成，AR 购物体验能让用户将商品的虚拟形象覆盖到真实世界的环境中，从而看到商品的真实效果。随着 AR 技术的成熟，AR 越来越多地应用于各个行业，如教育、培训、医疗、设计、广告等（见表 4-2）。

表 4-2 VR/AR 组成方式及应用场景

| | VR | AR |
| --- | --- | --- |
| 组成方式 | 虚拟数字画面 | 虚拟数字画面+数字化现实 |
| 零售应用 | 购物、汽车试驾、旅行体验等 | 教育、培训、医疗、设计、广告等 |

#### 4. 传感器和物联网提升门店消费体验

物联网是指通过传感设备，按约定协议将任何物品通过物联网域名建立连接，进行信息交换和通信，即将互联网络延伸和扩展到任何物品与物品之间。信息传感设备主要包括射频识别、红外感应器、定位系统、激光扫描器等。传感器和物联网可以为门店提供以下功能（见图 4-8）。

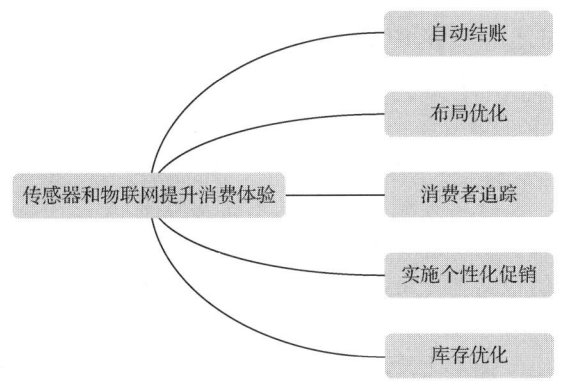

图 4-8　传感器和物联网为门店提供的功能

（1）自动结账：消费者走出商店时自动结账。
（2）布局优化：基于店内消费者数据全面分析，门店可以合理布局店内商品。
（3）消费者追踪：门店实时追踪店内消费者行为数据，以改进消费者体验。
（4）实施个性化促销：根据消费者特点、过往消费记录门店可以定向推送产品。
（5）库存优化：基于自动货架和库存监控门店可以补货。

#### 5. 人工智能贯穿于新零售全过程

人工智能是用计算机科学对人的意识、思维的信息过程进行模拟的技术。人工智能的三大基石是数据、计算和算法。人工智能能够帮助零售业预测需求、实现自动化操作。国内外大型电商平台均已开始应用人工智能，如促销、商品分类、配货等环节，自动预测客户订单、优化仓储和物流、设置价格、制定个性化促销手段等。

### 拓展练习

2021 年，永辉超市任职长达 12 年的董秘张经仪宣布辞职，永辉超市给出的解释是他已达到法定退休年龄。张经仪则在朋友圈表示，自己要回家孝敬父母了，"不能和永辉人继续攀登远处那座山峰了"。

面对多年前电商和新零售概念的冲击，永辉等传统超市流量见顶，销售增长放缓，在此情势下，以超级物种为代表的新零售业态应运而生，后者也一度将永辉推向巅峰。超级物种以盒马为对标，目标是打造"零售+餐饮"的新业态。在 4 年多的时间里，超级物种等新业态坐上了"迅速走红、大幅扩张、收缩关店"的过山车。2017 年年初，超级物种在福州开设第一家门店，当时就吸引了大批消费者。同一年，超级物种的门店数量超过盒马，2018 年，最高峰时共有 80 多家门店。然而，从 2019 年开始，超级物种陆续出现关店的情况。2021年4月，永辉云创已经关闭超过7成的超级物种门店，剩余门店仅有20多家。以超级物种为主要业务的永辉云创的业绩并不理想。

试用新零售思维分析永辉超市在新零售的探索中存在哪些问题。

【思政小课堂】

### 未来酒店的艰难之路

未来酒店由阿里巴巴集团旗下飞猪、首旅酒店集团、石基信息三方共同出资成立。通过三方强强合作，为中国酒店提供专业的一站式解决方案。未来酒店建立以互联网为核心的酒店品牌联盟，和酒店同业共同打造一个面向未来的、基于互联网创新之上的服务与体验平台。新式的无人化酒店，可以闪电入住，无须等待；可以自助办理，便捷高效，智能客服，随时服务，让很多人充满了好奇。

然而，酒店智能化改造的附加成本以及后期维护也为这座酒店增添了一座价格门槛，于是大部分市场便被阿里巴巴无奈拒之门外，而能进入体验的人也寥寥无几。在这种环境中，当最初的好奇被消耗殆尽时，人们便只剩下逃离这片酒店的念头，到处都是冰冷的设备，随处可闻的机器语音更是让人们感觉这个环境的冷漠，人们迫切想要重新回到阳光下去感受世间的温暖。

启示：未来酒店的理念是正确的，但在市场还未被教育的时候强行推广，只会适得其反，在酒店的未来发展中，我们一定要把握好人机的平衡点，既减少人员的工作量，也保持基本的人文环境，绝不能一蹴而就，否则必然适得其反。技术创新的同时一定要兼顾根植于技术背后的人文要素。

## 任务三　新零售的商业模式与发展方向

### 任务描述

在2015年政府工作报告提出制订"互联网+"行动计划后，线下实体经济开始大规模在网上开店。通俗地说，"互联网+"就是"互联网+各个传统行业"，但这并不是两者的简单相加，而是利用通信技术及互联网平台将互联网与传统行业进行深度融合，创造新的发展生态。互联网对传统行业的渗透与融合包括两个方面："互联网+"是互联网行业主动向传统行业的渗透；"互联网+"是传统行业主动加速行业的互联网化进程。对新零售商业模式的学习，可以为企业实施转型升级提供参考。通过了解新零售未来的发展方向，你可以探寻更多新零售的发展规律。

### 学习目标

1. 了解传统实体企业向互联网转型的模式
2. 掌握线上线下一体化模式的类型，针对具体企业进行分析

### 任务准备

引导问题1：通过网络查找相关资料，了解商品通的内涵，并回答商品通主要是在

哪些方面实现打通。它可以为商家创造什么价值？

**引导问题 2**：通过网络查找相关资料，了解会员通的内涵，并回答会员通主要在哪些方面实现打通。它可以帮助商家创造什么价值？

**引导问题 3**：通过网络查找相关资料，了解服务通的内涵，并回答服务通主要在哪些环节打通。它可以为商家创造什么价值？

## 任务实施

## 一、新零售的商业模式

### 1. "互联网+"环境下传统实体企业的变革

（1）传统实体企业向互联网转型的常见模式。

"互联网+"环境下传统实体企业变革的模式主要有以下几种（见图4-9）。

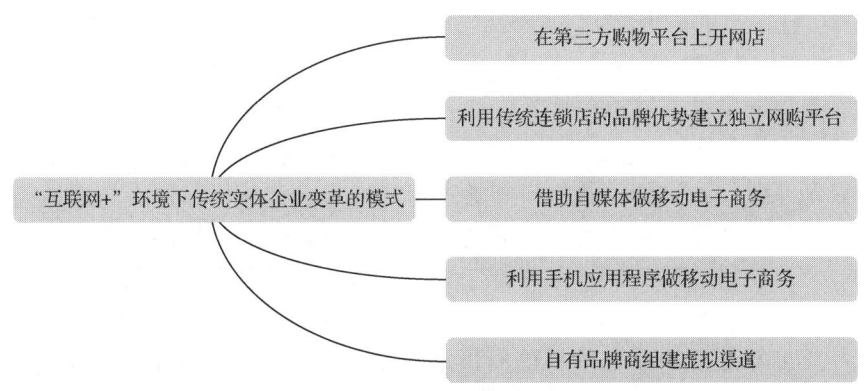

图 4-9 "互联网+"环境下传统实体企业变革的模式

① 在第三方购物平台上开网店。

传统实体企业借助已经成熟的第三方购物平台（如天猫、京东商城）销售自己的产品，可增加销售额，培养网店运营人才，为企业的进一步拓展打基础。这种模式比较适合较少涉足零售业的传统生产企业和刚起步的零售商，不管是代理品牌还是自有品牌，均可以通过投入有限的资源来拓展网上零售。例如，人民邮电出版社自2014年开始在天猫开设旗舰店，进一步在零售端扩大其影响力（见图4-10）。

② 利用传统连锁店的品牌优势建立独立网购平台。

传统实体企业利用连锁店的品牌优势建立属于自己的独立电商平台，在平台上为目标客户提供尽可能丰富的品类或某一个品类的众多品种。独立电商平台的虚拟渠道品牌可以和实体渠道品牌名称一致，也可以是一个新品牌，如苏宁电器的"苏宁易购"和国美电器的"国美网上商城"。

③ 借助自媒体做移动电子商务。

自媒体是指私人化、平民化、普泛化、自主化的传播者，以现代化、电子化的手段，向不特定的大多数人或者特定的个人传递规范性及非规范性信息的新媒体的总称。自媒体平台包括博客、微博、微信、论坛等。

图4-10 人民邮电出版社天猫旗舰店页面

④ 利用手机应用程序做移动电子商务。

传统企业可通过手机应用程序（Application，App）打通现有资源，结合线下实体店，帮助企业走上O2O模式，提高企业服务水平和品牌知名度。同时，手机应用程序具有完善的会员管理系统，通过相关数据，能够对用户行为进行分析，进而精准地为用户推送信息，适时组织一些客户喜欢的优惠活动，提高用户黏着度。目前，手机应用程序已逐渐发展为"信息传播+销售渠道+品牌推广+会员管理+社交平台"的移动应用程序。

⑤ 自有品牌商组建虚拟渠道。

自有品牌商组建虚拟渠道的目的不仅是建立品牌在虚拟空间的销售渠道，还包括提升品牌影响力，从而建立品牌与消费者互动的通道。品牌商首先可通过第三方的通用平台销售产品（如天猫、京东商城、当当网等），其次可自建官方商城销售产品和服务，最后可通过网络分销，借助外力快速占领市场。李宁是中国体育用品的品牌商之一，于2008年年底正式成立了电子商务公司，并建立了李宁天猫官方旗舰店和李宁官方网站，同时着手建立了网上分销和代理体系（见图4-11）。

图4-11 李宁官方网站

（2）传统实体企业转型新零售的典型代表——大润发优鲜。

2017年7月7日，大润发优鲜上海杨浦店开业，其包含5 000多个库存量单位，主要以生鲜食品为主，经营范围涵盖生鲜、进口食品、日用百货、快消品等品类。在商品选择上，大润发优鲜选择满足家庭日常生活需要的品类，对部分品类进行了选品升级，引进了进口商品和中高端商品。大润发优鲜有独立的App，用户使用大润发官网账号可直接登录。用户在大润发优鲜App下单后，1小时左右就能收到购买的商品。顾客也可以在线下门店购买商品。

首家大润发优鲜是在大润发杨浦店内改建上线的，其门店展示部分与大润发杨浦店重合，以店为仓，从前端拣货到后库的装箱，都是由传送带运送，这套设备首次在传统大型商超被使用。

### 2. 线上企业布局线下实体店模式

线上企业也在加速布局线下门店。网店获得成功后，线下开设实体店可做到线上和线下相结合，如亚马逊、阿里巴巴、京东、小米、三只松鼠等均已开设了线下实体店。

2015年11月3日，亚马逊首家实体书店Amazon Books在西雅图开张，2016年12月5日，其开设了Amazon GO无人实体店。2014年11月20日，京东集团全国首家大家电"京东帮服务店"在河北省赵县正式开业。2017年12月30日，京东首家无人超市门店在山东烟台大悦城正式营业。2018年年底，京东有近一万家的京东家电线下体验店，除了京东家电，还有京东便利、7fresh线下生鲜超市。

亚马逊在西雅图推出的线下无人实体店Amazon Go（见图4-12）和传统零售店最大的不同是没有收银台。消费者使用Amazon GO的App扫描店内二维码即可购物，结算由App绑定的信用卡等支付手段在"消费者不注意的情况下"完成。店铺中有大量的传感器采集实时变化的信息并通过服务器传递给App。整个Amazon GO是通过AI、深度学习等技术来运行的，消费者的虚拟购物车会随着消费者拿取商品的变化而变化。

图4-12　亚马逊实体书店和Amazon GO无人实体店

（1）无人门店：亚马逊和阿里巴巴开启新零售的样本。

无人门店指商店内所有或部分经营流程，通过技术手段进行智能化、自动化处理，降低或消除人工干预。这就意味着在店内可能不再需要导购、收银、安保等零售行业从业者进行业务的分工合作。从消费者的角度看，店员的工作不在其眼前展现；从零售从业者角度看，员工工作集中于店外运营环节；从人员投入看，这种门店能够节约大量资源。无人店本地部分已经具备了"店"最为重要的"展示"和"交易"两个要素。亚马逊、阿里巴巴、京东等互联网企业相继开设了线下无人门店。

2017年7月，阿里巴巴开办了无人便利店"淘咖啡"（见图4-13）。"淘咖啡"是线下实体店样板，它集商品购物、餐饮于一体，拥有生物特征自主感知、目标检测与跟踪、结算意图识别等功能，将无人结算技术应用到线下，顾客使用淘宝App扫码进入店内购物，离店时通过"支付门"自动扣款。

图4-13 无人便利店"淘咖啡"

（2）多品类经营：小米之家。

小米科技的全渠道零售战略包括线上和线下零售渠道，其中线上零售渠道包括小米商城、有品平台及第三方线上分销，线下零售渠道包括小米之家和第三方分销网络。小米之家利用线上的流量把线上用户导入线下，实体店内有主营商品和其他商品，多品类经营模式有利于增加销售额。

小米之家多品类经营的新零售实现过程如下（见图4-14）。

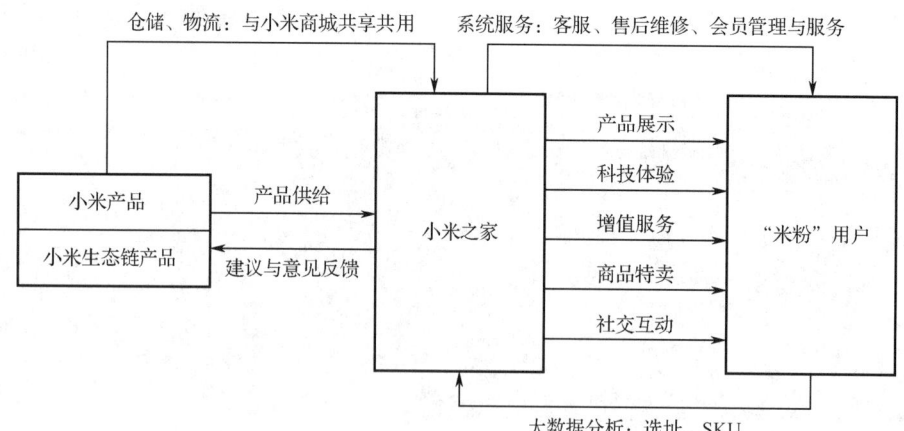

图4-14 小米之家多品类经营的新零售实现过程

① 小米产品和小米生态链产品（小米除手机外，还有电饭煲、旅行箱、电视、空气净化器、净水器、吸尘器等生态链产品），覆盖个人、家庭、旅行、办公等不同场景。进入小米之家门店和小米商城，你可以看到全部产品，小米商城为小米之家引入流量。

② 小米之家通过产品展示、科技体验、增值服务、商品特卖、社交互动等把产品展示给"米粉"用户。

③ 小米之家通过对"米粉"用户进行大数据分析,优化选址策略,分析商品的 SKU。

④ 小米之家可为小米生态链产品提供建议与意见反馈。

⑤ 小米之家与小米商城共享共用仓储和物流体系。

### 3. 线上线下一体化模式

线上线下一体化(Online to Offline,O2O)模式是指将线下的商务机会与互联网结合、让互联网成为线下交易的前台的模式。O2O 涵盖的范围非常广泛,只要产业链既可涉及线上又可涉及线下,就可被称为 O2O。从用户需求的角度出发,线上线下一体化模式可以进一步分为导流类 O2O 模式、体验类 O2O 模式和整合类 O2O 模式(见图 4-15)。

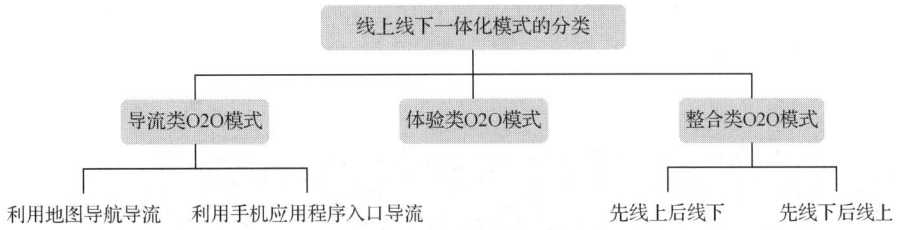

图 4-15 线上线下一体化模式的分类

(1)导流类 O2O 模式。

导流类 O2O 模式的核心是流量引导,也是目前 O2O 模式中最主流的模式。导流类 O2O 模式以门店为核心,O2O 平台主要用来为线下门店导流,提高线下门店的销量。使用该模式的企业旨在利用 O2O 平台吸引更多的新客户到门店消费,建立一套线上和线下的会员互动互通机制。

① 利用地图导航导流。

地图导航是基于地理位置服务的一种引流方式,主要软件有高德地图、百度地图和腾讯地图等。地图导航产品利用其在 O2O 和位置服务(Location Based Services,LBS)的优势,提供地图服务和导航服务,进一步扩展到餐饮、景点、酒店等的预订服务,并专门开发了独立的手机软件来满足用户需求,帮商家引流。

高德地图在用户、流量和渠道等方面的优势明显,消费者通过高德地图可进行景点门票预订、机票预订、美食查找等服务。通过手机上的高德购物导航,消费者可就近找到品牌门店进行消费,再回到网上完成下单支付。线上的卖家也可以吸引更多地理位置上与实体店邻近的买家。百度地图集聚了众多 O2O 领域的伙伴,如糯米网等,可基本满足用户的需求,进一步利用用户原创内容(User Generated Content,UGC)和商家生产内容(Business Generated Content,BGC)方式共建位置服务的生态圈。

② 利用手机应用程序入口导流。

门店里放置手机应用程序的标志,鼓励用户关注、下载和登录。手机应用程序有具体门店的优惠信息和优惠券,可吸引用户到店消费。该模式适用于品牌号召力较强,且以门店体验和服务拉动为主的品牌。

优衣库的 O2O 引流是以强化线下体验为基础的，通过线上互动营销及手机应用程序等为线下导流，并注重线下向线上回流，从而形成良性循环。优衣库的手机应用程序可以查找最近门店的信息、电话号码、营业时间及在售产品等实时信息，消费者可以在手机应用程序上直接下单。此外，线下门店通过手机应用程序可以了解下单的客户在哪里。优衣库也积极强化线下门店体验，并以促销或发放优惠券的形式向客户推荐手机应用程序（扫二维码有优惠，所有产品的二维码只能用优衣库手机应用程序才能扫描），实现线下向线上的回流。

（2）体验类 O2O 模式。

体验类 O2O 模式的核心是使消费者能享受良好服务和感受生活便利。在网上寻找消费品，到线下门店中体验和消费，这是最典型的 O2O 模式。

钻石小鸟将线上销售与线下体验店相结合（见图 4-16），就是这种模式。为满足消费者对饰品的定制需求，2004 年，钻石小鸟开始采用线上销售与线下体验店相结合的营销模式，体验店开张当月商品销量就增加了五倍。其体验店只是网店的一个补充，商品展示还是以网络为主。

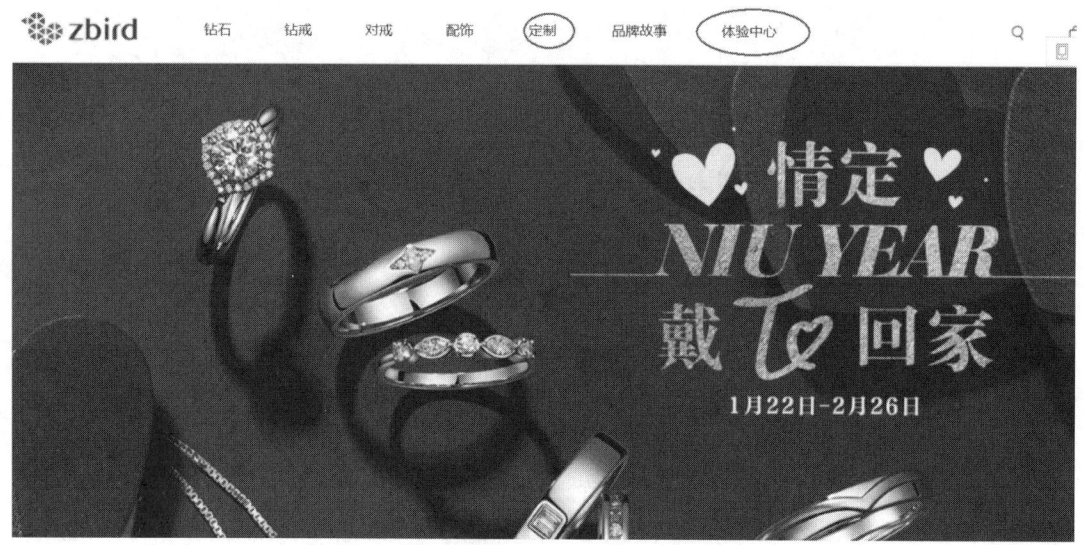

图 4-16　钻石小鸟官网

家具这种家居商品，实物给顾客的直观感受很重要。部分网店开设了家居体验馆，顾客在家居体验馆现场体验后，可在实体店购买或网店购买。宜家家居网上商城和宜家家居线下体验馆即是这种模式。

（3）整合类 O2O 模式。

整合类 O2O 模式的核心是全渠道的业务整合，即线上、线下全渠道的业务整合。

① 先线上后线下。

先线上后线下，就是企业先搭建一个线上平台，再以这个平台为依托和入口，将线下商业流导入线上进行交易，同时，用户可到线下门店享受相应的服务体验。这个线上平台是 O2O 运转的基础，具有强大的资源流转化能力，可以促使其线上、线下互动，在线下门店享受相应的服务体验。在现实中，很多本土生活服务类企业都用这种模式。腾讯凭借其积累的流量资源和转化能力构建了O2O平台生态系统，其就是采用了这种模式。

② 先线下后线上。

先线下后线上，就是企业先搭建线下平台，再以这个平台为依托进行线下营销，让用户享受相应的服务体验，同时将线下商业流导入线上平台，在线上进行交易，以此促使线上、线下互动并形成闭环。在这种O2O模式中，企业需自建两个平台，即线下实体平台和线上互联网平台。其基本结构是：首先开实体店铺，其次自建网店，最后实现线下实体店铺与线上网络商城的同步运行。在现实中，采用这种O2O模式的实体化企业居多，苏宁云商构建的O2O平台即采用了这种模式。

## 二、新零售的发展方向

新零售是以用户为中心，在技术驱动下，建立在可塑化、智能化和协同化的基础设施上，依托新供应链，线上、线下深度融合，重构人、货、场，满足用户需求，提升行业效率，实现"全场景、全客群、全数据、全渠道、全时段、全体验、全品类、全链路"的零售新模式。

### 1. 技术依然是新零售发展的第一驱动力

新零售的产生本就是移动互联网、物联网和大数据等技术日益成熟的结果。随着人工智能、AR/VR、生物识别、图像识别、机器人等技术更加成熟，应用门槛大幅降低，新技术层出不穷，部分领先的零售企业将不断应用最新的科技，提升消费者的全程体验，同时提高运营效率，降低成本。

### 2. 消费者越来越处于商业活动的中心

消费者在市场中成为主导方，话语权也逐渐转移至其手中。消费者逐渐站到了商业活动的中心。中国大规模的生产制造能力已经形成，消费者的主导权变得前所未有的大，对消费者需求的理解和感受也变得前所未有的重要，市场开始真正进入消费者时代。80后、90后、00后正成为中国市场的核心消费群体，新一代消费者自我意识更强，消费态度和行为也更具个性化。他们更重视购物过程体验，希望与品牌商及零售商建立信任感和亲密感。他们对社交媒体的营销信息接受度也明显更加开放、正面，这使产品和服务提供商在社交媒体上满足消费者个性需求，提升影响力方面的空间更容易被发挥。

### 3. 全渠道经营

传统的零售业以顾客的单渠道购物为主，互联网出现后，多渠道购物开始盛行，社会化媒体出现后，开始了跨渠道购物的尝试，移动社会化媒体普及后，人类开始进入了全渠道购物阶段。

在全渠道条件下，购物的主动权掌握在消费者手中，消费者可以借助各社交媒体对零售商终端进行选择，享受极致的购物体验。从零售商的角度看，全渠道就是在多渠道的基础上，对各个渠道进行整合，让前台、后台的系统实现一体化，为客户提供一种无缝化购物体验。从消费者角度看，全渠道可以让消费者首先在一个渠道挑选产品，其次在另一个渠道进行比较，最后再选择第三个渠道进行支付购买。

#### 4. 全域营销

全域营销即整合各类可触达的消费者的渠道资源，建立全链路、精准、高效、可衡量的跨屏渠道营销体系。全域营销是以消费者运营为核心，以数据为来源，实现全链路、全媒体、全数据、全渠道的一种智能营销方式。

#### 5. 场景化体验渗透产品和服务

首先，企业产品会根据场景设计功能，强化用户体验。如你想坚持跑步，但是有各种原因半途而废，微信开启的微信运动功能，通过记录用户步数、和好友PK等模式进行运动激励，一个单纯的跑步运动就变成了一个包含诸多场景的运动体验。

其次，产品体验不足时，企业会建立适当的服务场景打动客户。如你想买房，如果看到的都是毛坯房就会兴致大减，而看到样板房就会有家的感觉从而刺激购买欲望。企业通过场景来打动客户的购买欲望，激发消费者的共鸣，促进产品和服务的销售。

最后，企业通过大数据分析预知消费场景提升客户体验。通过消费者的大数据分析，企业可轻松整理客户需求、预判客户使用场景，优化产品和服务。

#### 6. 社区成为流量主要入口

在场地租金攀升、企业利润下降的大环境下，门店越开越小已成为中国实体零售不可阻挡的发展趋势，便利店、精品超市、社区型购物中心等社区商业将成为零售企业寻求转型升级的重要方向。伴随中国社区零售整合、全渠道发展进程逐步加快，投资成本低、成熟周期短的社区零售必将成为支撑行业发展的重要推手。从长期发展来看，"小而美"的社区化零售业态将更符合新形势下消费市场的客观需求。社区作为线下主要流量入口的作用将愈发重要。

#### 7. 无人零售快速扩张

作为连接生产与消费的流通环节，传统零售企业对全供应链控制能力较弱，信息传导响应不及时，供需错配导致企业库存高企、周转率低、商品同质化等问题不断加剧。目前随着技术发展、人工和租金的大幅上涨、基础设施的规模化和移动支付的普及，尤其是人工智能和物联网技术的飞速发展，无人零售已经具备加速发展的客观条件，加之资本入局，无人零售将进入快速扩张阶段。

各种新型的自动售货机，如自动咖啡机、自动售卖冰柜等，也将成为新零售形态中不可或缺的一部分。

#### 8. 重构供应链

传统的供应链是层级式的，低效复杂。到了纯电商的供应链阶段，虽然是点对点的，但线上、线下却是分离的。新零售将重构供应链，主要包括：①智能分仓。针对不同区域安排商品的种类和数量。蒙牛通过开设前置仓，将爆款商品以最快的速度，送入600万家小店，速度提升了300%，同时节省了两道经销商环节，时效提升非常明显。②以店为仓。将门店作为仓库的载体，实现店仓结合。雀巢所采用的"实库虚库一盘货"就是典型的店仓结合模式，通过本地仓和门店发货，次日达和当日达的比例都得到了大幅提升。③柔性供应链。无论是商品流、信息流还是现金流，都需要快速响应。五芳斋的"C2B供应链"，先让消费者选粽子的馅儿，选后快速反馈到工厂加工，再快速配送给消费者。

9. 数据驱动制造

新零售时代通过数据驱动制造，主要表现为：①数据倒逼产能配置。美的是典型的工业化制造企业，多年来美的洗碗机在国内的市场占有率不足1%，2015年，阿里巴巴和美的合作，通过大数据分析判断洗碗机将爆发，帮助美的培育市场，生产定制款洗碗机。2016年，美的洗碗机销售量增长了1 900%。②数据驱动即时定制。亿滋联合天猫曾经特别定制奥利奥音乐盒，用户进行个性化选择后点击开始定制，从下单起就开始生产，省略了所有中间环节，从下单到收货时间可以压缩至7天。③数据打通产业链。2017年，鄂尔多斯打通所有库存，启动大数据逆向开发、备料、生产、推广、零售，天猫秋冬新风尚，系列货品预售上线，以数据驱动生产。

10. 新物种崛起

新物种崛起主要包括以下几个方面：①借助App拓展门店覆盖范围内的线上到家业务。②提高生鲜比例，引入中高端生鲜。③设立餐饮档口，支持现买现做现吃。④调整布局和动线，增强用户体验。⑤商品定位精品化，客群结构年轻化。例如，盒马鲜生和传统门店相比：其生鲜面积显著增大，中高端品类丰富；增加餐饮区域，支持现买现做现吃；固定动线改为自有动线，顾客选择更自由。

### 拓展练习

2021年7月27日，阿里巴巴集团发布2021财年年报，董事会主席兼首席执行官张勇发布致股东信。信中提出，阿里巴巴希望成为一家消费互联网和产业互联网结合得更好的公司，这是阿里巴巴走向未来非常重要的定位和方向。22年来，阿里巴巴相信长期主义，希望做时间的朋友，坚持为未来而投资。新零售战略同样经过多年积淀，正变得丰富而立体。请对阿里巴巴的新零售发展历程进行梳理并制作成表格（包括关键时间和关键事件）。

【思政小课堂】

**阿里巴巴张勇致股东信：成为消费互联网和产业互联网结合更好的公司**

尊敬的投资者：

…………

尽管经历了一系列挑战，我们一直全力以赴聚焦于愿景和使命，在挑战中把握机会……

早在2016年，阿里巴巴就提出并积极探索新零售战略。过去几年，基于对行业复杂性的深刻理解，我们通过改造和激励大润发等传统零售商，创造出盒马等线上线下一体的新业态，来同时服务好线上和线下的消费者，满足消费者一小时达、半日达和次日达等多样化的需求。自 2020 年开始，我们逐步在社区范围内尝试"当日下单、次日自提"的模式。作为新零售多层次、多业态的履约网络下服务价格敏感用户的重要方式之一，这一新业态有助于我们在下沉市场和农村拓展新的用户。基于多年沉淀的商品和供应链能力、物流履约网络能力、消费者运营能力以及社会化销售渠道拓展和运营能力，阿里巴巴更有机会在传统认知的电商领域之外，探索出一条健康、可持续的新发展路径，丰富我们已有的新零售版图。

我们坚定相信，产业互联网是全世界共同面对的重要机遇。面向未来，阿里云将立足于中国这个全球最大的经济体之一，立足未来所有公司都是互联网公司的这一时代性机遇，利用阿里巴巴积累了 20 年的数字化、智能化能力，对标全球最顶尖的技术水平来加快发展，为中国产业互联网走在全球前列尽一份力。产业互联网大发展的背后，也意味着各行各业都将走向智能化，我们也将继续坚定推行云钉一体的战略，通过做深技术，做厚中台，做强生态，做好服务，不断在服务客户过程中和客户共同成长，把这一增长曲线变为现实。

随着业务赛道越来越丰富，我们也在探索创新阿里巴巴的多元化治理体系。目前，这在整个互联网行业甚至全球范围的大公司内都并不多见。我们希望在经营制度、治理制度、绩效制度和分配制度上，能够有节奏、有步骤地进行全方位的变革，让组织更敏捷，让文化更简单，从而更好地实现"回归客户体验、聚焦客户价值、建设客户心智"。

平台经济是全世界面临的崭新课题。过去一年，我们对平台经济有了更深的理解和体会。2021 年 4 月 10 日，阿里巴巴集团收到国家市场监管总局的《行政处罚决定书》，我们对此诚恳接受、坚决服从。这些经历让我们认真思考，像阿里巴巴这样一家立志成为数字经济基础设施的平台企业，在更广阔的宏观环境下，如何与社会各界、合作伙伴和谐共处，如何和利益相关者形成良性互动，如何让我们的平台跟社会发展更加同频共振。平台型企业带有天然的社会公共属性。我们应该更多深入思考的是，我们能创造多少社会价值，参与解决多少核心科技的问题，如何更好地支持乡村振兴的发展，如何变得更绿色和可持续，从而以平台之心，聚八方之力，做一家真正意义上有担当、负责任的好公司。

新的财年已经开始。随着对数字化商业世界的理解越来越深入，对自我的认知越来越清晰，我们希望最终能够成为一家消费互联网和产业互联网结合得更好的公司。这是阿里巴巴走向未来非常重要的定位和方向。阿里巴巴最早从互联网公司起家，正是充分把握了互联网开放、透明、连接天下的特质。今天的阿里巴巴逐步发展出多引擎驱动的多赛道，通过激励传统商业走向新商业，创造更多客户价值和用户价值，致力于为数字经济基础设施的建设做出我们的贡献。

（资料来源：《钱江晚报》。）

思考：结合张勇致股东信的相关内容，回答互联网企业做大做强除了实现自身的经济目标，还需要肩负什么责任？

启发：作为平台型企业，阿里巴巴通过为自己的特定客户提供服务创造经济价值，充分诠释了什么是客户成功了阿里巴巴就成功了。作为电子商务领域的领头羊企业，需要担负更多的社会责任，通过技术创新探寻可持续发展来反哺社会，为其他中小企业树立行业标杆。

## 知识巩固

### 一、名词解释

新零售　消费者画像　无人门店　VR　AR

### 二、选择题

1．新零售的本质是（　　）。
A．渠道一体化　　　　　　　　B．对人、货、场三者关系的重构
C．经营数字化　　　　　　　　D．以消费者体验为中心

2．（　　）是新零售的前端表象。
A．人　　　　B．货　　　　C．场　　　　D．数据

3．（　　）是新零售后端的实质变化。
A．人　　　　B．货　　　　C．场　　　　D．数据

4．电商经过几年的高速增长，电商平台的获客成本越来越高，流量红利（　　）。
A．增加　　　B．减少　　　C．不变　　　D．不确定

5．新零售基础环境不包括（　　）。
A．流量　　　B．物流　　　C．支付　　　D．物业
E．技术　　　F．商品

6．新零售卖场主要以体验为主，线上完成销售，评效一般比传统卖场（　　）。
A．高　　　　B．低　　　　C．一样　　　D．不确定

7．全球率先开放无人门店的电商企业是（　　）。
A．阿里巴巴　B．亚马逊　　C．京东　　　D．三只松鼠

8．以下属于导流类O2O模式应用的是（　　）。
A．百度地图　B．钻石小鸟　C．苏宁云商　D．无人门店

9．以下属于体验类O2O模式应用的是（　　）。
A．百度地图　B．钻石小鸟　C．苏宁云商　D．无人门店

10．以下属于整合类O2O模式应用的是（　　）。
A．高德地图　B．钻石小鸟　C．苏宁云商　D．无人门店

### 三、简答题

1．新零售的主要特征有哪些？
2．新零售的框架包括哪些？
3．简要回答传统实体企业向互联网转型的常见模式有哪些。
4．简要回答O2O常见的模式有哪些。
5．简要回答新零售未来的发展方向是什么。

## 技能训练

理解新零售的概念及内涵,调研所在地区的大型商超或大型百货商场的现状,分析该商超或商场是否开始做新零售?如果该商超或商场已开始做新零售,那么调研分析其实施新零售过程中面临的问题或困难,并给出自己的改进建议。如果该商超或商场未开始做新零售,那么结合所学内容提出实施新零售的方案。

# 项目五
# B2B 电子商务

  B2B 电子商务是企业通过信息平台和外部网站将面向上游供应商的采购业务和面向下游代理商的销售有机地联系在一起,从而降低彼此的交易成本,提高客户满意度的商务模式。B2B 电子商务是目前电子商务市场的主流。

## 任务一  初识 B2B 电子商务

### 任务描述

B2B 电子商务既是电子商务中历史最长、发展最完善的商业模式，也是最具操作性的模式。成立于 2004 年的敦煌网是国内首个为中小企业提供 B2B 网上交易的网站和全球领先的在线外贸交易平台，致力于帮助国内中小企业通过跨境电子商务平台走向全球市场，并开辟了全新的国际贸易通道，让在线交易变得更简单，更安全、更高效。通过学习其优势和特点了解 B2B 电子商务的性质，通过学习其分类熟悉各 B2B 电子商务企业的具体特色和盈利模式，总结 B2B 电子商务发展的规律。

### 学习目标

1. 了解 B2B 电子商务的流程，熟悉 B2B 电子商务的分类
2. 学会分析具体的 B2B 企业的特色、优势及存在的问题

### 任务准备

**引导问题 1**：创立于 1999 年的阿里巴巴作为 B2B 电子商务发展的先驱，在发展的过程中不断与时俱进，克服自身发展中存在的问题，通过浏览阿里巴巴官网和查阅其他资料，总结阿里巴巴的特色差异化服务，并举例。

**引导问题 2**：敦煌网致力于为中小企业服务，开创了交易付费的模式，通过浏览敦煌网官网和查阅其他资料，总结敦煌网交易佣金制的具体操作，并举例。

**引导问题 3**：中国化工网作为专业性极强的 B2B 电子商务，为化工领域提供了哪些服务？请举例。

### 任务实施

#### 一、B2B 电子商务的含义

B2B 电子商务是电子商务按交易对象分类的一种模式。它指的是通过互联网、外联网、内联网或者私有网络，以电子化方式在企业间进行的交易。这种交易包括产品、服务及信息的交换。B2B 电子商务可以在企业及其供应链成员间进行，也可以在企业和任何其他企业间进行。

#### 二、B2B 电子商务的特点

相比 B2C 电子商务和 C2C 电子商务，B2B 电子商务的特点如下（见图 5-1）：

图 5-1  B2B 电子商务的特点

### 1. 交易金额较大

B2B 电子商务交易规模大，一般是大宗交易。以普通消费者为交易对象的 B2C 电子商务、C2C 电子商务多以日用、休闲、娱乐等消费品为主，往往是单笔交易，购买商品的数量、交易金额都较小，而 B2B 电子商务相对于 B2C 电子商务和 C2C 电子商务来说，交易的次数少，但每次的交易金额都比较大。

### 2. 交易操作规范

B2B 电子商务活动一般涉及的对象比较复杂，因此，合同要求比较规范和严谨，注重法律的有效性。企业与企业之间开展电子商务的条件比较成熟，B2B 电子商务模式是未来电子商务发展的主流，具有巨大的发展潜力。

### 3. 交易过程复杂

B2B 电子商务活动一般涉及多个部门和不同层次的人员，因此，信息交互和沟通比较多，对交易过程的控制比较严格，B2B 电子商务的交易流程比较复杂（见图 5-2）。

### 4. 交易对象广泛

B2C 电子商务、C2C 电子商务一般集中在生活消费用品领域，而在 B2B 电子商务交易平台上交易的商品种类广泛，既可以是原材料，又可以是半成品或成品。B2B 电子商务交易平台可将交易双方汇聚在一起，撮合双方的交易，交易商品的品类也更广泛。

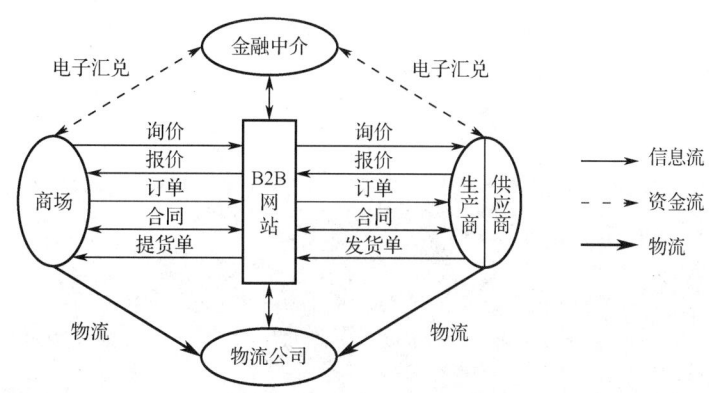

图 5-2　B2B 电子商务交易流程

B2C 与 B2B 的比较见表 5-1。

表 5-1　B2C 与 B2B 的比较

| 比 较 项 目 | B2C | B2B |
| --- | --- | --- |
| 客户方面 | 普通型 | 专家型 |
| 购买目的方面 | 消费 | 转入下一级市场 |
| 交易对象方面 | 集中（最终产品，快速消费品） | 广泛（中间品、最终产品） |

续表

| 价格弹性方面 | 弹性大 | 弹性小 |
|---|---|---|
| 交易内容和规范方面 | 内容简单，随意性大，法律条文少 | 操作规范，内容复杂，比较规范 |
| 交易订单及金额 | 碎片化，小额化 | 量极大，大额化 |

## 三、B2B 电子商务的分类

B2B 电子商务的分类主要从贸易类型和平台构建主体两个角度划分（见图 5-3）。

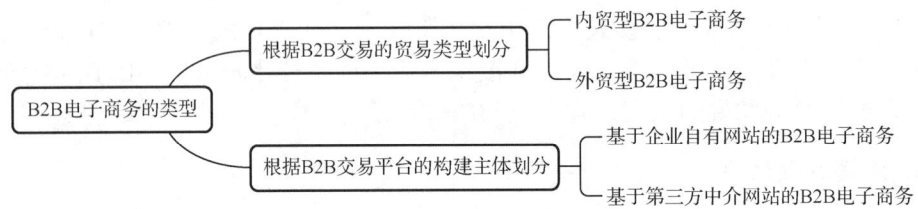

图 5-3　B2B 电子商务的类型

### 1. 根据 B2B 交易的贸易类型划分

根据 B2B 交易的贸易类型，B2B 电子商务可分为内贸型和外贸型两种。

（1）内贸型 B2B 电子商务。

内贸型 B2B 电子商务是指主要为国内供应者与采购者进行交易提供服务的 B2B 电子商务，交易的主体和行业范围在同一国家（地区），中国制造网就是典型代表（见图 5-4）。

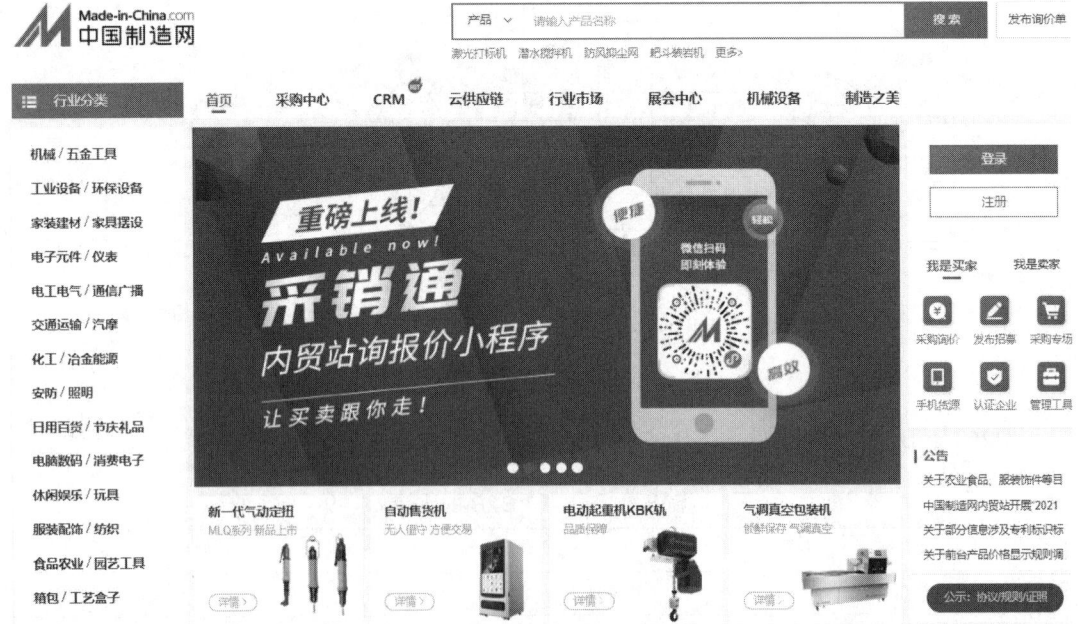

图 5-4　中国制造网

（2）外贸型 B2B 电子商务。

外贸型 B2B 电子商务也称跨境 B2B 电子商务，是指主要为国内采购者与国外供应者或国内供应者与国外采购者交易提供服务的 B2B 电子商务。相对于内贸型 B2B 电子商务，外贸型 B2B 电子商务需要突破语言文化、法律法规、关税汇率等各方面的障碍，涉及的 B2B 电子商务活动流程更复杂，要求的专业性更强。如阿里巴巴国际站、敦煌网、环球资源网等。

内贸型 B2B、外贸型 B2B 与垂直类 B2B、综合类 B2B 的关系（见图 5-5）。

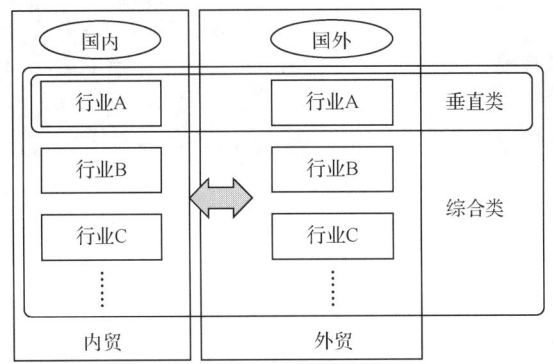

图 5-5　内贸型 B2B、外贸型 B2B 与垂直类 B2B、综合类 B2B 的关系

在国际贸易和商务活动中，供应商希望自己的产品被尽可能多的采购商熟知，而采购商则希望多结识和了解产品供应商，从而找到最适合的供应商。这需要通过外贸型 B2B 电子商务市场深刻了解专业买家的采购习惯和选择供应商的标准，以使供应商信息与专业买家的需求匹配。

### 2. 根据 B2B 交易平台的构建主体划分

根据 B2B 交易平台的构建主体，B2B 电子商务可以分为基于企业自有网站的 B2B 电子商务和基于第三方中介网站的 B2B 电子商务。

（1）基于企业自有网站的 B2B 电子商务。

基于企业自有网站的 B2B 电子商务是一种以传统企业为中心的 B2B 电商网站，也叫面向制造业或面向商业的垂直 B2B 网站，一般依托于传统企业的自有网站。企业建立电商网站的目的主要是自用，即利用这一网站实现供应链管理和客户关系管理的优化，以实现本企业采购、营销和企业形象宣传等商务目的。海尔企业购就是这类型的代表，海尔企业购是海尔 2014 年推出的面向企业用户的线上交互、交易、交付的平台（见图 5-6）。海尔企业购不仅面向企业用户提供产品与设备，同时可以获得行业细分的解决方案等基础性的采购服务。

（2）基于第三方中介网站的 B2B 电子商务。

此模式是主流模式。基于第三方中介网站的 B2B 既不是拥有产品的企业建立的，也不是经营商品的商家建立的，该网站并不参与交易，只是提供一个使销售商和采购商可以汇集在一起进行交易的平台。按照面向的行业范围，B2B 电商平台可以进一步划分为垂直 B2B 电商平台（面向同一个行业，如我的钢铁网、中国化工网等）和水平 B2B 电商平台（面向多种行业，如敦煌网、慧聪网、环球资源网等）两种。

图 5-6　海尔企业购首页

## 四、B2B 电子商务的发展

### 1. B2B 电子商务的发展阶段

B2B 电子商务的发展可以分为信息服务阶段、交易服务阶段和产业链综合服务阶段（见图 5-7）。

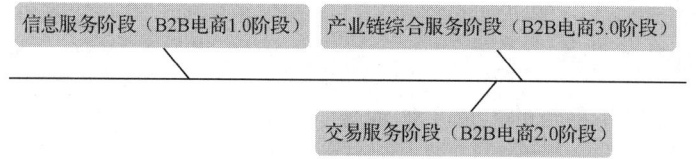

图 5-7　B2B 电子商务发展的阶段

（1）信息服务阶段。

信息服务阶段，也称 B2B 电商 1.0 阶段。这一阶段主要聚焦于信息展示，将买卖双方的线下信息转移到互联网上，网站通过收取加盟费和信息推广服务费盈利。自 1999 年阿里巴巴开启了中国 B2B 电子商务后，涌现了中国化工网、中国制造网等一大批 B2B 电子商务平台。

它的经营模式为：B2B 电商平台以提供信息服务为主，从信息入手，通过信息联通供需各方，以信息平台带动商业平台。B2B 电商平台主要经营模式为信息黄页。

它的盈利模式为：B2B 电商平台通过提供会员服务、广告展示、流量变现、竞价排名和线下展会等收取用户费用。

（2）交易服务阶段。

交易服务阶段，也称 B2B 电商 2.0 阶段。这一阶段，越来越多的企业开始切入交易，B2B 电商平台通过系统或人工撮合，进行供需信息匹配和在线交易。

它的经营模式为：B2B 电商平台除了具备信息展示功能，企业间还可以在平台上进行线上交易，B2B 电商平台有自营、撮合、代售等经营模式。

它的盈利模式为：B2B 电商平台有收费会员服务、出售营销增值服务、交易佣金、平台资金沉淀等盈利模式。

（3）产业链综合服务阶段。

产业链综合服务阶段，也称 B2B 电商 3.0 阶段，随着云计算、大数据的发展，B2B 电子商务将打通供应链，构建产业生态圈，为产业链参与主体提供综合服务，实现信息流、资金流、商流、物流的四流合一。这一阶段主要体现为垂直类 B2B 电商平台的迅速崛起。

它的经营模式为：随着交易数据的积累，B2B 电商平台可为买卖双方提供包括仓储、金融信贷、大数据分析等在内的一系列高附加值的服务。

它的盈利模式为：通过打通供应链，B2B 电商平台的盈利模式变得多样化，B2B 电商平台可通过向客户提供数据服务、信息服务、物流服务、金融服务等收取费用。

在 B2B 电商 3.0 阶段，垂直类 B2B 电商平台具备较强的纵深服务能力，能深入产业链上下游，满足企业多样化需求，大批量、低成本地提供个性化、定制化产品。垂直类 B2B 平台的出现极大地促进了 B2B 电子商务市场的发展，以易采办、粮达网电商平台为代表的垂直类 B2B 电商平台迅速崛起。

B2B 电子商务兴起于黄页信息展示，发展于撮合交易，最终将走向大数据整合。B2B 电子商务市场正进入变革拐点，逐步走进 3.0 时代，未来 B2B 电商的发展在于构建完善的生态圈，是以区块链技术应用为底层基础的，以物联网、大数据、人工智能、数字货币为支撑的交易和服务平台，以交易的数据化、智能化推动贸易的便利化和全球化。"交易平滑至简、要素无界流动"的全球化贸易影响正在实现。

**2．B2B 电子商务的发展趋势**

（1）供应链一体化。

简单地讲，一体化是指把若干分散企业联合起来，组成一个统一的经济组织。这种统一的经济组织可以是联合公司或企业集团。一体化经营的方式有纵向一体化和横向一体化两种。

从行业横向发展来看，买卖双方在早期各自发展独立的、封闭的供应链，如今，通过供应链一体化整合可以实现不同供应链之间的对接，形成更加紧密的供销关系。

（2）构建完善的 B2B 电商生态圈。

电商生态圈，是指企业在开展电子商务的过程中，与上下游企业及供应商等利益相关者建立的同一个价值平台。在该平台中，各个角色关注平台的整体特性并通过平台调动其余参与者开展电子商务的能力，使电子商务生态系统能够创造价值，并从中分享利益。电商生态圈的构建将成为 B2B 电商发展的突破点。B2B 电商平台在 B2B 电商生态圈中有以下三方面作用。

① B2B 电商平台如果能把累积的数据加以利用，那么将产生巨大的价值。通过分析用户的采购交易行为，平台为其用户推荐匹配的上下游合作商，将会为平台用户带来更多商机。同时，通过大数据分析平台用户还可以提供供应链产品价格指数、价格趋势，有效提升采购交易效率，降低采购成本。

② B2B 电商平台利用自身数据优势，提供供应链金融服务。B2B 电商平台可为供应链上下游企业建立信贷指数，提供贷款等供应链金融服务，这将拉动平台交易额，

并盘活平台资金。

③ B2B 电商平台能够集聚产业集群。B2B 电商平台将连接供应链上下游企业，企业在平台上能快速找到所属的线上产业集群，共享巨大商机。

（3）行业垂直细分越加服务化。

垂直类 B2B 电商平台通过聚焦优势品类，在产品和服务上专注各自行业特点，形成专业集群。例如，找钢网通过之前交易数据的积累，开始尝试开展金融服务（见图 5-8），做仓库、加工、物流，甚至开发管理软件。另外，在化工、纺织、农业等行业中，垂直 B2B 电商领域也从单纯的信息撮合，逐渐向行业的广度和深度发展。

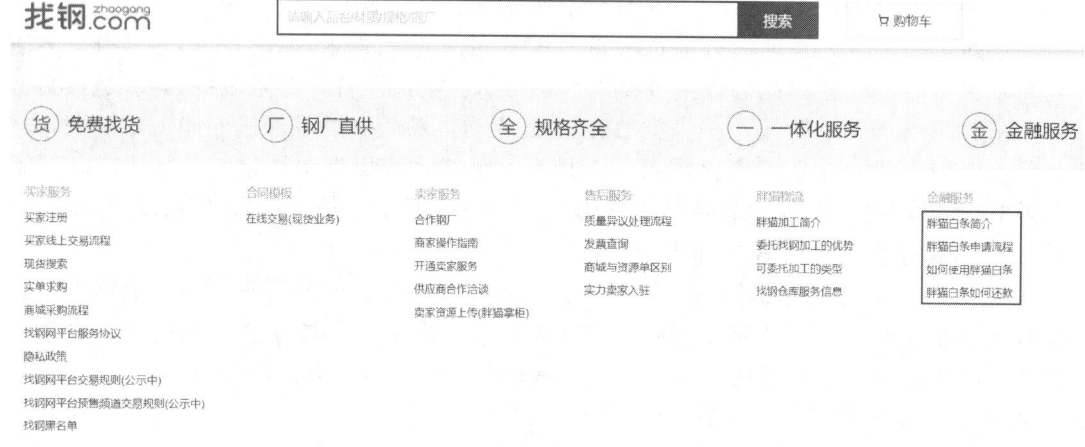

图 5-8　找钢网提供的金融服务

（4）根据地方特色产业链集群构建的 B2B 电商模式。

国内很多地区都有自己的产业集群，如虎门的女装、南通的家纺、温州的鞋帽等，这些依托于地方特色产业发展起来的产业带，现在都面临转型升级的迫切需求。随着我国"供给侧结构性改革"和"中国制造 2025"的提出，以重点行业、特色产业为基础的 B2B 电商，将通过打通上下游产业链，促进产业优化重组，聚合当地产业带的好商家、好货源，在 B2B 电商平台上构建专属卖场，同时整合线上线下服务型资源，调动整个产业链由简单的空间集聚向专业化、系统化集聚，形成上下游的良性互动。这种组团式的 B2B 发展模式能显著提升传统产业带的辐射范围和竞争优势，同时还能随时根据市场的需求，促进产业带内制造商的优化调整，推动传统产业带进行转型升级。

想要了解中国化工网在化工领域的特色服务可扫描二维码获取答案。

中国化工网的特色服务

 拓展练习

1999 年 3 月阿里巴巴开始创建，1999 年 7 月其在香港成立阿里巴巴中国控股有限公司，同年 9 月在杭州成立阿里巴巴（中国）网络技术有限公司，即中国区总部，当时阿里巴巴有 2 万名会员，同年 10 月引入 500 万美元风险投资资金；1999 年年底，会员达到 8.9 万名；2000 年 1 月，日本互联网投资公司软银集团入股 2 000 万美元；2000

年，会员达到 50 万名；2001 年 6 月，韩文站在韩国汉城（现已更名为"首尔"）正式开通；2001 年 12 月，当月开始盈利。阿里巴巴在 2 年后才实现盈利，结合其过程谈谈对 B2B 电子商务特点的认识。

【思政小课堂】

2004 年，王树彤创立了敦煌网，首次开创了为交易付费的 B2B 模式，相比较阿里巴巴这个前辈，敦煌网没有选择会员模式，而是提出免注册的新模式，这种精耕细作的模式一时间对阿里巴巴带来了不小的冲击，也导致阿里巴巴的一部分客户流失，使得阿里巴巴必须重新思考自己的盈利模式。

思考：请你通过敦煌网的创立谈谈对创新的认识。

启发：敦煌网这个后起之秀开创的为交易付费模式使得阿里巴巴客户流失，迫使阿里巴巴反思并丰富其盈利模式；作为后起之秀，敦煌网必须有差异化的服务才能在市场中立足。彼此的相互竞争从长远上又共同促进了 B2B 电子商务整个行业的发展。因此，无论是企业还是 B2B 电子商务这个行业，创新都是不变的主旋律，主动创新和被动创新都好过原地踏步。

## 任务二　基于企业自有网站的 B2B 交易

### 任务描述

基于企业自有网站的 B2B 交易一般需要传统企业有自己的网站。基于企业自有网站的 B2B 交易可以分为两类：基于采购商网站的 B2B 交易和基于供应商网站的 B2B 交易。

### 学习目标

1. 熟悉基于企业自有网站的 B2B 交易的类型
2. 掌握基于企业自有网站的 B2B 交易的优缺点
3. 学会在采购商网站上进行网上招投标

### 任务准备

引导问题 1：通过查阅网络资料，了解基于采购商网站的 B2B 电子商务交易模式的优点和缺点，并总结说明。

引导问题 2：通过查阅网络资料，了解基于供应商网站的 B2B 电子商务交易模式的优点和缺点，并总结说明。

引导问题 3：基于企业自有网站的 B2B 交易需要企业具备什么条件，举例说明。

### 任务实施

### 一、基于采购商网站的 B2B 交易

基于采购商网站的 B2B 交易也称以买方为主导的 B2B 电子商务，是指采购商基于

自有网站与其上游供应商开展的各种商务活动,即电子化采购或网络采购。

网络采购即利用互联网或专用网络(如 EDI)在企业间开展的商品、服务等的购买活动。网络采购的主要目标是对那些成本低、数量大或对业务影响大的关键产品和服务订单实现处理和完成过程的自动化。基于采购商网站的网络采购方式通常有以下几种(见图 5-9)。

图 5-9　基于采购商网站的网络采购方式

### 1. 网上招投标

网上招投标是指企业通过互联网发布采购信息、接受供应商网上投标报价、采购商网上开标及公布采购结果的全过程。网上招投标是在市场经济条件下进行大宗货物买卖、工程建设项目的发包与承包以及服务项目的采购与提供时采取的一种交易方式。网上招投标主要有公开招投标和邀请招投标两种形式。

(1)公开招投标是指招标人以招标公告的方式邀请不特定的法人或者其他组织投标。公开招标的投标人应不少于七家。

(2)邀请招投标是指招标人以投标邀请书的方式邀请特定的法人或者其他组织投标。邀请招标的投标人应不少于三家。

网上招投标的流程(见图 5-10)包括:①采购商新建招标项目;②采购商在自己的网站上发布招标公告,之后采购商可以寻找潜在的供应商,邀请供应商参加项目竞标;③供应商从网站上下载投标书,并以电子化的方式提交投标书;④截标后,采购商评估供应商的投标,可能会以电子化方式谈判以实现最佳交易;⑤采购商发布中标公告;⑥供应商查看中标公告;⑦采购商与最符合其要求的供应商签订合同,生成销售单。网上招标可以实时进行,由采购商终止招标,也可以持续几天,直至预先确定的截止日期。

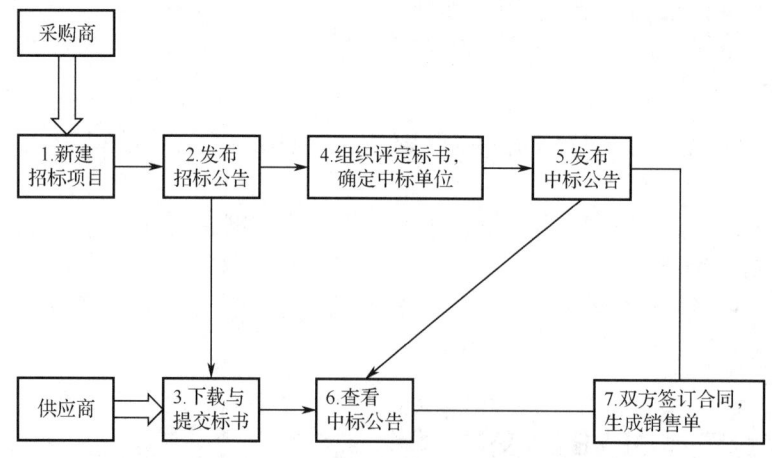

图 5-10　网上招投标流程

## 2. 集中采购目录

整合所有已经被批准的供应商商品目录，将其集中到企业服务器上，作为一个企业内部的电子商品目录，可以实现采购的集中化。由于价格是预先谈好的或者是已经通过招标确定的，买方不必每次采购都要跟卖方进行谈判。买方通过在服务器上整合供应商商品目录，对整个采购流程的控制会变得更有效。

企业采购人员可以通过搜索引擎浏览内部整合的电子商品目录，快速找到所需要的商品信息，如商品价格、供货情况、配送时间等，并填写电子订货单。这种整合的另一个优点是可以减少供应商的数量，同时，由于购买数量的增加，而且是从少量的供应商那里进行采购，必然会增加一次性购货量，从而降低采购商品的单价。内部的电子商品目录可以人工更新，也可以使用软件代理更新。

## 3. 团体购买

团体购买简称团购，也称集体采购（集采）。团购模式可以将多个买家的订单整合成较大的采购量，以取得较优惠的交易价格。当前，团购的主要方式是网络团购。团购一般有两种模式：

（1）内部集中。最早出现团购是公司为了降低成本而集合所有子公司进行采购，全公司范围内的订单都通过网络来集中采购，并自动添补。内部集中团购可以使许多商品以低价购得，还可使企业的交易成本大大降低。

（2）外部集中。外部集中是指企业参加第三方机构组织的团购活动。许多小企业也希望得到批量购买折扣，但无法找到其他公司加入以增加购买量，它们就可以参加第三方机构组织的团购活动，以获得更好的价格、选择和服务。

## 4. 易货交易

易货交易是指在不使用货币的基础上，供需双方互相交换货物和服务的行为。其基本思想是企业以自己剩余的东西交换自己需要的东西。企业可以为自己的剩余物资做广告，但成功交易的机会非常小，因此需要中介的帮助。中介可以建立一个电子易货交易所来协助企业与企业之间的交易。流行的易货交易对象有办公场地、闲置设备、劳动力、产品和横幅广告。电子易货的特点是客户越多，速度越快，佣金越低。

## 二、基于供应商网站的 B2B 交易

基于供应商网站的 B2B 交易也称以卖方为主导的 B2B 电子商务，主要是指供应商基于自有网站与其下游的企业用户开展的以电子化分销或网络直销为核心的各种商务活动。

基于供应商网站的 B2B 交易类似于 B2C 电子商务，其一般程序分为以下几步（见图 5-11）。

（1）供应商利用自己网站的信息发布平台发布买卖、合作、招投标等商业信息，采购商登录供应商网站，注册后查询有关商品信息；

（2）采购商提出经销申请，供应商进行资格审查后授予经销资格；

（3）在询价及商务谈判的基础上，采购商通过供应商网站信息交流平台下订单，供应商报价；

（4）采购商下订单后，供应商接受订单，如有必要双方还需签订合同。

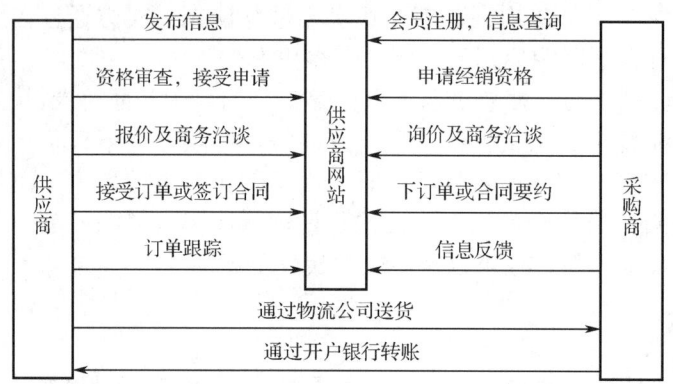

图 5-11　基于供应商网站的 B2B 交易的程序图

### 拓展练习

海尔首创的"人单合一"模式在制造业领域落地，开启了以用户为中心的智造新时代，重新定义了工业制造中的定制、大规模和工业化。请思考：根据海尔的发展，你认为基于企业自有网站的 B2B 电子商务门槛高吗？

### 【思政小课堂】

欧盟在最近正式提出工业 5.0（Industry 5.0）概念，德国早在 2011 年提出工业 4.0（Industry 4.0），按照欧盟研究和创新委员会的介绍，工业 4.0 仅仅是数字化，它涉及欧洲工业转型、生产流程加速和工人角色改变。而工业 5.0 不仅局限于此，它更加关注以人为本的需要。它包含了三层含义：①以人为本。促进人才、多元化和授权等。②持续性。针对持续性发展要求行动起来。③弹性。采用柔性和可调整的技术，实现弹性的工作。

（资料来源：数字孪生体联盟。）

思考：你认同欧盟的工业 5.0 的说法吗？它与工业 4.0 有什么不同？

启发：技术再怎么发展，都要坚持以人为本，为人服务的初心。

## 任务三　基于第三方中介网站的 B2B 交易

### 任务描述

相比较基于企业自有网站的 B2B 电子商务，基于第三方中介网站 B2B 交易才是主流模式。它更多构建的是一种交易生态，为卖方企业和买方企业提供一系列的服务。在经济发展总体放缓的大背景下，国家推动供给侧改革是 B2B 电商发展的重要契机。"互联网+传统产业"将在 B2B 电商领域迅速成长。GDP 增速持续下滑、经济结构持续调整，B2B 电子商务成为传统工业企业转型的途径之一。

B2B 电子商务属于产业互联网范畴，随着垂直产业链平台的快速发展和供应链管理的不断深化，特别是移动互联网、大数据、云计算、物联网、人工智能等新技术的不断发展和应用，未来二十年将成为产业互联网爆发的黄金时代。产业互联网不仅把企业和企业、把产业的上下游连接起来，更重要的是能够连接企业内部的生产运营数据，将智能制造、工业互联网进行共构连接。因此，未来 B2B 平台将依托技术驱动，向产业互联网全面演进。

### 学习目标

1. 了解水平型 B2B 交易和垂直型 B2B 交易的区别
2. 掌握基于第三方中介网站的 B2B 电子商务的交易过程
3. 学会在中介网站进行交易

### 任务准备

**引导问题 1**：通过查阅网络资料了解水平型 B2B 交易及其优点和缺点，并举例说明。

**引导问题 2**：通过查阅网络资料了解垂直型 B2B 交易及其优点和缺点，并举例说明。

### 任务实施

## 一、基于第三方中介网站的 B2B 交易的主要功能

开展基于第三方中介网站的 B2B 交易时，由第三方中介网站提供一个电子商务交易服务平台，交易双方需要注册成为该网站会员，才可以借助该平台进行交易。平台的提供者并不参与交易，而是发挥中介服务作用。基于中介网站的 B2B 交易的主要功能有以下几种（见图 5-12）。

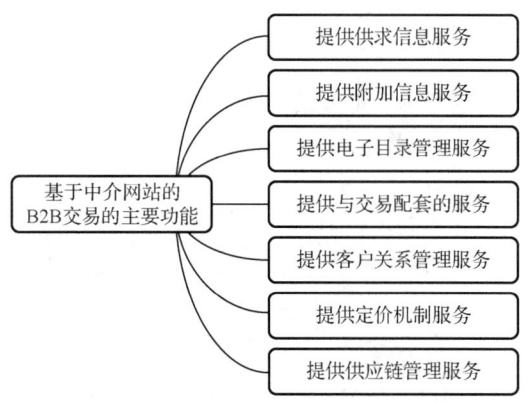

图 5-12　基于中介网站的 B2B 交易的主要功能

（1）提供供求信息服务。买方或卖方只要注册就可以在 B2B 电商平台上发布采购信息或供应信息，并根据发布的信息来选取企业潜在的供应商或客户。网上发布的信息一般是图片、视频或文字信息。随着互联网的发展，信息样式会越来越丰富。

（2）提供附加信息服务。平台为企业提供需要的相关经营信息，如行业信息和市场

动态等；平台为交易双方提供网上交易沟通渠道，如网上谈判室、沟通软件和商务电子邮件等；平台提供信息传输服务，如根据客户的需求，定期将客户关心的买卖信息发送给客户。

（3）提供电子目录管理服务。平台提供产业所需的不同的供应商产品目录管理系统，使购买者方便取得相关产品资料，便于采购进行。

（4）提供与交易配套的服务。平台提供网上签订合同服务、网上支付服务、物流配送及其他实现网上交易的服务。

（5）提供客户关系管理服务。平台为企业提供网上交易管理服务，包括合同、交易记录、客户资料等信息托管服务。许多电商平台专门开发出客户管理软件来帮助企业管理客户资料。

（6）提供定价机制服务。B2B 电商平台通过提供一些交易手段，如正向拍卖、逆向拍卖、协商议价和降价拍卖等，来满足交易双方的需求，在交易过程中形成合适的价格。

（7）提供供应链管理服务。供应链管理服务可分为两大部分：供应链规划和供应链执行。供应链规划包括供应链网络设计、需求规划与预测、供给规划和配销规划等；供应链执行包括仓储管理、运输管理、库存管理和订单管理等。

## 二、基于第三方中介网站的 B2B 交易的机制

在基于第三方中介网站的 B2B 交易中，参与主体主要包括认证机构、采购商、供应商、第三方 B2B 网站、物流配送中心和网上银行等（见图 5-13）。

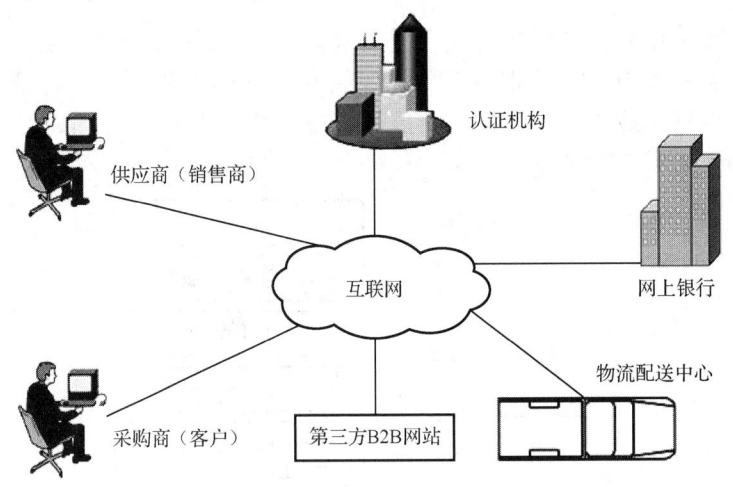

图 5-13 基于第三方中介网站的 B2B 交易的参与主体

基于第三方中介网站的 B2B 交易的运动机制（见图 5-14）。

（1）中介网站负责设计交易流程、制定交易规则并提供其他相关服务。

（2）交易双方（供应商、采购商）分别申领、下载与安装认证授权证书。

（3）交易双方在第三方 B2B 交易平台进行会员注册。

（4）第三方交易平台管理员对交易双方进行资格审查与信用调查后，审核通过交易双方的会员注册申请。

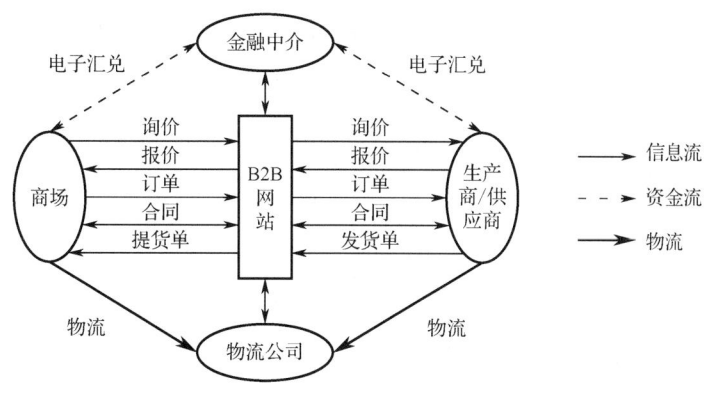

图 5-14　基于第三方中介网站的 B2B 交易的运动机制

（5）交易双方通过第三方交易平台发布各自的供求信息。

（6）第三方交易平台后台审核并发布各会员发布的供求信息，同时在交易平台提供大量详细的交易数据和市场信息。

（7）交易双方根据第三方交易平台提供的信息，选择贸易对象，进行商务谈判，最终签订交易合同。

（8）交易双方在第三方交易平台指定的银行办理收付款手续；如果选择网上银行收付，那么交易双方应该预先在网上银行开设账户，并存入足够的款项。

（9）物流配送部门将卖方货物送交买方。

（10）交易双方对对方信用进行评价，如有问题可通过平台进行投诉。

## 三、B2B 电子商务中介网站的类型

按照 B2B 电子商务中介网站面向的行业范围，将 B2B 电子商务中介网站划分为垂直 B2B 电子商务平台和水平 B2B 电子商务平台。

### 1. 垂直 B2B 电子商务平台

垂直 B2B 电子商务平台也称行业性 B2B 电子商务网站，如中国化工网、全球纺织网和全球五金网等。此类网站的优点是容易将一个行业做深、做透，有着较强的专业性，其缺点是受众过窄，难以形成规模效应。

由于垂直 B2B 电子商务平台的专业性强，其客户很多都是本行业的，潜在购买力较强，广告的效用也较大，其广告费较水平 B2B 电子商务平台要高。除了广告，垂直 B2B 电子商务平台还可以通过举办拍卖会、出售网上店面、收取客户的信息费及数据库使用费等形成利润来源。垂直 B2B 电子商务平台的发展趋势是深入产业链上下游，做好产业电商、供应链生态，逐渐形成电子商务生态圈。

垂直 B2B 电子商务平台又分为以下四种类型（见图 5-15）。

（1）以提供供求信息服务为主的行业 B2B 模式。此类模式主要为交易双方提供供求信息服务为主，以收取广告费来盈利。该模式涉及企业数量较多，产品品种繁多且标准化，能形成规模市场，如一呼百应网、中国化工网、全球五金网、全球纺织网等。

（2）以行业资讯服务为主的行业 B2B 模式。此类模式主要以提供行业资讯服务为主，以收取广告费来盈利。该模式一定要有精通行业、善于做市场分析调查的行业专

家参与，只有这样才能做出高质量的市场分析报告，帮助企业正确决策，如我的钢铁网、联讯纸业等。

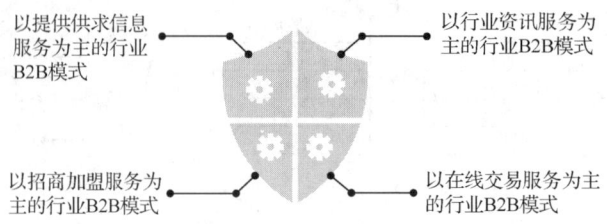

图 5-15 垂直 B2B 电子商务平台的类型

（3）以招商加盟服务为主的行业 B2B 模式。此类模式以招商加盟服务为主，下游企业为了使产品能更好地面向消费者，可以通过这类平台找分销商、代理商来销售其产品。此类模式一般是以收取下游企业的广告费、会员费来维持其运转，会员可在平台的一级或二级栏目上为自己的品牌做广告，也可以查看经销商的联系方式，如中国服装网、中国医药网等。

（4）以在线交易服务为主的行业 B2B 模式。此类模式以提供在线交易服务为主，主要以收取交易费来盈利，交易的对象一般为大宗商品，运营时必须建立良好的诚信机制，可采用与第三方合作伙伴合作的方式来解决物流、资金流及诚信度审核等问题，如一呼百应原材料采购交易平台。

### 2. 水平 B2B 电子商务平台

水平 B2B 电子商务平台也称综合类 B2B 电商网站。之所以用"水平"这一概念，主要是这类平台覆盖的行业范围很广，很多行业都可以在平台上开展商务活动。典型的水平 B2B 电子商务平台有阿里巴巴、慧聪网等。这类平台一般注重在广度上下功夫，在品牌知名度、用户数、跨行业、技术研发等方面具有垂直 B2B 电子商务平台难以企及的优势，其不足之处在用户精准度和行业服务深度等方面。

水平 B2B 电子商务平台可以有多种利润来源，如广告费、竞价排名费、分类目录费、交易费用、拍卖佣金、软件使用许可费、会员费和其他服务费等。此外，平台自身也可以开展电子商务，并从商务活动中直接获利。

水平 B2B 电子商务平台又可分为以下几种类型。

（1）以外贸服务为主的综合 B2B 模式，此类模式以提供外贸线上服务为主，主要收入来源为会员费、提供增值服务所带来的广告和搜索引擎排名费用，向供应商收取的企业信誉等认证费用，如阿里巴巴、中国制造网。

（2）以内贸服务为主的综合 B2B 模式。此类模式的企业以提供内贸线下服务为主，主要收入来源为线下会展收费、出售商情刊物、出售行业咨询报告等广告和增值服务费用，如慧聪网、环球资源。

（3）以"行业门户+联盟"为主的综合 B2B 模式。此类模式以联盟的方式对各行业 B2B 网站进行资源整合，提供既综合、又专业的 B2B 服务，主要收入来源为通过提供网络基础服务、网络信息推广服务、加盟服务所收取的费用，如中国网库（见图 5-16）。

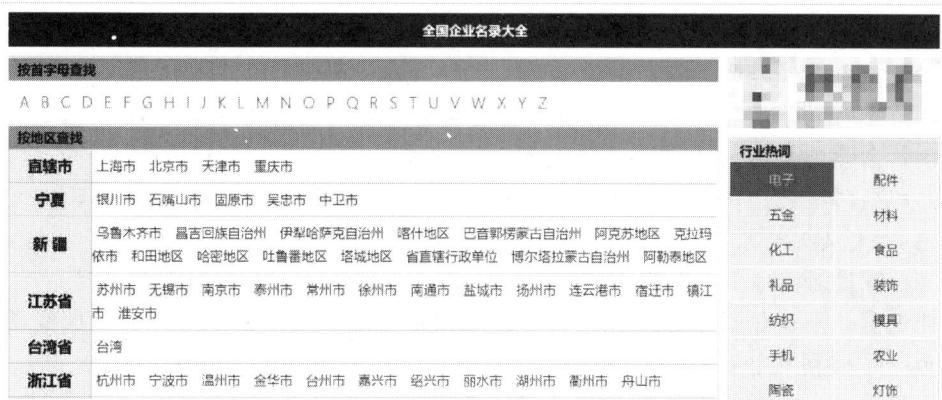

图 5-16　中国网库网站首页

（4）以交易服务为主的综合 B2B 模式。此类模式的平台不仅提供信息服务，同时还整合了包括交易的支付、物流以及客户关系管理等，其盈利模式主要以收取企业交易佣金为主，如敦煌网。

### 拓展练习

水平 B2B 电子商务平台又称综合电商平台，其最大特点是"一寸深，一公里宽"。如中国制造网、环球资源网、慧聪网、1688、敦煌网、马可波罗网、大龙网。

垂直 B2B 电子商务平台的最大特点是"一公里深、一寸宽"，以提供专业化服务满足客户特定化需求为自己的核心优势，中国化工网就是典型代表。

从以上所列举的综合型平台中选两个，分析其近期会员数量、盈利模式和主要业务模式。

### 【思政小课堂】

#### 阿里巴巴高层诈骗门事件

阿里巴巴欺诈门事件出自 2011 年 2 月 21 日阿里巴巴的一则公告。阿里巴巴的调查说明，近 100 名销售人员及部分主管和销售经理需要对其"故意或疏忽地容许骗子规避认证措施"及"在国际交易市场上有组织地建立进行诈骗的商户店铺负直接责任"。公告称，在过去的两年里，2 326 名阿里巴巴网站的会员"中国供应商"涉嫌欺诈国际买家，并有近 100 名阿里巴巴员工合谋其中。为此，CEO 卫哲、COO 李旭晖引咎辞职；集团 CPO 邓康明降级另用，淘宝网 CEO 陆兆禧将接替卫哲兼任阿里巴巴 CEO。

此次事件，反映出阿里巴巴在发展中存在一些问题：

（1）欺诈问题早已有之，为何不早采取措施？

阿里巴巴作为第三方的 B2B 交易平台，一方面未能及时处理买家对于欺诈行为的投诉；另一方面公司有部分销售人员出于销售业绩考虑，对此采取默许、纵容的态度，使得阿里巴巴对此类网络欺诈也负有不可推卸的责任。相关人员的开除、高管的辞职理所应当。在一些网络论坛上，抱怨在阿里巴巴上受到欺骗的买家一直为数不少，如果一开始就有比较完善的处罚机制和用户投诉处理渠道，也不可能有今天的辞职事件。更大的可能，是公司管理层长期纠结于眼前的商业利益，对于欺诈现象视而不见。

（2）高管引咎辞职，问题就能解决？

作为国内电子商务的领军者，阿里巴巴的问题是发展过快带来的必然结果，而问题的解决，需要有阵痛，更需要真正的措施。事实上，旗下拥有阿里巴巴、淘宝、支付宝等品牌的阿里巴巴集团，近年来在处理卖家欺诈的问题上，态度始终有暧昧之嫌。

（3）"大义灭亲"，道德底线谁来维护？

这件事过后，对于阿里巴巴集团以及马云，大家基本都持一面倒的支持态度。认为阿里巴巴勇于承认错误。这些观点固然合理，但把原本应是企业商业道德底线的行为，上升为一种值得褒扬的行为，不免让人为国内电子商务的整体环境和道德水准心怀疑虑。未来将有越来越多的生意通过互联网完成。和面对面的传统交易相比，互联网交易越频繁，欺诈的可能性就越大，对从业者的诚信要求也越高。把消费者权益完全维系在公司的诚信、甚至个别企业家的"大义灭亲"上，显然不是长久之计。

（资料来源：网络营销教学网。）

思考：电子商务企业如何守好自己的职业道德底线？

启示：中国电子商务行业以此为契机，加强行业内部调整，着力于第三方认证等方面的建设。该行业应对其中国供应商进行最大限度的资质认证，从而杜绝诈骗、纠纷等事件。该行业应提升整个电子商务行业的道德底线，把消费者权益放在第一位。该行业应建立完善的处罚机制和用户投诉处理渠道，能在发生欺诈等恶意事件时，及时提供帮助，及时遏制事态的发展和杜绝事情的再次发生。

## 知识巩固

### 一、名词解释

B2B 电子商务　外贸型 B2B 电子商务　B2B 电商 1.0　网络采购　网上招投标

### 二、单项选择题

1. 与 B2C 电子商务相比，以下对 B2B 电子商务的特点描述不正确的是（　　）。
   A．交易金额较大　　　　　　　　B．交易操作规范
   C．交易过程复杂　　　　　　　　D．交易对象集中

2. 与垂直 B2B 电子商务平台相比，水平 B2B 电子商务平台的主要优点是（　　）。
   A．行业专　　　B．行业广泛　　　C．专业性强　　　D．服务范围广

3. B2B 电子商务的（　　）阶段，企业开始切入交易，B2B 电商平台通过系统或人工撮合，进行供需信息匹配和在线交易。
   A．信息服务阶段　　　　　　　　B．交易服务阶段
   C．产业链综合服务阶段　　　　　D．B2B 电商 1.0 阶段

4. 阿里巴巴的电子商务交易模式属于（　　）。
   A．基于企业自有网站的 B2B 交易　　B．C2C 电子商务交易

C．基于中介平台的 B2B 电子商务交易　　　D．B2C 电子商务交易
5．以下（　　）属于以外贸服务为主的综合 B2B 模式。
A．阿里巴巴国际站　　B．全球速卖通　　C．慧聪网　　D．天猫国际
6．敦煌网在 B2B 电子商务交易中扮演的角色是（　　）。
A．中介　　　　　B．金融认证机构　　C．交易主体　　D．商业银行
7．敦煌网的商业模式是（　　）。
A．自营式模式　　　　　　　　　　B．平台式模式
C．综合服务商模式　　　　　　　　D．企业应用式模式
8．下列选项中属于水平 B2B 电子商务的是（　　）。
A．我的钢铁网　　B．中国化工网　　C．中国纺织网　　D．环球资源网
9．下列选项中属于垂直 B2B 电子商务的是（　　）。
A．敦煌网　　　　B．中国化工网　　C．阿里巴巴　　　D．环球资源网
10．（　　）电子商务交易模式是未来电子商务发展的主流。
A．B2B　　　　　B．B2C　　　　　C．C2C　　　　　D．B2G

### 三、多项选择题

1．网络采购的方式主要有（　　）。
A．网上招标　　　B．集中目录　　　C．团体购买　　　D．易货交易
2．水平 B2B 电子商务平台的特征为（　　）。
A．面对某一行业　　B．面对多种行业　　C．追求全　　D．专业性强
3．垂直 B2B 电子商务平台的特征为（　　）。
A．面对某一行业　　B．面对多种行业　　C．追求全　　D．专业性强
4．按照面向的行业范围不同，B2B 电子商务中介网站可划分为（　　）。
A．垂直 B2B 网站　　　　　　　　B．水平 B2B 网站
C．信息服务型 B2B 网站　　　　　D．交易服务型 B2B 网站
5．根据 B2B 网站构建主体的不同，B2B 交易可分为（　　）。
A．基于企业自有网站的 B2B 交易　　B．基于中介网站的 B2B 交易
C．水平 B2B 网站交易　　　　　　　D．垂直 B2B 网站交易

### 四、简答题

1．B2B 电子商务与 B2C 电子商务相比有什么特点？
2．简要回答 B2B 电子商务发展经历的阶段。
3．简要回答开展企业自有的 B2B 电子商务需要具备哪些条件？
4．网上招投标的形式有哪几种？
5．水平 B2B 电子商务平台和垂直 B2B 电子商务平台分别有哪些类型？举例说明。

## 技能训练

进入海尔企业购网站，从 5 个行业中选择两个行业的智慧解决方案进行分析，总结海尔智慧集成解决方案为消费者带来哪些便利，为企业带来哪些机会。

# 项目六
# 跨境电子商务

　　随着互联网的加速发展,跨境电子商务在移动互联网、大数据、云计算等技术的推动下得到了迅猛发展。世界上主要国家和地区都在积极发展跨境电子商务。中国电子商务研究中心的数据显示,2021年上半年,中国跨境电商市场规模为 6.05 万亿元,其中出口跨境电商为 4.68 万亿元,进口电商规模为 1.37 万亿元。我国跨境电商保持逆势增长,成为当前外贸亮点。全球消费需求加速转往线上,数字化正在重构国际贸易运营模式,我国跨境电商将拥有更多发展机遇。跨境电商出口将保持快速增长,特别是海外消费复苏以及实体业的回归,这将为我国跨境电商出口行业带来新一轮的发展红利。

项目六 跨境电子商务

## 任务一　初识跨境电子商务

### 任务描述

跨境电子商务是国际贸易和电子商务有机融合的产物，具有国际贸易和电子商务两方面的特征，具有更大的复杂性，它要求信息流、资金流、物流等多种要素流动紧密结合，任何一方面的不足或衔接不够，都会阻碍整体跨境电子商务活动的完成，容易受国际政治、经济宏观环境和各国政策的影响。创立于2007年的兰亭集势，最初主要销售的产品是婚纱礼服，之后销售的产品品类不断得到拓展，目前销售的产品涵盖电子产品、服装、玩具、饰品、家居用品等14大类，主要销售市场为欧洲、北美洲等。通过学习其优势和特点了解跨境电子商务的共性，通过学习其分类熟悉各跨境电子商务企业的商业模式，并了解跨境电子商务未来的发展，从而总结其发展规律。

### 学习目标

1．了解跨境电子商务的发展趋势，熟悉其分类，掌握跨境电子商务的定义
2．学会分析具体的跨境电子商务平台或企业的商业模式和特点

### 任务准备

**引导问题1**：兰亭集势由郭去疾创立，通过网络了解其履历和兰亭集势的创立过程。

**引导问题2**：兰亭集势最初以婚纱礼服为主营产品，思考为什么在平台初创期选择这一产品类目。

**引导问题3**：兰亭集势被贴上"整合供应链服务的电商平台"的标签，请总结它的商业模式的独特性和在供应链服务上的特色。

### 任务实施

### 一、跨境电子商务的定义

跨境电子商务指分属不同关境的交易主体，通过电子商务平台达成交易，进行支付结算，并通过跨境物流及异地仓储送达商品、完成交易的一种国际商业活动。一般来说，跨境电子商务的概念有广义和狭义之分。

广义的跨境电子商务概念基本等同于外贸电子商务，指分属不同关境的交易主体，通过电子商务手段将传统进出口贸易中的展示、洽谈和成交等各环节电子化，并通过跨境物流送达商品、完成交易的一种国际商业活动。它是传统国际贸易商务流程的电子化、数字化和网络化。它涉及多方面活动，包括货物的电子贸易、在线数据传递、电子资金划拨、电子货运单证等内容。

狭义的跨境电子商务概念基本等同于跨境网络零售电子商务，指分属不同关境的交易主体，借助计算机网络达成交易、进行支付结算，并采用快件、小包等方式通过跨境物流将商品送达消费者手中的交易过程。跨境电子商务在国际上流行的翻译为

Cross-border E-commerce，主要指跨境网络零售，跨境网络零售是互联网发展到一定阶段产生的新型贸易形态。

与境内电子商务相比，跨境电子商务的业务还需经过海关通关、检验检疫、外汇结算、出口退税、进口征税等环节，在商品运输上，跨境电子商务的商品需要通过跨境物流出境，与境内电子商务相比，跨境电子商务的商品从售出到送达消费者手中所用的时间更长（见图6-1）。

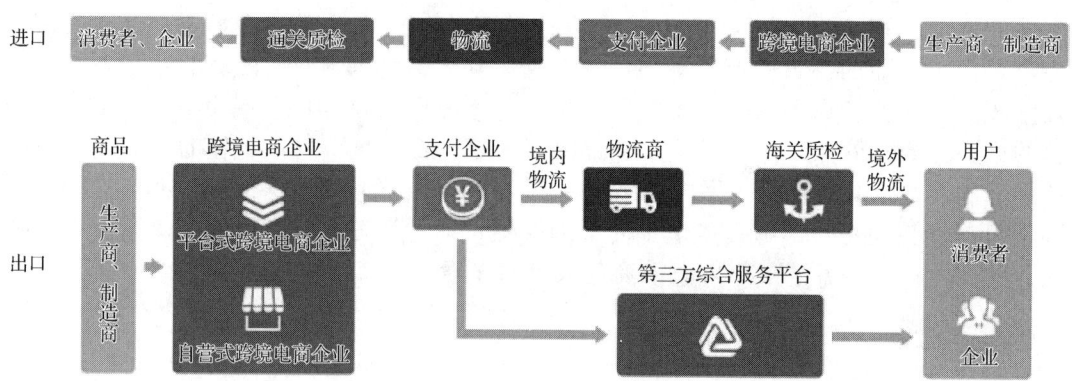

图 6-1　跨境电商的进出口流程

## 二、跨境电子商务的分类

跨境电子商务包含许多要素，主要有交易对象、交易渠道、货物流通、监管方式、资金交付、信息和单据往来等。基于不同的分类标准，可以将中国主要跨境电子商务经营模式分为不同的类型（见表6-1）。

表 6-1　中国主要跨境电子商务经营模式分类

| 经营模式 | 平台型 | 自营型 |
| --- | --- | --- |
| 跨境 B2B（出口） | 阿里巴巴国际站、中国制造网、环球资源网、敦煌网 | 略 |
| 跨境 B2B（进口） | 1688、海带网 | 略 |
| 跨境电商零售（出口） | 速卖通、eBay、亚马逊、Wish | 兰亭集势、Dx、米兰网 |
| 跨境电商零售（进口） | 天猫国际、洋码头 | 网易考拉、京东全球购、聚美优品、小红书 |

**1. 按交易对象的不同分类**

跨境电子商务可以分为跨境 B2B 电子商务、跨境 B2C 电子商务、跨境 C2C 电子商务等类型。

（1）跨境 B2B 电子商务。

跨境 B2B 电子商务，即企业与企业之间的跨境电子商务，是分属不同关境的企业之间，通过电子商务平台达成交易、进行支付结算，并通过跨境物流送达商品、完成交易的一种国际商业活动。它主要应用于企业之间的采购与进出口贸易等。这一模式在跨境电子商务行业中扮演着支柱型产业的角色，其交易规模始终占据着整体跨境电子商务市场交易规模的 90%以上。其中的代表企业有敦煌网、中国制造网、阿里巴巴国际站、环球资源网等。

（2）跨境 B2C 电子商务。

跨境 B2C 电子商务，即企业与消费者个人之间的跨境电子商务，是分属不同关境的企业直接面向个体消费者在线销售产品和提供服务，通过电子商务平台达成交易、进行支付结算，并通过跨境物流送达商品、完成交易的一种国际商业活动，主要应用于企业直接销售或消费者全球购活动。

炽昂科技（见图 6-2）主营 3C 数码电子产品，兰亭集势则在婚纱销售上占有绝对优势。跨境 B2C 电子商务市场正在逐渐发展，并且在中国整体跨境电子商务市场交易规模中的占比不断升高。在未来，这类跨境电子商务市场将会迎来大规模增长，其代表企业有速卖通、Dx、兰亭集势、米兰网、大龙网等。

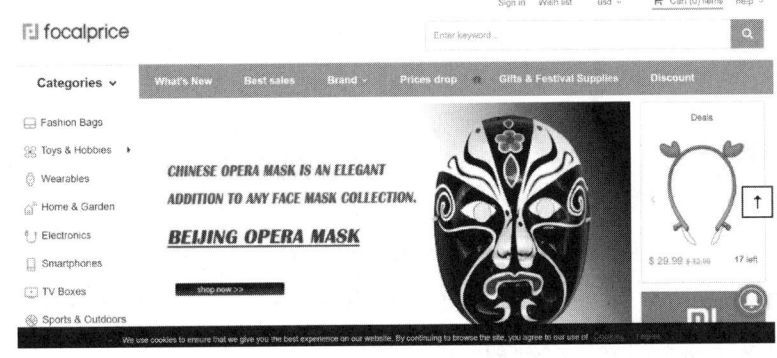

图 6-2　炽昂科技首页

（3）跨境 C2C 电子商务。

跨境 C2C 电子商务，即消费者之间的跨境电子商务，是分属不同关境的个人卖方对个人买方开展在线销售产品和服务，由个人卖家通过第三方电子商务平台发布产品和服务等内容，个人买方进行筛选且最终通过电子商务平台达成交易、进行支付结算，并通过跨境物流送达商品、完成交易的一种国际商业活动，主要应用于消费者之间的个人拍卖等行为。早期扩展跨境电商市场的 eBay 和国际速卖通均属于此类模式。

**2. 按照平台运营方的不同分类**

（1）第三方平台。

第三方开放平台属于平台型电子商务，平台型电子商务企业通过线上搭建商城，并整合物流、支付、运营等服务资源，吸引商家入驻，为其提供跨境电子商务交易服务。同时，平台以收取商家佣金及增值服务费作为主要盈利模式，代表企业有阿里巴巴国际站、速卖通、敦煌网、环球资源网等。

（2）自营型平台。

自营型电子商务平台通过在线上搭建平台，整合供应商资源，以较低的进价采购商品，以较高的售价出售商品。自营型平台主要以商品差价作为盈利模式，代表企业有兰亭集势、米兰网、大龙网、Dx 等。

### 3. 按照服务类型分类

（1）信息服务平台。

信息服务平台主要是为境内外会员商户提供网络营销平台，传递供应商或采购商等商家的商品或服务信息，促成双方完成交易，代表企业有阿里巴巴国际站、环球资源网、中国制造网等。

（2）在线交易平台。

在线交易平台不仅提供企业、产品、服务等多方面信息展示，而且用户可以通过平台线上完成搜索、咨询、对比、下单、支付、物流、评价等全购物链环节。在线交易平台模式正在逐渐成为跨境电子商务中的主流模式，代表企业有敦煌网、速卖通、炽昂科技、米兰网、大龙网等。

（3）综合型服务平台。

综合型服务平台可以为企业提供通关、物流、退税、保险、融资等一系列服务，帮助企业完成商品进口或出口的通关和流通环节，还可以通过融资、退税等帮助企业周转资金，代表企业有阿里巴巴一达通等。

## 三、跨境电子商务的发展趋势

电子商务法和跨境电商系列新政的出台进一步规范了中国跨境电商市场，促进跨境电商行业健康发展，同时全球化趋势、消费升级推动了中国跨境电商交易规模持续增长。

### 1. 跨境电子商务仍处于红利期

自2018年以来，跨境电商行业迎来政策性利好，提高个人跨境电商消费限额、新增跨境电商综合试验区，为跨境电商行业进一步发展营造良好政策环境。与此同时，中国消费者购买力不断提升，跨境电商市场内需庞大，为跨境电商企业带来更多发展机遇。

### 2. 跨境电商行业规范化发展

伴随着跨境电商行业快速发展，假货、维权困难、捆绑搭售、大数据杀熟等乱象不断滋生。电商法及系列跨境电商新政的出台对商品安全、税收、物流、售后等方面做出了明确规定，有利于改变原有跨境电商平台良莠不齐、行业野蛮生长的状况，使企业有章可循、规范发展，推动市场有序竞争。同时，国家也加强了对消费者权益的保护，这有利于促进购买，推动行业发展。

### 3. 平台开启全渠道模式

网易考拉、天猫国际等跨境电商平台纷纷开设线下体验店，将渠道从线上发展到线下，开启"线上+线下"全渠道模式。这种模式能够将线上产品信息与线下用户体验相结合，拉近与用户之间的距离，提高用户互动频率，促进用户购买，提升品牌知名度。

**拓展练习**

跨境电子商务人才需要具备哪些能力？

项目六 跨境电子商务

【思政小课堂】

查阅并观看视频《夜线约见：全球疫情下，跨境电商如何破局？》，了解并学习洋码头在2020年新冠疫情期间的企业担当及创新做法。

（资料来源：看看新闻。）

启发：在特定的情境下，关键是如何破局，常态下的数据很难成为决策依据。企业要跳出原来的思维束缚，通过收集、分析最新的形势做出科学的判断和决策，在反思中创新和改变。

## 任务二　初识跨境电子商务平台

### 任务描述

跨境电子商务平台的主要作用是信息展示、在线匹配和撮合。对跨境电商卖家来说，在线渠道多元化是拓展网络销售渠道和规模的重要途径。对某些商品或品牌来说，选择合适的目标市场进行深耕细作是一种重要策略。跨境电商平台有自己的特点、行业优势以及客户群，因此，选择适合自己的行业、商品、销售计划对其显得尤为重要。通过对全球速卖通、亚马逊、eBay、敦煌网、Wish等跨境电商平台的学习，更清楚地了解各跨境电商企业的发展历程、特点、优势等，形成对跨境电商平台的总体认识，并能对具体跨境电商企业发展中存在的问题进行分析，提出建议。

### 学习目标

1．了解各跨境电商平台的发展历程，掌握各跨境电商平台的特点
2．分析各跨境电商平台未来发展中存在的问题与不足

### 任务准备

引导问题1：速卖通为了适应跨境电子商务的发展，做出了哪些创新改变？请举例。
引导问题2：亚马逊是如何体现，以客户为中心的？请举例。
引导问题3：eBay灵活的销售方式是怎样的？
引导问题4：敦煌网相比于阿里巴巴国际站的特色在哪里？请举例。
引导问题5：Wish如何实现"Shopping made fun！"理念的？请举例。

### 任务实施

一、全球速卖通

1．全球速卖通简介

速卖通创建于2009年，自2010年4月开始对外开放免费注册。经过10多年的发展，速卖通已覆盖全球230多个国家和地区，运用海量资源助力中国品牌出海，是我国目前最大的B2C跨境电商交易平台。速卖通的买家以个人消费者为主，约占平台买

家总数的 80%,其余 20% 为海外批发商和零售商。

#### 2. 速卖通的发展

中国制造向中国智造发展的需求越来越强烈,这使速卖通再次迎来新风口并积极进行转型(见图 6-3)。

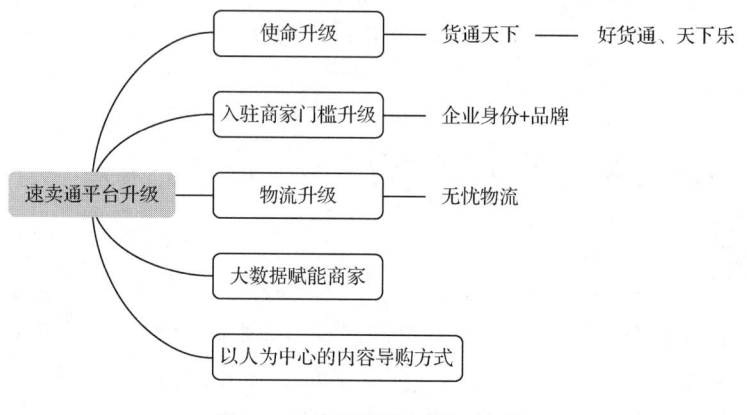

图 6-3 速卖通平台升级转型

(1)速卖通更好地适应了国际海外消费者的需求。它由曾经的"货通天下",转型为"好货通、天下乐"。

(2)2015 年 12 月 7 日,速卖通全平台入驻门槛新规则正式发布。2016 年,它从跨境 C2C 全面转型为跨境 B2C。从 2016 年 4 月初开始,所有商家必须以企业身份入驻,不再允许个体商家入驻;同年下半年,商家入驻需满足"企业身份+品牌"的双重验证。速卖通致力于成为一个渠道品牌,必须通过提升门槛,治理当前"劣币驱逐良币"的市场。

(3)为帮助商家解决物流问题,速卖通建立了跨境物流骨干网——无忧物流,未来速卖通会建立跨境物流调度中心,在其建成后,使用跨境物流的商家如果使用无忧物流,会像国内的天猫商家一样方便。

(4)速卖通利用大数据赋能商家。2016 年,阿里巴巴发布了最新的大数据商家服务平台——聚星台。面对来自 200 多个国家和地区的消费者,单靠人力运营不现实。例如,3 月份的俄罗斯是冬天,巴西却是夏天。不同国家的用户搜索"服装"时就会有不同的推荐结果排序。

(5)除了大数据,以人为中心的内容导购方式也是速卖通非常看重的。

## 二、亚马逊

#### 1. 亚马逊简介

亚马逊是美国目前最大的一家网络电子商务公司,位于美国西雅图,是网络上最早开始经营电子商务的公司之一。亚马逊成立于 1995 年 7 月,一开始只经营书籍的网络销售业务,现在已成为全球商品品种最多的网上零售商和全球第二大互联网企业,也是全球第一的 B2C 电子商务平台。

亚马逊凭借其平台开放、流量优质、利润高的优势,吸引着全球各地的卖家。近几年，不少中国卖家也通过入驻亚马逊来开展海外贸易，并取得了不错的成绩。随着亚马逊的不断发力，中国卖家将获得更大的发展空间。

### 2. 亚马逊的特点

作为全球范围内成功的电子商务公司，亚马逊拥有自身的特点（见图 6-4）：①产品只以定价方式销售；②平台宽进严管，对卖家管理较为严格，买家权益得到全面重视；③平台采取以产品为中心的结构，淡化店铺，确保亚马逊平台的统一品牌形象；④平台重产品详情，不设置在线客服，轻客服咨询；⑤平台重推荐，轻广告。亚马逊不太重视各种收费广告，买家进入平台看到的一般是基于后台数据的关联推荐和排行推荐，而这些推荐的依据都是用户的购买记录及买家的好评度和推荐度；⑥平台重视客户反馈，没有反馈和评价会被关闭账号，积极的产品评价能为卖家提升12%的销量。

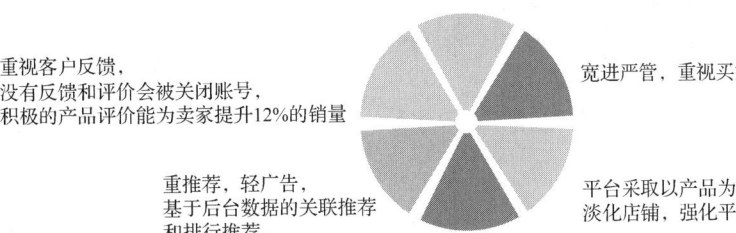

图 6-4 亚马逊的特点

### 3. 亚马逊的服务

亚马逊平台为卖家提供物流、推广、商业顾问等一系列服务。

（1）物流服务。亚马逊拥有世界一流的自动化包装流水线、商品摄影棚和图片处理平台，以及先进的订单处理系统和库存管理系统；亚马逊运营中心负责厂商收货、仓储、库存管理、订单发货、调拨发货、客户退货、返厂等。因此，亚马逊提供的多渠道物流服务不仅满足卖家自身平台的物流需求，而且还能为卖家提供简单、方便的跨国扩展业务方式。

（2）推广服务。亚马逊提供的推广服务既有免费推广服务，也有付费推广服务，主要有关键词检索、页面广告等。

（3）商业顾问。亚马逊拥有专业的顾问团队，向平台上的商家免费提供首次上线的技术支持和咨询服务，并定期提供网络培训服务。

### 4. 亚马逊的优势

亚马逊平台的优势非常突出，主要表现为以下几个方面：

（1）亚马逊国际货源丰富且有品质保证，在国外运作多年，已经聚集了大量的海外供应商。

（2）物流全链条的系统性。亚马逊通过布局大型仓储运营中心，将供应商或者消费者分散的信息流和物流集中起来，发挥规模效应，降低了整个供应链的运行成本，最终打败了竞争对手，抢占更多市场份额。

（3）规模化。亚马逊与上海自贸区、上海市信息投资股份有限公司签订合作备忘录，三方将在自贸区合作展开跨境电子商务业务，亚马逊将通过该跨境通平台开展规模化运营。

## 三、eBay

### 1. eBay简介

eBay目前是全球商务与支付行业的领先者，1995年9月由皮埃尔·奥米迪亚（Pierre Omidyar）在美国硅谷成立。成立之初，eBay将自身定位为全球网民买卖物品的线上拍卖及购物网站。自2003年，eBay在中国开展跨境电商业务。

### 2. eBay的销售方式

相比亚马逊平台，eBay为卖家提供了丰富多样的销售方式（见图6-5），卖家可根据自己的实际需要选择适合自己的销售方式，走出降低成本、提高效益的第一步。

（1）拍卖方式。

拍卖方式是eBay卖家常用的物品刊登方式。所谓拍卖，即通过竞拍的方式进行销售。卖家设置商品起拍价和在线时间，对商品进行拍卖，商品下线时出价最高的买家是商品的中标者。

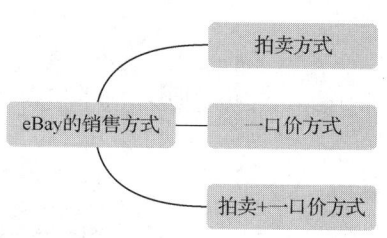

图6-5　eBay的销售方式

采用拍卖方式刊登物品，需缴纳刊登费和成交费。刊登费是卖家根据自己设定的起拍价按一定的比例缴纳，成交费是根据物品最后的成交价按一定比例缴纳。适合拍卖方式的情况见表6-2。

表6-2　适合拍卖方式的情况

| | |
|---|---|
| 适合拍卖方式的情况 | 所售物品是低成本、高收益销售的一种 |
| | 卖家无法确定物品价格，又希望物品快速售出 |
| | 所售物品非常独特且在市场上有需求，能引起买家的竞争兴趣 |
| | 所售物品有较高的成交率 |
| | 在eBay上销售的物品，如果在短时间内没有成交，则可借助拍卖方式提高商品的搜索排名 |

（2）一口价方式。

一口价是以固定价格方式来销售物品。这种方式对于买家来说比较简单，可快捷地购买商品。这种方式的优势具体表现在：①成交费用较低；②议价功能免费，只需在物品成交后根据成交价支付一定的费用即可；③物品展示时间长，可设置在线时间最长30天；④物品较多采取多数量物品刊登方式，一次性完成物品刊登，操作简单快捷；⑤操作省时省力，可使用预先设置好的物品说明和描述，进而使物品刊登省时省力。适合一口价方式的情况见表6-3。

表 6-3 适合一口价方式的情况

| 适合一口价方式的情况 | 卖家清楚所售物品的价值 |
|---|---|
| | 希望自己的商品获得更长时间的展示 |
| | 销售的物品数量比较多 |
| | 所销售的物品库存较多且不想花费太多的刊登费 |

（3）拍卖+一口价方式。

拍卖+一口价方式属于综合销售方式。即卖家在选择拍卖方式时，先设置最低起拍价，再根据自己对物品价值的评估设置"保底价"，综合了拍卖方式和一口价方式的优势，既能让买家根据自身需要灵活选择购买方式，还能为卖家带来更多商机。这种方式适合卖家所销售的物品种类多，想尽可能吸引不同需求的买家，提升销量，扩大买家对库存商品的需求，让更多买家了解店铺和商品。

### 3. eBay 的收费

卖家在 eBay 上开店和刊登物品是需支付一定手续费的（见图 6-6）。

（1）刊登费。无论商品是否售出，只要刊登就要支付刊登费。

（2）成交费。物品成功售出后，需按成交价的一定比例缴纳相应费用。

（3）特色功能费。这是可选项目，如果需要才需缴纳费用。

（4）PayPal 收款手续费。

（5）店铺费。针对在 eBay 平台上开店的商家收取月租费。

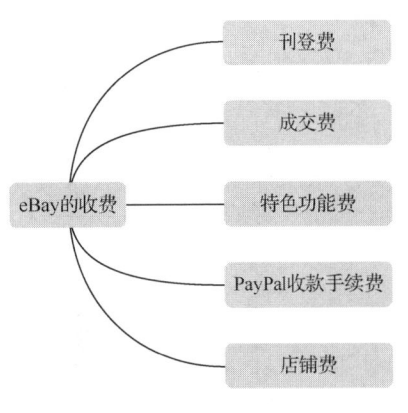

图 6-6　eBay 的收费

## 四、敦煌网

### 1. 敦煌网简介

敦煌网是全球领先的在线外贸交易平台，由王树彤于 2004 年创立。敦煌网致力于帮助中国中小企业通过跨境电子商务平台走向全球市场，并为其开辟了一条全新的国际贸易通道，让在线交易变得更简单、安全、高效。敦煌网的定位与提供的服务见图 6-7。

### 2. 敦煌网的盈利模式

敦煌网是国内首个为中小企业提供 B2B 网上交易的网站。作为一个交易平台，敦煌网为买卖双方提供交易服务，以促使双方在网上达成交易。基于这个定位，敦煌网主要有两种盈利模式：佣金收入和服务费收入（见图 6-8）。

## 电子商务基础与实务

**服务对象定位：全国供应商**

**服务对象**：由最初的中小商户开始扩展到规模化的外贸企业、工厂和品牌商家。
**平台扩充**：针对不同服务对象，敦煌网除了交易平台，还推出了网货中心。网货中心是针对传统外贸企业的服务。从 2013 年 8 月开始，敦煌网和义乌共同推出打造"全球网货中心"平台

**平台化运营**

**定位**：第三方 B2B 跨境交易平台，致力于帮助中国中小企业通过跨境电子商务平台走向全球市场。
**平台优势**：截至 2014 年 6 月，敦煌网拥有 120 万卖家，2 500 万种在线商品，550 万买家，每小时 10 万的访问人数。平台化运营的用户和流量及产品品类优势明显

**一体化服务**

除了提供基于平台的基本服务，敦煌网也在优化一体化服务，主要包括
**支付**：DHpay 对接全球三十多种支付方式。
**物流**：在线发货，DHlink 支持 EMS、UPS、DHL 等二十多种物流方式，也可提供仓库及集运服务。
**信贷**：在金融机构合作，DHCredit 提供信贷服务。
**其他增值服务**：培训、营销推广和代运营等服务

**移动端优势**

**移动端**：2011 年，上线跨境电商领域第一款买家端移动 App，随后卖家端 WAP 平台和卖家端 App 被推出，移动实验室在硅谷成立。
**发展情况**：移动端发展迅速。截至 2014 年 6 月，敦煌网移动端访问量占到全平台访问量的 42%，交易量同比增长 200%，新注册的真实买家增长 248%，活跃买家增长 220%

图 6-7 敦煌网的定位与提供的服务

**交易：交易佣金模式**

- **交易佣金**：敦煌网免费注册，免费上传产品、免费展示，只在买卖双方交易成功后按交易额收取卖家的佣金。
- **佣金模式**：敦煌网采用单一佣金率模式，按照平台类目分别设定固定佣金比例来收取佣金，并实行"阶梯佣金"政策，当单笔订单金额达到 300 美元，平台佣金率统一为 4.5%。

**服务：服务费模式**

- **服务费**：指敦煌网提供从商家入驻开店、平台运营、营销推广、资金结算等方面提供一系列的服务。
- **营销推广**：为卖家提供提高产品曝光的营销工具，包括定价广告、竞价广告、展示计划等，采取购买敦煌币的方式付费。
- **代运营服务**：针对商家提供的培训、店铺装修及优化、账号托管等服务，根据服务类型不同收取一定的费用。
- **一体化外贸服务**：提供互联网金融服务、物流集约化品牌、国内仓和海外仓的仓储服务、通关、退税、质检等一套服务，并收取一定的服务费

图 6-8 敦煌网的盈利模式

## 五、Wish

### 1. Wish 简介

Wish 是北美和欧洲最大的移动电子商务平台，其中 90%的卖家来自中国，是一家位于硅谷的高科技独角兽公司。它使用一种优化算法大规模获取数据，并快速了解如何为每个客户提供最相关的商品，让消费者在移动端便捷购物的同时享受购物的乐趣。

2013 年，Wish 成功转型为跨境电子商务；2014 年，Wish 成为跨境电子商务平台的一匹黑马；2015 年，在推出电子产品应用"Geek"和母婴应用"Mama"后，平台又推出美容类垂直应用"Cute"（见图 6-9）。

图 6-9  Wish 的发展历程

发展至今，Wish 旗下共拥有 6 个垂直 App：Wish，提供多种的产品类别；Geek，主要提供高科技设备；Mama，主要提供孕妇和婴幼儿用品；Cute，专注于美容产品、化妆品、配饰和衣服；Home，提供各种家居配件；Wish for Merchants，专门为卖方设计的移动 App。

### 2. Wish 的特点（见图 6-10）

Wish 的主要销售类目是服装服饰，尤其是时尚类服装服饰、饰品、美妆等行业。Wish 上的商品具有种类丰富、使用更换频率高、具有话题性的特点。

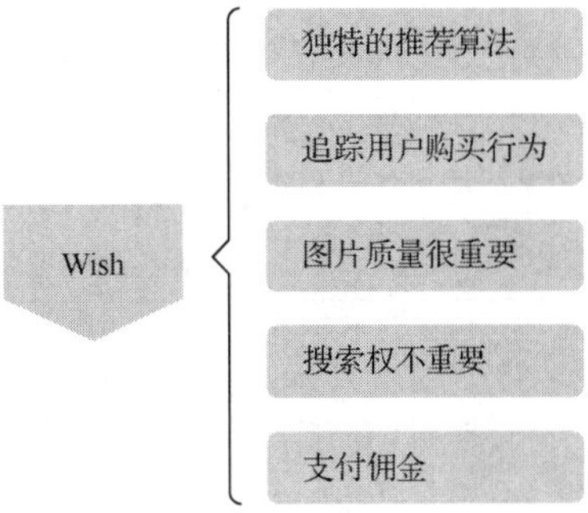

（1）独特的推荐算法。

Wish 有一套自己的推荐算法：根据用户在 Wish 上的购买行为和喜好以瀑布流的形式向用户推荐其可能感兴趣的商品，以最简单、最快的方式帮助商家将商品销售出去。

（2）追踪用户购买行为。

Wish 通过"精准推荐+随机检索"的形式，对用户

图 6-10  Wish 的特点

的购买习惯进行跟踪，从而挖掘用户需求。为了让用户有更好的购物体验，Wish 每次推送的商品不多，让用户有种"物以稀为贵"的感觉。

（3）图片质量很重要。

相比较亚马逊平台对产品描述的重视，Wish 的买家对产品的图片更看重。图片的精美度和清晰度决定了转化率。

（4）搜索权不重要。

Wish 的用户只会简单地浏览页面，很少用搜索功能，他们看到喜欢的商品才会点击。因此，Wish 平台上的商品标题要优化、简洁明确，包括商品名称、品牌名称、关键属性等，以提高曝光量和转化率。

（5）支付佣金。

通过 Wish 上传商品信息是免费的，只有在交易成功后，卖家才需向平台支付一定比例的交易佣金；Wish 使用 PayPal 收款时，每笔款项还需支付一定费用。

Wish 的优势是技术，但也存在弊端。大部分情况下，Wish 通过自己的客服处理售

后问题,并对买家采取"宽松容忍"原则,即只要消费者提出退款且不用退货,基本都通过。这种处理方式是非常不公平的,作为卖家,一旦遭遇纠纷就很被动。

Wish 在未来的发展上,除了推出各垂直类 App,还需在业务方面发力,努力完善平台规则,大力投资跨境物流,以提升消费者购物体验。

### 视野拓展

亚马逊与 eBay 的比较如表 6-4 所示。

表 6-4 亚马逊与 eBay 的比较

| 对比项目 | 亚马逊 | eBay |
| --- | --- | --- |
| 开店门槛 | 门槛较高 | 门槛较低,比较容易成功 |
| 开店需要的材料 | 相对比较简单,提供一张 VISA 或 MastCard 信用卡即可 | 注册时需要的材料交付,如即将销售的物品的发票、银行账单或者水电账单等 |
| 开店费用 | 月租性质,上架产品不必交费,但是每个产品都需要一个 UPC 码 | 根据店铺等级支付相应的月租,上架商品、产品成交都需要支付相应的费用 |
| 店铺审核周期 | 在产品生产前核对原材料跟踪生产过程,每个时间段的进度确保产品的生产技术以及质量符合要求保证正常包装出运 | 审核周期较长,刚开店只能以拍卖形式出售物品,有了一定数量的反馈才能卖一口价产品 |
| 对产品的限制 | 产品限制较严格,很多产品限制销售,平台规则有明确说明 | 所销售的产品需要符合平台的相关规定 |
| 产品销售方式 | 全部是一口价销售 | 可以拍卖,可以一口价销售 |
| 竞争 | 对卖家要求严格,服务质量较高,产品的价格相对较高 | 由于门槛较低,开店的人数多,产品没有价格优势 |
| 支付方式 | 必须由美国银行账户来收款,要有在美国注册的公司 | 有自己的支付通道 PayPal,提现比较方便 |

### 【思政小课堂】

#### 全球速卖通平台推出"六大保障"措施

为更好保障各位商家切实利益,2020 年 2 月 4 日,全球速卖通平台推出"六大保障"措施(见图 6-11),全力支持所有卖家的运营工作。

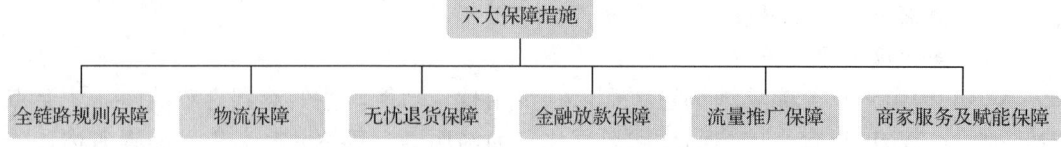

图 6-11 全球速卖通平台的"六大保障"措施

(资料来源:全球速卖通。)

思考:速卖通推出的"六大保障"措施给你带来怎样的启示?

启发:企业作为社会的一分子,在关键时候也要大义当前、利益在后,齐心协力共渡难关。

项目六　跨境电子商务

## 任务三　跨境电子商务物流

**任务描述**

跨境电子商务的发展必将带来跨境电子商务物流的变革和发展，跨境电子商务物流的发展是跨境电子商务发展的关键。跨境电子商务物流在跨境电子商务业务中承载着货物转移和交付的功能，是跨境电子商务不可或缺的组成部分，是跨境电子商务的核心环节之一。通过对跨境电子商务物流模式的学习，了解各跨境电商物流模式的优缺点和适用性，并针对具体卖家需求选择适合的跨境电子商务物流渠道。

**学习目标**

1. 熟悉跨境电子商务物流的模式，掌握如何选择跨境电商物流渠道
2. 能对企业实际需求正确地选择海外仓

**任务准备**

**引导问题 1**：通过登录 EMS 的官方网站，了解其资费标准、体积和重量限制、禁寄商品等。

**引导问题 2**：e 邮宝是为适应跨境电子商务邮寄市场需要为中国卖家量身定做的一款经济型国际邮递产品，举例说明其表现。

**引导问题 3**：提前了解中国邮政大包的计费方式。

**引导问题 4**：查阅资料了解中国邮政小包的优点和缺点。

**任务实施**

### 一、跨境电子商务物流模式

跨境电子商务物流模式主要有邮政物流模式、国际快递模式、国内快递模式、专线物流模式和海外仓模式等（见图 6-12）。

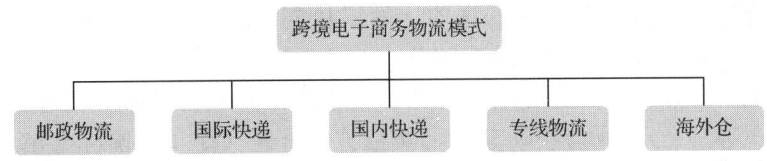

图 6-12　跨境电子商务物流模式

**1. 邮政物流模式**

邮政网络基本覆盖全球，比其他任何物流渠道都要广泛。这主要得益于万国邮政联盟和卡哈拉邮政组织。据不完全统计，中国出口跨境电商中 70%的包裹都是通过邮政系统投递的，其中中国邮政占 50%左右。中国邮政物流包括 EMS、e 邮宝、中国邮政

大包和中国邮政小包等。

扫描二维码获取邮政物流的共性特点。

### 2. 国际快递模式

邮政物流的共性特点

国际快递模式主要是指借助四大国际商业快递巨头，即敦豪航空货运公司（DHL）、TNT快递、美国联邦快递（FedEx）和联合包裹速递服务公司（UPS）的国际快递业务邮寄商品。这些国际快递商通过自建的全球网络，利用强大的信息系统和遍布世界各地的本地化服务，为跨境电商用户带来极好的物流体验。

一般在客户时效性要求很高的情况下商家才会选择国际快递，它虽然速度快，服务好，但运费较贵，要计算产品包装后的体积重量，对托运货物有比较严格的限制。

### 3. 国内快递模式

国内快递主要是指全球邮政特快专递（EMS）、顺丰和"四通一达"等国内快递企业的跨境物流业务。

在国内快递中，全球邮政特快专递的国际化业务是最完善的。其依托邮政渠道，可以直达全球60多个国家或地区，费用相对四大国际商业快递巨头要低，出关能力强，邮包到达亚洲国家或地区需2～3天，到欧美国家或地区则需5～7天。

### 4. 专线物流模式

跨境专线物流一般先通过航空包舱方式将快件运输到境外，再通过合作公司派送到目的地。专线物流模式的优势在于能集中大批量商品到某一特定国家或地区，通过规模效应降低物流成本。因此，其价格一般比商业快递低。在时效上，专线物流稍慢于商业快递，但比邮政包裹快得多。

比较知名的专线物流公司如俄速通（Ruston），是由黑龙江俄速通国际物流有限公司打造的针对俄语系国家的电商物流。它是全球速卖通、敦煌网等平台卖家的对俄业务的物流专线服务商。

### 5. 海外仓模式

海外仓服务是由网络外贸交易平台、物流服务商独立或共同为卖家在销售目的地提供的商品仓储、分拣、包装和派送的一站式控制与管理服务。海外仓的整个流程包括头程运输、仓储管理和本地配送三部分。

当前的海外仓模式包括跨境电子商务平台自建的海外仓（如亚马逊的FBA仓、速卖通的海外仓等）、专业物流公司建设的第三方海外仓（如飞鸟国际、出口易等）以及跨境电子商务卖家与第三方海外仓合作建立的海外仓三种类型。自建海外仓需要有强大的实力和资金支持，门槛较高，因此，提供现成服务的第三方海外仓成为很多卖家的选择。

## 二、如何选择跨境电子商务物流渠道

跨境电商卖家在选择物流服务商的时候，关键是看何种物流方式更加方便买家，且适合所售产品的运输方式，这需要卖家从以下三方面进行考虑。

（1）根据实际需求选择，卖家首先要清楚自己到底需要何种物流方式，需要哪个地区的物流服务商。

（2）了解各种物流方式的特点及提供的服务。

（3）多方对比，选择最合适的物流方式。卖家在选择物流服务商的时候需要遵循三个原则：①安全、可追踪性强；②时效性和可控性强；③服务好、性价比高。

## 三、海外仓

### 1. 海外仓的概念与流程

海外仓是指在跨境电子商务买家所在国内建设存储仓库，这种模式首先利用跨境电子商务销售平台的大数据，分析预测未来一段时间的销售量，其次所售货物先用普通国际贸易的海运或空运运至存储仓库，最后在客户下单后直接从本国存储仓库寄送至买家手中。

海外仓储的整个流程包括头程运输、仓储管理和本地配送三个部分（见图6-13）。

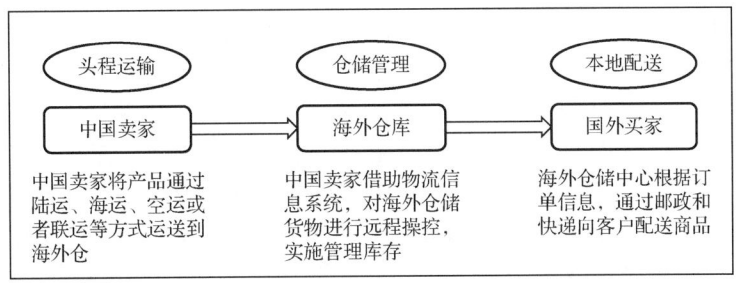

图6-13 海外仓流程图

### 2. 海外仓的特点

海外仓模式的优势在于，将仓储置于海外不仅有利于海外市场价格的调配，还能降低物流成本。其具体特点如下：

（1）具有更快的到货速度，极大提高了用户体验和商品周转时间；

（2）有效降低物流成本，国内的续重比较高，海外仓的续重便宜，所以越重的产品，其物流成本相对更低；

（3）能够随时满足小批量的B2B订单；

（4）能够增加产品的曝光率和下单率；

（5）能够快速地进行退换货处理；

（6）在旺季不受清关问题影响买家体验；

（7）能够拓展销售品类；

（8）其仓库管理和货物处理由第三方代替，操作简单。

### 3. 海外仓的费用

卖家使用海外仓需支付一定的海外仓储费用，其具体包括三部分：头程费用、仓储及处理费用和本地配送费。具体计算公式为：海外仓储费用=头程费用+仓储及处理费+本地配送费用。

## 四、跨境电子商务物流的通关与报关

跨境电子商务企业可以通过通关服务平台实现通关一次申报，同时海关、税务、检验检疫、外汇、市场监管等部门也可以通过通关服务平台获得跨境电子商务产品信息，并对产品交易实现全流程监管。

一般来说，跨境电子商务出口报关的基本流程为：

（1）跨境电子商务企业在跨境电子商务服务平台上备案；

（2）货物售出后，电子商务企业、物流企业、支付企业向"跨境电子商务服务平台"提交订单、支付、物流三单信息；

（3）"跨境电子商务服务平台"完成三单比对，自动生成货物清单，并向"中国电子口岸"发送清单数据；

（4）货物运往跨境电子商务监管仓库；

（5）海关通过"跨境电子商务服务平台"审核，确定单货相符后，货物放行出口；

（6）跨境电子商务企业凭报关单向国税局申请退税。

电子商务企业或其代理人应提交《中华人民共和国海关跨境电子商务零售进出口商品申报清单》（以下简称《申报清单》），出口采取"清单核放、汇总申报"方式办理报关手续，进口采取"清单核放"方式办理报关手续。

通关管理的具体操作程序分为申报、查验、放行三个阶段。

（1）申报阶段。跨境电子商务企业向试点平台填报申报清单，同时还需交验有关的货运和商业单据，接受海关审核诸种单证是否一致，并由海关审核后加盖印章，作为提取或发运货物的凭证。

（2）查验阶段。除海关总署特准查验外，出口货物都需要接受海关查验。查验的目的是核对报关单证所报内容与实际到货是否相符，有无错报、漏报、瞒报、伪报等情况，审查货物的进出口是否合法。

（3）放行阶段。海关对出口货物的报关，经过审核报关单据、查验实际货物，并依法办理了征收货物税费手续或减免税手续后，在有关单据上签盖放行章，货物的所有人或其代理人才能提取或装运货物。

### 视野拓展

亚马逊 FBA 海外仓作为自营海外仓的典型代表，其优点与缺点见表 6-5。

表 6-5 亚马逊 FBA 海外仓的优点与缺点

| 优缺点 | 具 体 内 容 |
| --- | --- |
| 优点 | 提高 Listing 排名，帮助卖家成为特色卖家和抢夺购物车，提高客户的信任度，提高销售额 |
| | 丰富的物流经验，仓库遍布全世界，智能化管理 |
| | 配送时效快，仓库大多靠近机场 |
| | 拥有亚马逊的专业客服 |
| | 由 FBA 引起的中差评符合亚马逊中移除中差评的政策，有助于改善账户表现 |
| | 对单价超过 300 美元的产品免除所有 FBA 物流费用 |

续表

| 优缺点 | 具 体 内 容 |
|---|---|
| 缺点 | 费用较高，特别是第三方平台的 FBA 发货 |
| | 灵活性差，其他第三方海外仓还是可以有专门的中文客服处理一些问题，FBA 只能用英文和客户沟通，而且只用邮件沟通回复不及时 |
| | FBA 仓库不会为卖家的头程发货提供清关服务 |
| | 如果前期工作没做好，那么标签扫描出问题会影响货物入库，甚至入不了库 |
| | 退货地址只支持美国地区 |
| | 退货太随意，给卖家带来不少困扰，客户想退货就可以退货不需跟 FBA 有太多的沟通 |

与 FBA 海外仓相比，第三方海外仓的优势明显（见图 6-14）。

虽然第三方海外仓有诸多优势，但也存在一定的劣势。如无法为卖家提供产品推广服务，不能提供售后服务与投诉服务，无法消除买家留下的中差评。此外，将货物放在第三方海外仓存在一定的潜在风险。

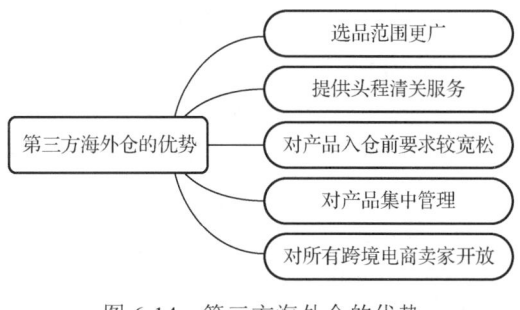

图 6-14 第三方海外仓的优势

【思政小课堂】

TNT 国际快递是全球最大的快递公司之一和全球领先的快递和邮政服务提供商，成立于 1946 年。TNT 快递为企业和个人提供快递和邮政服务，提供世界范围内的包裹、文件以及货运项目的安全准时运送服务，服务遍及全球 200 多个国家和地区，尤其在欧洲国家具有很强的清关能力。

TNT 可以提供限时和限日快递服务，其中包括两种能够翌日送达的快递服务和经济快递服务。对于不太紧急的包裹或者较重的货物，可以选择限时和限日快递服务中的经济快递服务。其经济快递服务的服务类型及特点见表 6-6。

表 6-6 TNT 经济快递服务的服务类型及特点

| 特点 | 12：00 经济快递 | 经济快递 |
|---|---|---|
| 送达时效 | 指定工作日的中午之前送达 | 指定工作日下班之前送达 |
| 可寄物品 | 包裹和货物 | 包裹和货物 |
| 送达范围 | 25 个以上欧洲国家的主要城市 | 全球 |
| 货物限量 | 最多 0.5 千克 | 最多 1 500 千克 |

思考：从 TNT 提供的两种服务的送达范围和货物限量比较，TNT 如何兼顾实现满足客户需求与自身成本控制的融合？

启发：TNT 通过为客户提供丰富多样的个性化快递服务树立了良好的口碑，如果服务水平高，客户体验好，那么客户对于价格的敏感度就会降低。企业也会量力而行，在自己的能力范围内为客户提供更好的服务。

电子商务基础与实务

## 任务四 跨境电子商务支付

### 任务描述

目前，跨境电商支付的主体形式是通过第三方支付平台进行资金清算。因此，跨境电商支付将以第三方跨境支付行为作为主要的研究对象。网络跨境资金流动包括跨境支付和跨境收入两部分，这必然涉及结售汇问题。我国跨境结算的方式丰富多样，既包括由第三方支付工具统一购汇的支付，也包括境外的电子支付平台接受人民币支付的方式。跨境电子商务支付市场潜力巨大，正在成为蓝海市场。

### 学习目标

1. 了解跨境电商支付的相关概念，熟悉主要跨境电商支付方式
2. 能结合跨境电商支付方式的特点选择合理的支付方式
3. 熟悉注册离岸公司的优势和劣势

### 任务准备

引导问题1：PayPal作为全球支付行业的领导者，拥有完善的安全保障体系，其安全性有哪些？请举例。

引导问题2：国际支付宝（Escrow）作为土生土长的第三方支付工具，支持什么样的产品交易类型？请举例。

### 任务实施

## 一、跨境支付概述

### 1. 跨境支付与跨境电子支付的概念

跨境支付（Cross-border Payment）是跨境电商活动的主要环节，指两个或两个以上国家或地区之间因国际贸易、国际投资及其他方面所发生的国际债权债务，借助一定的结算工具和支付系统实现资金跨国和跨地区转移的行为。

跨境电子支付也称跨境互联网支付，是指为不同国别的交易双方提供基于互联网的在线支付服务。

### 2. 跨境第三方支付机构

（1）第三方支付机构开展电子商务跨境外汇业务准入流程。

支付机构开展电子商务跨境外汇支付业务首先需要有央行颁发的"支付业务许可证"，其次，需要外汇管理局准许开展跨境电子商务外汇业务试点的批复文件。最后，跨境人民币支付业务不需要外管局批复，而是由各地央行分支机构发布相关文件即可（见图6-15）。

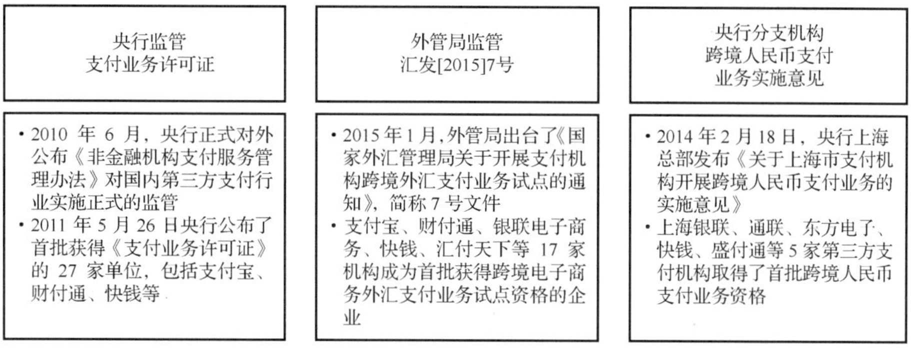

央行监管
支付业务许可证
外管局监管
汇发[2015]7号
央行分支机构
跨境人民币支付
业务实施意见
• 2010 年 6 月，央行正式对外公布《非金融机构支付服务管理办法》对国内第三方支付行业实施正式的监管
• 2011 年 5 月 26 日央行公布了首批获得《支付业务许可证》的 27 家单位，包括支付宝、财付通、快钱等
• 2015 年 1 月，外管局出台了《国家外汇管理局关于开展支付机构跨境外汇支付业务试点的通知》，简称 7 号文件
• 支付宝、财付通、银联电子商务、快钱、汇付天下等 17 家机构成为首批获得跨境电子商务外汇支付业务试点资格的企业
• 2014 年 2 月 18 日，央行上海总部发布《关于上海市支付机构开展跨境人民币支付业务的实施意见》
• 上海银联、通联、东方电子、快钱、盛付通等 5 家第三方支付机构取得了首批跨境人民币支付业务资格

图 6-15　第三方支付机构开展电子商务跨境外汇业务准入流程

（2）第三方支付机构跨境支付主流模式。

第三方支付机构跨境支付业务有两种运作模式（见图 6-16）：一种是与国际信用卡组织合作，由卡组织清算资金和转换货币；另一种是第三方支付与境内外银行合作，为买方代理购汇并完成支付。

境内买家
¥
第三方支付机构
¥
国际信用卡组织
境内外银行
$
境外商户
未获得外管局跨境电子商务支付业务试点许可
获得外管局跨境电子商务支付业务试点许可
境内外合作银行
¥
$
境内买家
¥
第三方支付机构
$
境外商户

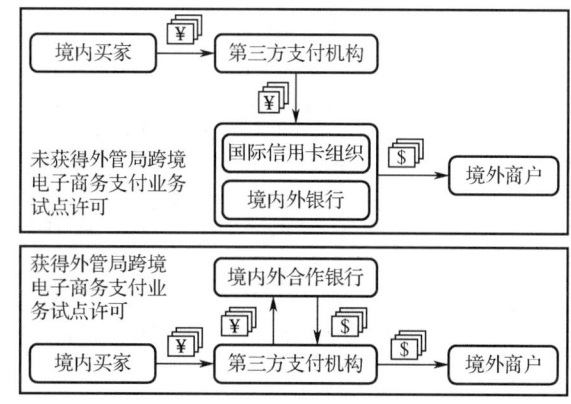

图 6-16　第三方支付机构跨境支付业务运作模式

（3）第三方支付机构的服务类型。

第三方支付机构主要为跨境电子商务提供“购付汇”和“收结汇”两种业务（见图 6-17）。

监管单位
SAFE
信息流
amazon.cn
iHerb
Lightinthebox.com
进口电子商务平台
出口电子商务平台
资金流
购付汇
收结汇
物流
sto
FedEx
ups
国内物流、国际物流、转运公司、仓储等

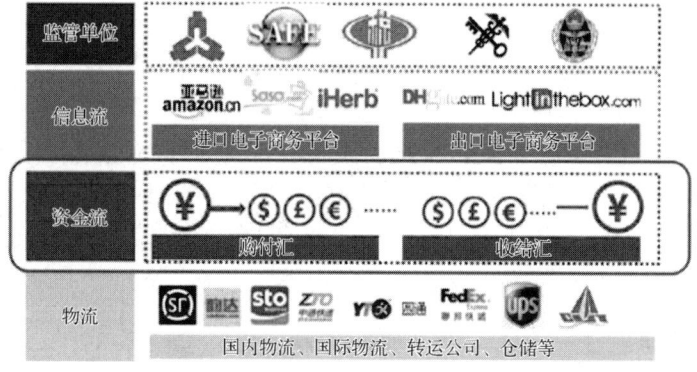

图 6-17　第三方支付机构资金流业务图

购付汇主要是消费者通过跨境电子商务平台购买货品时，第三方支付机构为消费者提供的购付汇及跨境付汇业务（见图6-18）。

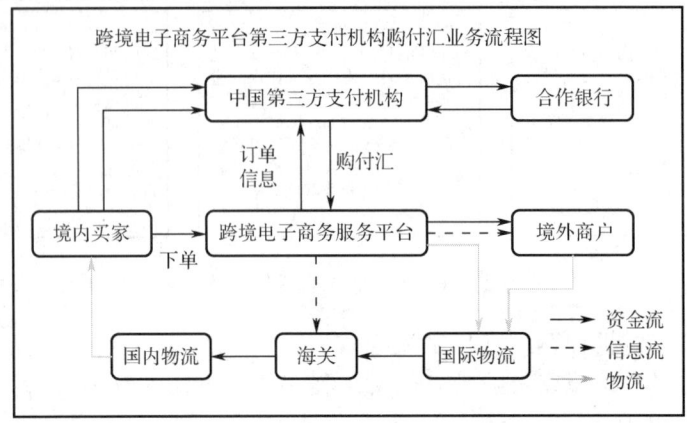

图6-18　跨境电子商务平台第三方支付机构购付汇业务流程图

收结汇是第三方支付机构帮助境内卖家收取外汇并兑换人民币、结算人民币的业务（见图6-19）。

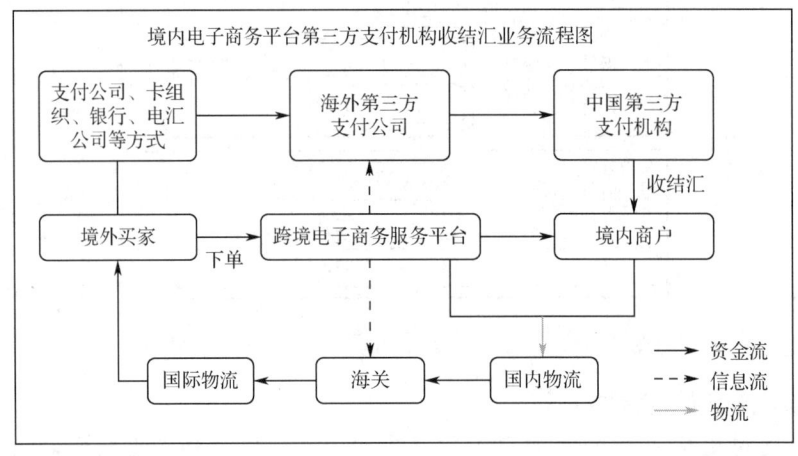

图6-19　境内电子商务平台第三方支付机构收结汇业务流程图

## 二、跨境电子商务支付方式

### 1. PayPal

PayPal主要适用于跨境电子商务零售行业的小额交易。它致力于让个人或企业通过电子邮件标识身份，安全、简单、便捷地实现在线付款和收款。PayPal账户是PayPal公司推出的最安全的网络电子账户，使用它可有效降低网络欺诈的发生。它的优势明显，表现在四个方面（见图6-20）。

### 2. 国际支付宝

国际支付宝（Escrow），是阿里巴巴与支付宝联合开发的专门针对国际贸易推出的一种第三方支付担保交易服务。国际支付宝的服务模式（见图 6-21）与国内支付宝相似。目前，国际支付宝支持部分产品的小额批发、样品、小单、试单交易，每笔订单金额小于 10 000 美元（产品总价加上运费的总额）。

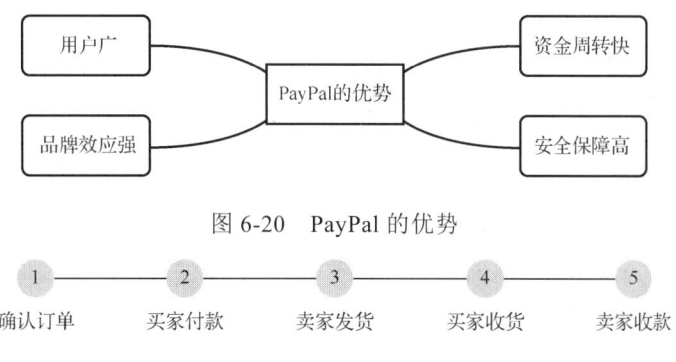

图 6-20　PayPal 的优势

```
 1          2          3          4          5
确认订单    买家付款    卖家发货    买家收货    卖家收款
```

图 6-21　国际支付宝服务模式

作为第三方支付方式的代表，国际支付宝与 PayPal 是有区别的，两者的区别如表 6-7 所示。

表 6-7　国际支付宝与 PayPal 的区别

| 对比项目 | PayPal | 国际支付宝 |
| --- | --- | --- |
| 通用币种 | 具有全球性，通用货币有美元、加元、英镑、欧元、日元、澳大利亚元等，不收人民币 | 只能用人民币结算 |
| 买家或卖家保障 | 偏向于保护卖家。一旦买家付款，款项就能马上到卖家账户上 | 偏向于保护买家。只有在买家点击"已收到货物"后款项才会到卖家账户，以此抑制卖家的欺诈行为 |
| 会员设置 | 会员有不同的等级，根据等级享受不同的利益保障 | 会员没有等级划分 |
| 账号保护 | 账户投诉率过高会被永久性关闭 | 账户一般不会被轻易关闭 |
| 提现费用 | 账户上的资金在中国可以电汇到银行，但需要支付手续费 | 不收取转账手续费 |

### 3. MoneyBookers

MoneyBookers 成立于 2002 年，是除了 PayPal 最具有竞争力的另一家网络电子银行，既是第一家被官方认可的电子银行，也是英国电子货币协会（EMA）的 14 个成员之一。其特点如表 6-8 所示。

表 6-8　MoneyBookers 的特点

| 项目 | 内容 |
| --- | --- |
| 费用 | 免手续费，提现会收取少量费用；向别人转账收取金额 1%的费用。<br>取钱到银行卡收取固定费用 1.80 美元；通过支票取钱收取固定费用 3.50 美元 |
| 优点 | ① 安全，原因是以 E-mail 为支付标识，付款人不再需要暴露信用卡等个人信息。<br>② 客户必须激活认证才能进行交易。<br>③ 用户只需收款人的电子邮箱地址就可以发钱给他。<br>④ 可以通过网络实时进行收付费 |

续表

| 项目 | 内容 |
| --- | --- |
| 缺点 | ① 不允许客户多账户，一个用户只能注册一个账户。<br>② 目前不支持未成年人注册，需年满 18 岁才可以 |
| 安全性 | 登录时以变形的数字作为登录手续，以防止自动化登录程序对账户的攻击。<br>只支持 128 位高度加密的行业标准 |

### 4. MoneyGram

速汇金汇款是 MoneyGram 公司推出的一种快捷、简单、可靠及方便的国际付款方式，目前在全球 197 个国家和地区拥有超过 30 万个代理点。收款人凭汇款人提供的编号即可收款。其特点如表 6-9 所示。

表 6-9　MoneyGram 的特点

| 项目 | 内容 |
| --- | --- |
| 费用 | 境外转账费率，每笔速汇金最高汇款金额不得超过 10 000 美元（不含），每天每个汇款人的速汇金累计汇出最高限额为 20 000 美元（不含） |
| 优点 | ① 速汇金汇款在汇出后十几分钟即可到达收款人手中。<br>② 在一定的汇款金额内，汇款的费用相对较低，无中间行费，无电报费。<br>③ 手续简单，汇款人无须预先开立银行账户，即可实现资金划转 |
| 缺点 | ① 汇款人及收款人必须为个人。<br>② 必须为境外汇款。<br>③ 进行境外汇款必须符合国家外汇管理局对于个人外汇汇款的相关规定。<br>④ 客户如持现钞账户汇款，还需缴纳一定的钞变汇的手续费。国内目前有工商银行、交通银行、中信银行等 3 家银行代理了速汇金收付款服务 |

### 5. 国际信用卡

国际信用卡收款是在线支付的一种方式，是通过国际信用卡进行支付，主要适合于从事跨境电子商务零售的平台和独立 B2C，一般用于外贸中的 1 000 美元以下的小额收款。其中，MasterCard 信用卡和 VISA 信用卡是欧美最流行的支付方式，拥有庞大的客户群。

MasterCard 和 VISA 国际信用卡组织本身并不向消费者直接发卡，其信用卡是由参加这两大国际信用卡组织的金融机构会员发行的。国际信用卡组织的特点如表 6-10 所示。

表 6-10　国际信用卡组织的特点

| 项目 | 内容 |
| --- | --- |
| 优点 | ① 迎合国外买家的消费习惯，使支付更方便。<br>② 潜在顾客多，全球超过 20 亿发卡量，几乎涉及全球所有国家。<br>③ 用银行信用，银行作担保，保证买卖双方利益。<br>④ 国外信用体系健全，如果顾客恶意拒付，会在银行终身留有记录，影响其一生。<br>⑤ 提现方便，只需要提供一张国内银行借记卡，轻松提现 |

续表

| 项 目 | 内 容 |
|---|---|
| 缺点 | 需预存保证金才能进行收款,且通道维护费用高,技术费、年费从几千元到上万元,门槛较高,前期投入比较大 |
| 适用范围 | 国际信用卡可用于大多数跨境电商平台支付。交易规模一般为1 000美元以下的小额收款。主要适用于网店零售 |

### 6. 国际电汇

国际电汇是汇出行应汇款人的申请,拍发加押电报或电传给在另一国家的目的地分行或代理行(汇入行),指示其向收款人支付一定金额的一种汇款方式。其特点如表6-11所示。

表6-11 国际电汇的特点

| 项 目 | 内 容 |
|---|---|
| 费用 | 各自承担所在地的银行费用。买家银行会收取手续费,由买家承担;卖家公司的银行也会收取手续费,由卖家承担。根据银行的实际费率计算 |
| 优点 | ① 收款迅速,几分钟到账。<br>② 先付款后发货,保证商家利益不受损失 |
| 缺点 | ① 先付款后发货,国外买家容易产生不信任。<br>② 客户群体小,限制商家的交易量;数额比较大的,手续费高 |
| 适用范围 | 电汇是传统的B2B付款模式,适合大额的交易付款 |

### 7. 西联汇款

西联汇款是西联国际汇款公司的简称,是世界上领先的特快汇款公司,迄今已有150年的历史,代理网点遍布全球近200个国家和地区。它拥有全球最大最先进的电子汇兑金融网络,可以在全球大多数国家的西联代理所在地汇款和提款。其特点如表6-12所示。

表6-12 西联汇款的特点

| 项 目 | 内 容 |
|---|---|
| 费用 | 西联手续费由买家承担;需要买卖双方到当地银行实地操作,在卖家未领取钱款时,买家可以将支付的资金撤销回去 |
| 优点 | ① 手续费由买家承担。<br>② 对于卖家来说最划算,可先提款再发货,安全性好。<br>③ 到账速度快 |
| 缺点 | ① 对买家风险极高,买家不易接受。<br>② 买家和卖家需要去西联线下柜台操作。<br>③ 手续费较高 |
| 适用范围 | 10 000万美元以下的小额支付 |

## 三、初识离岸公司

离岸公司泛指在离岸法区内依据其离岸公司法规范成立的有限责任公司或股份有

限公司。当地政府对这类公司不收取任何税收,只收取少量的年度管理费,同时,所有的国际银行都承认这类公司,为其设立银行账号及提供方便的财务运作。它们具有高度保密性、减免税务负担、无外汇管制三大特点。

### 1. 注册中国香港离岸公司的优势

近年来,在中国香港地区注册离岸公司越来越受到广大企业的青睐,这是因为注册中国香港离岸公司可以享受诸多优势(见图6-22)。

### 2. 注册中国香港离岸公司的劣势

成立中国香港离岸公司也存在一定的劣势,主要表现在以下几个方面:

(1)不能处理人民币业务。离岸公司是在中国香港特别行政区成立的,属于离岸公司,因此离岸公司不能处理人民币业务。

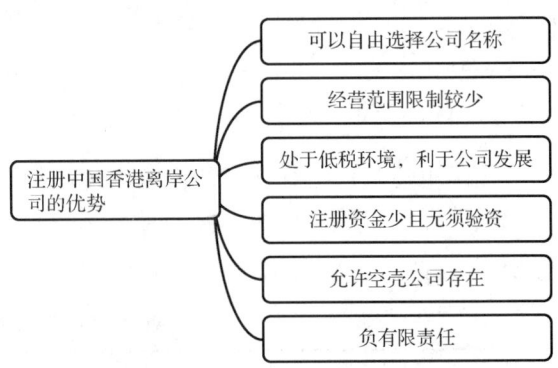

图6-22  注册中国香港离岸公司的优势

(2)不能开发票。离岸公司从事国际贸易比较合适,而从事国内销售并不合适,原因是中国香港公司是不能开发票的。

(3)增加成本。离岸公司成立后每年需要年审,此环节会产生年审费用。

(4)在内地没有经营权利。离岸公司因其公司不是在内地注册,所以在内地没有任何经营权利。

因此,注册离岸公司主要适合已有一定交易规模的传统外贸及跨境电商卖家。

## 四、初识离岸账户

离岸账户指存款人在其居住国家以外开设的银行账户。卖家通过在中国香港地区开设离岸银行账户,先接收海外买家的汇款,再从中国香港账户汇往内地账户。

### 1. 开设离岸账户的优势

开设离岸银行账户有诸多优势(见图6-23)。

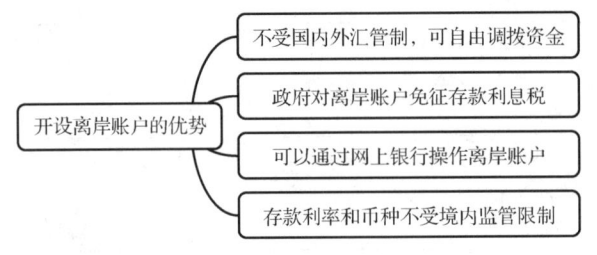

图6-23  开设离岸账户的优势

因此,开设离岸账户用汇方便,可开展外汇存贷款业务和转账业务,同时也可进行国际结算。它开户容易,办理程序简单,直接到经许可的内资银行办理即可。

### 2. 避免离岸账户被降权、冻结和关闭

为了加强对离岸账户的管控，防止洗钱和资本外流逃税避税，各大银行对离岸账户的开通审核越来越严格，一些商家已经开通的离岸账户纷纷遇到了降权、冻结甚至被关闭的问题。如何避免离岸账户被降权、冻结和关闭？需要注意以下五点（见图6-24）：

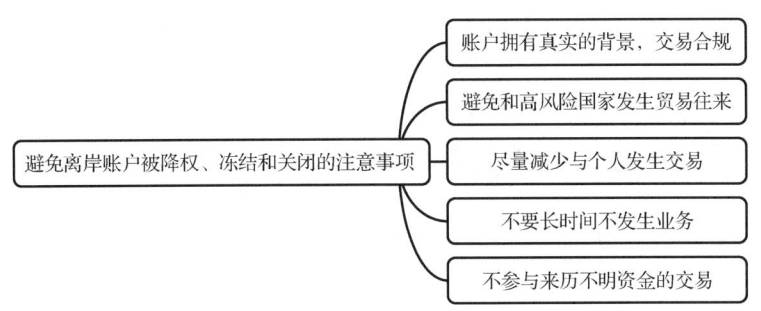

图6-24　避免离岸账户被降权、冻结和关闭的注意事项

（1）账户拥有真实的背景，交易合规。

离岸账户与境内有关联的公司最好有正常的贸易发生和款项往来。如果公司只开设离岸公司和账户并有大额外汇往来，却没有实际关联的公司和交易，那么就需要向银行说明情况，否则很容易被银行认为其违规而被冻结、关闭账户。

（2）避免和高风险国家发生贸易往来。

被制裁的国家或经济、政治不稳定的国家（或地区）往往无法直接汇出外汇，通常是通过第三国或离岸账户进行汇款，而这些款项的流动很难说明来源和用途，存在极大风险，因此，公司应尽量避免同这些国家（或地区）发生交易。

（3）尽量减少与个人发生交易。

政策对离岸账户向个人汇款的限制越来越严格，因此，公司与个人产生交易很容易对离岸账户的稳定性造成不利影响，进而面临更加严格的审查。

（4）不要长时间不发生业务。

长时间不发生业务主要是指两种情况，一是开通账户后很少使用，甚至没用过，这样很容易被银行关闭；二是开通的账户很少有业务发生，或者没有业务发生，这样也很容易被清理。

（5）不参与来历不明资金的交易。

如果不清楚资金的来源和用途，那么不要用自己的离岸账户帮其他人或公司转账，原因是一旦这笔资金出现问题，你的账户和你本人会受到牵连。

**拓展练习**

人民币跨境支付系统（Cross-border Interbank Payment System，CIPS）为境内外金融机构人民币跨境和离岸业务提供资金清算、结算服务，是重要的金融基础设施，提高了跨境清算效率。2015年的《政府工作报告》指出，"加快建设人民币跨境支付系统，完善人民币全球清算服务体系"。2015年10月，人民币跨境支付系统一期工程上线，

支持跨境货物贸易服务、贸易结算、跨境直接投资、跨境融资和跨境个人汇款等业务。截至 2021 年 5 月，CIPS 系统业务实际覆盖近 200 个国家和地区的 3 400 多家银行法人机构（见图 6-25）。请查阅相关资料，并分享给大家。

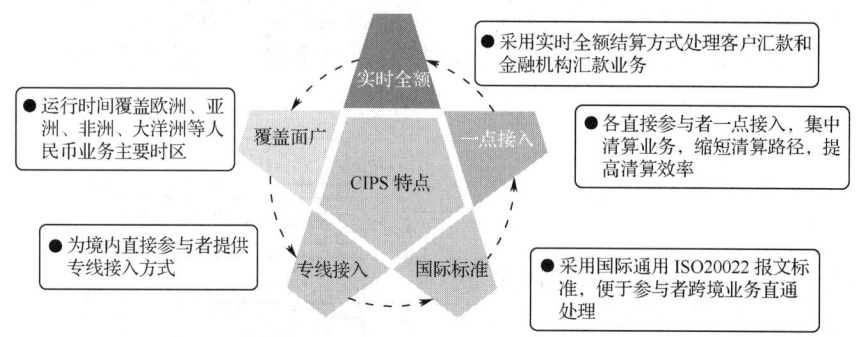

图 6-25　人民币跨境支付系统特点示意图

## 【思政小课堂】

### 跨境电商出口商家在支付收款环节上面临的问题

问题一：支付成功率虚高，存在删单或数据计算口径不标准的情况。

有的卖家会遇到这样的情况，订单成功率很高，但后台的订单号不连续。这是因为某些支付公司为了优化自身成功率数据，将系统设置为只有当用户付款成功，才会发还订单号的模式。如果用户付款不成功，那么只会将结果告知卖家，并没有订单号。因此，如果有订单没有付款成功，那么在卖家后台订单号就会缺失，进而造成订单号不连续的情况。

问题二：不能实现随时提现，提现到账周期长，单笔提现有额度限制、手续费高。

各种跨境收款手段在提现的时候都需要支付一定的手续费，有些收款方提现金额达到一定限制可免手续费；提现需要耗费一定的时间，不能立即到账。此外，货币转换会产生汇率损失。

问题三：结算资金入境存在风险。

一些卖家选择在境外结算，将境外公司的款项入境的合规方式一般是对冲，即做进口的同时也做出口。然而很多只做出口的中小型企业只能用不合规的手段进行操作，这样会给经营者带来巨大的潜在风险。

问题四：国内第三方支付面临制度困境和技术风险。

跨境电子商务支付涉及国际贸易、外汇管理等环节，其资金结算流程更加复杂。近年来，国内第三方支付行业发展迅速，支付宝、易宝支付、钱宝等第三方支付公司获得跨境电子商务外汇业务试点资格，拥有跨境支付牌照，可以通过银行为小额电子商务交易双方提供跨境互联网支付中涉及的外汇资金集中收付和相关结汇服务。

然而，国内第三方支付同时也面临一些困难，对跨境电子商务卖家交易过程中的支付与收款造成了不利影响。第三方支付通关、退税等跨境业务比较复杂，卖家收到海外买家支付的美元后不能直接到国内兑换成人民币，导致跨境电子商务企业资金回笼面临外汇兑换的问题。此外，目前国内对第三方支付行业的法律监管尚未完善，第三方支付面临支付信用安全风险，跨境消费者和商户身份认证等技术风险，跨境交易资金流向监管困难。

（资料来源：雨果网。）

思考：如何解决跨境出口电商卖家在支付收款环节上面临的问题？请结合所学内容，给出合理化建议。

启发：跨境电商支付因涉及国际贸易、外汇管理等环节，比国内电商的资金结算流程更复杂，有些困难可以通过国内制定相应的制度来解决，还有些问题则需要和其他国家合作解决，因此想要推动跨境电商支付长足发展，需要加强国际合作，发展协同商务。

## 知识巩固

### 一、名词解释

跨境电子商务　跨境 B2C 电子商务　专线物流　海外仓　跨境支付

### 二、单项选择题

1．跨境电商模式中占主导地位的是（　　）模式，交易规模增长更迅速的是（　　）模式。

A．跨境 B2C　　B．跨境 B2B　　C．跨境 C2C　　D．跨境 O2O

2．专注于移动端的跨境电商平台是（　　）。

A．速卖通　　B．Wish　　C．亚马逊　　D．敦煌网

3．以下（　　）平台开创了为成功付费的在线交易模式，突破性地采用阶梯佣金制，免注册费。

A．亚马逊　　B．Wish　　C．速卖通　　D．敦煌网

4．阿里巴巴国际站属于（　　）类型的跨境电商网站。

A．B2C　　B．B2B　　C．C2C　　D．B2B2C

5．（　　）不属于国际商业快递。

A．UPS　　B．TNT　　C．新加坡邮政小包　　D．FedEx

6．总部位于荷兰，可提供限时和限日快递服务的快递服务商是（　　）。

A．UPS　　B．TNT　　C．FedEx　　D．DHL

7．以下跨境电商物流模式中，享有海关优先处理权的是（　　）。

A．EMS　　B．UPS　　C．DHL　　D．Ruston

8．以下不属于专线物流的是（　　）。

A．Ruston　　B．Special—YW　　C．Aramex　　D．DHL

9．以下对电汇的特点描述错误的是（　　）。

A．收款迅速

B．先付款后发货，国外买家容易产生不信任

C．手续费由买家承担

D．数额比较大，是传统的 B2B 付款模式

10．以下跨境电子商务支付方式中，（　　）是俄罗斯最大的第三方支付方式。

A．WebMoney　　B．CashU　　C．LiqPay　　D．QIWI Wallet

### 三、简答题

1. 通过网络搜索并结合本章内容谈谈跨境电商和传统国际贸易的区别。
2. 简要回答跨境电子商务的发展趋势。
3. 简要回答 eBay 平台在什么情况下适合拍卖方式。
4. 简要回答全球速卖通为了适应国际市场采取了哪些升级举措。
5. 如何选择跨境电子商务物流渠道?

## 技能训练

学校电子商务和国际经济与贸易专业的学生计划对俄罗斯市场做跨境电子商务调研,请完成以下事项:

(1) 查阅资料分析俄罗斯消费市场的特点。

(2) 调研对中国卖家开放的俄罗斯跨境电商平台主要有哪些。

(3) 结合所在地的货源,利用 SWOT 分析法分析用哪些平台在俄罗斯市场做跨境电商更有优势。

(4) 尝试在合适的跨境电商平台注册销售本地商品或与当地企业合作,帮助其把商品销售到俄罗斯市场。

# 项目七
# 移动电子商务

随着移动智能终端的普及，人们对移动互联网依赖度进一步加深。利用碎片化的时间随时随地上网已成为用户体验最直接的要求，移动电子商务大大增强了用户的体验效果。中国电子商务研究中心的数据显示，截至 2020 年 12 月，中国移动电商市场交易额突破 8 万亿元，较 2019 年增长 19.7%。移动电子商务不仅很好地完成"提示消费"的任务，而且为消费者制造极佳的可参与的体验环境，让消费者与品牌深度接触，并愿意分享亲身参与品牌的精彩体验。

## 任务一 移动电子商务

### 任务描述

移动电子商务（Mobile E-commerce）是由电子商务（E-commerce）的概念衍生出来的。早期电子商务是有线电子商务，而移动电子商务实现了随时随地线上线下的购物与交易、在线电子支付，以及各种交易活动、商务活动、金融活动和相关的综合服务活动。

### 学习目标

1. 了解移动电子商务的概念和特点
2. 熟悉主要的移动电子商务平台

### 任务准备

引导问题：作为老牌的电商企业，淘宝网、京东商城、唯品会的发展历程完整地经历了从 PC 端逐渐转移到移动端的整个过程。其中移动化初期为了在移动端引流，电商企业的策略都有创新，通过查阅网络资料，分析并总结淘宝、京东商城和唯品会在移动化方面的表现。

### 任务实施

#### 一、移动电子商务的概念

移动商务（M-commerce）作为新兴事物，不同的学者和专家给出不同定义，一般认为移动商务是利用手机、个人数字助理和掌上电脑等无线终端开展的电子商务活动。狭义的电子商务活动是指商务交易类活动，广义的电子商务活动是一切与商务交易活动有关的活动。移动电子商务将互联网、移动通信技术、短距离通信技术及其他信息处理技术完美结合，使人们可以在任何时间、任何地点开展各种商务活动。

#### 二、移动电子商务的特点

移动电子商务是传统电子商务的延伸，同传统电子商务相比，交易更灵活，更有效率。表 7-1 为移动电子商务的特点。

表 7-1 移动电子商务的特点

| 特　点 | 说　明 |
| --- | --- |
| 交易灵活性 | 移动电商不受时间和空间的限制。移动互联网终端设备体积小巧，可随身携带。同时，移动电商交易的付费方式丰富多样，如手机银行支付、短信支付、支付宝支付、微信支付等，支付具有灵活性 |

续表

| 特　　点 | 说　　明 |
|---|---|
| 安全性 | 移动电商实现了移动通信与互联网技术的有机结合。一方面，互联网的诸多技术可以保障交易的安全；另一方面，无线网络不受地理环境和通信电缆的限制，具有广泛的开放性，也带来了诸多安全隐患 |
| 便利性 | 传统电子商务可以使用户免受时间和地理位置的限制，移动电商则完全可以实现随时、随地的交易，移动电商的便利性可以使消费者享受方便快捷的服务，并提高其生活质量 |
| 广泛性 | 电子商务的目标用户为互联网群体，而移动电商的目标用户是巨大的移动电话用户群体。相比之下，移动电商具有更广泛的用户基础 |
| 内容丰富性 | 互联网的信息是丰富的，以互联网信息为主要信息来源的移动电商具有传统商务无法想象的丰富资源 |

## 三、移动电子商务平台

移动电子商务因其开放包容和便携性发展迅猛，突破了时间和空间的限制，为企业创造了更多的商业机会，同时通过电子商务平台，企业和商家能够更好地了解客户的需求，为用户提供个性化服务。

相比 PC 端电商平台，移动电子商务平台更方便、更安全开放、用户规模更大、更易于传播，移动电子商务平台越来越受到用户的青睐。

### 1. 天猫商城

在 B2C 领域，天猫商城的地位首屈一指，它是纯开放平台，流量多、规模大、品类丰富、成本低、知名度高，是阿里巴巴旗下产品，其利润来自流量、广告和技术服务费。

### 2. 京东商城

京东商城有很多优势，物流快、服务好、3C 产品丰富、商家入驻费用低、自营产品有厂商返利，可以通过贷款账期获利、家电规模大、供应商议价能力强，目前主要销售额来自自营。

### 3. 拼多多

拼多多是国内主流的手机购物平台，通过与朋友、家人发起拼团，用更低的价格买到产品，体验更多的折扣和优惠。

### 4. 小红书

小红书专注于口碑营销，其口碑分享的社区极大地提高了商城的转化率，通过浏览、点赞、分享等数据，可以精准地分析用户需求，保证客户满意度。

### 5. 苏宁易购

苏宁易购最新的平台策略是入驻免费，其服务成本低，利润主要是广告，以及商家与消费者使用易付宝带来的收入。

### 6. 唯品会

唯品会是垂直 B2C 电商，其定位是线上的二、三线品牌折扣零售平台，也就是为品牌商在线上做库存清理，主要模式是限时折扣，其优势是品牌和折扣。

### 7. 当当网

当当网以图书销售起家，现在是自营图书、服装、母婴和家纺的 B2C 平台，平台定位为中高端。

**拓展练习**

2020 年 11 月 19 日、21 日，2020 年中国移动全球合作伙伴大会在广州召开。会议期间，苏宁易购与中国移动签署战略合作协议，双方将聚焦 5G 生态合作和数字化转型，重点发力 5G 行业应用、线上线下渠道建设、会员权益，以及金融、物流等多个产业的全面协同合作。

思考：苏宁易购在移动化方面还有哪些出色表现？

## 【思政小课堂】

### 拼多多的商业模式

一个产品成功的前提是商业模式是否合理，是否有足够的成长空间。拼多多以低价优惠为核心的战略需要解决三个问题：如何让商家愿意以低价进行销售；如何找到买家的目标用户群体；如何做到人与货的连接。

**1. 商家方面**

拼多多成立并发展的初期是电商领域开始大倡"消费升级"的 2015 年、2016 年。这场消费升级的运动对中小型商家的触动很大。B2C 模式的天猫与京东对尾部小商家的扶持有限，而在淘宝的尾部商家的生存空间与利益也越来越小。这些在不断升级中被排挤的中小型商家，正是拼多多初期商家端的资源。

商家逐渐汇集，新的中小型商家不断进入，拼多多如何让这群商家心甘情愿地让利呢？首先，这些商家大多数是自产自销的小厂商或与小厂商合作的低端卖家，所售商品多为非品牌货，中间流通环节少则中间成本低，非品牌货又无品牌溢价，相比市面上的品牌商品，价格本就低了不少。其次，这是一个新的平台，新的竞争机会，许多原来的腰部、尾部商家有机会在这个平台成为头部商家，而平台的低价战略势必让其流量资源向低价商品倾斜，因此商家主动让利是新环境下最有效的竞争手段。

最后，拼多多通过对消费者需求的集聚，可以向上游的供应链做到一定程度的批量定制。中小厂商生存的一大困难在于生产的不确定性：对市场信息的了解不足使它们难以确定到底需要生产怎样的商品，生产多少商品；生产波动大，也导致了生产成本高。拼多多汇聚消费者的需求，给中小厂商们提供了足够的需求信息，据此，厂商可以进行一定时间段的生产资源合理规划。反过来，生产成本的降低又能进一步压缩价格，从而形成一个正循环。

## 2. 用户方面

拼多多创始人黄峥对拼多多用户的理解是"价格敏感型用户"。一是，从低消费能力的群体看，典型的就是三、四线及以下的用户群体。从2015年、2016年开始，智能手机迅速向三、四线城市以下普及，大量被裹挟进入移动互联网的下沉用户带来了一波巨大的还未被充分利用的流量福利。这类群体的人均可支配收入较低，对价格更为敏感，追求性价比。二是，随着拼多多的进一步发展，一、二线城市的用户占比逐渐提升。其原因在于，大多数人群对高品质商品的追求不会覆盖到所有方面，在某些场景下低价商品具有极大的吸引力（例如，一个男生可能在数码产品上表现奢侈，但买快消品就追求低价）。低价商品的用户场景需求的规模事实上是极大的。若能以低价买到质量可靠的商品，一、二线城市用户也能成为产品的忠实用户。

## 3. 人与货的连接

电商本质上就是解决人与货的连接的问题。如果说其他电商是利用用户兴趣偏好来引导用户下单，拼多多则是利用低价爆款来引导用户下单。只要低价的引诱力足够强，商品推荐的精准化欠佳的缺点就变得很小——用户的阈值足够低，则跨过这个阈值需要满足的用户兴趣偏好就足够简单。拼多多基本的导购方式为：品类Tab+商品推荐，通过品类Tab做简单的用户需求筛选，再通过低价的推荐商品促销刺激用户的购买欲望。

（资料来源：人人都是产品经理。）

思考：拼多多作为移动电子商务的典型案例，其成功还有哪些表现？

启发：拼多多的发展历程经历了初创期野蛮生长的原始积累，通过低价和邀请客户帮忙砍价等方式引导客户下单，获得了自己的忠诚客户群。尔后为了追求更好的发展，逐渐与品牌商家合作，为平台提质，完成向内涵发展的转型。

# 任务二 移动电子商务技术

## 任务描述

近年来，移动电子商务存在的根本基础已经动摇去中心化的、分散化的交易入口和渠道并逐步成为趋势。中国网民开始从PC端迅速迁移到移动端，传统电商平台的中心化的流量分配机制导致流量存在困境。这为移动电子商务的崛起提供了重要的技术基础和用户支撑。

与PC端相比，移动端具有更强的便捷性和即时性，具有比PC端设备更严格的用户身份认证机制，这使得在基于移动端的商务活动中，消费者真正实现了可识别、可触达和可反馈，这种商务活动可以做到比传统电子商务更加精准化和差异化。可见，移动电子商务与传统电子商务相比，具有天然的技术和用户优势。

## 学习目标

1. 了解移动电子商务的关键技术
2. 能够使用工具生成二维码

### 任务准备

**引导问题 1**：通过网络查阅相关资料，了解 3G 技术的主要特征。
**引导问题 2**：通过网络查阅相关资料，了解 4G 技术的主要特征。
**引导问题 3**：通过网络查阅相关资料，了解 5G 技术的主要特征。

### 任务实施

移动电子商务主要技术包括移动网络技术、移动应用开发技术和二维码技术等（见图 7-1）。

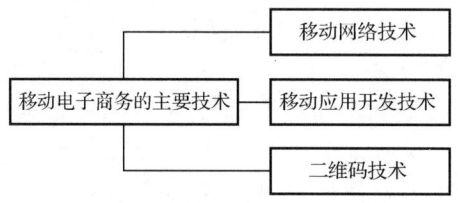

图 7-1 移动电子商务的主要技术

## 一、移动网络技术

移动电子商务的实现技术主要有无线应用协议、通用分组无线业务、移动 IP 技术、蓝牙技术、移动定位技术、射频识别技术、云计算技术、大数据与物联网技术（见图 7-2），此外还有 3G 技术、4G 技术和 5G 技术等，这里对部分内容展开讲解。

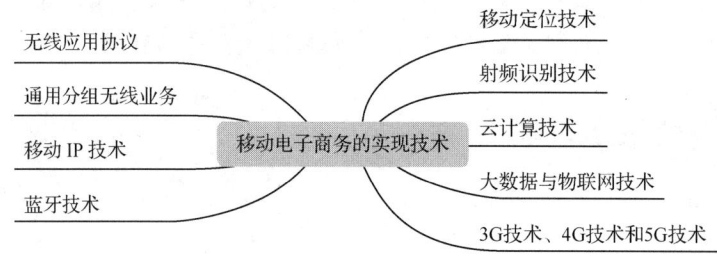

图 7-2 移动电子商务的实现技术

#### 1. 无线应用协议

无线应用协议（Wireless Application Protocol，WAP）是一个全球性的开放协议。它是在移动电话、个人数字助理等移动通信设备与互联网或其他业务之间进行通信的开放性、全球性的标准。WAP 由一系列协议组成，应用 WAP 标准的无线通信设备，都可以对互联网进行访问。

#### 2. 通用分组无线业务

通用分组无线业务利用全球移动通信系统（Global System for Mobile Communications，GSM）基础设施，提供速率高达 100kbit/s 分组数据业务的移动蜂窝接入技术。通用分组无线业务仅在实际传送和接收时才使用无线资源。

## 3. 移动 IP 技术

移动 IP 将真正实现话音和数据的业务融合，是移动通信和 IP 的深层融合。它的目标是将无线话音和无线数据综合到一个技术平台上传输，这一平台就是 IP 协议。移动 IP 不是移动通信技术和互联网技术的简单叠加，也不是无线话音和无线数据的简单叠加，它是对现有移动通信方式的深刻变革。

## 4. 蓝牙技术

蓝牙技术是一种无线数据和语音通信开放的全球规范，它是基于低成本的近距离无线连接，为固定和移动设备建立通信环境的一种特殊的近距离无线技术连接。蓝牙使便携移动设备能不受有线连接的束缚连接到互联网，并且传输速度非常快。

## 5. 射频识别技术

射频识别（Radio Frequency Identification，RFID）技术通过无线电波不接触快速信息交换和存储技术，通过无线通信结合数据访问技术，连接数据库系统以实现非接触式的双向通信，从而达到识别目的，用于数据交换，串联起一个极其复杂的系统。

## 6. 3G 技术、4G 技术和 5G 技术

第三代移动通信（3rd-Generation，3G）技术是指支持高速数据传输的蜂窝移动通信技术。3G 技术能够同时传送声音（通话）及数据信息（电子邮件、即时通信等）。3G 技术的应用已由最初的无线宽带上网拓展到了视频通话、手机电视、无线搜索、手机音乐等领域。

第四代通信（4th-Generation，4G）技术集 3G 技术与无线局域网于一体，能够传输高质量视频图像，功能比 3G 技术更先进，频带利用率更高，传输速度更快。

第五代通信（5th-Generation，5G）技术即 5G 技术。互联网的快速发展，对网络速度产生了更高的要求，这成为推动 5G 网络发展的重要因素。CNNIC 第 49 次《中国互联网络发展状况统计报告》的数据显示，截至 2021 年 12 月，我国移动电话基站总数达 996 万个，累计建成并开通 5G 基站总数为 142.5 万个，全年新增 5G 基站数达到 65.4 万个。移动电话用户规模稳中有增，5G 用户规模快速扩大。移动电话用户总数达 16.43 亿户，其中 5G 移动电话用户达 3.55 亿户。

## 二、移动应用开发技术

目前主流的 App 开发技术有四种（见图 7-3）：原生 App（Native App）、网页 App（Web App）、混合型 App（Hybrid App）、开源型 App（React Native App）。

### 1. 原生 App

传统的原生 App 开发模式有 iOS 和 Android 两大系统，需要用各自语言开发 App。

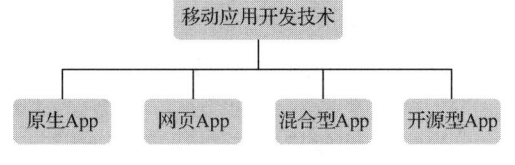

图 7-3 移动应用开发技术

这种应用开发技术优势明显：针对不同的平台为用户提供不同的体验；可访问本地资源；为用户提供最佳的体验和优质的用户界面。劣势是开发和发布成本高。典型代表曹操专车。

### 2. 网页 App

网页 App 开发是一种框架型 App 开发模式，该模式具有跨平台的优势，通常由"Html5 云网站+App 应用客户端"两部分构成，App 应用客户端只需安装应用的框架部分，而应用的数据则是在用户每次打开 App 的时候由云端呈现给手机用户的。

网页 App 最大的优势是跨平台运行，开发一次就可以在不同的平台上运行，更新成本低。然而，网页 App 是通过 App 向云网站调取相关数据的，这会导致在没有网络的情况下 App 将不能运行，而且性能和体验受到浏览器处理能力的限制。

### 3. 混合型 App

混合开发是结合原生 App 和 Html5 开发的技术，兼具原生 App "良好交互体验的优势"和网页 App "跨平台开发的优势"，是取长补短的一种开发模式。这种开发技术让用户体验更好的同时又可以节省开发资源，劣势在于页面都在云端，第一次打开页面需要从云端拉去，如网易云音乐。

### 4. 开源型 App

Facebook 发现 Hybrid App 存在很多缺陷，于是发起开源的一套新的 App 开发方案即开源型 App。使用 JSX 语言写原生界面，JS 通过 JSBridge 调用原生 API 渲染 UI 交互通信。其优势在于效率体验接近原生 App，但发布和开发成本低于原生 App；劣势是技术学习有一定成本。典型代表有 Facebook、YouTube 等。

## 三、二维码技术

自 20 世纪以来，二维码以其成本低廉、存储容量大、识别速度快等优势被广泛应用于各领域，移动通信技术的迅速发展将二维码技术应用推向了一个新高潮，极大地改善了人们的生活方式。

二维码是用特定的几何图形按一定规律在平面（二维方向上）分布的黑白相间的矩形方阵，以记录数据符号信息的新一代条码技术。其具有信息量大、纠错能力强、识读速度快、全方位识读等特点。手机二维码是将手机需要访问、使用的信息编码应用到二维码中，利用手机的摄像头识读。

### 1. 二维码的功能

二维码的功能非常丰富：可用于传递信息，如个人名片、产品介绍、质量跟踪等；可作为电商平台入口，顾客线下扫描商品广告的二维码然后线上购物；可用于移动支付，顾客扫描二维码进入支付平台，使用手机进行支付；可作为凭证，如团购的消费凭证、会议的入场凭证等（见图 7-4）。

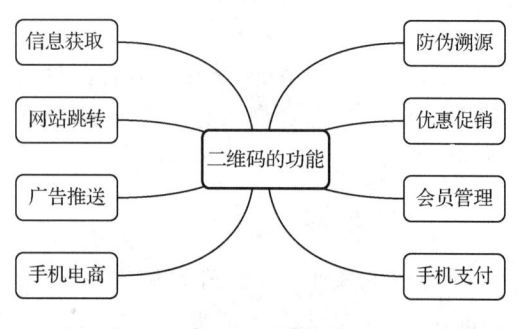

图 7-4 二维码的功能

## 2. 二维码的特点

二维码具有储存量大、保密性强、追踪性强、抗损性强、备援性强、成本低等特性，特别适用于手机购物、安全保密、追踪、存货盘点和资料备援等方面。

与一维码相比，首先，二维码信息容量大，是一维码信息容量的几十倍，能够对图片、声音、文字、指纹等可以数字化的信息进行编码并将其表示出来；其次，二维码容错能力强，具有纠错功能，译码时可靠性高，当二维码因穿孔、污损等造成局部损坏时仍可以正确识读，其译码错误率不超过千万分之一，远低于一维码百万分之二的错误率；最后，二维码可以引入保密措施，其保密性较一维码强。与射频识别相比，二维码的最大优势在于成本低。

互联网上有不少免费二维码生成软件，只要输入相关的文本、网址、名片图片、多媒体和微信账号等即可直接生成二维码。常见的二维码生成器有草料二维码、联图网、微微在线等。

### 视野拓展

民以食为天，食以安为先。随着经济发展和人民生活水平的提高，我国民众对吃的追求也由"吃得好"转变为"吃得健康"，请查阅资料，了解二维码系统在维护食品安全中所起的作用。

### 拓展练习

结合移动电子商务的社群关系图（见图 7-5），并扫描二维码了解移动电子商务社群化的优势。思考：如何充分利用移动电子商务的社群化优势开展商务活动？

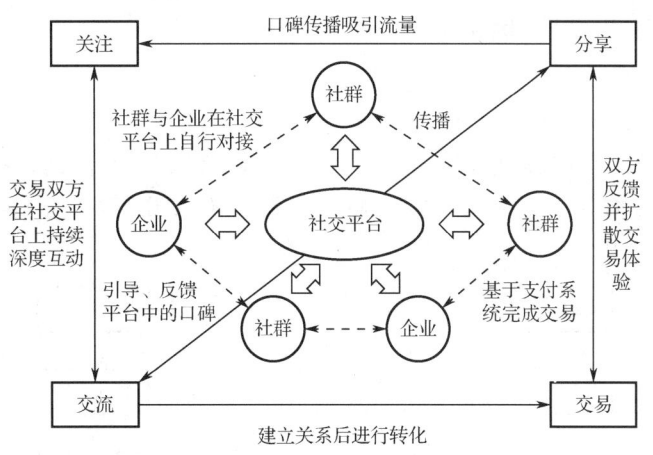

图 7-5　移动电子商务的社群关系图

### 【思政小课堂】

#### 二维码里的陷阱

手机上网弹出办卡信息，银行客服经理的贴心服务，背后真相出人意料。一步一步精心设计的陷阱,到底是谁在做局害人?2017年6月28日,浙江宁波警方的一次抓捕行动,一共抓获了犯罪嫌疑人18名,查缴出了大量的假信用卡。详情可搜索并观看《今日说法:二维码里的陷阱》。

启发:互联网时代,消费者个人要树立信息安全保护意识,不能贪小便宜吃大亏。

## 任务三 移动电子商务的应用

### 任务描述

移动电子商务应用是移动商务主体,通过手机等无线技术和移动终端,在动态中进行应用和实现应用的商务行为。它又是一种在动态中调动他人共同应用,或整合相关商务资源参与应用或共同应用的行为。移动电子商务的应用领域非常广泛,在传统商务活动的各个层面和领域都起到了举足轻重的作用。

### 学习目标

1. 了解移动电子商务的应用
2. 掌握移动营销的方式和微店的类型
3. 熟悉移动购物,能利用微信等工具进行移动营销

### 任务准备

**引导问题**:作为传统生产商和零售商,海尔、万达和银泰百货在互联网的浪潮下也在应时而动,通过创新与时代同步。查阅资料,了解海尔、万达和银泰百货利用手机开展营销的典型案例,并举例说明。

### 任务实施

移动电子商务的应用领域非常广泛,包括移动支付、移动营销、移动出行、无线医疗、移动旅游、移动娱乐、移动购物、移动金融等(见图7-6),下面选取其中一部分进行讲解。

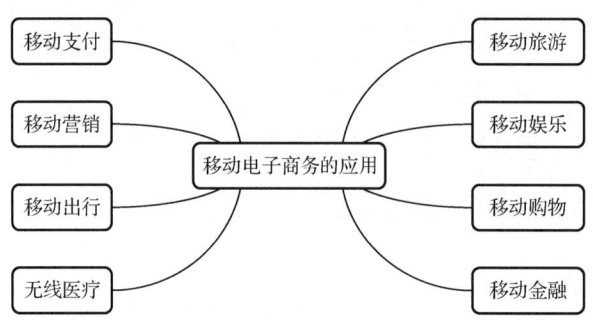

图7-6 移动电子商务的应用

## 一、移动支付

移动支付是互联网时代一种新型的支付方式,其以移动终端为中心,通过移动终端对所购买的产品进行结算支付,移动支付的主要表现形式为手机支付。

#### 1. 移动支付的概念

移动支付是指移动客户端利用手机等电子产品来进行电子货币支付,移动支付将互联网、终端设备、金融机构有效地联合起来,形成一个新型的支付体系,同时,移动支付不仅能够进行货币支付,还可以缴纳话费、燃气、水电等生活费用。移动支付开创了新的支付方式,使电子货币开始普及。

#### 2. 移动支付的特点

移动支付具有传统支付所不具备的特点,具体如图 7-7 所示。

图 7-7 移动支付的特点

(1)时空限制小。

互联网时代下的移动支付打破了传统支付对于时空的限制,使用户可以随时随地进行支付活动。传统支付以现金支付为主,需要用户与商户之间面对面支付,因此,支付时间和地点都会被限制;移动支付以手机支付为主,用户可以用手机随时随地进行支付活动,不受时间和空间的限制。

(2)方便管理。

用户可以随时随地通过手机进行各种支付活动,并对个人账户进行查询、转账、缴费、充值等功能的管理,用户也可随时了解自己的消费信息。这给用户的生活提供了便利,也更方便用户对个人账户的管理。

(3)隐私度高。

用户将银行卡与手机绑定,进行移动支付活动时,需要输入支付密码或指纹,且支付密码不同于银行卡密码。这使得移动支付较好地保护了用户的隐私。

(4)综合度较高。

移动支付有较高的综合度,其为用户提供了多种不同类型服务。例如:用户可以通过手机缴纳家里的水、电、气费;用户可以通过手机进行个人账户管理;用户可以通过手机进行网上购物等各类支付活动。这体现了移动支付有较高的综合度。

#### 3. 移动支付的分类

目前,移动支付的分类如图 7-8 所示。

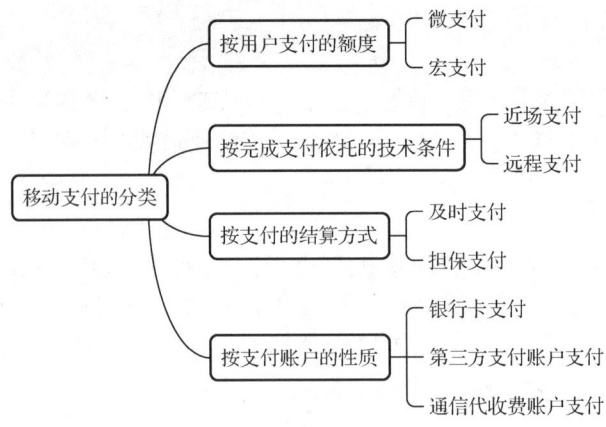

图 7-8　移动支付的分类

## 二、移动营销

移动营销（Mobile Marketing）指面向移动终端（手机或平板电脑）用户，在移动终端上直接向目标受众定向和精确地传递个性化即时信息，通过与消费者的信息互动达到市场营销目标的行为。随着用户行为全面向移动端转移，移动营销正在成为企业推广的重要渠道。

**1. 移动营销的模式**

移动营销的模式，可以用"4I 模型"来概括（见图 7-9）。

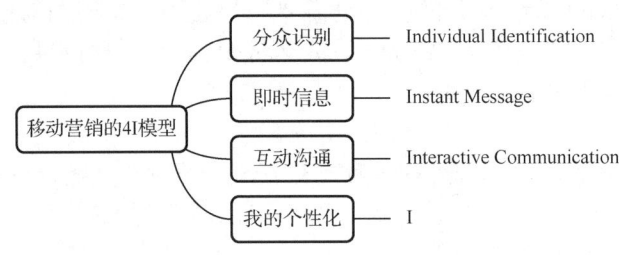

图 7-9　移动营销的 4I 模型

（1）分众识别（Individual Identification），移动营销基于手机进行一对一的沟通。由于每一部手机及其使用者的身份都具有唯一对应的关系，并且可以利用技术手段进行识别，企业就能与消费者建立确切的互动关系，能够确认消费者是谁、在哪里等问题。

（2）即时信息（Instant Message），移动营销传递信息的即时性，为企业获得动态反馈和互动跟踪提供了可能。当企业对消费者的消费习惯有所觉察时，可以在消费者最有可能产生购买行为的时间发布产品信息。

（3）互动沟通（Interactive Communication），移动营销一对一的互动特性，可以使企业与消费者形成一种互动、互求、互需的关系。这种互动特性可以甄别关系营销的深度和层次，针对不同需求识别出不同的分众，使企业的营销资源有的放矢。

（4）我的个性化（I），手机的属性是个性化、私人化、功能复合化和时尚化，人们对于个性化的需求比以往任何时候都更加强烈。利用手机进行移动营销也具有强烈的个性化色彩,所传递的信息也具有鲜明的个性。

**2. 移动营销的方式**

移动营销借助即时通信、移动电商平台、微博、QQ、直播、短视频等,逐渐与社交进行融合。在移动营销的方式(见图7-10)中,微信营销是最受欢迎的方式。这里仅对微信营销进行介绍,微信营销主要有微信朋友圈广告、微信公众平台推广两种方式。

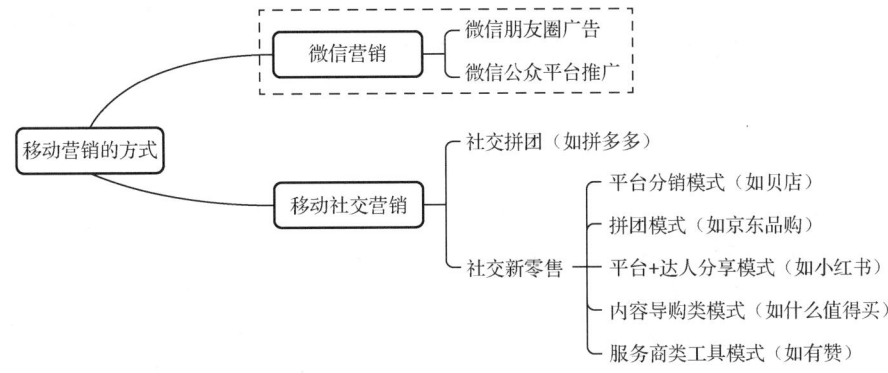

图 7-10 移动营销的方式

(1)微信朋友圈广告。

2015年8月,微信朋友圈广告官方网站正式上线。用户需要填写一份"微信朋友圈广告合作申请表",用户提交合作申请表后,申请公众号,认证并成为广告主,方案审核通过后,朋友圈广告将按时自动上线。

微信朋友圈广告是基于微信公众号生态体系,以类似朋友的原创内容形式在朋友圈中展示的原生广告。用户可以通过点赞、评论等方式进行互动,并依托社交关系链进行转发,为品牌推广带来加成效应,按曝光次数计费。

(2)微信公众平台推广。

微信公众平台简称公众号,是为个人、企业和其他组织提供业务服务与用户管理服务的服务平台。微信公众号有订阅号、服务号、小程序和企业微信四种类型。

① 订阅号。订阅号主要给用户传达信息(类似报纸、杂志),每天只可以群发一条消息。如果想简单地发送消息,达到宣传效果,那么可选择订阅号。

② 服务号。服务号主要用于交互式服务(类似银行客服电话、114查号台,提供查询服务),如果想进行商品销售,那么可申请服务号,企业或其他组织都可以注册服务号。

③ 小程序。小程序是一种不需要下载安装即可通过微信使用的应用程序,用户使用微信公众平台申请注册小程序。

④ 企业微信。企业微信是腾讯微信团队打造的企业通信与办公工具,具有与微信一致的沟通体验,丰富的OA应用和连接微信生态的能力,可帮助企业连接内部、生态伙伴、消费者。

## 三、移动出行

移动出行通俗讲就是手机打车,是指利用智能手机内安装的应用,发出招出租车的请求。打车软件可以分为司机端和乘客端两个版本,分别安装在司机和乘客的手机上,双方匹配使用。乘客打开乘客端打车软件后,可以发出招车请求,系统自动进行派单或者由司机选择接单。打车软件利用智能手机的 GPS 数据、地理信息系统和相应推送服务机制,实现乘客和司机之间的信息交互。使用打车软件不仅提高了乘客打车服务的品质和效率,缓解了乘客打车难的问题,还满足了乘客个性化的服务需求。

第 48 次《中国互联网络发展状况统计报告》中的数据显示,截至 2021 年 6 月,我国网约车用户规模达 3.97 亿人,较 2020 年 12 月增长 3 123 万人,占网民整体的 39.2%。目前国内网约车产品有神州专车、首汽约车、T3 出行等。

## 四、移动网店

随着移动互联网的快速发展,越来越多的买家开始使用手机等移动终端访问网店,进行在线购物。通过移动端购物的买家在网络购物买家中占比越来越高。

当前,移动网店的形式主要有传统企业自建的移动商城 App、零售电商平台的移动端 App 和第三方移动网店 App 平台三种(见图 7-11)。其中,借助第三方移动网店 App 平台搭建的微店是最常见的移动网店形式。

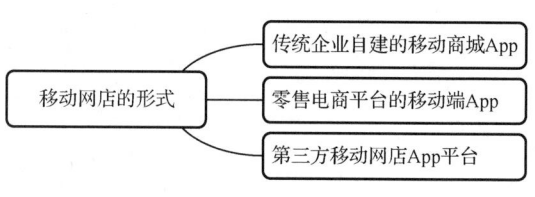

图 7-11 移动网店的形式

### 1. 传统企业自建的移动商城 App

许多传统企业早已开始涉足电子商务领域,搭建电商平台。随着移动互联网的兴起,这些企业也以原有的电商平台为基础,推出各自的移动商城 App,与原有的电商平台相互配合,实施全方位的市场战略。

苏宁易购是苏宁云商集团旗下新一代的 B2C 网上购物平台,现已覆盖传统家电、3C 电器、日用百货等品类。与此同时,苏宁易购也推出了手机 App 应用。国美电器是苏宁电器强有力的竞争对手,国美电器网上商城名为"国美在线"。手机版"国美在线"是国美电器为配合当前 App 逐渐渗透的趋势而推出的移动端购物 App。

### 2. 零售电商平台的移动端 App

国内最有代表性的零售电商企业有阿里系(淘宝和天猫)和京东系两大阵营,它们很早便开发出了各自的移动端 App,以供买家在移动端浏览购物。这种方式只是传统 PC 端网店的延伸,它们还是以原有的平台为中心,并没有完全发挥移动端 App 的优势。以阿里系为例,阿里系的移动网络零售在国内市场一直都非常好。在传统电子商务时代,阿里系就已经推出淘宝 App 和天猫 App。

无论是京东手机端 App 还是阿里系的手机端 App,它们对 PC 端平台的依赖度都非常高,网店的运营和对买家的维护基本都在 PC 端平台上进行。

### 3. 第三方移动网店 App 平台

第三方移动网店 App 平台是指为中小企业及个人卖家提供移动零售网店入驻、经营、商品管理、订单处理、物流管理和买家管理等服务的平台。市场中有一款名叫"微店"的第三方开店运营平台,这里的"微店"特指一种移动网店的模式,是微信兴起后的产物,是依据微信规则和机制而开发的电子商务。

微店对众多创业者来说极易入手,进驻微店的资金、人力等门槛较低,开店的成本也低,风险能得到有效控制。此外,有大量与微信界面相似的微店工具可以选择,使用简单。无论是买家对商品进行信息浏览和购买,还是卖家对商品、资金和货物等进行管理,都不需要太复杂的硬件设备和操作步骤,一部手机、一个微店 App 再加上简单地点击和编辑即可。目前市场中比较常见的第三方微店平台有微信公众平台的微信小店、有赞微店和口袋微店等。

## 五、移动商务的其他应用

移动商务除了以上几个领域应用,在移动旅游、移动娱乐等方面的应用也非常受欢迎。

### 1. 移动旅游

移动旅游电子商务是指用户利用移动终端设备,通过无线网络,采用某种支付手段来完成和旅游产品提供者之间的交易活动。移动旅游电子商务可提供的服务主要有:旅游信息服务、各种旅游服务的查询和预订、旅游电商网站的个性化服务、为旅游爱好者提供自主交流的平台等。

相对于传统的旅游电子商务,移动旅游电子商务使用的终端可随用户移动,并支持地理定位,从而使游客可以随时随地获取基于位置的服务,如导航、定位、餐饮、住宿、景点介绍等。

### 2. 移动娱乐

移动娱乐的内容丰富多彩,涵盖了以移动沟通服务为主、以移动信息服务为主、纯娱乐服务等多种形式。

(1)移动沟通服务的典型应用如移动 QQ、微信等。

(2)移动信息服务的典型应用如天气预报 App、手机广播等。

(3)纯娱乐服务是目前移动电子娱乐的主要发展方向,也是移动产业的主要收入来源之一。其中的移动游戏、移动音乐、移动阅读、移动视频等因其能为移动运营商、服务商和内容提供商带来附加业务收入,而成为移动业务的利润增长点。

截至 2020 年 3 月,手机网络游戏用户规模已达 5.2893 亿人,手机音乐用户规模已达 6.3274 亿人,手机网络文学用户规模已达 4.5255 亿人,手机网络新闻用户规模已达 7.2642 亿人,网络视频(含短视频)用户规模达 8.50 亿人,较 2018 年年底增长 1.26 亿人,占网民整体的 94.1%。其中短视频用户规模为 7.73 亿人,较 2018 年年底增长 1.25 亿人,占网民整体的 85.6%。

**拓展练习**

App 是随着智能手机的产生而发展起来的。App 让用户在移动端就能实现很多专门的应用,微信就是一个典型的 App。而微信小程序是腾讯公司于 2017 年 1 月 9 日正式推出的基于微信 App 的程序应用。

从使用方式来看，微信小程序通过微信扫一扫或者搜索后即可使用，无须下载，无须安装，和微信共用内存；而 App 需要从网上下载并且安装后才能使用，需占用手机的内存空间。

从开发角度来看，微信小程序一次开发，多终端适配，开发成本低，且只需向微信公众平台提交审核；而 App 则需适配各种主流手机，开发成本高，而且需要向十几个应用商店提交审核。

从功能来看，微信对小程序的功能是有约束的，只能实现微信平台提供的部分功能；而 App 则完全由运营者开发，可以实现更多功能。

从推广角度来看，微信小程序仅面向微信用户，受众单一；而 App 则面向所有智能手机用户，面向更广的用户群，所有智能手机用户都可以使用。

思考：微信小程序能取代 App 吗？发表自己的看法。

【思政小课堂】

小红书与洋码头的比较

小红书主要包括两个板块，UGC 模式的海外购物分享社区，以及跨境电商福利社。小红书福利社采用 B2C 自营模式，直接与海外品牌商或大型贸易商合作，通过保税仓发货给用户，这样不仅缩短了用户与商品之间的距离，而且大批量同时运货也能节省跨境运费、摊薄成本，从而降低消费者实际付出的价格。

洋码头主要包括三个板块，扫货直播频道体验真实的海外现场血拼、聚洋货频道品质洋货一站团和社区频道全方位购物社交。驻扎在洋码头上的卖家可以分为两类，一类是个人买手，模式是 C2C，另一类是商户，模式就是 M2C。洋码头连接起了美国的商家和中国的消费者，使得用户可以足不出户地买到美国货。

小红书社区与购物比重相当，划分区域功能特点较为明显，消息设定为一个版块，可以确保浏览量，这样可以实时看到自己发的东西收到了多少反馈，更激发了用户生产知识的动力，符合小红书 UGC 模式。

洋码头较重视社区发展，所占的比重较大，直播、专题和社区都可划分为社区方向，随处可见的国家地域划分和商户品牌符合海淘的性质。

小红书更重视用户粘贴性，积极鼓励用户生产内容，相较于洋码头更具留存效果。（资料来源：互联网分析沙龙。）

思考：通过了解两个平台各自的特点，你更喜欢哪一个平台？为什么？

启发：每个企业都有自己的特定目标客户群，在满足其特定客户的需求基础上培养自身的经营特色就是一种成功。洋码头和小红书的目标客户不同，所提供的具体服务也有区别。因此目标客户的定位非常关键。

一、名词解释

移动电子商务　WAP　5G　二维码　微店

项目七 移动电子商务

二、选择题

1．与传统电子商务相比，移动电子商务不具有的特点有（　　）。
A．交易更灵活　　　　　　　　B．安全性更强
C．便利性加强　　　　　　　　D．受众群更广泛
2．真正实现话音和数据的业务融合的移动电子商务技术是（　　）。
A．WAP 技术　　B．移动 IP 技术　　C．蓝牙技术　　D．射频识别技术
3．（　　）技术是一种为固定和移动设备建立通信环境的特殊的近距离无线技术连接技术。
A．WAP 技术　　B．移动 IP 技术　　C．蓝牙技术　　D．射频识别技术
4．曹操专车软件采用的移动应用开发技术是（　　）。
A．Native App　　　　　　　　B．Web App
C．Hybrid App　　　　　　　　D．React Native App
5．微信支付的运营模式是（　　）。
A．移动运营商模式　　　　　　B．银行模式
C．第三方支付模式　　　　　　D．商业模式
6．微信支付属于（　　）。
A．扫码支付　　B．指纹支付　　C．NFC 支付　　D．短信支付
7．下列行为中，不属于移动应用的是（　　）。
A．使用微信聊天　　　　　　　B．用台式计算机在家上网下载程序
C．用平板电脑在火车上看电子小说　　D．用手机在室外上网收发邮件
8．微信营销中，不属于微信公众平台推广的方式是（　　）。
A．微信朋友圈广告　　　　　　B．订阅号
C．服务号　　　　　　　　　　D．小程序
9．同传统电子商务相比，移动电子商务具有以下（　　）特点。
A．更具开放性、包容性　　　　B．具有无处不在、随时随地的特点
C．潜在用户规模大　　　　　　D．能较好确认用户身份
E．定制化服务
10．移动营销的"4I 模型"的具体内涵包括（　　）。
A．分众识别（Individual Identification）
B．即时信息（Instant Message）
C．互动沟通（Interactive Communication）
D．我的个性化（I）

三、简答题

1．移动电子商务用到的相关技术主要有哪些？
2．移动电商有哪些主要应用？
3．简要回答移动支付的概念和特点。
4．什么是移动营销？移动营销有哪些方式？
5．第三方移动网店平台有哪些？

## 技能训练

微店是移动网店的主要形式之一，在自己的手机端下载微店 App，并完成以下操作：

（1）根据微店的开店步骤及注意事项，开通自己的微店，记住自己的账户名、登录密码，并保存自己微店的链接及其二维码，方便微店的宣传。

（2）找到"店铺设置"入口，给自己的微店选择行业模板，进行授权设置、可配送区域设置和运费设置。

（3）按照微店装修步骤，对微店进行装修。

（4）在手机端或电脑端对商品进行管理，包括添加商品、批量管理、分类管理等。

# 项目八
# 网络营销

　　网络营销是随着互联网进入商业应用而产生的，尤其是在万维网（WWW）、电子邮件（E-mail）、搜索引擎、社交软件等得到广泛应用之后，网络营销的价值越来越明显。网络营销在电子商务中的作用越大，其方法的创新也越多样。

## 任务一  网络营销

### 任务描述

网络营销是企业整体营销战略的一个组成部分,是为实现企业总体经营目标所进行的,以互联网为基本手段,营造网上经营环境并利用数字化的信息和网络媒体的交互性来辅助营销目标实现的一种新型的市场营销方式。腾讯依托全景生态实现全链路品牌增长,小红书强调内容分享属性提高品牌种草的接受度,B 站以兴趣为导向使内容营销更易占领用户心智,快手真实信任的基因打造高强互动感,新浪微博经营公私域流量实现品牌声音的合流。通过学习网络营销的概念、特点与功能,了解传统市场营销与网络营销的关系,掌握网络营销的含义与功能,从而对网络营销形成初步认识。

### 学习目标

1. 了解传统市场营销与网络营销的关系
2. 掌握网络营销的含义与功能

### 任务准备

引导问题 1:腾讯是以社交起家的新媒体平台,查阅资料了解腾讯依托全景生态如何实现全链路品牌增长,请举例。

引导问题 2:小红书是"社交+电商"的新媒体平台,社交模块负责"貌美如花",电商模块负责"赚钱养家",查阅资料回答小红书如何实现社交和电商的有机结合,请举例。

引导问题 3:创立于 2009 年的 B 站是中国年轻一代高度聚集的文化社区和视频平台。其典型的营销特色是什么?请举例。

### 任务实施

### 一、网络营销的含义与特点

#### 1. 网络营销的含义

网络营销是基于互联网络及社会关系网络连接企业、用户及公众,向用户及公众传递有价值的信息和服务,为实现顾客价值及企业营销目标所进行的规划、实施及运营管理活动。网络营销是手段而不是目的,它不局限于网上,不是孤立存在的,不能脱离一般营销环境,是传统营销理论在互联网环境中的应用和发展。

网络营销体现了网络营销的生态思维,它以互联网为技术基础,建立了企业与用户及公众的连接;它突出了人的核心地位,通过互联网建立社会关系网络,人是网络营销的核心,一切以人为出发点;它强调顾客价值,为顾客创造价值是网络营销的出发点和目标,网络营销是一个以顾客为核心的价值关系网络;它延续活动的系统性,网络营销的内容包括规划、实施及运营管理，而不仅仅是某种方法或某个平台的应用，只见树木不见森林的操作模式是对网络营销的片面认识。

### 2. 网络营销的特点

互联网所创造的营销环境使营销活动的范围和方式变得更灵活（见图 8-1）。

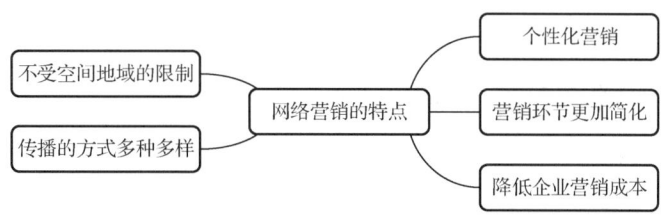

图 8-1　网络营销的特点

## 二、网络营销的职能

网络营销的职能不仅表明了其作用和工作内容，同时也说明了其可以实现的效果。对网络营销职能的认识有助于全面理解其价值和内容体系。网络营销有八大职能（见图 8-2）：

### 1. 网站推广

网站推广是网络营销最基本的职能之一。传统的网络营销是以网站运营和推广为基础，网站推广是企业网

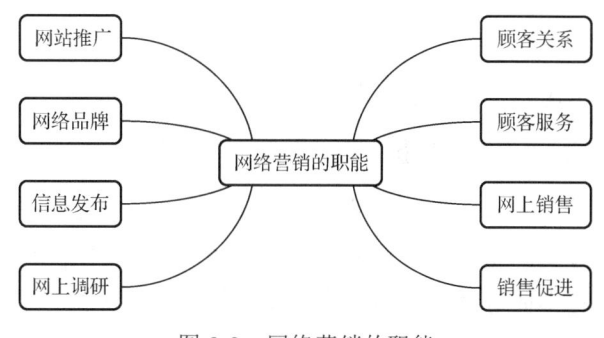

图 8-2　网络营销的职能

络营销的基本组成部分。企业网站获得必要的网站访问量是网络营销取得成效的基础。对中小企业而言，通过互联网手段进行网站推广尤为重要。因此，网站推广是网络营销的基础工作。

### 2. 网络品牌

网络营销的重要任务之一就是在互联网上建立并推广企业的品牌。知名企业的网下品牌可以在网上得以延伸，一般企业则可以通过互联网快速树立品牌形象，并提升企业整体形象。网络品牌建设是以企业网站建设为基础，通过一系列的推广措施，达到顾客和公众对企业的认知和认可。从一定程度上说，网络品牌的价值甚至高于通过网络获得的直接收益。

### 3. 信息发布

通过网站发布信息是网络营销的主要方法之一，信息发布也是网络营销的基本职能。无论哪种网络营销方式，结果都是将一定的信息传递给目标人群，包括顾客、潜在顾客、媒体、合作伙伴、竞争者等。

#### 4. 网上调研

通过在线调查表或者电子邮件等方式,可以完成网上市场调研,相比传统市场调研,网上调研具有高效率、低成本的特点。

#### 5. 顾客关系

良好的顾客关系是网络营销取得成效的必要条件,通过网站的交互性、顾客参与等方式,在开展顾客服务的同时,也增进了顾客关系。

#### 6. 顾客服务

互联网提供了更加方便的在线顾客服务手段,从形式最简单的常见问题解答(FAQ),到邮件列表,以及 BBS、MSN、聊天室等各种即时信息服务,顾客服务质量对于网络营销效果具有重要影响。

#### 7. 网上销售

网上销售是企业销售渠道在网上的延伸,网上销售渠道建设不限于网站本身,还包括建立在综合电子商务平台上的网上商店及与其他电子商务网站不同形式的合作等。

#### 8. 销售促进

市场营销的基本目的是促进销售,网络营销也不例外,大部分网络营销方法都与直接或间接促进销售有关,但促进销售并不限于促进网上销售,网络营销在很多情况下对于促进网下销售同样有效。

### 三、传统市场营销与网络营销的关系

网络经济已经成为一种新型的经济形式,而与之相随的网络营销也迅速成为新的市场营销途径。它与传统营销相比具有不同的营销理念、营销目标、营销方式和营销媒介。两者不会相互替代,而是作为处于同一经济环境下的不同营销方式长期存在并最终走向融合。

#### 1. 传统市场营销与网络营销的区别

网络营销是随着新的技术发展而出现的营销模式,它与传统营销模式相比有很大不同,主要表现在以下几方面:

(1)营销理念不同。网络营销以顾客满意为原则,其根本目标是通过满足顾客的需求而实现企业价值,先有顾客的需求,后有以需求为基础的营销活动,传统营销理念是滞后的。

(2)营销目标不同。传统营销目标强调的是企业利润最大化;而网络营销更加关注顾客、成本、便利、沟通,强调以顾客为中心,通过满足顾客需求,为顾客提供优质、便利服务而实现企业价值。

(3)营销方式不同。传统营销方式以销售者的主动推销为主,使顾客与企业之间的关系变得非常僵化,甚至给顾客带来很多不便;网络营销方式更强调以消费者为中心,

企业提供优质服务,而消费者在需求的驱动下主动通过网络寻求相关信息,从而使企业与顾客的关系变为真正的合作关系,有利于长期发展。

(4)营销媒介不同。传统营销活动主要依靠营销人员与顾客的直接接触或通过广告的形式对顾客进行轰炸等方式,使顾客被动接受;而网络营销主要以网络为基本平台,以互联网终端为顾客提供服务而实现营销目的。依托互联网而产生的网络营销,与传统市场营销相比,具有跨时空、多媒体、交互式、整合式、高效性、经济性和技术性等特点。

### 2. 网络营销与传统市场营销的整合

网络营销与传统市场营销整合后为整合营销,是利用整合营销的策略来实现以消费者为中心的传播统一性和双向沟通,用目标营销的方法来开展企业的营销活动。整合营销包括 4P 策略与 4C 策略的整合、传播统一性、双向沟通和目标营销四个方面的内容(见图 8-3)。

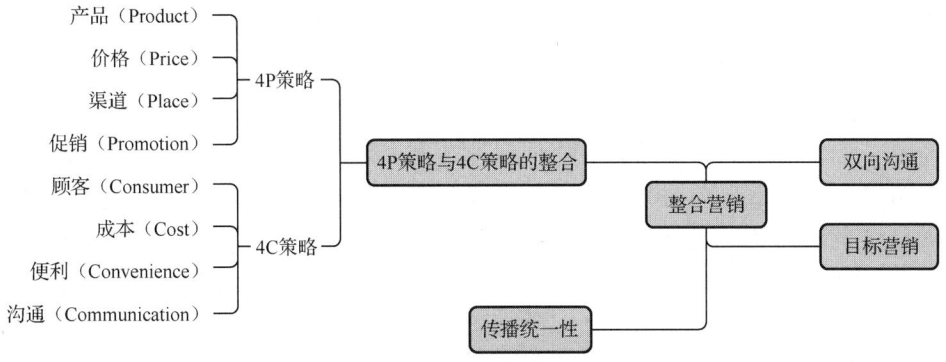

图 8-3　整合营销的内容

(1) 4P 策略与 4C 策略的整合。传统市场营销 4P 策略的基本出发点是企业的利润,而不是将客户的需求放到与企业利润同等重要的位置上,其营销决策过程是一条单向的链。而网络营销则需要企业同时考虑客户需求和企业利润。整合营销理论始终体现了以客户为出发点及企业和客户不断交互的特点,它的决策过程是一个双向的链。

(2) 传播统一性。传播统一性是指企业向消费者传达统一的信息,即用一个声音说话,消费者由任何途径获得的信息都是一致的。目的是运用和协调各种不同的传播手段,使营销策略发挥最佳效用,最终在企业与消费者之间建立长期的良好关系。

(3) 双向沟通。双向沟通是指企业与消费者展开富有意义的交流,迅速、准确地获得消费者反馈的信息。传统市场营销理论追求"消费者请注意",整合营销强调"请消费者注意"。营销策略已从企业消极、被动地适应消费者,向企业积极、主动地与消费者进行沟通和交流的方向转变。

(4) 目标营销。目标营销是指企业在市场细分的基础上,通过评估分析,选定一个或若干个消费群体作为目标市场,并相应地制定营销策略的过程。

### 拓展练习

江小白在传统酒业的禁锢下,跳出了原有思维,开辟了传统酒业的新天地。它着眼于青年消费者，深度剖析其生活方式与消费态度，找到产品与其生活需求的连接点，打造出满足市场需求的产品。利用互联网的优势，结合消费人群的特点，它实现精准营销。查阅资料了解江小白的个性化营销，回答江小白是如何通过互联网造势、构建忠实的粉丝消费群体、实现流量变现的。

【思政小课堂】

### 厚植中国文化，不断开拓创新

2021年6月25日下午，2020年东京奥运会中国体育代表团领奖装备发布仪式在京举行。由中国运动行业领导品牌安踏精心设计打造，象征中国体育最高荣耀的奥运领奖服终于揭开神秘面纱。

这次的"冠军龙服"是由安踏与奥斯卡"最佳美术设计"奖得主、著名视觉艺术家叶锦添联手打造，将中国传统的东方美学文化进行了新的演绎。此次合作双方都精益求精，龙服的设计不只体现运动员的美感，也体现了运动专业度。

在设计中创新性地加入了小立领和一字扣等中式元素，充分融入传统文化理念，彰显出高雅大气的东方风范。领奖服的创意源头来自汉字"中"，用纯白之色代表"中"字广阔而深厚的文化包容，以红色代表中国体育精神发乎内心的拼搏精神与强大力量，红白相碰撞的色彩演绎便很好地体现了中字。既遵守了中国文化中传统的平衡观，又显示出年轻中国的创新和气质。除此之外，中式圆立领的设计所塑造的自信、从容的气质也十分符合我国在国际舞台上一贯的形象。再配上祥云瑞兽纹样的领奖鞋，当运动健儿站上领奖台的那一刻，世界一眼就能看懂中国。

安踏为中国出征奥运的贡献不仅仅停留在视觉上的惊艳。除了拥有超过1 400项产品专利，安踏打造的领奖装备在科技配置上也位于行业领先。领奖服采用高针高密复合材料，有着抗菌、抗静电的功能，领奖鞋也采用两项顶尖的科学融合，实现回弹、吸震二合一，匠心工艺的基础上对质量做出了保证。

作为连续8届合作中国奥委会的运动品牌，安踏为2020年奥运会共打造32个品类的参赛装备和领奖装备，涉及举重、摔跤、拳击、体操、游泳等冠军项目。把奥运科技运用到大众产品中。它用保护国家队的先进科技保护每一个爱运动、爱生活的运动爱好者，兼顾了科技与时尚的共存。

在为国争光的道路上，安踏坚持"永不止步"的理念。安踏近年来用于运动科技研发的费用已累计投入约30亿元，只为让中国奥运健儿和广大运动爱好者们能享受到更好的科技助力。而此次领奖服的惊艳亮相，也让世界能够充分领略中国文化和中国体育精神，并向世界展现中国的东方美学和文化实力。

（资料来源：《内蒙古晨报》。）

思考：安踏是如何实现产品与体育赛事、东方美学的完美融合的？给其他运动品牌带来什么启示？

启发：产品层次越来越丰富，客户对于产品的诉求早就不只停留在产品的功能效用层面，更多的是附加了文化和情感的增值服务层面，安踏的成功就在于通过技术在设

项目八 网络营销

计上更好地为客户提供服务和体验。在产品同质化的时代，如何让自己的产品脱颖而出，企业需要在人文情怀上多做功课，才能挖掘客户的隐性需求。

## 任务二 网络市场调研

### 任务描述

网络市场调研又称网上调查或在线调查。网络市场调研是企业利用互联网作为沟通和了解信息的工具，对消费者、竞争者以及整体市场环境等与营销有关的数据系统地进行调查分析研究。这些相关的数据包括顾客需求、市场机会、竞争对手、行业趋势、分销渠道以及战略合作伙伴的情况。网络市场调研无处不在，渗透在网络营销各项活动中，企业通过网络市场调研可以更精准地掌握消费者的需求变化，从而更灵活地调整营销战略。开展网络市场调研是网络营销的基本职能之一。

### 学习目标

1. 了解网络市场调研的特点，掌握网络市场调研的定义
2. 掌握网络市场调研的步骤，能科学地运用网络市场调研方法设计问卷

### 任务准备

**引导问题1**：通过查阅资料提前了解专题讨论法，并列举一个典型案例。
**引导问题2**：通过访问问卷星官网，学习有关在线问卷调查模板，并举例。
**引导问题3**：以百度为例，熟悉如何充分利用网上搜索法提升查全率和查准率。
**引导问题4**：企业网站或App一般通过Cookie技术等对客户信息进行跟踪，请结合自己经常使用的购物App，站在客户视角谈如何被无微不至地关怀，并举例说明。

### 任务实施

一、网络市场调研的定义与特点

**1. 网络市场调研的定义**

网络市场调研是指基于互联网系统地进行营销信息的收集、整理、分析和研究的过程。它是企业利用互联网的交互式信息沟通渠道来实施市场调查活动，利用网上调查工具进行市场调查，同时利用有效的工具和手段收集、整理、分析和研究信息，从而得出调查结论。

**2. 网络市场调研的特点**

与传统市场调研方法相比，网络市场调研具有以下特点（见图8-4）。

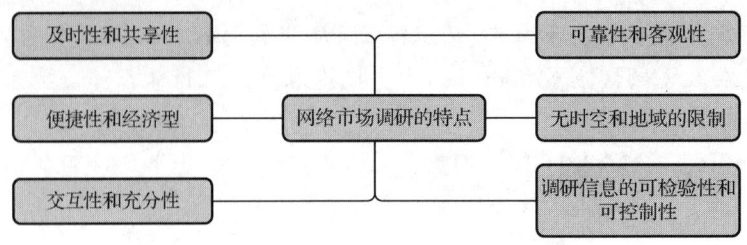

图 8-4　网络市场调研的特点

## 二、网络市场调研的步骤

网络市场调研与传统市场调研一样,应遵循一定的方法与步骤,以保证调研过程的质量。网络市场调研一般包括以下几个步骤（见图 8-5）：

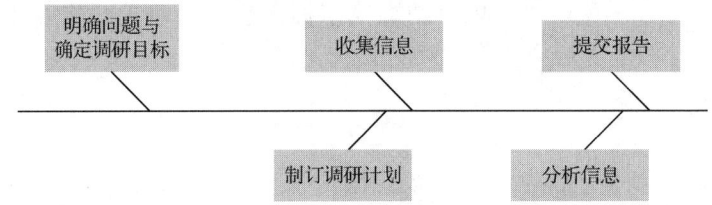

图 8-5　网络市场调研的步骤

**1. 明确问题与确定调研目标**

明确问题和确定调研目标对网络市场调研非常重要,只有明确了希望通过网络市场调研要解决的问题,并确定了清晰的调研目标,才能制订调研计划,选择合适的调查方法。

**2. 制订调研计划**

网上市场调研的第二个步骤是制订出最有效的信息搜索计划,具体来说就是要确定资料来源、调查方法及调查手段、抽样方案、联系方法。

（1）资料来源。调研人员须确定收集的是二手资料还是一手资料（原始资料）。一手资料是调研人员直接向有关调研对象收集的资料,二手资料则是他人收集、整理的各种数据资料。

（2）调查方法及调查手段。网络市场调研可以采用网上搜索法、网站跟踪法、在线调查法和电子邮件调查法等。

（3）抽样方案。调研人员要确定抽样单位、样本规模和抽样程序。

（4）联系方法。调研人员采取网上交流的形式,如 E-mail 传输问卷、参加网上论坛等。

**3. 收集信息**

网络市场调研可以在全国,甚至全球进行。同时,收集信息的方法也很简单,直接在网上递交或下载即可。这与传统市场调研的收集资料方式有很大区别。

在回答问卷中的问题时,被调查者经常会有意无意地漏掉一些内容,这可以通过页面中的程序进行检查。如果被调查者遗漏了问卷中的一些内容,那么程序会拒绝被调查者提交调查表或者验证后重发给被调查者要求补填。最终，被调查者会收到问卷已完成的通知。问卷调查的缺点是无法保证问卷上被调查者所填信息的真实性。

#### 4．分析信息

收集信息后要做的是分析信息，这一步非常关键。"答案不在信息中，而在调查人员的头脑中"，调查人员如何从数据中提炼出与调查目标相关的信息，直接影响到最终的结果。分析信息要使用一些数据分析技术，如交叉列表分析技术、概括技术、综合指标分析和动态分析等。目前国际上较为通用的分析软件有 SPSS 等。

#### 5．提交报告

调研报告的撰写是整个调研活动的最后阶段。报告不是数据和资料的简单堆砌，调研人员不能把大量的数字和复杂的统计技术推给管理人员，否则就失去了调研的价值。正确的做法是将与市场营销关键决策有关的主要调查结果汇总分析，并形成正式的调研报告。

### 三、网络市场调研的方法

网络市场调研的方法一般有网络直接调研和网络间接调研两种（见图 8-6）。网络直接调研也叫一手资料的收集，网络间接调研也叫二手资料的收集。

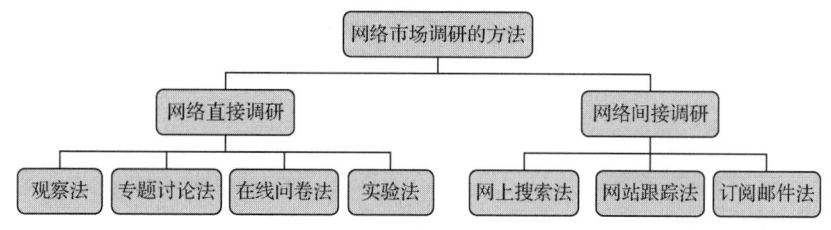

图 8-6　网络市场调研的方法

#### 1．网络直接调研

网络市场直接调研是指为当前特定的目的在互联网上收集一手资料或原始信息的过程。直接调研的方法有四种：观察法、专题讨论法、在线问卷法和实验法。网上使用最多的是专题讨论法和在线问卷法。专题讨论法可通过 Usenet 新闻组、电子公告牌（BBS）或邮件列表讨论组进行。在线问卷法即请求浏览其网站的每个人参与企业的各种调查。在线问卷法可以委托专业公司进行。调研过程中具体采用哪种方法，要根据实际调查的目的和需要而定，都应遵循网络规范和礼仪。

#### 2．网络间接调研

网络市场间接调研是指网上二手资料的收集。二手资料的来源有很多，如政府出版物、公共图书馆、大学图书馆、贸易协会、市场调查公司、广告代理公司和媒体、专业团体、企业情报室等。其中，很多单位和机构都已在互联网上建立了自己的网站，信息可通过访问其网站获得。此外，众多综合型互联网内容提供商（ICP）、专业型 ICP，以及搜索引擎网站，使互联网上的二手资料收集非常方便。

互联网上虽有海量的二手资料，但要找到自己需要的信息，首先，必须熟悉搜索引擎（Search Engine）的使用，其次，要掌握专题型网络信息资源的分布。网上查找资料主要通过三种方法：网上搜索法、网站跟踪法、订阅邮件法等。

**视野拓展**

问卷作为市场调研的工具，对保证调研的效度与信度具有举足轻重的作用。因此掌握问卷设计的技术和技巧是一项基本功。问卷设计体现两方面功能：一是将调查目的转化为被调查者可以回答的问题，二是促使被调查者通过回答问题提供真实的信息资料。在问卷设计中，应注意哪些具体事项？请扫描二维码了解。

**【思政小课堂】**

网站跟踪

问卷设计的注意事项

人们在使用互联网时会在访问过程中留下记录。大多数网站都会在页面嵌入一些代码，用来跟踪访问者，如行为数据，还有用户账号和其他软硬件配置信息。从网站运营者角度来说，跟踪后的数据为企业提供了一些有价值的个性化内容，有助于企业开展精准营销活动，面向用户提供个性化服务。任何网站中的追踪数据取决于网站运营团队的目标与决策。用户的个人信息是有价值的，用户应该有权知道网站正在收集的关于自己的具体数据，并做好相应的自我安全防范。

（资料来源：51CTO博客。）

思考：企业如何合理化运用网站跟踪器为客户提供更好的服务，并防止窃取客户隐私。

启发：大数据时代，企业通过大数据可以为用户实现精准画像，提供更好的服务，对客户信息合理化运用是企业应该坚持的道德红线。

## 任务三　网络营销策略

**任务描述**

互联网的商业应用改变了传统的买卖关系，带来了企业营销方式的改变，对市场营销提出了新要求。营销的内容和理念发生了很大变化，但影响网络营销的基本因素仍是产品、价格、渠道和促销。通过对网络营销策略的学习，能更好地了解网络营销以4C策略为中心，相比较传统市场营销的4P策略，更强调"以消费者为中心"的理念。网络营销应该支持企业的整个营销体系，是企业整体经营方案的一部分，必须要与企业的战略规划相匹配、相支撑。

**学习目标**

1. 了解网络营销策略的内涵及组成
2. 掌握4C理论指导的网络营销策略
3. 熟悉网络营销策略的应用，初步掌握综合运用网络营销策略的能力

## 项目八 网络营销

### 任务准备

**引导问题 1**：唯品会在网络营销策略运用方面最突出的特色是什么？请举例。
**引导问题 2**：京东在网络营销策略运用方面最突出的特色是什么？请举例。
**引导问题 3**：拼多多在网络营销策略运用方面最突出的特色是什么？请举例。
**引导问题 4**：淘宝在网络营销策略运用方面最突出的特色是什么？请举例。

### 任务实施

网络营销是以互联网为主要手段进行的，为达到一定营销目的的营销活动。网络营销策略是企业根据自身所在市场中所处地位不同而采取的一些网络营销组合，包括网络营销产品策略、价格策略、渠道策略和促销策略。

## 一、网络营销产品策略

在网络营销中，产品分为五个层次（见图8-7）。

第一层：核心利益。它是指产品能够提供给消费者的基本效用或益处。企业在确定产品的核心利益时要从顾客角度出发制定产品设计开发策略，要充分考虑面向全球市场提供核心利益产品。

第二层：基本产品。它是指产品在市场上出现时的具体物质形态。这要求企业应注重产品的品牌和包装，在样式和特征方面要根据不同地区的文化针对性地设计。

第三层：期望产品。顾客为主导地位，消费者个性化需求越来越明显，不同的消费者可能对产品的要求有很大差异。为了满足消费者的个性化需求，对有形产品，企业

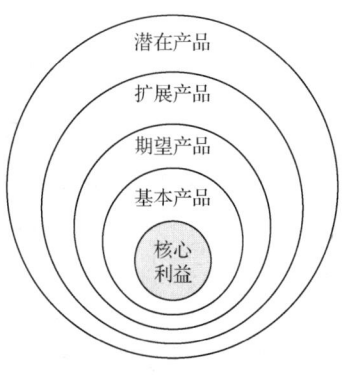

图 8-7 网络营销产品层次

的设计、生产和供应等环节应实行柔性化生产和管理；对无形产品，企业能根据顾客的需要来提供针对性服务。

第四层：扩展产品。它是指产品的增值服务。在网络营销中，大多数竞争者都提供送货、安装等附加服务，所以网络营销应突破传统限制来加强和延伸外延产品的开发，如增加售后服务、免费提供相关培训等。

第五层：潜在产品。在扩展产品层次之外，企业提供能满足顾客潜在需求的产品层次。与延伸产品层次的主要区别是，客户没有潜在产品层次的需要时，仍可很好地获得所需的产品核心利益，但得到潜在产品后，消费者的心理得到了超值的满足，对产品的偏好度和忠诚度大幅提升。

企业开始进入线上销售初期，在选择网络营销产品时可从这几方面进行考虑：选择具有持续性消费特征或者后续性消费特征的产品；选择单价相对较低的产品，以免造成产品积压；选择体积小、方便运输的产品；选择具有分享特性的产品，方便传播扩散商品信息；选择有质量包装的正规厂商生产的产品；选择具有较高利润的产品更适合进行网络分级代理销售。

## 二、网络营销价格策略

网络营销价格是指企业在网络营销过程中买卖双方的成交价格。网络营销价格的形成机制是极其复杂的，会受到成本、供求关系和竞争等多种因素的影响和制约。企业在进行网络营销决策时，必须综合考虑各种因素，从而采用相应的定价策略。传统营销中的定价策略在网络营销中得到应用，同时也可创新。根据影响网络营销价格因素的不同，网络定价策略可分为如下几种，见表8-1。

表 8-1　网络营销定价策略的类型

| 定价策略类型 | 特　　点 |
| --- | --- |
| 竞争定价 | 根据竞争对手同类产品或服务的定价调整自己相应产品或服务的定价，可以使企业保持相对价格优势；随时关注竞争对手的定价 |
| 个性化定价 | 利用网络的互动性和特定消费者的需求特征来确定商品价格 |
| 自动调价、议价 | 根据季节变动、市场供求状况、竞争状况及其他因素，在考虑收益的基础上，建立自动调价系统对价格进行自动调整。团购网站采用此种定价 |
| 特有产品的特殊价格 | 人们对某种产品有特殊需求时，企业不用更多地考虑竞争者，只要制定自己最满意的价格即可，如炒新和炒旧 |
| 捆绑销售 | 将两种产品捆绑起来销售的定价方式。捆绑销售要达到"1+1>2"的效果取决于两种或多种商品的协调和相互促进 |
| 众筹自定价 | 众筹项目在达到最低筹资目标后，众筹产品或服务的价格会依据参与众筹的买家数量而调整：买家越多，平均每位买家需支付的钱越少。该模式下使得消费者在定价环节中的主动性得到极大释放，是一种让客户快速下单的有效方法 |

## 三、网络营销渠道策略

随着电子商务以及网络技术的迅速发展，越来越多的消费者选择在网上购物。网络营销渠道就是指借助互联网将产品或服务从生产者转移到消费者所经历的各个中间环节连接而成的路径。

### 1. 渠道的推式策略

推式策略也称高压策略，是指由企业的销售人员主导推动分销渠道上各环节人员推销的活动策略。推式策略一般用于销售过程中需要人员推销的工业品和消费品。在企业规模小或无足够的资金推行完善的广告促销，或市场较集中、渠道短、产品单价高等情况下企业应采用推式策略。推式策略常用的方法有示范推销法、走访销售法、网点销售法、服务推销法等。

### 2. 渠道的拉式策略

拉式策略也称吸引策略，是指生产企业通过使用密集的广告宣传、销售促进等活动，引起消费者的购买欲望，激发购买动机，进而促使零售商向批发商、经销商、代理商等中间商进货，各类中间商向生产企业进货，最终满足消费者的需求，达到促进销售的目的。在企业资金充足、产品差异化小、新产品初次上市、产品销售对象广泛等情况下企业应采用拉式策略。拉式策略常用的方法有广告宣传、代销、试销、召开产品展销会及订货会等。拉式策略利用吸引法则实现"你若盛开，蝴蝶自来"的市场效应。

#### 3. 渠道的线上线下融合策略

"互联网+"时代给传统的渠道管理与运营带来了极大的挑战，线上与线下渠道相融合是零售行业发展的必然趋势。消费者的生活及消费轨迹已开始融合。企业应快速整合各种线上、线下的渠道，聚合二者的优点，多角度、全方位地拉近与消费者的距离，从各个方面关注并提高客户体验。社区团购就是典型的线上线下融合的产物，并且正在成为最具增长潜力的家庭消费新渠道。

### 四、网络促销策略

网络促销是指利用现代化的网络技术向虚拟市场传递有关商品和服务的信息，以引发消费者需求，唤起购买欲望和促成购买行为的各种活动，一般包括四种形式：网络广告、站点推广、网络销售促进和网络公关。

（1）网络广告，即在网络上做的广告。它是企业借助互联网平台发布产品或服务信息，对企业及其产品或服务进行宣传推广的一种营销方式。网络广告是通过网络广告投放平台刊登或发布广告的一种高科技广告运作方式。网络广告是实施现代营销媒体战略的重要部分，在网络营销方法体系中具有举足轻重的地位。

（2）站点推广，即企业利用网络营销策略，扩大站点知名度，增加网站流量，从而起到宣传和推广的目的。站点推广主要有两种方法，一种是通过改进网站内容和服务，吸引用户访问，起到推广效果；另一种是通过网络广告宣传推广站点。前一种方法，费用较低，容易稳定顾客访问，但推广速度比较慢；后一种方法，可以在短时间内扩大站点知名度，但费用较高。

（3）网络销售促进，即企业为了促进在线产品或服务的销售，运用各种短期诱因（如限时折扣、赠送优惠券、抽奖、满减等方式）宣传和推广产品，以吸引消费者购买产品或服务的促销方式。

（4）网络公关，即企业借助互联网的交互功能吸引用户与企业保持密切关系，以树立企业的良好形象，培养客户忠诚度，提高顾客的收益率，从而促进产品或服务销售的一种活动。网络公关的主要工作内容有事件营销、口碑营销、网络新闻发布、危机公关等。

网络促销的方式多种多样，通常，网络促销有以下功能（见图8-8）。

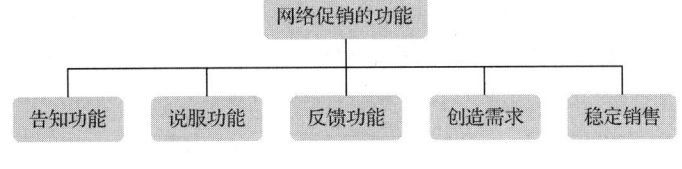

图8-8 网络促销的功能

#### 拓展练习

众筹（Crowdfunding），即大众筹资或群众筹资，由发起人、跟投人和平台参与，是一种向群众募资,以支持发起个人或组织的行为。查阅资料了解现代众筹和成功案例"罗辑思维"。"罗辑思维"的优势在哪儿?它是如何运作成功的?

【思政小课堂】

### 广告"健康本该如此"

999 广告揭露社会生活痛点,扎心内容引发共鸣,关怀社会的价值传递,撬动目标群体引优质互动。它区别于以简单粗暴的方式告知产品卖点,而是将价值观和企业愿景植入到观众的心中,树立起品牌在消费者眼中最暖心的企业形象。

"健康本该如此"传递一种健康的生活态度和品牌理念,激发了用户的好奇心和痛点,凭借互动性、传播性、受众层面广的特点,获得大众一致好评。

(资料来源:天擎天拓。)

思考:一个优质走心的网络广告需要具备哪些关键要素?

启发:广告是企业非常重要的宣传推广手段,过去的广告是企业单方面推给客户的硬广,容易给部分客户带来干扰。网络广告坚持以内容为导向,是深度体察客户需求的软广,在情感上与客户达成共鸣,走进客户的内心才能最终获得客户的信任。

## 任务四　网络营销的常用方法

### 任务描述

网络营销职能的实现需要通过一系列网络营销方法,常用的网络营销方法主要有:搜索引擎营销、自媒体营销、软文营销、网络社群营销、网络社区营销、网络直播营销、病毒式营销等。通过本节内容应掌握网络营销的常用方法,通过搜索引擎、各种自媒体平台及网络直播与短视频等方式对公司产品或服务开展网络宣传推广,并对网络效果进行跟踪评价,不断调整优化网络营销方案。

### 学习目标

1. 掌握常见的网络营销方法
2. 具备运用网络营销方法进行网络宣传推广的能力

### 任务准备

引导问题 1:通过网络查阅"封杀"王老吉事件的资料,分析并总结其营销的技巧,请举例说明。

引导问题 2:通过网络查阅 2008 年可口可乐在线火炬传递的病毒式营销事件的资料,分析并总结其营销的技巧,请举例说明。

引导问题 3:通过网络查阅鸿星尔克在 2021 年郑州特大暴雨灾难面前举全公司之力捐款 5 000 万的资料,作为一个民族品牌,在自身经营面临困难的情况下,依然位卑未敢忘国忧,圈了一大波铁粉,网友如何助力把鸿星尔克送上热搜的,网友的举动说明什么，请举例说明。

引导问题 4：面向新青年群体的酒品牌——江小白，让消费者参与表达品牌态度，提出了"人人都是江小白，让每一个人为江小白代言"，登录其官方微博，总结其微博营销的技巧，请举例说明最吸引你的微博文案。

### 任务实施

## 一、搜索引擎营销

搜索引擎营销是目前最主要的网站推广营销手段之一，尤其基于自然搜索结果的搜索引擎推广。因为自然结果搜索引擎推广是免费的，所以受到众多中小网站的重视，搜索引擎营销方法也成为网络营销方法体系的主要组成部分，做好搜索引擎营销是企业网站推广的基本任务。

搜索引擎营销主要方法包括：关键词竞价排名、分类目录登录、搜索引擎优化等。

### 1. 关键词竞价排名

竞价排名是一种按效果付费的网络推广方式，按照付费最高者排名靠前的原则，对购买了同一关键词的网站进行排名的一种方式。其基本特点是按点击付费，推广信息出现在搜索结果中（一般是靠前的位置），如果没有被用户点击，那么不收取推广费。这种营销方式由百度在国内率先推出，之后谷歌、雅虎等国内著名搜索引擎网站全部使用了竞价排名的营销模式。

### 2. 分类目录登录

网站分类目录是由寻求收录的管理员向分类目录网站提交网站信息，先经过分类目录网站编辑并人工审核通过后，再将不同主题的网站放在相应目录下，形成分类目录网站。它是最传统的网站推广手段，最初以免费登录为主，随着基于超链接技术性搜索引擎重要性的提高，现已逐步退出人们的视线。

### 3. 搜索引擎优化

搜索引擎优化（Search Engine Optimization，SEO），它是一种通过分析搜索引擎的排名规律，了解各种搜索引擎怎样进行搜索、怎样抓取互联网页面、怎样确定特定关键词的搜索结果排名的技术。搜索引擎采用易于被搜索引用的手段，对网站进行有针对性的优化，提高网站在搜索引擎中的自然排名，吸引更多的用户访问网站，提高网站的访问量、销售能力和宣传能力，从而提升网站的品牌效应。

搜索引擎在优化的过程中会使用很多方法，如内容的更新、外链的搭建、内容与主题的联系等。

## 二、自媒体营销

自媒体营销亦可称社会化营销，是利用社会化网络、短视频、微博、微信、今日头条、百度、搜狐、凤凰、UC 等平台，在线社区、博客、百科、贴吧、媒体开放平台或其他互联网协作平台媒体来进行营销、公共关系和客户服务维护开拓的一种方式。其主要特点是网站内容大多由用户自愿提供（UGC），用户与站点不存在直接的雇佣关系。

### 1. 微博营销

微博营销是指通过微博平台为商家、个人等创造价值而执行的一种营销方式，也是指商家或个人通过微博平台发现并满足用户的各类需求的商业行为方式。微博营销以微博作为营销平台，每一个听众（粉丝）都是潜在的营销对象，企业利用更新自己的微博向网友传播企业信息、产品信息，树立良好的企业形象和产品形象。该营销方式注重价值的传递、内容的互动、系统的布局、准确的定位，微博的火热发展也使其营销效果尤为显著。

（1）微博营销的类型。

微博营销一般可分为个人微博营销、企业微博营销和行业资讯微博营销。

个人微博营销是依靠用户个人的知名度来得到别人关注和了解，以明星、成功商人或者社会中其他比较成功的人士为例，他们运用微博主要是希望通过这一媒介来让自己的粉丝更进一步了解和喜欢自己，通常用户抒发个人感情，功利性不明显，一般由粉丝跟踪转发来达到营销目的。

企业微博营销是以盈利为目的，通过微博增加自己的知名度，最后达到产品售卖的目的。企业微博营销较个人微博营销难度更大，因其知名度有限，短短的微博不能让消费者直观理解商品。同时，微博更新速度快，信息量大，企业微博营销时，应当建立自己固定的消费群体，与粉丝多交流互动，多做企业宣传工作。

行业资讯微博营销主要指以发布行业资讯为主要内容的微博，往往可以吸引众多用户关注，类似通过电子邮件订阅的电子刊物或者 RSS 订阅等，微博内容成为营销的载体，订阅用户数量决定了行业资讯微博的网络营销价值。因此，运营行业资讯微博与运营行业资讯网站很相似，需要在内容策划及传播方面下功夫。

（2）微博营销的技巧。

① 注重价值传递。

微博数量数以亿计，只有能为浏览者创造价值的微博才有价值，此时企业微博才能达到期望的商业目的。企业博客经营者要先改变观念——企业微博的"索取"与"给予"之分，企业微博是一个给予平台。

② 注重微博个性化。

微博的特点是关系和互动，因此，企业微博不是单纯发布官方消息的窗口，要给人感觉像一个人，有感情，有思考，有回应，有自己的特点与个性。企业微博必须塑造个性，才有更高的黏性，可以持续积累粉丝与专注。

③ 注重连续性。

微博就像一本随时更新的电子杂志，要注重定时、定量、定向发布内容，让用户养成观看习惯。当其登录微博后，想看微博的新动态。

④ 加强互动性。

微博的魅力在于互动，拥有一群不说话的粉丝是很危险的，他们慢慢会不看内容，最后可能离开。因此，互动性是使微博持续发展的关键。企业宣传信息不能超过微博信息的 10%，最佳比例是 3%～5%，更多信息应该是粉丝感兴趣的内容。

⑤ 注重系统性布局。

任何一个营销活动,想要取得持续性成功,都不能脱离系统性。微博营销虽然看似简单,对大多企业来说效果有限,被很多企业忽视。其实,微博这种全新形态的互动形式潜力很大,想要发挥其更大效果就要将其纳入整体营销规划中,这样微博才有机会发挥作用。

⑥ 注重准确的定位。

微博粉丝众多当然是好事儿,然而,对于企业微博来说,粉丝质量更重要。企业微博最终的商业价值需要有价值的粉丝参与。吸引目标顾客关注,而非只吸引眼球。在起步阶段很多企业微博容易陷入误区,完全以吸引大量粉丝为目的,却忽视粉丝是否为目标消费群体。

⑦ 企业微博专业化。

企业微博定位专一很重要,但是专业更重要。专业是一个企业微博的竞争力。微博不是企业的装饰品,不能做到专业,只能流于平庸。

⑧ 有效性。

微博不会飞,但传播速度却快得惊人,传播速度结合传递规模,可以创造出惊人的力量,可能是正面也可能是负面。因此,企业必须有效管控企业微博这把双刃剑。

⑨ 注重方法与技巧。

想把企业微博做得有声有色,持续发展,单纯在内容上传递价值还不够,必须讲求技巧与方法。例如,微博话题的设定,表达方法很重要。博文可以提问性或带有悬念性,引导粉丝思考与参与,浏览和回复的人自然多,容易给人留下印象。

**2. 微信营销**

微信营销是网络经济时代企业或个人营销模式的一种,是伴随着微信的火热而兴起的网络营销方式。企业通过微信提供用户需要的信息,商家推广自己的产品,从而实现点对点营销的一种网络营销方式。

(1) 微信营销的方式。

① 利用二维码开拓 O2O 模式。用户可以通过扫描识别二维码身份来添加朋友、关注企业账号;企业可以设定自己品牌的二维码,用折扣和优惠来吸引用户关注,开拓 O2O 营销模式。

② 利用微信公众平台互动,形成客户关系管理系统。企业可实现与特性群体的全方位沟通和互动。公众平台可以向粉丝推送新闻资讯、产品信息和最新活动信息等,甚至能够提供咨询和客服等功能,形成自己的客户数据库或将普通关系的粉丝发展成朋友圈好友,使微信公众平台成为一个客户关系管理系统。

③ 将小程序与微信公众号相关联,增强用户黏性。

第一,将企业的微信公众号与小程序相关联,把企业已拥有的用户资源转移到小程序中,可实现销售转化,增强用户黏性。

第二,将门店小程序关联到公众号。门店小程序是微信公众平台向商户提供的对其线下实体门店进行管理的一个应用程序。可将其设置到公众号介绍页、自定义菜单中,还可以将其插入到图文消息中,从而被微信用户搜索和转发。

（2）微信营销的技巧。

① 建立微信营销矩阵。微信的本质是沟通和关系，它需要整合订阅号、服务号、多客服系统、微信群、个人微信号在内的沟通渠道，这些沟通渠道互为补充，对其充分利用，可形成微信矩阵的整合营销效果。这些沟通渠道需注意：订阅号注重信息的推送；服务号和多客服系统作为营销者的官方客服渠道；微信群是群体传播，旨在使粉丝保持活跃，增强粉丝的参与感和认同感；营销者申请个人微信号与消费者进行沟通，更具人性化。

② 打造优质内容，增强粉丝黏性。用户在微信上的个性化需求日益凸显，只有有价值的内容才能成功吸引消费者注意，并使消费者转发宣传，在微信上达到核裂变式的病毒式营销传播效果。如星巴克的《自然醒》互动式推送微信（见图8-9）。用户可以登录微信，添加"星巴克中国"为好友，即可与之展开一场内容丰富的互动对话。只需发送一个表情符号，星巴克就即时回复，享有星巴克《自然醒》音乐专辑，获得专属调配曲目，感受自然醒的超能力。飘柔的陪聊式微信对话（见图8-10），添加"飘柔Rejoice"为好友后，就可根据选择进入聊天模式。

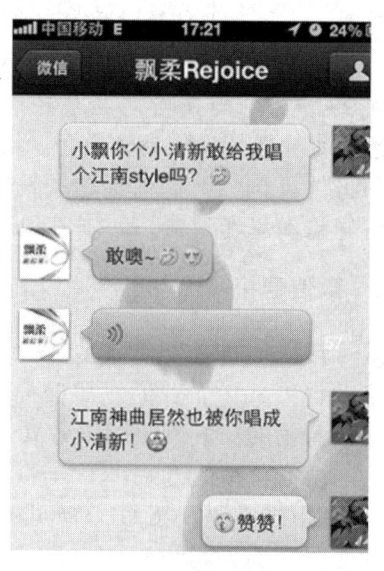

图8-9　星巴克的《自然醒》专辑截图　　　图8-10　飘柔的陪聊式微信对话

③ 做好数据分析，精准挖掘客户。微信营销的数据分析包括用户分析、图文分析、消息分析等。基于数据分析对客户进行精准挖掘，实现微信的精准营销，在充分了解客户信息的基础上，针对客户与潜在客户的偏好，进行一对一的微信营销。

④ 取得粉丝信任，促成效益转化。企业通过微信与粉丝建立较强的关系连接，随着微信运营的层层递进和营销者通过多种方式建立的沟通渠道，营销者和粉丝之间会建立高度的信任关系，这种来自粉丝的信任很可能转化为实实在在的商业价值和经济效益。

## 三、软文营销

软文是相对于硬性广告而言，所谓软文，追求的是一种春风化雨、润物无声的传播效果。软文是指基于特定产品的概念诉求与问题分析，对消费者进行针对性心理引导的一种文字模式。软文营销是指通过满足特定的概念诉求、以摆事实讲道理的方式使消费者走进企业设定的思维圈,以强有力的针对性心理攻势迅速实现产品销售的网络营销模式。其主要表现形式有新闻、第三方评论、访谈、采访和口碑等。

1. 软文的类型

对软文的认识可从载体的不同,内容特点的不同,软文撰写目的三个角度进行认识(见图8-11)。

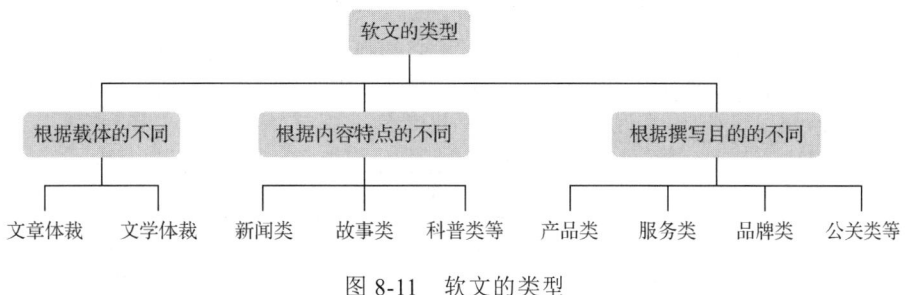

图8-11 软文的类型

2. 软文营销的技巧

一篇好的软文应该具备文笔好、内容引人入胜等特征,使读者有持续阅读的冲动,广告植入"润物细无声"。营销产品不同、受众群体不同,软文的写作模式也不同。要想写好一篇优秀的互联网软文,需要掌握以下技巧:

(1)具有吸引力的标题是软文营销成功的基础。

就整篇软文而言,文章的标题犹如企业的LOGO,代表着文章的核心内容。标题不但要吸引读者注意力,还应让读者动心,产生关注的欲望。

(2)抓住时事热点,以热门事件和流行词为话题。

时事热点就是指那些具有时效性、最新鲜、最热门的新闻。软文的成功发布需要依靠天时、地利。天时主要表现在企业发布软文时对发布契机的把握和对当时新闻热点的巧妙跟随。当新闻媒体连续"炒"某个重要话题时,企业要快速做出应变,撰写并发布与此话题相关的软文。地利主要是指软文发布的版面位置。软文写作时要学会使用网络流行词,这样能使读者在阅读时产生亲近感。

(3)广告内容自然植入,不要让用户反感。

一篇高质量的软文让读者感受不到一点广告的味道,要读完之后还会觉得受益匪浅,为其提供帮助。作者在写软文之前就要想好广告的内容和目的,如果软文的写作能力弱,那么最好把文章中的软文部分放在开头第二段。如果作者没有高超的写作技巧,那么切勿将软文中的广告放在最后,文章内容不够吸引人,读者可能不等读完就关闭网页。

(4)软文内容要精准定位受众,契合用户口味。

软文写作的目的绝不是简单地为企业品牌或产品做广告。要想真正发挥软文的营销价值,需要认真调研目标用户的兴趣爱好和习惯特征等,了解用户的口味和需求,精准定位目标受众。只有这样,才能写出满足用户需求的内容,为用户提供一定的价值,进而引起受众的关注,促其进行阅读和传播。

> **拓展练习**
>
> 聚美优品的文案非常励志，引发了大批80后消费者的情感共鸣，取得非常好的宣传效果，查阅资料并分享聚美优品的经典软文。

## 四、网络社群营销

网络社群营销是指基于互联网等移动终端把具有共同兴趣、爱好的人聚集在一起，进行营销传播的过程，营销过程中通过引起受众的关注，汇聚人群达到最终的营销目的。这种营销方法是基于圈子、人脉、六度空间概念而产生的营销模式，它借助虚拟社群中的人际关系进行营销，是一个口碑传播的过程。

网络社群营销的特点如图8-12所示。

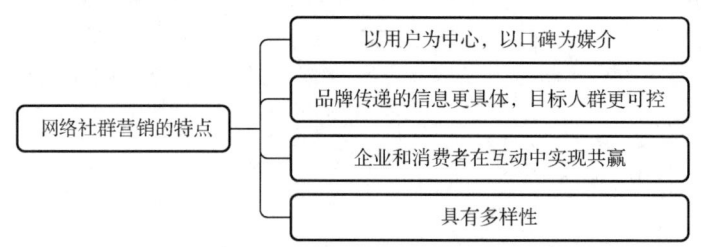

图8-12　网络社群营销的特点

（1）以用户为中心，以口碑为媒介。网络社群营销以目标人群的多向互动、沟通为核心，社群成员既是信息的发起者，也是传播者和分享者，用户的使用体验、看法、态度会直接影响营销效果。社群成员对产品的点评会转化为持久的口碑效应，当越来越多的群成员在社群里表达自己对产品的看法、态度并分享给志同道合的人时，强烈的认同感就会在圈里产生，同时引起非社群成员的关注与传播。

（2）品牌传递的信息更具体，目标人群更可控。维系社群的纽带是对价值观的高度认同，这种归属感是建立在对品牌认可的基础上。社群成员通过与企业的互动，参与产品的设计、加工、制造过程，建立对产品或服务质量的动态评估，进一步增强对品牌的忠诚度。同时，由于与社群成员的关系更加紧密，企业对目标消费人群的信息掌握更加准确，数据分析更加精准，客户人群更加可控。

（3）企业和消费者在互动中实现共赢。在网络社群营销中，社群成员可以通过其他成员的推荐或者企业提供的产品体验机会来判断产品是否符合自己的需求，实现理性消费，甚至可以参与产品生产流程并获得成就感；企业通过经营社群，既可以推广产品，又可以了解消费者的爱好、需求、兴趣，了解目标消费人群对产品及服务的看法和意见，为下一步的产品设计、营销方式提供参考。

（4）具有多样性。其传播信息的方式呈现多样化，包括图片、文字、音频和视频等多种形式；所传播信息的内容包括理性信息和感性信息、正面信息和负面信息、真实信息和虚假信息、共识性信息和个性化信息、专业性信息和业余性信息。

## 五、网络直播营销

网络直播营销是指通过数码技术将产品营销现场和企业形象信息实时地通过网络

传输到观众的眼前。它是网络视频营销的延伸，使观众能实时地接收到企业信息并与企业进行即时对话，让用户与企业零距离接触，并使企业形象深入人心。这种即时视频与互联网的结合，创造了一种对企业非常有帮助的营销方式。

网络直播营销的方式主要有四种类型（见图 8-13）。

（1）企业自主创造型直播。企业通过网络直播营销可以把产品发布会搬上互联网，通过直播软件或直播网站跟观众进行即时互动，让用户亲身体验新产品的魅力，既让产品形象深入人心，又让用户与企业平等对话感觉自己得到尊重，使用户对公司更加友好，从而促成即时成交。

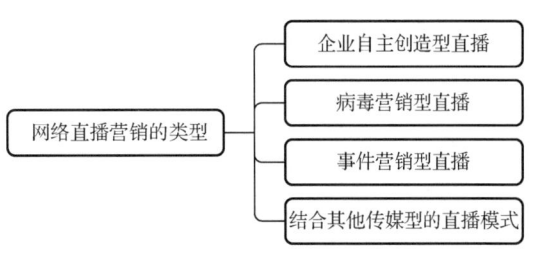

图 8-13 网络直播营销的类型

（2）病毒营销型直播。视频营销的厉害之处在于传播即精准，首先会产生兴趣，关注视频，再由关注者变为传播分享者，被传播对象有着一样特征兴趣，这一系列过程就是目标消费者精准筛选传播。如果直播营销结合视频营销的这种特点一起使用，当视频传播到一定程度积累一批关注者，新的一场直播，把这批人聚集在一起，然后再与忠实粉丝进行即时沟通互动加深感情，那么对后面的产品或服务的推广就大有裨益了。

（3）事件营销型直播。事件营销一直是线下活动的热点，国内很多品牌都依靠事件营销取得成功。策划有影响力的事件，编制一个有意思的故事，将这个事件拍摄成视频，也是一种非常好的方式，同时，有事件内容的视频更容易被网民传播。将事件的结局进行现场直播，之前积累的关注度全部聚集在一起，并在事件营销中把产品信息合理植入，这样做事半功倍。

（4）结合其他传媒型的直播模式。每一个用户的媒介和互联网接触行为习惯不同，单一的视频传播效果不佳。因此，在做直播前，企业需要通过创作一系列视频短片，在公司网站开辟专区，吸引目标客户的关注，同时，跟主流门户、视频网站合作，提升视频影响力，对于互联网用户来说，线下活动和参与也非常重要。最后适时地把人气聚集在一起，进行网络直播，再配合线下活动，这样就能使聚集的人真正成为公司的忠实粉丝。

网络直播营销是一种营销手段，效果远超其他营销手段；直播营销的发展前景很广，特别是在网络提速和智能设备越来越普遍的形势下。利用好直播这种营销手段，有利于企业的发展与产品的销售。

## 六、病毒式营销

### 1. 病毒式营销的含义与特点

病毒式营销并非真的以传播病毒的方式开展营销，而是通过用户的口碑宣传网络，信息像病毒一样传播和扩散，利用快速复制的方式传向数以千计、百万计的受众。病毒式营销的经典范例是 Hotmail。Hotmail 是世界上最大的免费电子邮件服务提供商，在创建之后的 1 年半时间里，就吸引了 1 200 万注册用户，而且还以每天超过 15 万新用户的速度发展，令人不可思议的是，在网站创建的 12 个月内，Hotmail 只花费了很少的营销费用,不到其直接竞争者的 3%。Hotmail 之所以爆炸式的发展,就是由于利用了病毒式营销的巨大效力。它区别于其他营销方式的特点有:有吸引力的病原体、几何倍数的传播速度、高效率的接收和更新速度快。

**2. 病毒式营销的基本要素**

病毒式营销既可以被看作一种网络营销方法,也被认为是一种网络营销思想,即通过提供有价值的信息和服务,利用用户之间的主动传播来实现网络营销信息传递的目的。病毒式营销是通过利用公众的积极性和人际网络,让营销信息像病毒一样传播和扩散,营销信息被快速复制传向受众。成功的病毒式营销离不开基本要素,美国电子商务顾问 Ralph F·Wilson 博士将一个有效的病毒式营销的基本要素归纳为 6 个方面(见图 8-14)。

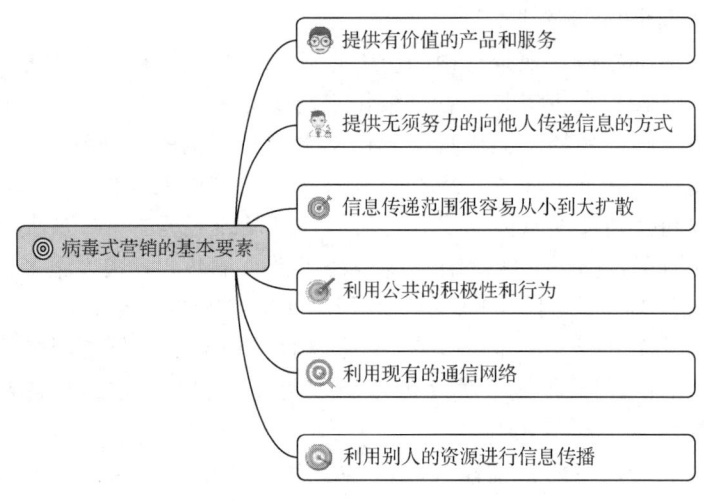

图 8-14　病毒式营销的基本要素

**拓展练习**

你知道哪些病毒式营销的典型案例?

## 七、其他网络营销方法

除了以上几种网络营销方法,还有其他网络营销方法,如短视频营销、许可 E-mail 营销、即时通信营销、网络体验营销等,这里以短视频营销和即时通信营销为例进行介绍。

**1. 短视频营销**

关于短视频目前还没有统一的定义,SocialBeta 将其定义为一种视频长度以秒计数,主要依托于移动智能终端实现快速拍摄与美化编辑,可在社交媒体平台上实时分享和无缝对接的一种新型视频形式。国外比较有代表性的短视频发布平台有 Instagram、Vine、Snapchat 等。国内此类产品的起步稍晚,有微视、秒拍、美拍、微信短视频、抖音短视频等。

短视频的特点具体表现在：视频长度一般控制在 30 秒以内；制作门槛低无须专业拍摄设备；社交属性强，短视频的传播渠道主要为社交媒体平台。它的出现既是对社交媒体现有主要内容（文字、图片）的一种有益补充，又是优质短视频内容借助社交媒体渠道优势实现病毒式传播的有效方式。短视频营销可以理解为企业和品牌主借助短视频这种媒介形式进行社会化营销（Social Marketing）的一种方式。

2. 即时通信营销

即时通信（Instant Messaging，IM）营销是企业通过即时工具推广产品和品牌，以实现目标客户挖掘和转化的网络营销方式。常用的 IM 营销主要有两种情况：第一种是网络在线交流。中小企业建立网店或企业网站时一般会有在线即时通信，这样，潜在的客户如果对产品或者服务感兴趣自然会主动和在线的商家联系。第二种是广告。中小企业可以通过 IM 营销通信工具，发布产品信息、促销信息，或者通过图片发布网友喜闻乐见的表情，同时加上企业要宣传的标志。即时通信作为互联网的一大应用，其重要性日益突出。

**拓展练习**

2016 年，微信朋友圈突然刷出了一支朱元璋皇帝唱 Rap 的 H5，并迅速刷屏。

这个 H5 实际上是腾讯创新大赛报名通知，"穿越故宫来看你"，明朝永乐皇帝朱棣从故宫的画中穿越到现在，戴上太阳镜、唱着 Rap、跳着骑马舞、玩自拍、发朋友圈等。想法极具新意，H5 与短视频的结合天衣无缝，说唱与画面相得益彰，新的前端技术的运用恰到好处，牢牢抓住了受众的眼球，迎合了创新大赛的主题。查阅更多相关资料并分享你的发现。

**【思政小课堂】**

### 直播助力经济发展

湖北是年产 4 000 万吨农产品的农业大省，春季时令农产品的销售牵动人心，新冠疫情让很多湖北的农特产品被"封印"住了。

为助力湖北经济发展，央视新闻发起"谢谢你为湖北拼单"的大型公益活动。央视新闻和淘宝直播连线开展湖北美食公益直播。这其中有"网红"蔡林记热干面、汉口二厂果汁汽水，也有"土生土长"的香菇、莲藕等湖北农副产品。最终，这场公益直播累计观看次数为 1.22 亿次，直播间点赞数 1.6 亿个，两个小时的直播，累计卖出总价值 4 014 万元的湖北商品！

抖音推出"湖北重启抖来助力抖音援鄂复苏计划"，快手开启"快人一步，助力湖北重启"计划，整合全站运营、电商、商业化、达人等资源，为湖北献力，扶持 10 万名湖北商家。新冠疫情之下，没有旁观者。电商平台"为湖北加油"的最好方式就是给湖北产品带货，电商平台们也以实际行动体现了一个责任企业的担当。

（资料来源：中国经济网。）

思考：开展直播带货营销需要注意哪些事项？

启发：由官媒发起的直播助力影响力大，为湖北重启贡献了一场场公益行动。国家救助，八方支援，湖北企业要将好产品通过直播间卖给客户，并在基础上开拓创新，开发更多的销售渠道，借助线上助力完成企业常态化的造血和赋能。

## 知识巩固

### 一、名词解释

网络营销　网络市场调研　病毒式营销　软文营销　网络直播营销

### 二、单项选择题

1. 我国的第一个商业性网络广告是在（　　）网站上传播的。
   A．Chinabyte　　　B．Sina　　　C．Sohu　　　D．网易
2. 下列选项中，（　　）不属于网络营销的职能。
   A．网站推广　　　B．信息发布　　　C．网络广告　　　D．客户服务
3. 网络广告中的每千人印象成本收费模式是指（　　）。
   A．CPA　　　B．CPC　　　C．CPM　　　D．CPP
4. 网络广告中的每行动成本收费模式是指（　　）。
   A．CPA　　　B．CPC　　　C．CPM　　　D．CPP
5. （　　）是企业根据竞争对手同类产品或服务的定价调整自己相应产品或服务的定价策略。
   A．竞争定价策略　　　B．个性化定价策略
   C．自动调价、议价策略　　　D．基于价值定价
6. （　　）是指企业通过向目标市场提供各种满足消费需求的有形和无形产品来实现其营销目标。
   A．定价策略　　　B．产品策略　　　C．分销策略　　　D．促销策略
7. 网络市场调研的第一步是（　　）。
   A、收集信息　　　B．制订调研计划
   C．明确问题与确定调研目标　　　D．确定调研的具体内容
8. 网络营销的主要传播渠道是（　　）。
   A．企业——批发商——零售商——消费者
   B．企业——消费者
   C．企业——中介商——消费者
   D．企业——零售商——消费者
9. 以下关于网络营销与传统营销不同点的说法中，错误的是（　　）。
   A．目标不同　　　B．销售方式不同
   C．决策速度不同　　　D．促销力度不同
10. （　　）将是"即时视频"与"互联网"结合在一起的营销方式。
    A．软文营销　　　B．短视频营销　　　C．网络直播营销　　　D．微信营销

## 三、多项选择题

1. 以下各项中属于网络营销特点的是（　　）。
   A．交互性　　　　B．拟人化　　　　C．经济性　　　　D．成长性
   E．跨时空　　　　F．个性化
2. 产品整体概念分为（　　）。
   A．核心利益层次　　B．有形产品层次　　C．期望产品层次
   D．延伸产品层次　　E．潜在产品层次
3. 下列对网络营销的认识中，（　　）是正确的。
   A．网络营销就是网上销售　　　　B．网络营销不仅限于网上
   C．网络营销不是孤立存在的　　　D．网络营销等于电子商务
4. 整合营销理论主要是指（　　）。
   A．产品和服务以客户为中心
   B．以客户不能接受的成本定价为主
   C．产品的分销以方便客户为主
   D．由压迫式促销转向加强与客户的沟通和联系
5. 以下属于微信营销的技巧的是（　　）。
   A．做好数据分析，精准挖掘客户　　B．打造优质内容，增强粉丝黏性
   C．整合沟通渠道，形成微信矩阵　　D．获得粉丝信任，促进效益转化

## 四、简答题

1. 网络营销的八项基本职能是什么？
2. 网络市场调研的步骤是什么？
3. 阐述网络营销策略的内容。
4. 网络营销的方法有哪些？举例说明。
5. 简要回答微信营销的方式和营销技巧。

技能训练

登录百度营销的首页，完成下列任务或问题。
（1）什么是百度营销？
（2）百度营销有哪些广告推广形式？每种推广形式是如何计费的？
（3）如何加入百度营销？
（4）在百度网站的首页搜索栏中输入某关键词，查看"竞价广告""品牌华表""品牌专区"等展示形式与位置。

# 项目九

## 电子商务安全

　　电子商务是一个非常复杂的系统，它涉及方方面面的因素。在复杂关系下的电子商务比传统商务活动更需要安全保障，电子商务的"电子"特征使其更容易受到安全威胁。任何个人、企业、商业机构和银行如果在不安全的网络环境下交易，会导致商业机密信息或个人隐私泄露，从而带来巨大的利益损失。因此，电子商务的安全问题需引起人们的足够重视。

项目九 电子商务安全

## 任务一　电子商务安全

### 任务描述

电子商务简言之就是利用互联网进行的交易活动，是"电子+商务"的有机结合。从电子商务的定义可知其安全主要包括两个方面：一是电子安全，即计算机网络的安全。它包括计算机网络硬件和软件的安全，计算机网络存在很多安全威胁，这就给电子商务带来了安全威胁。二是商务安全，即商务交易安全。对这两个方面安全的威胁给电子商务带来了很多问题。

随着政府加大对网络安全问题的治理力度，我国的基础网络安全问题得到了明显改善。2021年，中国互联网络信息中心发布的《中国互联网络发展状况统计报告》指出，2021年上半年，我国网络综合治理体系稳定运行，推动网络安全总体态势持续向好，个人信息安全保障有力，清朗的网络空间逐步实现。

### 学习目标

1．了解电子商务面临的安全威胁
2．明确电子商务对安全性的要求

### 任务准备

引导问题 1：通过网络查阅相关资料，了解 2017 年 5 月 12 日晚上全球爆发的大规模勒索软件永恒之蓝病毒感染事件，并说明其特征及给社会带来的损失。

引导问题 2：通过网络查阅相关资料，了解 2010 年百度域名被劫持事件，并说明其过程。

引导问题 3：通过网络查阅 2006 年熊猫烧香病毒的相关资料，并说明其特征。

### 任务实施

随着电子商务发展的不断深化，电子商务的安全成为不可忽视的问题。电子商务的安全问题主要体现在安全技术和安全管理方面。

### 一、电子商务面临的安全威胁

随着网络技术的发展，网络威胁也呈现多样化，除了传统的网络钓鱼、病毒木马和系统漏洞，针对移动互联网及智能设备等的恶意程序攻击、分布式拒绝服务、智能设备蠕虫等新的威胁也频繁出现。电子商务面临的安全威胁（见图 9-1）日趋紧迫。

**1．计算机网络安全威胁**

（1）黑客攻击。
黑客攻击是指黑客非法进入网络，非法使用网络资源。随着互联网的发展，黑客攻击时有发生，防不胜防。黑客利用网上的漏洞或缺陷修改网页、非法进入主机、窃取信息等进行相关危害活动。2003 年，仅美国国防部就受到了 230 万次网络尝试性攻击。由此可见，目前黑客攻击已成为计算机网络安全的重要威胁。

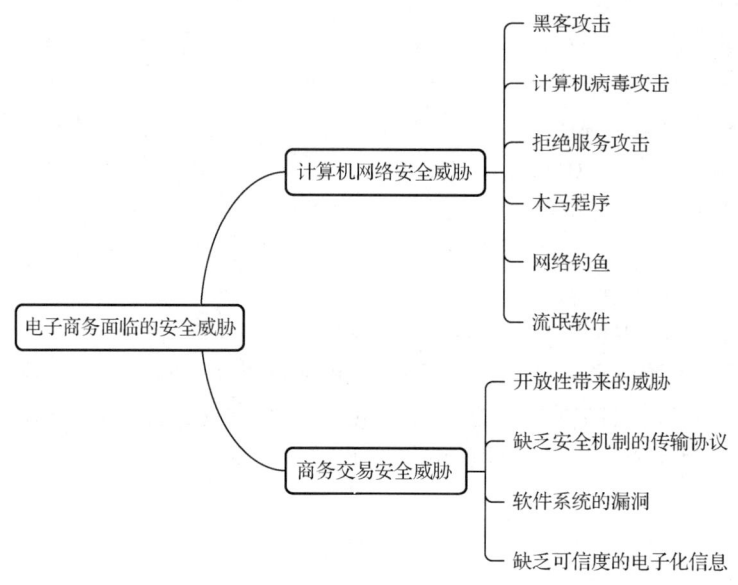

图 9-1　电子商务面临的安全威胁

（2）计算机病毒攻击。

病毒是指编制者在计算机程序中插入的破坏计算机功能或者数据、影响计算机适用并能够自我复制的一组计算机指令或程序代码。病毒是能够破坏计算机系统正常进行、具有传染性的一段程序。随着互联网的发展，病毒的传播速度大大加快，它侵入网络、破坏资源，成为电子商务中计算机网络的又一重要安全威胁。

（3）拒绝服务攻击。

拒绝服务攻击是一种破坏性的攻击，通过大量合法的请求占用网络资源，以达到使网络瘫痪的目的。具体攻击方式有以下几种：通过网络过载来干扰甚至阻断正常的网络通信；通过向服务器提交大量请求，使服务器超负荷；阻断某一用户访问服务器；阻断某服务与特定系统或个人的通信。目前，具有代表性的拒绝服务攻击手段包括 SYN Flood、ICMP Flood、UDP Flood 等。随着互联网的发展，拒绝服务攻击成为网络安全中的重要威胁。

（4）木马程序。

木马程序指隐藏在正常程序中的一段具有特殊功能的恶意代码，是具备破坏和删除文件、发送密码、记录键盘和攻击 DOS 等特殊功能的后门程序。它是计算机黑客用于远程控制计算机的程序。计算机黑客将木马程序寄生于被控制的计算机系统中，里应外合，对被感染木马的计算机实施远程控制。

（5）网络钓鱼。

网络钓鱼（Phishing）攻击者利用欺骗性的电子邮件和伪造的 Web 站点来进行网络诈骗活动，受骗者往往会泄露自己的私人资料，如信用卡号、银行卡账户、身份证号等内容。诈骗者通常会将自己伪装成网络银行、在线零售商和信用卡公司等可信的品牌，骗取用户的私人信息。

（6）流氓软件。

流氓软件是介于病毒和正规软件之间的软件。如果电脑中有流氓软件，可能会出现以下几种情况：用户使用电脑上网时，会有窗口不断跳出；电脑浏览器被莫名修改增加许多工作条；当用户打开网页时，网页会变成不相干的奇怪画面，甚至是黄色广告。

有些流氓软件只是为了达到某种目的，如广告宣传。这些流氓软件虽然不会影响用户计算机的正常使用，但在当用户启动浏览器的时候会多弹出一个网页，以达到宣传目的。

随着移动电子商务的发展，除了计算机端面临的威胁，手机终端也面临手机病毒、手机系统漏洞、无线网钓鱼等威胁，也要引起足够重视。

### 2. 商务交易安全威胁

由于互联网本身的特点，传统商务活动在互联网上进行，存在较多安全威胁，给电子商务带来了安全问题。

（1）开放性带来的威胁。

开放性和资源共享是互联网最大的特点，正是由于它的开放性，给电子商务带来安全威胁。

（2）缺乏安全机制的传输协议。

TCP/IP 协议是建立在可信的环境之下，缺乏相应的安全机制，这种基于地址的协议本身就会泄露口令，根本没有考虑安全问题；TCP/IP 协议是完全公开的，其远程访问的功能使许多攻击者无须到现场就能够得手。

（3）软件系统的漏洞。

随着软件系统规模的不断增大，系统中的安全漏洞或后门也不可避免地存在。如 COOKIE 程序、JAVA 应用程序、IE 浏览器等这些软件与程序都有可能给电子商务带来安全威胁。

（4）缺乏可信度的电子化信息。

电子化信息的固有弱点就是缺乏可信度，电子信息是否正确完整是很难由信息本身鉴别的，传递电子信息存在难以确认信息的发出者及信息是否被正确无误地传递给接收方的问题。

### 3. 电子商务的安全问题

（1）信息泄露。

信息泄露在电子商务中表现为商业机密的泄露，计算机网络安全威胁和安全隐患可能使电子商务中的信息泄漏，主要包括两个方面：一是交易方进行交易的内容被第三方窃取；二是交易方提供给另一方使用的文件被第三方非法使用。

（2）信息篡改。

电子交易信息在网络传输过程中可能被他人非法修改、删除或重放（指只能使用一次的信息被多次使用），这样信息就失去了真实性和完整性。

（3）身份识别。

由于电子商务中交易双方通过网络来完成交易，双方互不见面，计算机网络的安全威胁与安全隐患，可能使电子商务交易中出现交易身份伪造的问题。

（4）信息破坏。

计算机网络本身容易遭到一些恶意程序的破坏，如计算机病毒、特洛伊木马程序、逻辑炸弹等，导致电子商务中的信息被破坏。

（5）破坏信息的有效性。

电子商务中的交易过程是以电子化的信息代替纸质信息，这些信息须保证时效性与有效性，计算机网络安全威胁与安全隐患，使电子商务中的信息很难保证其有效性。

（6）泄露个人隐私。

隐私权是参与电子商务的个人非常关心的问题。参与到电子商务中的个人必须提供个人信息，计算机网络安全威胁与安全隐患有可能导致个人隐私泄露。

## 二、电子商务的安全性要求

电子商务安全是电子商务的生存保障，只有保证了电子商务的安全，才能吸引更多的社会公众投身电子商务，使网络化环境中的商务活动得到有效保障。

在完整的电子商务交易活动中，客户、商家、银行等诸多参与者都会担心自己的利益受到威胁，如何确保电子商务交易活动的安全呢？其关键是保证交易数据和交易过程的安全。电子商务的安全性包括信息的机密性、完整性、不可否认性，可鉴别性和可靠性（见图9-2）。

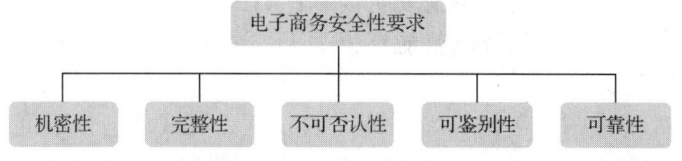

图9-2　电子商务安全性要求

（1）机密性。信息的机密性是指信息在存储、传输和处理过程中不被他人窃取。

（2）完整性。信息的完整性是指信息在存储过程中不被篡改和破坏，以及发送的信息和收到的信息一致，在传输中未被篡改。

（3）不可否认性。信息的不可否认性是指信息的发送方不可否认已经发送的信息，接收方也不可否认已经收到信息。例如，因市场价格的上涨或者信息传递的延迟卖方完全否认收到订单或否认收到订单的日期，从而会给买方造成经济损失。

（4）可鉴别性。交易者身份的可鉴别性是指交易双方确实存在，不可假冒。例如，A公司与B公司进行网上交易前，交易双方必须确认对方身份是否真实，并且互相信任；客户确认了商家的真实身份才能建立彼此信任的交易关系。此外，还要识别是否有第三方在假冒交易对象。

（5）可靠性。可靠性是指计算机硬件、软件及网络工作的稳定性，用来表示系统在规定的条件下和时间内完成规定功能的能力。从信息安全的角度看，可靠性是指不会因计算机故障或其他意外原因（如断电）而造成信息错误、失效或丢失。

项目九 电子商务安全

### 拓展练习

Wi-Fi 是移动互联网最大入口,免费公共 Wi-Fi 呈普及化现象,但随之而来的安全风险也必须引起足够重视。查阅资料并思考防范 Wi-Fi 钓鱼陷阱的措施。

### 【思政小课堂】

#### "闷声发大财"的挖矿木马

在世界各地的星巴克里,我们经常能看到带着笔记本"蹭网"办公的白领们。2017 年年末,黑客盯上了这些电脑配置还不错的人,通过植入挖矿木马把笔记本变成了自己的矿机,疯狂挖掘门罗币。根据公布的脚本可以看出,黑客主要通过入侵 Wi-Fi 提供商,在 Wi-Fi 连接页面被植入挖矿代码,导致用户在连接 Wi-Fi 时执行挖矿程序。黑客研究网站和比特币挖矿网站均表示,这是 Coinhive 代码,专门负责帮黑客挖掘门罗币。

(资料来源:腾讯科技。)

思考:如何避免成为黑客的挖矿工具?

启发:提升信息安全意识,养成良好的互联网信息和资源的使用习惯,是每个人必须具备的网络素养,也只有网民有足够的信息安全意识,才不会给计算机病毒可乘之机。

## 任务二 电子商务安全技术

### 任务描述

电子商务安全技术在电子商务系统中的作用非常重要,它守护着商家和客户的重要秘密,维护着电子商务系统的信誉和财产,同时为服务对象和被服务对象提供了极大的便利。只有采取必要和恰当的技术手段,才能充分增强电子商务系统的可鉴别性和可靠性。通过对电子商务安全技术的学习,熟悉对称加密体制和非对称加密体制的优点、缺点及应用,掌握数字签名的工作原理,了解 SSL 和 SET 安全协议标准,能运用防火墙技术对内部网进行安全隔离。

### 学习目标

1. 了解 SSL 和 SET 安全协议标准
2. 熟悉对称加密体制和非对称加密体制的优点、缺点及应用
3. 掌握数字签名的工作原理
4. 能运用防火墙技术对内部网进行安全隔离设置

### 任务准备

引导问题 1:提前查阅相关资料,了解对称加密技术的优缺点,并举例说明其适用情况。

**引导问题 2**：提前查阅相关资料，了解非对称加密技术的优缺点，并举例说明其适用情况。

**引导问题 3**：提前查阅相关资料，了解数字签名技术是对称加密技术和非对称加密技术的有机结合，并说明其工作原理。

### 任务实施

电子商务系统的安全应该建立在网络安全的基础上，要通过信息安全技术的保障及应用协议的使用才能实现。下面将对主要电子商务系统安全技术进行介绍（见图9-3）。

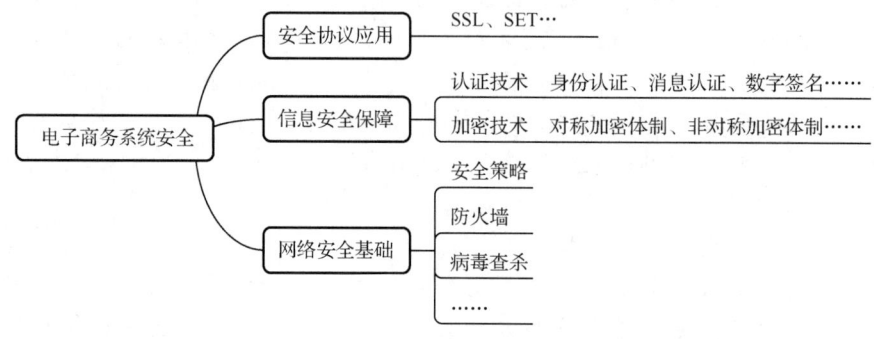

图9-3　电子商务系统安全技术示意图

## 一、加密技术

加密技术是利用技术手段把原始信息变为乱码（加密）传送，到达目的地后再用相同或不同的手段还原（解密）信息。原始信息通常被称为明文，加密后的信息通常被称为密文。

加密技术涉及两个元素：算法和密钥。算法是将明文与一串字符（密钥）结合起来，进行加密运算后形成密文。密钥是在将明文转换为密文或将密文转换为明文的算法中输入的一串字符，可以是数字、字母、词汇或短语。

由此可见，加密和解密过程涉及信息（明文、密文）、密钥（加密密钥、解密密钥）和算法（加密算法、解密算法）这三项内容。

常用的现代加密体制有对称加密体制和非对称加密体制两种。

**1. 对称加密体制**

对称加密体制是指发送方和接收方使用同样密钥的加密体制，即文件加密和解密使用相同的密钥。这种加密体制要求发送者和接收者在安全通信之前商定一个密钥。由于对称加密体制的安全性依赖于密钥，因此，只要通信过程中采用了对称加密，密钥就必须保密。

（1）对称加密体制的工作过程（见图9-4）。

对称加密体制的工作过程主要由5个部分组成：明文、加密算法、密钥、密文、解密算法。具体过程如下：

① 发送方用密钥K和加密算法E对明文P进行加密，得到密文C；
② 通过互联网传输密文C；

③ 接收方用密钥 K 和解密算法 D 对密文 C 进行解密，得到明文 P。

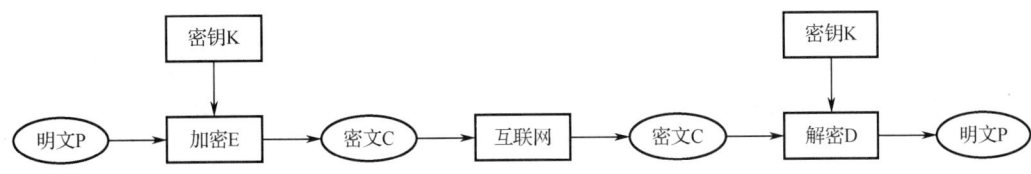

图 9-4　对称加密体制的工作过程

（2）对称加密算法。

常用的对称加密算法有 DES 数据加密标准，速度较快，适用于加密大量数据的场合；3DES 是基于 DES，对一块数据用三个不同的密钥进行三次加密，强度更高；AES 高级加密标准，是下一代的加密算法标准，速度快，安全级别高，支持 128 位、192 位、256 位、512 位密钥的加密；对称加密算法中最经典的是 DES。

对称加密算法加密方和解密方使用同一个密钥，加密解密的速度比较快，适合数据长时使用。缺点是在数据传送前，发送方和接收方必须商定好密钥，双方需保存好密钥。如果一方的密钥被泄露，那么加密信息也就不安全了。另外，每对用户每次使用对称加密算法时，都需要使用其他人不知道的独一密钥，这会使得收、发双方所拥有的密匙数量巨大，管理比较麻烦。

### 2. 非对称加密体制

非对称加密体制使用的是密钥对，即加密密钥和解密密钥不同。公钥（public key）是公开的，可以像电话簿一样，保存在密钥中心；私钥（private key）由用户自己保存，只有自己才知道。通常用公钥加密、私钥解密来保证信息的机密性；用私钥加密、公钥解密来保证身份认证。

（1）非对称加密体制的工作过程（见图 9-5）。

非对称加密体制由 6 部分组成：明文、加密算法、公钥、私钥、密文、解密算法。具体工作过程如下：

① 发送方用接收方的公钥和加密算法 E 对明文 P 进行加密，得到密文 C；
② 通过互联网传输密文 C；
③ 接收方用自己的私钥和解密算法 D 对密文 C 解密，得到明文 P。

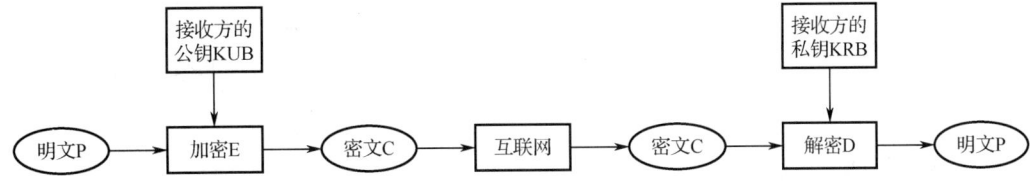

图 9-5　非对称加密体制的工作过程

（2）非对称加密体制的算法。

RSA 算法是目前应用非常广泛、历史较悠久的非对称密钥加密技术，是 1977 年由罗纳德·李维斯特（Ronald Rivest）、阿迪·萨莫尔（Adi Shamir）和伦纳德·阿德曼（Leonard Adleman）三人共同设计提出的。它主要用于对密钥加密和数字签名。

### 3. 对称加密体制与非对称加密体制的比较

在实际应用中，对称加密算法和非对称加密算法是结合使用的，利用对称加密算法DES算法实现对大容量数据的加密，利用RSA算法传递对称加密算法所使用的对称密钥（见表9-1）。

表9-1 对称加密体制与非对称加密体制的比较

| 比较项目 | 对称加密体制 | 非对称加密体制 |
| --- | --- | --- |
| 代表算法 | DES | RSA |
| 密钥数目 | 单一密钥 | 密钥是成对的 |
| 密钥种类 | 密钥是秘密的 | 一个私有，一个公开 |
| 密钥管理 | 产生简单，管理困难 | 需要数字证书及可靠的第三者 |
| 相对速度 | 快 | 慢 |
| 主要用途 | 大量数据加密 | 数字签名或对称密钥的加密 |

## 二、认证技术

除了加密技术，在信息安全领域，常用的信息保护措施还有认证技术。目前认证技术有身份认证和消息认证两种。身份认证也叫用户认证，主要用于鉴别用户身份的合法性；消息认证主要用于验证所收到信息是来自真正的发送方且未被修改，即信息的完整性，也可用于验证消息的顺序性和及时性。

### 1. 身份认证

身份认证的基本思想是通过验证被认证对象的属性来确保被认证对象的真实性。用户只有通过了身份认证，才能操作计算机系统，访问网络资源。因此，身份认证是安全系统的第一道关卡。实现身份认证的方式主要有以下三种：

（1）用户所知道的。通常最常用的方法是密码和口令。这种方法简单，开销小，但也最不安全。

（2）用户所拥有的。依赖用户拥有的信息（如身份证、护照和密钥盘等）来实现身份认证。其安全性比前者高，泄露信息的可能性小，但认证系统相对复杂。

（3）用户所具有的特征。它主要指用户的生物特征，如指纹、虹膜、DNA、声音和脸部特征，还包括用户下意识的行为。这类技术的安全性最高，也是当前信息安全研究的重点和热点。

### 2. 消息认证

消息认证是指验证消息的完整性，当接收方收到发送方的报文时，接收方能验证收到的报文是真实的和未被篡改的。消息认证常用的方法是消息摘要，即发送方在发送的消息中附加一个鉴别码，并经加密后发送给接收方。接收方利用约定的算法对解密后的消息进行鉴别运算，将得到的鉴别码与收到的鉴别码进行比较，若两者相等，则接收，否则拒绝接收。消息认证主要包括数字签名和数字时间戳。

（1）数字签名。

消息摘要能保护收发双方之间的数据交换不被第三方侵犯，但并不能规避双方之间的相互欺骗。这需要数字签名技术来保证。

数字签名能够确认两点：一是信息由签名者发送；二是信息自签发后到收到为止未做过任何修改。

数字签名采用双重加密的方法，即用消息摘要加密和 RSA 加密的方法来实现防伪造、防抵赖。具体工作原理也是消息摘要在数字签名技术中的简单应用（见图 9-6）。数字签名原理的具体过程如下：

① 发送方用散列算法（Hash）对原文加密得到数字摘要；
② 发送方用自己的私钥对数字摘要进行加密，形成数字签名；
③ 发送方将原文和数字签名通过互联网同时发送给接收方；
④ 接收方用发送方的公钥对数字签名进行解密，同时对收到的原文用散列算法加密产生又一摘要；
⑤ 接收方对解密后的摘要和收到的原文加密后的摘要进行比对，如果一致则说明在传送过程中原文没有被修改过。

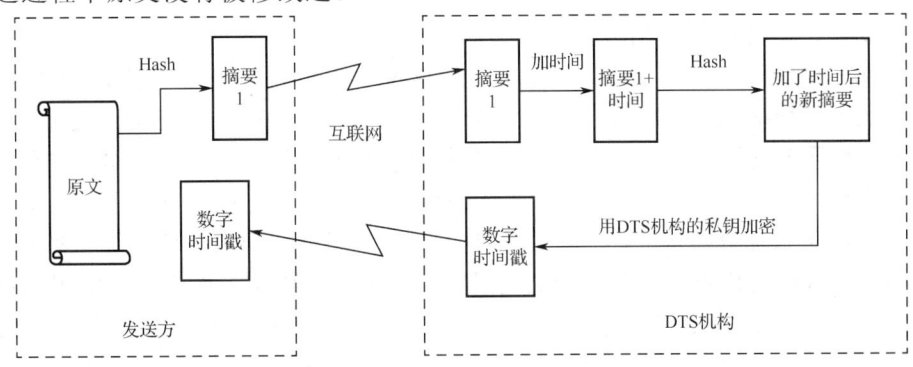

图 9-6　数字签名的工作原理

（2）数字时间戳。

数字时间戳服务（Digital Time-Stamp Service，DTS）由专门的机构提供。它能提供电子文件发表时间的安全保护。数字时间戳是一个经加密后形成的凭证文档，它包括三个部分：①需加时间戳的文件摘要；②DTS 收到文件的日期和时间；③DTS 的数字签名。具体工作流程如下（见图 9-7）。

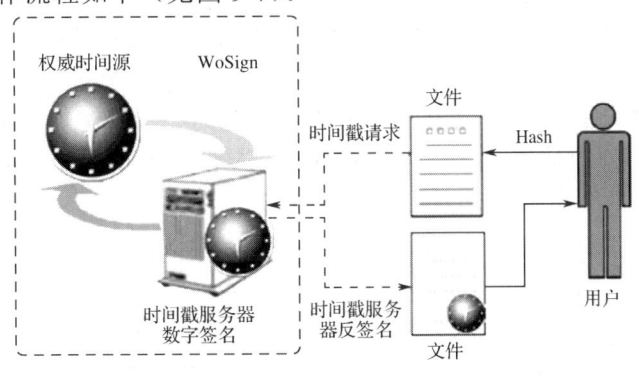

图 9-7　数字时间戳工作流程

（1）用户对文件数据进行 Hash 摘要处理；
（2）用户提出时间戳的请求，Hash 值被传递给时间戳服务器；
（3）时间戳服务器对 Hash 值和一个日期/时间记录进行签名，生成时间戳；
（4）时间戳数据和文件信息绑定后返还，用户进行下一步电子交易操作。

## 三、安全协议

安全协议是网络安全的一个重要组成部分，是以密码学为基础的消息交换协议，可用于保障计算机网络信息系统中秘密信息的安全传递与处理，确保网络用户能够安全、方便、透明地使用系统中的密码资源。电子商务领域中常见的安全协议有安全套接层协议和安全电子交易协议等。

（1）安全套接层（Secure Socket Layer，SSL）协议是指使用公钥和私钥技术相结合的安全网络通信协议，是网景公司（Netscape）推出的基于互联网应用的安全协议。安全套接层协议指定了一种在应用层协议（如 HTTP、Telnet 和 FTP 等）和 TCP/IP 之间提供数据安全性分层的机制。在电子商务发展初期，对开展 B2B 电子商务的企业有着很高的要求，实力雄厚和社会信誉度高的企业才能开展 B2B 电子商务，所以 SSL 协议理论上假设商家是可信的在当时是行得通的。

（2）安全电子交易（Secure Electronic Transaction，SET）协议是由万事达卡（MasterCard）和维萨（Visa）联合网景、微软等公司，于 1997 年 6 月 1 日推出的。该协议理论上假设开放的网络是不可信的，主要是为了实现更加完善的即时电子支付。安全电子交易协议是 B2C 基于信用卡支付模式设计的，它在保留对客户信用卡认证的前提下，增加了对商家身份的认证，凸显了客户、商家、银行之间通过信用卡交易的数据完整性和不可否认性等优点。因此，它成为目前公认的基于信用卡网上交易的国际标准。

电子支付无论采用哪种支付协议，都应该考虑安全、成本和使用的便捷性这三方面。这三者在安全电子交易协议和安全套接层协议中的任何一个协议里都无法得到全部体现，因此造成了现阶段安全套接层协议和安全电子交易协议并存的局面。

## 四、防火墙技术

防火墙是一种将内部网和外部网（如互联网）相互隔离的技术。防火墙的主要作用有以下几点：通过过滤不安全的服务降低风险，强化网络安全；对网络存取和访问进行监控；防止内部信息外泄；防止外部用户非法访问或占用内部资源。另外，防火墙还支持具有互联网服务特性的企业内部网络技术体系虚拟专用网（Virtual Private Network，VPN）。

新一代防火墙产品已经呈现出一种集成多功能的设计趋势，具有虚拟专用网、认证、授权、记账、公钥基础设施、互联网协议安全性等多项功能，甚至防病毒和入侵检测这样的主流功能也都被集成到防火墙产品中。

**拓展练习**

查阅资料了解指纹锁的工作流程，并根据所学内容，回答指纹锁运用了什么样的身份认证技术。指纹锁在使用过程中一般会出现什么问题？请举例。

项目九　电子商务安全

【思政小课堂】

### 星级公厕"刷脸"取厕纸

2020年12月7日,《半岛晨报》报道,位于东莞莞城街道东江大道03号的公厕最近在网络上火了,因为其使用了类似人脸识别的照相免费取厕纸的设备,虽说是方便了大家免费取用厕纸,但是人脸识别的方式却引起了一些市民的担忧。

该人脸识别厕纸机的初衷是为了方便市民用纸及节约企业购纸成本。市民只需站在取纸机前3秒,通过机器自动"刷脸"功能,便能得到设定好的纸量,由于取纸量及取纸频率都是设定好的,可杜绝同一个人短时多次重复取纸造成的厕纸浪费的不文明现象,在一定程度上提升了市民文明素养。

(资料来源:《南方都市报》。)

思考:你怎么评价人脸识别厕纸机?请发表自己的看法。

启发:通过技术手段强制约束不道德的行为是无奈之举,从长远看,我们更需要人们的文明自觉和行为自觉。每个人都能做到文明之举,才能为精神文明建设添砖加瓦。

## 任务三　电子商务安全管理

### 任务描述

电子商务的安全问题是电子商务发展的关键所在。除了技术,我们还需要从管理和法律等方面进行综合考虑。在中国,专门负责网上交易各方身份认证的组织机构是中国金融认证中心(China Financial Certification Authority, CFCA),它是经中国人民银行和国家信息安全管理机构批准成立的国家级权威安全认证机构。自2000年挂牌成立以来,CFCA一直致力于全方位网络信任体系的构建,历经20多年的发展,已经成为国内最大的电子认证服务机构。与此同时,保障电子商务安全的相关法律与制度也日益完善。除了组织、法律制度为电子商务保驾护航,用户也要有日常安全防范意识,学会计算机端和移动端的日常安全措施。

### 学习目标

1. 熟悉电子商务安全不断完善的管理制度与法律法规
2. 掌握认证中心的职能
3. 具备Office文件加密的能力,学会计算机端和移动端的日常安全措施

### 任务准备

引导问题1:你的手机安全吗?请举例。

引导问题2:你使用手机的安全防范意识充分吗?请举例。

引导问题3:如果你的手机出现安全问题,你一般会采取什么措施或向谁寻求帮助?请举例。

引导问题4：你熟悉《中华人民共和国电子商务法》（以下简称《电子商务法》）吗？

> **任务实施**

## 一、组织机构管理

建立数字证书认证（Certificate Authority，CA）中心是电子商务的核心环节，是在电子交易中承担网上安全电子交易认证服务、签发和管理数字证书、确认用户身份等工作的具有权威性和公正性的第三方服务机构。其目的是加强数字证书和密钥的管理，通过签发和管理数字证书来增强网上交易各方的互相信任，提高网上交易的安全性，控制交易风险，从而推动电子商务的发展。

### 1. 功能和作用

在电子商务交易中，无论是数字时间戳服务还是数字证书的发放，都需要具有权威性和公正性的第三方机构来完成。认证中心就是承担网上安全电子交易认证服务、签发数字证书并确认用户身份的服务机构。

数字证书认证中心的主要功能如下（见图9-8）。

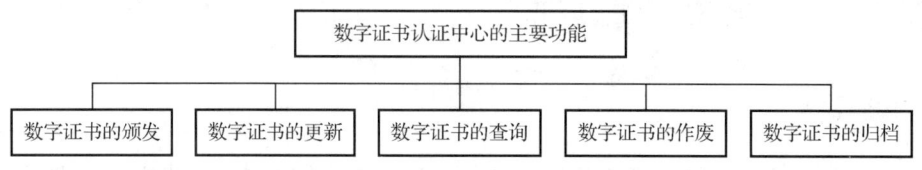

图9-8　数字证书认证中心的主要功能

（1）数字证书的颁发。数字认证中心负责接收、验证用户（包括下级认证中心和最终用户）数字证书的申请，对申请的内容进行备案，并根据申请的内容确定是否受理该数字证书申请，从而进一步确定为用户颁发何种类型的数字证书。

（2）数字证书的更新。数字认证中心定期更新所有用户的数字证书，或者根据用户的请求更新数字证书。

（3）数字证书的查询。数字证书的查询可以分为两类：一是数字证书申请的查询，数字认证中心根据用户的查询请求返回当前用户数字证书申请的处理进程；二是用户数字证书的查询，这类查询由目录服务器完成，目录服务器根据用户的请求返回适当的数字证书。

（4）数字证书的作废。数字认证中心通过维护数字证书作废列表完成数字证书的作废。当用户的私钥由于泄密等原因造成用户数字证书需要申请作废时，用户需要向认证中心提出数字证书作废请求，数字认证中心会根据用户的请求确定是否将该数字证书作废；另外一种数字证书作废的情况是数字证书已经过了有效期，认证中心会自动将该数字证书作废。

（5）数字证书的归档。数字证书具有有效期，数字证书过期后将会作废。然而，不能将作废的数字证书简单丢弃，因为有时可能需要验证以前某个交易过程中产生的数字签名，这时就需要查询已作废的数字证书。

国内的数字证书认证中心主要有行业、地方政府部门或企业等联手合作建立的数字证书认证中心,如中国金融认证中心(CFCA)、海关联盟认证中心、上海数字证书认证中心、广州市电子签名中心和山西数字证书认证中心等。

**2. 数字证书的定义与工作原理**

数字证书是指在互联网通信中标识通信各方身份信息的一个数字认证,人们可以在网上用它来识别对方的身份。数字证书又称数字标识,是对网络用户在计算机网络交流中的信息和数据等以加密或解密的形式保证其信息和数据的完整性和安全性。从本质上讲,它是一种电子文档,是由电子商务认证中心颁发的一种较为权威与公正的证书,对电子商务活动有重要影响。目前数字证书遵循的格式是 X.509 标准。此标准数字证书包含以下内容(见图 9-9)。

(1)证书拥有者的姓名;
(2)证书的版本信息;
(3)证书的序列号,同一身份验证机构签发的证书序列号是唯一的;
(4)证书所使用的签名算法;
(5)证书发行机构的名称;
(6)证书的有效期限;
(7)证书所有人的公钥;
(8)证书发行者对证书的签名。

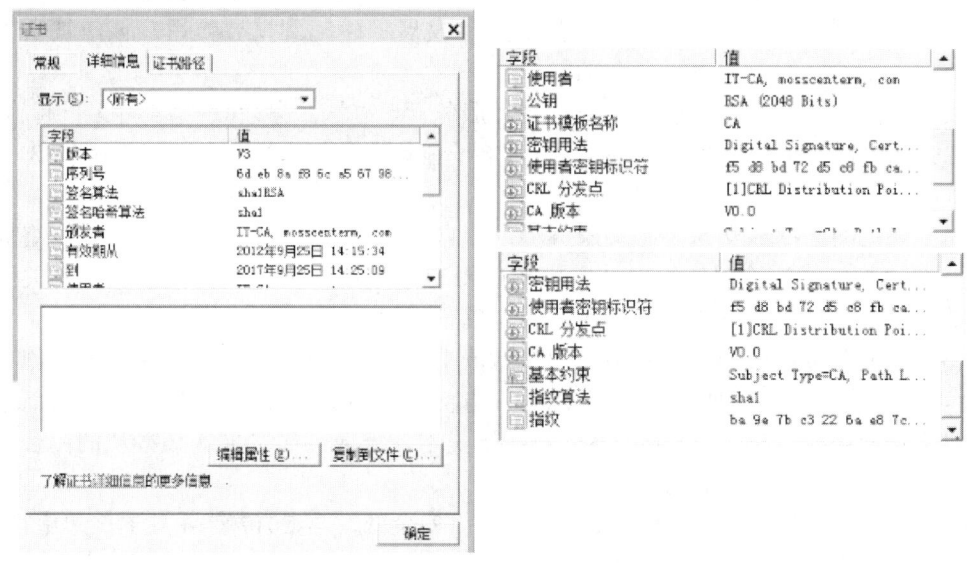

图 9-9 数字证书的内容

数字证书的基本工作原理主要体现在:第一,发送方在发送信息前,需先与接收方联系,同时利用公钥加密信息,信息在进行传输的过程中一直处于密文状态,包括在接收方接收后也是加密的,确保信息传输的单一性,若信息被窃取或截取,则须利用接收方的私钥才可解读数据,无法更改数据,这保障了信息的完整性和安全性;第二,数字证书的数据签名也是加密过程,数据在实施加密后,只有接收方才可打开或更改数据信息,并加上自己的签名后再传输至发送方,而接收方的私钥具有唯一性和私密性，这也保证了签名的真实性和可靠性，进而保障信息的安全性。

## 二、法律制度管理

电子商务安全管理需要综合考虑，除了技术、组织管理，合理的法律法规保障也非常关键。任何先进的网络安全技术都必须在有效而正确的管理控制下，以及合理的法律保障下才能得以较好地实施。我国出台的主要保障电子商务安全的相关法律与制度如下（见图9-10）。

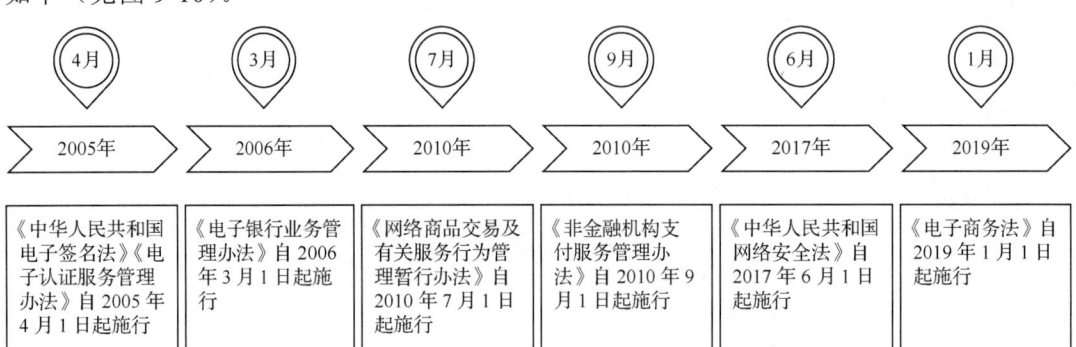

图9-10　我国出台的主要保障电子商务安全的相关法律与制度

（1）确立电子签名的法律效力。《中华人民共和国电子签名法》自2005年4月1日起施行，它对推进我国电子商务发展、扫除发展障碍起到重要作用。该法被认为是我国首部真正意义上有关电子商务的法律。

（2）规范电子认证服务行为。《电子认证服务管理办法》自2005年4月1日起施行。

（3）加强电子银行业务的风险管理。《电子银行业务管理办法》自2006年3月1日起施行。

（4）规范网络商品交易及有关服务行为。自2010年7月1日起施行的《网络商品交易及有关服务行为管理暂行办法》中明确规定，通过网络开展商品交易及有关服务行为的自然人，应提交其姓名和地址等真实的信息。

（5）规范非金融机构支付服务行为，防范支付风险。自2010年9月1日起施行的《非金融机构支付服务管理办法》，要求第三方支付公司必须在2011年9月1日前申请取得"支付业务许可证"，且全国性公司注册资本最低应为1亿元。该办法的出台意在规范发展迅猛的第三方支付行业。

（6）保障网络安全。《中华人民共和国网络安全法》自2017年6月1日起施行。

（7）电子商务综合性法律。《电子商务法》自2019年1月1日起施行，它是我国电子商务领域的首部综合性法律，涉及电子商务经营主体、经营行为、合同、快递物流、电子支付等多项内容，在电商经营资质、纳税、知识产权、责任界定、处罚标准、跨境电商等多个方面对中国电子商务行业进行规范。

## 三、日常安全防范管理

企业和个人需加强自我安全防范意识和措施，在计算机端和手机端做好安全防范。

## 1. 计算机端的安全防范管理

对于个人日常使用的计算机,应采用以下安全防范措施(见图 9-11)。

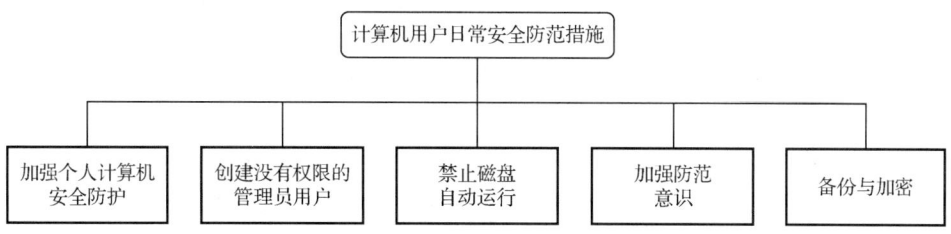

图 9-11　计算机用户日常安全防范措施

(1)加强个人计算机安全防护。个人计算机应该安装适当的防火墙与杀毒软件;平台或系统要使用复杂的密码,定期更换密码;个人不要随便接收文件,尤其是通过 QQ 等即时通信软件或电子邮件,要向发送方求证,接收文件后要先用杀毒软件查杀病毒。

(2)创建没有权限的管理员用户。为 Windows 操作系统创建一个无实际权限的管理员(Administrator)用户。管理员用户是最高级别的用户,无初始密码。黑客很容易通过管理员用户进入计算机,因此,要创建无实际权限的管理员用户。这样,即使别人破解了管理员用户,也会发现那只是一个没有多少权限的账户。

(3)禁止磁盘自动运行。U 盘病毒通过双击盘符自动运行,因此,禁止磁盘自动运行是一种相当有效的预防手段。具体操作方法为:首先单击"开始"按钮,选择"运行"命令,其次在出现的"运行"对话框中输入"gpedt.msc"命令,按"Enter"键,再次在出现的对话框中依次选择"用户配置"—"管理模板"—"系统",然后双击右侧列表里的"关闭自动播放"选项,在出现的对话框中选择"已启动"选项,再选择"所有驱动器"选项,最后单击"确定"按钮后退出。

此外,用户要经常检查开机启动项,发现启动项有异常时,一定要确定是否有病毒。可通过在"运行"对话框中输入"msconfig"命令并按"Enter"键来查看启动项,也可以使用计算机管理软件来完成此项工作。

(4)加强防范意识。插入 U 盘后,不要双击 U 盘盘符,要先用杀毒软件扫描 U 盘。如果 U 盘里有病毒,那么需通过资源管理器查看 U 盘里有无"autorun.inf"文件(通常是隐藏的)。若有,则删除该文件及其指向的程序。

(5)备份与加密。一些重要的数据必须经常备份,如重要的图片和个人信息等。隐私文件要加密。将文件设置为隐藏模式是一种自欺欺人的方式,对于用户认为不能暴露的文件,可以使用加密程序对其加密,网上有很多这样的免费软件。

## 2. 移动端安全防范管理

对于手机等移动端,在日常使用中也要采取安全防范措施(见图 9-12)。

(1)谨慎下载安装手机软件。手机病毒的最大来源渠道为手机应用商店,第二大来源渠道为手机论坛。在两大渠道中,无认证的手机软件存在大量安全问题,因此用户应该安装较为可靠的手机应用软件,对可疑的手机应用软件避而远之。另外,手机须安装可靠的安全管理软件,它能阻止有风险手机软件的安装,还能查杀手机病毒。

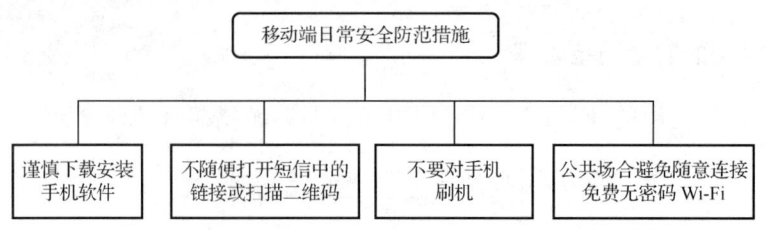

图 9-12　移动端日常安全防范措施

（2）不随便打开短信中的链接或扫描二维码。短信中的链接地址可能是钓鱼网址甚至木马病毒。热门节目中奖、房东转账等多为骗局。有的二维码中隐藏病毒、木马，如果扫描了这样的二维码，手机里的个人信息就很容易被别人盗取。

（3）不要对手机刷机。这样做不仅存在安全隐患，手机一旦损坏，厂商会拒绝保修。同时，在发现手机提醒系统更新时，应及时更新。手机厂商发现系统漏洞后，一般会迅速更新系统以解决漏洞问题。

（4）公共场合避免随意连接免费无密码 Wi-Fi。这样可能会被黑客截获个人信息，甚至被植入木马病毒。对于手机开机、关键应用程序（如理财通、支付宝等），要设置复杂密码。

**拓展练习**

你了解《电子商务法》的优点吗？请举例说明。

**【思政小课堂】**

通过互联网查询2018年至2021年期间国内外发生的关于个人隐私泄露或电子商务安全问题的相关重大事件，结合 2019 年 1 月 1 日实施的《电子商务法》，分析其产生的原因和造成的危害及相应的处罚等。

启发：无论是个人、企业还是其他市场主体，都要知法、懂法、守法，才能做好自我防护不被伤害，同时也不会伤害别人。

**知识巩固**

一、名词解释

对称加密　非对称加密　数字签名　数字时间戳　数字证书

二、选择题

1.（　　）是指在电子商务信息安全的要求中，信息在传输或存储过程中不被他人篡改和破坏，从而使发送的信息和收到的信息保持一致。

　　A．信息的保密性　　　　　　　　B．信息的完整性
　　C．信息的不可否认性　　　　　　D．交易者身份的真实性

2．发送方和接收方使用同样密钥的加密体制被称为（　　）。

　　A．对称加密体制　　　　　　　　B．非对称密钥体制
　　C．通用密钥加密体制　　　　　　D．恺撒加密体制

3．加密后的内容被称为（　　　）。
A．密钥　　　　　　B．算法　　　　　　C．密文　　　　　　D．明文
4．用户识别方法不包括（　　　）。
A．根据用户知道什么来判断　　　　　B．根据用户拥有什么来判断
C．根据用户地址来判断　　　　　　　D．根据用户具有什么特征来判断
5．SET 协议是指（　　　）。
A．安全套接层协议　　　　　　　　　B．安全电子交易协议
C．安全电子技术协议　　　　　　　　D．安全贸易协议
6．在以下身份认证技术中，属于生物特征识别技术的有（　　　）。
A．数字签名识别法　　　　　　　　　B．指纹识别法
C．语音识别法　　　　　　　　　　　D．身份证识别法
7．数字证书的主要功能有（　　　）。
A．证书发放　　　B．证书更新　　　C．证书查询　　　D．证书作废
E．证书作废
8．以下属于数字证书中包括的内容是（　　　）。
A．证书拥有的姓名　　　　　　　　　B．证书的有效期限
C．证书拥有者的私钥　　　　　　　　D．证书所有者的公钥
E．证书发行者对证书的签名
9．数字签名可以解决（　　　）的问题。
A．数据泄露或篡改　　　　　　　　　B．身份确认
C．用户未经授权访问网络　　　　　　D．病毒防范
E．消息认证
10．下面属于不安全口令的有（　　　）。
A．使用用户名作为口令　　　　　　　B．使用自己或者亲友的生日作为口令
C．使用学号或者身份证号码等作为口令　D．使用常用的英文单词作为口令

三、简答题

1．简要回答电子商务的安全需求。
2．简要回答对称加密机制的优点和缺点。
3．简要回答数字签名的工作原理。
4．简要回答 SET 协议相比 SSL 协议有哪些优点。
5．在电子商务活动中，用户如何进行自我安全防护？

技能训练

1．首先以只读方式打开一个 Word 文档，其次修改该文档，最后进行保存。查看原 Word 文档有无变化，说明为什么要用只读方式打开文档。
2．登录招商银行的官方网站，查看"网站安全"中的内容，了解最新的网上银行安全知识，并总结招商银行网上银行和手机银行的安全措施。
3．下载 PGP 加密软件，使用该软件进行文件、电子邮件的加密与签名。

# 项目十
# 电子支付

　　进入 21 世纪，互联网特别是移动互联网迅速普及，其快速地从大学、科研机构进入企业和家庭，其功能也从信息共享演变为大众化的信息传播手段。使用互联网，既可以降低成本，又可以造就更多的商业机会。电子商务得以发展，逐步成为互联网应用的一大热点。为适应电子商务这一市场潮流，电子支付随之发展起来。

　　电子支付是电子商务不可缺少的环节。随着网络技术，特别是网络安全技术的不断发展，电子支付也在不断进步，第三方支付企业得到快速发展。例如，eBay 的 PayPal、阿里巴巴的支付宝和腾讯的财付通等都取得了巨大的成功。

项目十 电子支付

## 任务一 电子支付认知

### 任务描述

电子支付当前最流行的形式是网络支付。CNNIC 的数据显示，截至 2021 年 6 月，我国网络支付用户规模达 8.72 亿人，较 2020 年 12 月增长 1 787 万人，占整体网民的 86.3%。网络支付覆盖领域日趋广泛，网络支付业务稳步增长，有力地拉动消费升级。网络支付正成为境内企业走出国门、境外企业进入国内市场的活跃领域。

网络支付与科技融合的程度不断加深，支付企业竞争焦点正逐渐转向技术升级、物联网、近场通信等新技术在垂直领域加速渗透，不断催生并变革着相关支付方式与形态。例如，在交通出行领域，基于感应识别、数据联网交换等技术的电子不停车收费系统（Electronic Toll Collection，ETC）发展迅速。2021 年上半年，六大国有银行在多个城市推广数字人民币钱包，多个互联网平台的应用场景开始陆续接纳数字人民币，数字人民币消费成为主要亮点。

### 学习目标

1. 了解电子支付的发展
2. 熟悉常用的电子支付系统
3. 能够使用互联网及移动网络平台进行支付和转账，能在平台上进行账务查询等操作

### 任务准备

引导问题 1：结合自己的体验，举例说明网银转账支付中同行转账和跨行转账操作的执行过程。

引导问题 2：结合自己的体验，举例说明用户直连网银支付模式的操作过程。

引导问题 3：结合自己的体验，选择最习惯的第三方支付方式并说明理由。

### 任务实施

## 一、电子支付的含义

电子支付是指，从事电子商务交易的当事人，包括消费者、厂商和金融机构，通过信息网络，使用安全的信息传输手段，采用数字化方式进行货币支付或资金流转。2005 年 10 月，中国人民银行公布的《电子支付指引（第一号）》给出的定义为："电子支付是指单位、个人直接或授权他人通过电子终端发出支付指令，实现货币支付与资金转移的行为。"

电子支付是电子商务系统的重要组成部分。电子支付过程的参与者主要有客户、商家、发卡银行、接收银行、清算中心（见图 10-1）。

（1）客户。客户付款给发卡银行，从发卡银行处换得电子支付凭据。

（2）商家。商家接收客户的电子支付凭据并为客户提供商品或服务。

（3）发卡银行。发卡银行为客户提供有效电子支付工具，如电子现金、电子信用卡和电子支票等。

（4）接收银行。接收银行是为商家服务的，从商家处接收电子支付凭据，验证其有效性，然后提交给清算中心。

（5）清算中心。发卡银行和接收银行将支付信息指令发给清算中心，清算中心实时或定期清算，将清算结果返回两家银行进行结算。

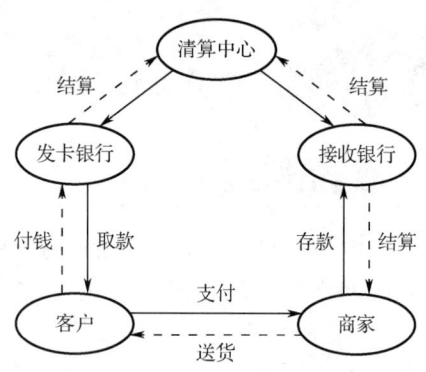

图 10-1　电子支付体系的主要参与者

## 二、电子支付的发展

电子支付的发展阶段如图 10-2 所示。

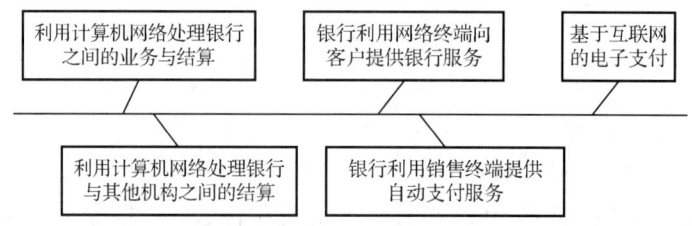

图 10-2　电子支付的发展阶段

其中，最新阶段是基于互联网的电子支付，它将电子支付系统与互联网整合，实现随时随地通过互联网转账结算，形成电子商务交易支付平台。

## 三、常用的电子支付系统

电子支付系统能否在开放的互联网上被广泛采用，不仅取决于其是否具有提供全天候服务、异地交易及交易费用低廉等优势，还取决于其能否安全、方便、高效地完成支付。

常用的电子支付系统主要有以下 5 种（见图 10-3）。

### 1. 自动柜员机系统

自动柜员机系统（CD/ATM 系统）是利用银行发行的银行卡，在自动取款机（Cash Dispenser，CD）或自动柜员机（Automated Teller Machine，ATM）上执行存款、取款和转账等功能的一种自助银行系统。该系统深受用户欢迎，有效地提高了银行的工作效率，降低了银行的运营成本，这便是最早获得成功的电子资金转账系统。

### 2. 销售点终端系统

销售点终端（Point of Sales，POS）系统可通过设备自动读取商品销售信息（如商品名称、单价、销售数量、销售时间、销售店铺等）和银行卡的持卡人信息，商品销售信息通过通信网络和计算机系统被传送至有关部门进行分析加工以提高经营效率，持卡人信息通过银联中心和发卡行系统连接，以完成支付和结算。销售点终端系统最早应用于零售业，之后逐渐扩展至其他行业，如金融、酒店等服务行业，应用范围也从企业内部扩展至整个供应链。同自动柜员机系统一样，销售点终端系统也是一线的便民服务系统。系统网络的覆盖面广，服务网点多，能提供实时的、全天候的电子资金转账服务。

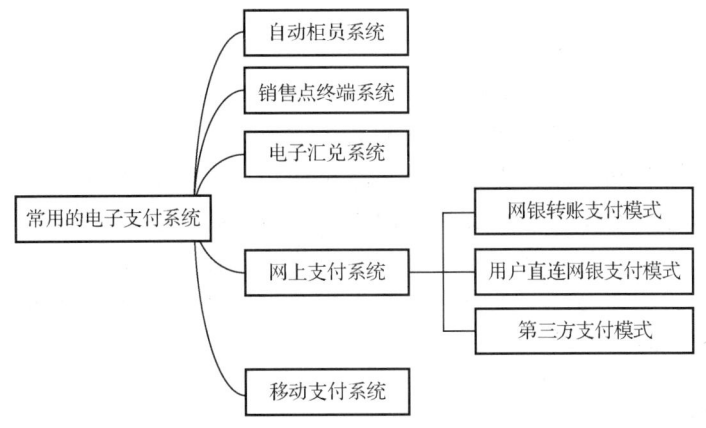

图 10-3　常用的电子支付系统

### 3. 电子汇兑系统

电子汇兑（Electronic Agiotage 或 Electronic Exchange）是指利用电子手段处理资金的汇兑业务，以提高汇兑效率、降低汇兑成本。具体来说，电子汇兑就是银行以自身的计算机网络为依托，为客户提供汇兑、委托收款、银行承兑汇票、银行汇票等支付结算服务。

电子汇兑系统涉及的金额通常很大，是典型的大额支付系统。它支持一国货币和资本市场的运作，支持跨国界、多币种交易，同时，中央银行的公开市场操作也要依赖大额支付系统来实现。因此，大额支付系统的效率会直接影响资金的周转速度，从而决定一国金融市场的运行效率。

### 4. 网上支付系统

网上支付（Net Payment 或 Internet Payment）又称网上支付与结算，它以金融电子化网络为基础，以商用电子化工具和各类交易卡为媒介，以现代计算机技术和通信技术为手段，通过计算机网络系统特别是互联网，以电子信息传递的形式来实现资金的流通与支付。在传统支付系统中，银行是参与者，客户很少主动参与；在网上支付系统中，客户成为主要参与者，这从根本上改变了支付系统的结构。常见的网上支付系统模式有网银转账支付模式、商户直连网银支付模式和第三方支付模式。

（1）网银转账支付模式。网银转账支付模式依据转入账户和转出账户的不同，可以细分为同行转账模式和跨行转账模式。

（2）用户直连网银支付模式。在这种模式下，用户可直接用网上银行进行支付和结算。

（3）第三方支付模式。第三方支付模式是具备一定实力和信誉保障的非银行独立机构，采用与银行签约的方式，提供与银行支付结算系统接口的支付平台模式，如支付宝、微信支付等。

网上支付体系是集购物流程、支付与结算工具、安全技术、认证体系、信用体系及金融体系为一体的综合性系统。

5. 移动支付系统

移动支付是互联网时代的新型支付方式，是第三方支付的衍生品，是用户使用其移动终端（主要是手机）对所购买的商品或服务支付费用的一种支付方式。移动支付将移动终端设备、互联网、应用提供商及金融机构相融合，为用户提供货币支付、缴费及理财等金融服务。常用的移动支付应用提供商有手机端支付宝、微信、翼支付等。随着移动支付的普及，各种支付方式互相配合，共同促进电子商务的发展。随着金融科技与移动支付的加速融合，未来，生物识别支付可能将取代手机扫码支付，成为推动无现金结算进程的主力军。

### 拓展练习

天猫无人超市让线上数据与线下购物深度融合。消费者通过刷脸认证后进入超市，超市内没有服务员，所有商品均自己选购。当看到心仪商品，对着屏幕露个脸，开心大笑的能打折，不开心的则要多掏点钱。首先，通过图像识别技术，天猫无人超市对消费者进行快速面部特征识别、身份审核，完成"刷脸进店"；其次，通过物品识别和追踪技术，结合消费者行为识别，无人超市能判断消费者的结算意图；最后，通过智能闸门，快速完成"无感支付"。

思考：天猫无人超市是如何实现"无感支付"的？

### 【思政小课堂】

#### 使用生物识别技术的风险

1. 被动采集难防

有学校用搭载生物识别技术的摄像头监控学生的上课状态，它能够识别学生是否打盹、有无举手、是不是在玩手机等一系列状态。可见，生物识别技术不仅可以用来识别对象身份，还可以收集更多信息。而这种被动的采集捕捉，让学生行为暴露无遗。

2. 隐私数据难以消除

有些隐私数据，即便仅用来解锁手机或是变个明星脸图个乐，都可能会被上传至运营商的服务器中存储起来，根本没有方法可以保证这些数据的安全。这样又回归传统的道德问题，这些数据中大部分现在看来虽然没有价值，但在更为智能化的未来就不确定了。当一个人看守着一座金库，但他又恰巧拥有这座庞大金库的钥匙，那么就很难保证这座金库中金子的安全，更何况，他只需要复制相关数据，而非取走。

## 3. 偷脸部信息如偷密码一样

我们应当对自己的各项生物数据更加重视,不要盲目地进行各种授权,也尽量不要在不同的安全加密中使用相同的生物特征验证,这就像给所有银行卡设定相同的密码一样充满风险。偷脸部信息,就像偷密码一样。

如今在自动售卖店里,只要脸对着支付界面,就可以拿商品走人。生物识别技术为我们的生活带来便利性的同时,其滥用也正在给我们的安全带来更大隐患。

(资料来源:中关村在线网站。)

思考:结合材料谈谈自己的感受和看法?

启发:生物识别技术是最前沿的技术,但不一定是最成熟的技术,所以,对于普通的网络用户而言,还是要谨慎使用,或者在使用时保护好自己的隐私。

## 任务二 电子支付工具与网络银行

### 任务描述

电子支付是通过第三方提供的与银行之间的支付接口进行的即时支付,这种方式的好处在于,可以直接把资金从用户的银行卡中转账到网站账户中,汇款即时到账,不需要人工确认。客户和商家之间可采用银行卡、电子钱包、电子支票和电子现金等多种电子支付方式进行网上支付,节省了交易开销。

目前,电子支付是互联网时代最为重要的支付手段之一,凭借其便捷、快速、广泛的优势得到了全球消费者的青睐。

### 学习目标

1. 熟悉银行卡、网上银行及手机银行的功能
2. 能够使用网上银行及手机银行完成在线支付和转账等操作

### 任务准备

**引导问题 1**:通过网络查阅相关资料,了解银行卡的相关内容,说明其特点及应用领域,请举例。

**引导问题 2**:通过网络查阅相关资料,了解电子现金的相关内容,说明其特点及应用领域,请举例。

**引导问题 3**:通过网络查阅相关资料,了解电子支票的相关内容,说明其特点及应用领域,并回答为什么电子支票与银行卡及电子现金相比安全性最高。

### 任务实施

### 一、电子支付工具

传统的支付通常以纸基形式发起,如贷记转账,人们是在银行柜面填写单据,以传统手写签名的方式对这次支付进行授权,这时支付的工具多为纸质单据或传统货币。电子支付由

电子方式发起,如网银转账,人们在电子终端上以电子化方式授权发起。涉及的具体工具随着计算机技术的发展,呈多样化发展趋势,现在主要有电子现金、银行卡和电子支票等。

1. 电子现金

电子现金(Electronic Cash,E-cash)即纸币现金的电子化,依据其保存的形式主要分为两种:一是基于互联网环境,将代表货币价值的二进制数据保存在终端存储介质内;另一种是将表示货币价值的数据保存在可脱离银行支付系统流通的电子钱包内。

两种形式中那些经过加密存储的数据就是电子现金。可见,电子现金实际是一种采用电子形式模拟现金的技术,在线交易中实际交易的电子现金就是代表货币价值的数据。

电子现金一直在电子商务交易中扮演着重要角色,尤其是小额、多批次的支付场景。在支付领域,电子现金一直尝试构建一套系统,为在线交易完美地复制传统现金的特性,实现更加便捷、小额乃至匿名的支付。

(1)电子现金的基本特性。

电子现金应具有的基本特性具体如下(见图10-4):

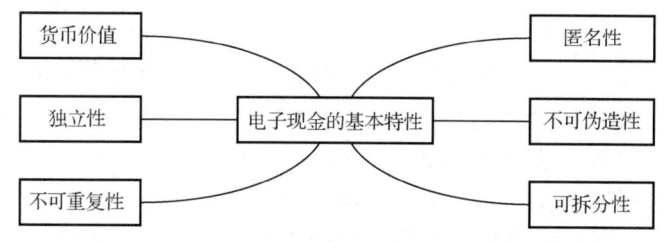

图10-4 电子现金的基本特性

① 货币价值。电子现金价值的体现依靠传统货币的支持,电子现金的发行和使用由银行来完成确认。这里隐藏了"可交换性",各家银行在获得电子现金发行许可后,发行各自的电子现金,在他们之间就会存在相互兼容性的问题。

② 独立性。电子现金的安全性不仅靠物理上的安全来保证,也通过自身使用的各项密码技术来保证。

③ 不可重复性。电子现金不能被重复使用,如重复使用会被发现。则通过事后检测和相应的惩罚机制来完成。

④ 匿名性。可防止银行和商家在未经用户同意的情况下,跟踪、收集电子现金的使用信息,了解电子现金用户的购买行为,并以此推断出他们的消费习惯,窥探个人隐私。

⑤ 不可伪造性。用户不能造假币,包括两种情况:一是用户很难制造有效的电子现金;二是用户从银行提取有效的电子现金后,不能提取和支付这个电子现金的信息,因而很难制造出有效的电子现金。

⑥ 可拆分性。电子现金不仅能作为整体使用,而且能被分为更小的面值多次使用。各部分的面额之和与原电子现金面额相等,可以进行任意金额的支付。这种拆分的功能一般通过电子钱包来实现。

(2)电子现金的优点。

① 匿名性。交易细节和交易者的身份不易泄露。

② 不可跟踪性。交易不具备可跟踪性,无法追究其根源,原因是交易早期多采用"盲签"。

③ 减少了实体现金的使用量。虽然这并非主要目的，但为消费者提供了极大的方便。

④ 支付灵活方便。支付过程基本和传统现金一样，不存在授权使用的问题。

（3）电子现金的基本流程。

① 取款协议（Withdrawal Protocol），用户从自己的银行账户提取电子现金。为了保证用户匿名的前提下获得带有银行签名的合法电子现金。用户将与银行交互执行盲签名协议，同时银行必须确信电子现金上包含必要的用户身份。一般取款协议分为如下两步协议：开户协议，这一步通常技术量较大，用于向用户提供包含其身份信息的电子执照；取款协议，这一步只是单纯的盲签名过程，用户能够从其账户中提取电子现金。

② 支付协议（Payment Protocol），用户使用电子现金从商店中购买货物，通常分为两部分：一是验证电子现金的签名，用于确认电子现金是否合法；二是知识泄露协议，买方将向卖方泄露部分有关自己的身份信息，用于防止买方滥用电子现金。

③ 存款协议（Deposit Protocol），用户和商家将电子现金存入自己的银行账户。在这一步中，银行将检查存入的电子现金是否被合法使用，如果发现有非法使用的情况，银行将使用重用检测协议跟踪非法用户的身份，对其进行惩罚。

（4）电子现金存在的问题。

电子现金目前仍存在使用量较小、成本高、货币兑换、易丢失、可能出现电子伪钞等问题。

### 2. 银行卡

银行卡（Bank Card）是由银行发行，供客户办理存取款业务的新型服务工具的总称，常见的银行卡有信用卡和借记卡。因为各种银行卡都是塑料基片制成的，又用于存取款和转账支付，所以其又被称为"塑料货币"。自 20 世纪 70 年代以来，由于科学技术的飞速发展，特别是计算机网络的运用，银行卡的使用范围不断扩大。这不仅减少了现金和支票的流通，而且使银行业务突破了时间和空间的限制，发生了根本性变化。银行卡自动结算系统的运用，使"无支票、无现金社会"成为现实。

（1）银行卡的种类。

目前，银行卡的种类很多，可以根据结算方式、使用权限、使用范围、持卡对象及所用载体材料的不同进行分类。其中，按结算方式分类是银行卡常用的分类方法。

按结算方式的不同，银行卡可分为信用卡（Credit Card）和借记卡（Debit Card），信用卡又可分为贷记卡和准贷记卡。

① 贷记卡。贷记卡是指银行向可信赖的金融客户提供无抵押短期周转信贷的一种信用卡。它由银行或专门的信用卡公司签发，证明持卡人信誉良好并可以在指定的商店或场所进行直接消费；发卡银行根据客户的资信等级给信用卡的持卡人规定信用额度，信用卡的持卡人可在任意特约商店先消费后付款，也可在 ATM 上预支现金。

依照信用等级的不同，信用卡可分为普通信用卡、银卡、金卡等。信用卡是银行最早发行的一种银行卡，我们所说的信用卡一般单指贷记卡。

② 准贷记卡。准贷记卡是指由银行发行的，持卡人按要求交存一定金额的备用金，当备用金账户余额不足以支付时，可在发卡行规定的信用额度内透支的信用卡。在我国信用卡发行初期，这种卡被发行得较多。

③ 借记卡。在信用卡的基础上，银行推出了借记卡。借记卡的持卡人必须在发卡行内

有存款。持卡人消费后，通过收银台的 POS 机，可直接将银行中的存款划转到商店的账户中。除了用于消费，借记卡还可在 ATM 上取现。借记卡是目前使用最多的一种银行卡。

（2）银行卡的应用领域。

银行卡使用范围大、应用领域广，可用于线下无现金购物、线上电子商务支付，还可使用 ATM、网上银行、手机 App 或银行柜台等方式进行账户操作。

### 3. 电子支票

电子支票（Electronic Check）是一种借鉴纸质支票转移支付的特点，利用数字传递将钱款从一个账户转移到另一个账户的电子付款方式。究其本质，电子支票是一种客户向收款人签发的、无条件的数字化支付指令。它可以通过互联网或无线接入设备来完成传统支票的所有功能。

电子支票可以说是纸质支票的电子替代物，与纸质支票一样是用于支付的一种合法方式，它使用数字签名和自动验证技术来确定其合法性。电子支票与纸质支票非常相似，支票上除了必需的收款人姓名、账号、金额和日期外，还隐含了加密信息。电子支票通过电子函件直接发送给收款方，收款方从电子邮箱中取出电子支票，并用电子签名签署收到的证实信息，再通过电子函件将电子支票送到银行，把款项存入自己的账户。

（1）电子支票的优点。

① 与传统支票十分相似，客户不必接受过多的培训，电子支票因其功能更强，接受度也更高。

② 电子支票数据传递速度快、节省时间，减少了处理纸质支票时的费用。

③ 电子支票减少了支票被退回情况的发生。电子支票的设计方式使商家在接收电子支票前，先得到客户开户行的认证，类似于银行本票。

④ 不易丢失或被盗。支付时，交易双方不必担心电子发票丢失或被盗。如果电子支票被盗，那么接收者可要求支付者停止支付。

⑤ 电子支票技术可通过公众网络连接现有的金融付款体系。

（2）电子支票的支付过程。

电子支票的支付过程如下（见图 10-5）。

① 开具电子支票。买方先在提供电子支票服务的银行注册，开具电子支票。注册时需输入信用卡和银行账户信息。

② 电子支票付款。注册后买方可以和卖方取得联系，用自己的私钥在电子支票上进行数字签名，用卖方的公钥加密电子支票，向卖方进行支付，只有卖方可以收到用卖方公钥加密的电子支票。

③ 资金清算。卖方收到电子支票后，可根据自己的需要自行决定将电子支票发送给银行的时间。银行收到电子支票后进行合法性检查和资金清算。

利用电子支票将钱款在账户间转移的过程是在与商户及银行相连的网络上以密码方式进行的，多使用公用关键字加密签名或个人身份证号码代替手写签名。用电子支票支付，业务处理费用较低，而且银行也能为参与电子商务的商户提供标准化的资金信息，因此其是最有效率的支付手段。

电子支票比较适合 B2B 电子商务中的大额支付。典型的电子支票系统有 Net Bill、Net Cheque 及 E-check 等。

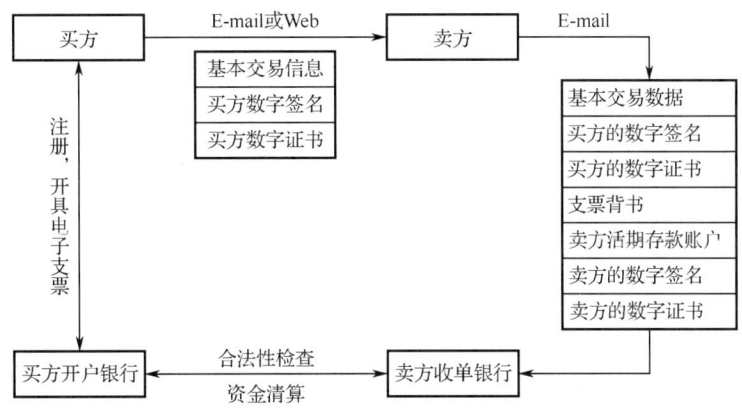

图 10-5 电子支票的支付过程

## 二、网络银行

网络银行也称网上银行,是指银行利用互联网或内联网及相关技术,处理传统的非现金类银行业务的虚拟柜台。银行利用互联网技术,通过建立自己的站点和主页,向客户提供开户、销户、查询、对账、行内转账、跨行转账、信贷、网上证券、投资理财等服务项目,使客户可以安全、便捷地管理活期存款、定期存款、支票、信用卡和个人投资等。客户与银行之间可以通过互联网直接进行双向交流。可以说,网上银行是互联网上的虚拟银行柜台。网上银行必须具备支付(Payment)功能。

网上银行的"网上"包含两层含义:一是机构概念,指通过网络开办业务的银行;二是业务概念,指银行通过网络提供的金融服务,包括传统银行业务和因信息技术应用带来的新兴业务。在日常生活和工作中,网上银行更多是指第二层含义,即网上银行的业务概念。网上银行业务不仅是指传统银行业务转移到网上,而且其服务方式和内涵发生了变化,由信息技术的应用产生一系列全新的业务种类。

### 1. 网上银行的分类

网上银行可从经营组织方式和服务对象两个角度来分类(见图 10-6)。

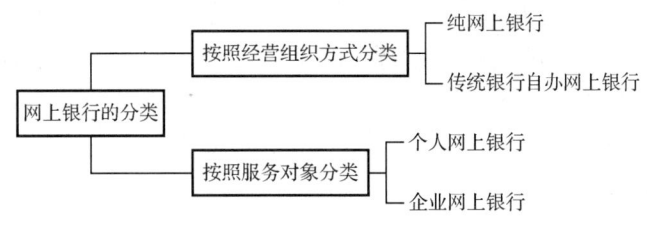

图 10-6 网上银行的分类

(1)按照经营组织方式分类。

网上银行按照经营组织方式可以分为纯网上银行和传统银行自办网上银行。

① 纯网上银行。纯网上银行又称虚拟银行或互联网银行,起源于美国 1995 年开业的安全第一网上银行。纯网上银行一般设一个办公地址,既无分支机构,又无营业网点,几乎所有业务都通过网络来进行。

② 传统银行自办网上银行。传统银行自办网上银行也称直销银行,是指现有的传

统银行以互联网为新的服务手段，建立银行站点，提供在线服务而设立的网上银行。

（2）按照服务对象分类。

网上银行按照服务对象的不同，可分为个人网上银行与企业网上银行。①个人网上银行是银行为个人客户提供金融服务的平台，它能够完成银行的绝大部分业务；②企业网上银行是银行为企业客户打造的金融服务平台，对公客户可通过网上银行办理账户管理、转账汇款、资产分析、融资、对账、电子回单查询及打印等业务。

### 2. 网上银行的功能

随着互联网技术的不断发展与创新，网上银行提供的服务种类、服务深度都在不断拓展。一般来说，网上银行提供的服务，一类是传统商业银行的业务品种在网络上的实现；另一类是完全针对互联网的多媒体互动特性来设计的创新业务品种。后一类业务以客户为中心，以技术为依托，真正体现了按照市场需求"量身定做"的个性化服务特色。这类业务充分利用了互联网和信息技术的优势，打破了传统商业银行的条条框框，成为真正意义上的网上银行业务。

网上银行的主要业务功能如下（见图10-7）。

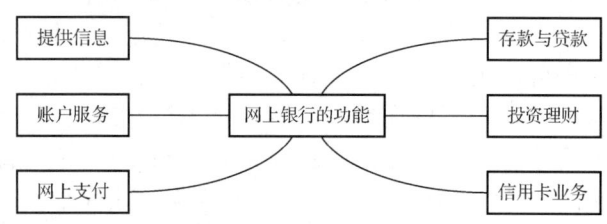

图10-7 网上银行的功能

（1）提供信息。

银行通过互联网发布公共信息，一般包括银行的背景信息、经营范围、机构设置、网点分布、业务品种、利率和外汇牌价、金融法规、经营状况以及国内外金融新闻等。公共信息的发布起到了广告宣传的作用，使客户可以很方便地了解银行以及其业务品种和业务规则，为客户办理各项业务提供方便。

（2）账户服务。

网上银行可以充分利用互联网点对点服务的特点，向企事业单位和个人客户提供如下的账户服务：①账户状态、余额、交易明细等查询服务；②办理添加、删除注册账户，办理账户申请和挂失等；③转账汇款和支付缴费的功能。

（3）网上支付。

网上支付主要向客户提供互联网上的资金实时结算服务，是保证电子商务正常开展的关键性基础功能，也是网上银行的标志性功能。没有网上支付功能的银行站点，只能算是一个金融信息网站。

（4）存款与贷款。

① 提供定期存款或其他存款的存入及查询功能；

② 提供申请贷款、查询本人贷款信息、办理还款等服务。

（5）投资理财。

① 客户可通过网上银行直接购买、查询理财产品；

② 客户可通过网上银行购买基金、基金定投及管理、查询持有基金份额等；
③ 提供储蓄国债（凭证式）和记账式国债的购买、查询功能；
④ 客户可通过网上银行购买其他理财产品，如保险等。

（6）信用卡业务。

网上银行提供查询信用卡的余额、积分、交易明细信息和自动还款功能。

## 三、手机银行

手机银行又称移动银行，是指银行通过移动终端设备（主要是手机）为个人与企业客户提供各项金融服务。手机银行是网上银行的延伸，也是继网上银行、电话银行之后又一种方便银行用户的金融业务服务方式。手机银行按照服务对象分为个人手机银行与企业手机银行。

同传统银行和网上银行相比，手机银行的支付特点如下：

（1）更方便。手机银行功能强大，是网上银行的精简版，比网上银行更方便。因为手机可以随身携带，所以支付更方便。

（2）更广泛。手机银行提供 WAP 网站的支付服务，可实现一点接入、多家支付。

（3）更有潜力。网上银行的成功在于它不仅是银行业电子化变革的手段，而且它迎合了电子商务的发展要求，手机银行的潜力巨大。

（4）安全可靠。手机银行安全可靠，登录时需要唯一的手机号、证书、登录密码、交易密码等。网上银行提供的电子密码器、口令卡或 U 盘证书等安全设备，可以保障账户资金的安全。手机银行与网上银行都具有较强的安全性。

手机银行的功能以中国建设银行为例，个人手机银行的功能有账户服务、转账汇款、投资理财、信用卡、贷款服务、生活服务、网点服务助手、其他金融服务等功能。"转账汇款"包括我要转账、我要存钱、预约转账、境外外汇汇款、公益捐款、境内外币转账、批量转账、他行转入、跨行资金归集、二维码转账（见图10-8）。"网点服务"包括网点取号、扫码存取款、特约取款、人民币大额取款预约、外币取款预约、兑换纪念币/钞、兑换现金红包、保管箱、ATM 吞卡错误查询、e 网点。

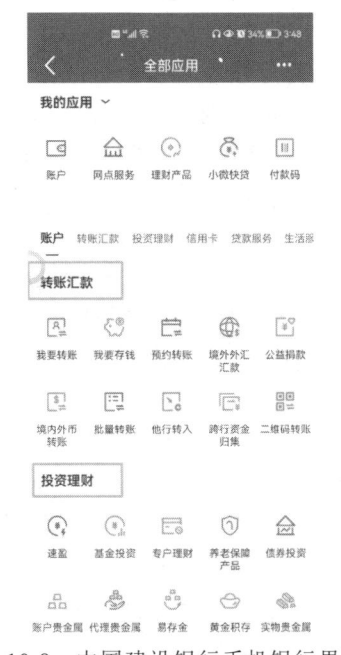

图 10-8　中国建设银行手机银行界面
（可能有变化）

**拓展练习**

使用中国建设银行网站的个人网上银行业务，完成以下操作或回答问题。

（1）比较"个人网上银行"和"企业网上银行"的业务功能有什么异同。

（2）查看账户余额，并进行明细查询。

（3）完成话费、水费、电费等缴费。

（4）完成同城转账或异地网上汇款操作。

【思政小课堂】

### 使用手机银行要养成的良好习惯

**1. 使用本人手机操作**

安装知名专用防病毒软件，防范手机病毒；启用手机安全锁功能，防止他人未经许可操作手机。

**2. 登录正确手机银行网址**

牢记手机银行网址，选择银行官网或可靠移动互联网站点，下载网上银行客户端及其他 App，定期使用防病毒软件，扫描手机各类 App 应用程序，防范山寨 App、钓鱼网站、木马病毒侵入等风险。

**3. 使用安全工具**

如果需要通过手机银行操作大额资金，建议使用手机银行安全工具。很多银行已经推出了可适用手机的安全认证工具。

**4. 设置复杂登录密码**

（1）既要复杂又要易记。涉及资金交易的密码既要尽可能复杂，可以包含数字、字母和符号多个类型，也要便于记忆。总的规律是，字母、数字、符号等与个人信息关联度越低，逻辑反差就越大，就越难破解。对于关联了大额银行卡的手机银行，为进一步保障资金安全，密码最好定期更换；如果怀疑有密码有泄露的可能，应该立即更换。

（2）不用易破解密码。用户不要使用出生日期、门牌号码、手机号码、车牌号码、身份证号码等与个人信息相关度高以及简单数字排列等易被破解的密码。

（3）不与社交帐号使用相同密码。涉及资金交易的密码，不要与邮箱、微博、微信、QQ 等社交工具密码相同。一些中小网站防护措施不力，安全度较低，容易被黑客攻破，导致用户信息资料泄露。各类社交工具由于使用频繁，也容易被人关注，成为攻击、盗窃的对象。

**5. 妥善保管个人信息**

各类个人信息与银行卡、资金安全息息相关，务必妥善保管。本人不要把个人信息资料留给不熟悉的机构、公司、个人、网站，如发现泄露，请及时联系银行客服热线，及时重置账户密码。

启发：支付作为电子商务的核心环节，消费者在使用手机银行完成支付行为时要做好自我安全防护。消费者要从自身做起，做好日常的安全防护，养成良好的支付习惯，确保支付信息不被窃取、不被修改。

## 任务三　第三方支付与移动支付

### 任务描述

第三方支付起源于美国的独立销售组织（Independent Sales Organization，ISO）制度。第三方支付是网上支付的主要方式，移动支付是近年来发展最迅速的支付方式。

在《2021 年中国第三方支付行业研究报告》中,根据艾瑞咨询统计数据显示,第三方支付市场经历高速发展,移动支付与互联网支付的总规模在 2020 年达到 271 万亿元。第三方支付凭借其便捷、高效、安全的支付体验,使中国的支付市场成为国际领先的支付市场之一。2020 年,第一梯队的支付宝、财付通以较大领先优势占据市场头部地位。第二梯队的支付企业在各自的细分领域发力。第三方移动支付从业企业仍有发力空间,蕴含增长潜力。通过完整的用户和商户运营体系,维持用户和商户的黏性,为其提供独特价值,是支付机构的关键所在。

### 学习目标

1. 了解第三方支付和移动支付的流程
2. 能够利用第三方支付工具和移动支付工具完成购物等操作

### 任务准备

**引导问题 1**:结合自己的体验,通过网络查阅相关资料,了解支付宝的支付方式,并举例。

**引导问题 2**:结合自己的体验,通过网络查阅相关资料,了解财付通的支付方式,并举例。

**引导问题 3**:你一般在什么场景下选择支付宝支付和财付通的支付方式?并举例。

### 任务实施

## 一、第三方支付

#### 1. 第三方支付的概念

第三方支付是具备一定实力和信誉保障的独立机构,采用与各大银行签约的方式,提供与银行支付结算系统接口的交易支持平台的网络支付模式。

相比于网上银行和传统汇款方式,第三方支付有延期付款功能,买家可在收到货物后再确认付费,规避部分网购欺诈风险;卖家开通第三方支付账户后,可对接买家几乎所有的银行卡,免去了传统支付方式中买家要办理多家银行卡的烦恼,同时也免去了传统支付方式(如银行汇款、邮局汇款等)烦琐的业务流程。

截至 2021 年 5 月 27 日,已获支付牌照的第三方支付机构有 228 家,在现有已获支付牌照的机构中,北京有 47 家,占 20.6%;上海有 46 家,占 20.2%;广东有 28 家,占 12.3%。第三方支付机构可以分为中国银联(China UnionPay)、互联网公司推出的支付产品、独立第三方支付机构三大类别。

(1)中国银联。中国银联提供的第三方支付服务有银联商务 POS 刷卡、银联在线支付、银联钱包、云闪付 App 等。中国银联成立于 2002 年 3 月,是经国务院同意、中国人民银行批准设立的银行卡联合组织,处于我国银行卡产业的核心地位。

(2)互联网公司推出的支付产品。支付宝、微信支付、QQ 钱包等都是互联网公司推出的支付产品,它们依托互联网公司庞大的用户群体,交易形式多样。

(3)独立第三方支付机构。独立第三方支付机构是指不依托于金融机构或大型电商平台的独立支付机构,如快钱、易宝支付和汇付天下等。

### 2. 第三方支付的交易流程

第三方支付的交易流程具体如下(见图10-9)。

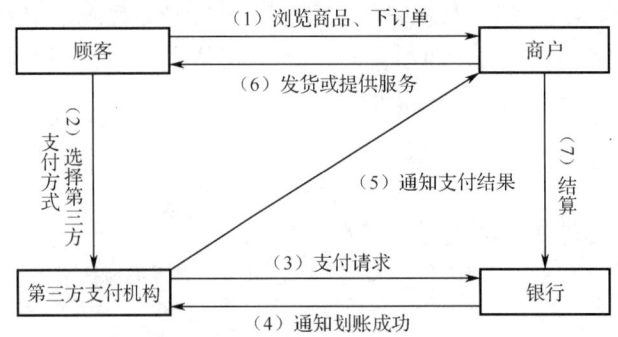

图10-9　第三方支付的交易流程

(1)顾客在电子商务网站选购商品并购买,买卖双方达成交易意向;
(2)客户选择第三方支付方式;
(3)客户向银行发出支付请求;
(4)相关银行检查消费者的支付能力,并将划账成功的信息传至第三方支付机构;
(5)第三方支付机构通知商家,消费者已付款;
(6)商户向消费者发货或提供服务;
(7)各银行和第三方支付机构通过银行完成资金结算。

### 3. 主要的第三方支付机构

(1)支付宝。

支付宝最初由阿里巴巴公司创办,2004年12月独立为浙江支付宝网络技术有限公司,成为阿里巴巴集团的子公司,其定位为电子商务支付领域,是国内领先的第三方支付平台。支付宝致力于为中国电子商务提供"简单、安全、快速"的在线支付方案。

支付宝的主要支付方式(见图10-10)有以下几种:

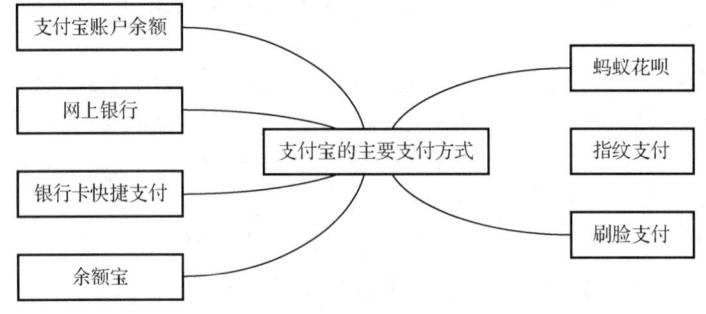

图10-10　支付宝的主要支付方式

① 支付宝账户余额。当客户的支付宝账户中有余额时,客户输入支付密码后可用余额进行支付。

② 网上银行。客户不用前往银行柜台，就可以享受全天候、跨地域的银行服务。

③ 银行卡快捷支付。客户无须开通网银即可绑定银行卡，且支付时不受支付额度的限制，与手机绑定验证是一种安全、便捷的支付方式。银行卡快捷支付包括信用卡和借记卡（储蓄卡）快捷支付。

④ 余额宝。余额宝是余额理财工具，其中的资金可随时转出或用于消费，客户转入余额宝的资金可以获得收益。

⑤ 蚂蚁花呗。蚂蚁花呗是由蚂蚁金服提供给消费者的"这个月买，下个月还"网购借款服务。消费者可以免费使用消费额度购物，还款方便并可使用支付宝自动还款。

⑥ 指纹支付。客户在手机端开启指纹支付后即可使用该功能。

⑦ 刷脸支付。消费者通过商家支付宝设备屏幕上的摄像头即可在 10 秒内完成刷脸支付。支付时消费者只需要面对商家 POS 机屏幕上的摄像头，系统自动将消费者面部信息与个人支付宝账户相关联，整个交易过程十分便捷。目前，支付宝已发展成为融合了支付、生活服务、政务服务、社交、理财、保险、公益等多个场景与行业的开放性平台。

（2）财付通。

财付通是由中国知名的互联网即时通信服务商腾讯公司于 2005 年 9 月正式推出的专业在线支付平台，致力于为互联网用户和企业提供安全、便捷、专业的在线支付服务，同时为网上交易双方提供信用中介担保。财付通作为综合支付平台，业务覆盖 B2B、B2C 和 C2C 各领域，提供网上支付及清算服务。它为个人用户提供在线充值、提现、支付、交易管理等基本服务，为企业用户提供安全、可靠的支付清算服务和极富特色的 QQ 营销集成支付服务。

财付通支付方式丰富多样，主要有以下 5 种。

① 即时到账。在这种方式下，交易双方互相信任，一方自愿付款给另一方，一旦付款，款项马上进入对方财付通账户。

② 财付通余额支付。这是指使用财付通账户的余额进行支付。用户在财付通账户充值后，在网上购物时即可使用财付通余额支付功能。

③ 手机支付。用户在财付通账户开通手机支付功能后，在手机联网环境下，在财付通指定的 WAP 网站下订单，其财付通账户绑定的手机会收到一个验证码，在绑定的手机上输入验证码即可进行支付。目前，手机支付方式支持财付通余额支付、一点通支付和手机银行支付。

④ B2B 在线支付。这是银行专门为电子商务活动中的卖方和买方（针对企业）提供的安全、快捷、方便的在线支付方式。简单来说，就是在企业间进行支付时，一方企业将货款支付给财付通，先由财付通暂时保管，待交易成功后，再由财付通公司负责将款项支付给另一方企业。

⑤ 企业付款功能。该功能可实现财付通账户间的大额交易付款。付款方只需要安装数字证书即可向已经开通企业收款权限的财付通账户进行大额付款，不受个人转账额度的限制。企业付款功能的特点是支持大额付款、资金即时到账、无须支付手续费等。

（3）PayPal。

Paypal 是 eBay 的子公司 Paypal 公司开发的网上支付系统，该系统的业务开展建立在 PayPal 专有的反欺诈和风险管控系统的基础上，在国外有十多年成功运营经验，在全球的电子支付领域有庞大的客户群。Paypal 目前支持 202 个国家和地区间多达 25

种货币的支付活动，是目前跨国交易中比较有效的付款方式。其业务主要关注跨国交易在支付环节的需求。2021年第一季度，公司营收60.3亿美元，共处理了2 850亿美元的转账。从2021年年初开始，PayPal用户可以使用加密货币进行网络购物。

## 二、移动支付

移动支付是互联网时代一种新型的支付方式，是指用户通过移动终端对所购买的产品进行支付的方式，移动支付的主要表现形式为手机支付。单位或个人通过移动设备、互联网或者近距离传感器直接或间接向银行金融机构发送支付指令产生货币支付与资金转移行为，从而实现移动支付功能。移动支付将终端设备、互联网、应用提供商以及金融机构相融合，为用户提供货币支付、缴费等金融业务。

移动支付主要分为近场支付和远程支付两种，近场支付是用手机刷卡的方式坐车、购物等，非常便利。远程支付是指通过发送支付指令（如网银、电话银行、手机支付等）或借助支付工具（如邮寄、汇款）进行的支付方式。

### 1. 移动支付的方式

移动支付有短信支付、扫码支付、指纹支付、声波支付等方式。

（1）短信支付。手机短信支付是手机支付的最早应用，将用户手机SIM卡与用户本人的银行卡账号建立对应关系，用户通过发送短信的方式在系统短信指令的引导下完成交易支付请求，操作简单，可以随时随地进行交易。手机短信支付常用于移动缴费和消费。

（2）扫码支付。在该支付方式下，商家可把账号、商品价格等交易信息生成一个二维码，用户通过手机客户端扫描二维码，便可实现与商家支付账户的支付结算。

（3）指纹支付。指纹支付即指纹消费，是采用目前已成熟的指纹系统进行消费认证，即用户使用指纹注册成为指纹消费折扣联盟平台会员，通过指纹识别即可完成消费支付。

（4）声波支付。声波支付是利用声波的传输，完成交易方的近场识别与支付。

### 2. 移动支付的应用

移动支付业务的应用范围非常广，业务量增速相对较快。中国人民银行《2021年第三季度支付体系运行总体情况》数据显示，移动支付业务量保持增长态势，移动支付业务共390.77亿笔，金额共126.81万亿元，同比分别增长21.48%和24.50%。在电子支付中，移动支付业务量保持较快增长，其中基于第三方支付的移动支付是主流的移动支付方式。

**拓展练习**

扫描二维码了解京东供应链金融，并思考：京东提供的融资服务可以为企业带来什么益处？

京东供应链金融

项目十　电子支付

【思政小课堂】

### 互联网金融产品的类型

近些年，互联网金融发展得如火如荼，市场中的互联网金融产品层出不穷。目前我们常见的互联网金融产品可以分为以下5类。

（1）第三方支付类。第三方支付是指具备一定实力和信誉保障的独立机构，借助计算机通信和信息安全技术提供交易的支持平台，在银行与用户之间建立连接的电子支付模式。近几年第三方支付迅猛发展，已不局限于最初的互联网支付，而是成为线上线下全面覆盖、应用场景更为丰富的综合支付工具，以支付宝、微信支付、京东支付为代表。

（2）网络借贷类。其典型代表有蚂蚁借呗、京东白条、平安易贷等。

（3）投资理财类。投资理财主要是指投资者通过合理安排资金，运用如储蓄、债券、基金、股票、保险等投资理财工具对个人、家庭及企业资产进行管理和分配，以达到保值增值目的的行为。如今的理财App已达上千种，BAT等巨头也各自推出理财软件，余额宝，财富通，百度理财，京东金融等就是这种理财软件。

（4）网络众筹类。这可以理解为大众筹资或群众筹资，是指以团体预购的形式，向互联网金融网友募集项目资金的模式。利用互联网传播途径，小企业或个人可通过众筹的方式面对公众，展示创意，争取大家的支持，获得资金援助。在淘宝平台和京东电商平台上都有众筹板块。

（5）虚拟货币类。这指的是所有通过互联网技术直接从原理上改造金融的产品，从某种意义上来说虚拟货币比以往任何的互联网金融形式都更具有颠覆性。

（资料来源：财富池。）

思考：如何辨别互联网金融诈骗？

启发：大学生学好互联网金融知识，学以致用，以辨别互联网金融诈骗。同时，对于新兴的互联网金融产品要理性对待，不要基于好奇心驱使而尝试，最好能在充分了解后，比如咨询相关的老师等再做决定。

知识巩固

### 一、名词解释

网上支付　电子现金　网络银行　第三方支付　移动支付

### 二、单项选择题

1．一个电子支付系统能否在互联网或其他开放的网络上被广泛采用，取决于它是否具有安全、方便、高效等特点。下列各项中，不属于电子支付系统的是（　　）。

　A．中国现代化支付系统　　　　　　B．货到付款
　C．POS系统　　　　　　　　　　　D．网上支付系统

2．以下对电子现金的特点描述错误的是（　　）。

A．不可重复性 　　　B．货币价值 　　　C．实名性 　　　D．不可伪造性

3．以下不属于电子支票系统的是（　　）。

A．Net Bill 　　　B．Net Cheque 　　　C．E-check 　　　D．E-cash

4．查询余额属于网络银行的（　　）功能。

A．提供信息 　　　B．账户服务 　　　C．网上支付 　　　D．投资理财

5．快钱是（　　）提出的支付工具。

A．中国银联 　　　　　　　　　　　　B．阿里巴巴
C．腾讯 　　　　　　　　　　　　　　D．独立的第三方支付机构

6．（　　）是手机支付的最早应用。

A．短信支付 　　　B．扫码支付 　　　C．指纹支付 　　　D．声波支付

7．下列各项中，（　　）属于互联网公司推出的支付产品。

A．云闪付 　　　B．微信支付 　　　C．易宝支付 　　　D．快钱

8．下列各项中，（　　）不是网上银行的特点。

A．开放性 　　　B．虚拟化 　　　C．智能化 　　　D．运营成本高

9．下列各项中，（　　）是支付宝的理财产品。

A．蚂蚁花呗 　　　B．余额宝 　　　C．蚂蚁金服 　　　D．支付宝

10．消费者可以免费使用（　　）的消费额度购物，"这个月买，下个月还"，还款方便，还可以使用支付宝自动还款。

A．芝麻信用 　　　B．余额宝 　　　C．蚂蚁花呗 　　　D．支付宝

### 三、判断题

1．电子支付是电子商务中最核心和复杂的环节，所以电子支付方式一定要根据电子商务实际情况进行选择。（　　）

2．网上银行业务主要集中在账务查询、转账、在线支付等一些不涉及资金实物转移和书面文件要求的领域，目前，人们通过网上银行尚不能够完成包括网上开户，网上贷款及投资理财等业务。（　　）

3．第三方支付平台仅仅能为个人客户提供支付结算服务，企业客户只能进行查询，不能进行支付结算。（　　）

### 四、简答题

1．常用的电子支付系统有哪些？
2．电子支票主要应用在哪些领域？
3．简要回答网络银行的分类。
4．结合微信，谈谈第三方支付平台的付款方式与投资理财业务的种类。
5．简要回答财付通有哪些支付方式？

## 技能训练

使用中国建设银行网站的网上银行业务，完成下面操作或问题。

（1）比较个人网上银行和企业网上银行的业务功能有何不同。

(2)查看账户余额,并进行明细查询。
(3)完成水费、电费、燃气费等缴费事项。
(4)完成同城转账或异地网上汇款操作。
(5)下载并安装数字证书,将网上银行升级到专业版。
(6)总结网上银行专业版的功能。

# 项目十一
## 电子商务物流与供应链

近年来，随着电子商务的快速发展，物流的作用越来越重要。电子商务系统如何快速构建一个将必要商品、按必要数量、以必要方式、在必要时间供应到必要地点的高效率物流体系，是电子商务发展中的一大课题。企业主体多元化发展，经营模式不断创新，服务能力显著提升，已成为现代物流业的重要组成部分和推动国民经济发展的新动力。据中华人民共和国国家邮政局统计，2021 年，全国快递业务累计完成 1 083 亿件，同比增长 29.9%；业务收入累计完成 10 332.3 亿元，同比增长 17.5%。总体来看，电子商务引发的物流仓储和配送需求呈现高速增长态势。

## 任务一　电子商务物流

### 任务描述

2014年，为加快电子商务物流发展，提升电子商务水平，降低物流成本，提高流通效率，国务院发布了《物流业发展中长期规划（2014—2020年）》。据此，2016年，商务部、发展改革委、交通运输部、海关总署、国家邮政局、国家标准委制定了《全国电子商务物流发展专项规划（2016—2020年）》。

企业主体从快递、邮政、运输、仓储等行业向生产、流通等行业扩展，与电子商务企业相互渗透融合，涌现出一批知名电商物流企业。随着物流企业服务能力不断提升，第三方物流、供应链型、平台型、企业联盟等多种组织模式也加速发展。服务空间分布上有同城、异地、全国、跨境等多种类型。服务时限上有限时达、当日递、次晨达、次日递等。物流企业可提供预约送货、网订店取、网订店送、智能柜自提、代收货款、上门退换货等。同时，企业信息化、集成化和智能化发展步伐加快。条形码、无线射频识别、自动分拣技术、可视化及货物跟踪系统、传感技术、全球定位系统、地理信息系统、电子数据交换、移动支付技术等得到广泛应用，提升了行业服务效率和准确性。

随着国民经济全面转型升级和互联网、物联网的发展，以及基础设施的进一步完善，电商物流需求将保持快速增长，服务质量和创新能力有望进一步提升，渠道下沉和走出去趋势凸显，电商物流将进入全面服务社会生产和人民生活的新阶段。

### 学习目标

1．了解电子商务环境下物流的特点
2．熟悉物流的基本功能和增值服务
3．掌握电子商务环境下物流的实现模式
4．能够举例说明电商企业组织物流活动的方式

### 任务准备

**引导问题1**：结合购物体验，查阅相关网络资料，回答淘宝物流活动的组织方式及特点。

**引导问题2**：结合购物体验，查阅相关网络资料，回答京东平台物流活动的组织方式及特点。

**引导问题3**：结合购物体验，查阅相关网络资料，回答唯品会平台物流活动的组织方式及特点。

### 任务实施

## 一、物流的含义、功能与分类

### 1. 物流的含义

物流（Logistics）是供应链活动的一部分，是为了满足客户需要而对商品、服务、消费以及相关信息从产地到消费地的高效、低成本流动和储存进行的规划、实施与控制的过程。

物流的概念最早在20世纪初的美国形成，美国经济学家提出"物的流通"的概念，1963年被引入日本，直到20世纪70年代后，日本的"物流"一词逐渐取代了"物的流通"。我国的"物流"一词从日本引进，源于日文中对"Logistics"一词的翻译"物流"。中华人民共和国国家标准将物流术语定义为：物品从供应地向接收地的实体流动过程中，根据实际需要，将运输、储存、装卸搬运、包装、流通加工、配送、信息处理等功能有机结合起来实现用户要求的过程。

物流的内涵主要体现在以下3个方面。

（1）物流的研究对象是物。"物流"中的"物"是指一切具有经济意义的物质实体。既包括生产过程中的物质，又包括流通过程中的商品，还包括消费过程中的废弃物。

（2）物流中的"流"具有物理运动的特性。物流是指物品从供应地向接收地的实体运动，在运动过程中创造了空间价值。

（3）物流是一种经济活动。物流是一种为满足社会需求而进行的原材料、中间库存、最终产品从供应地向接收地的转移，是一种经济活动。非经济活动的物质实体流动不属于物流范畴。

### 2. 物流的功能

（1）物流的基本功能。

物流的基本功能是物流系统所具有的基本能力，将这些基本能力有效地组合、连接在一起，便构成了物流的总功能，这些基本功能可以合理、有效地实现物流系统的总目的。根据国家标准物流术语中对物流定义的描述，物流的基本功能包括运输、储存、包装、流通加工、配送、装卸搬运与信息处理（见图11-1）。

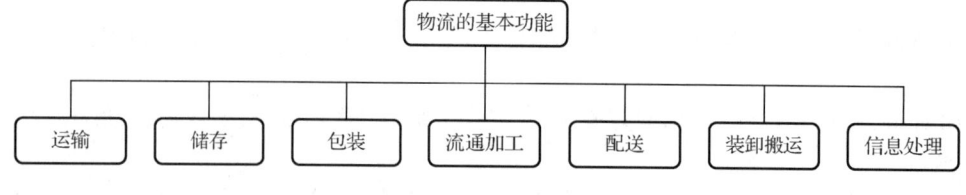

图11-1 物流的基本功能

① 运输功能。

运输是物流各环节中最重要的部分，是物流的关键，指物流企业选择合理的运输方式，在规定时间内将客户购买或退换的商品运抵目的地的功能。广义的运输包含配送。运输方式有公路、铁路、航空、水路、管道等。没有运输，物品只有存在价值，没有使用价值。没有运输连接生产和消费，生产就失去意义。一般认为，所有商品的移动都是运输，运输可以划分为两段：一段是生产厂到流通据点之间的运输，批量大、品种单一、运距长，这样的运输被称为"输送"；另一段是流通据点到用户之间的运输，一般被称为"配送"，就是根据用户的要求，将各类商品按不同类别、方向和用户进行分类、拣选、组配、装箱，按用户要求的品种、数量配齐后送达，其实质在于"配货"和"送货"。

② 储存功能。

运输解决了供和需在空间上的连接问题创造了空间效用，储存则承担解决商品或服务供需在时间上的连接问题创造时间效用的重任。库存与储存既有密切关系又有区别，它是储存的静态形式。产品离开生产线后到最终消费之前，一般都要有存放、保养、维护和管理的过程，这个过程体现的就是储存功能，也是克服季节性、时间性间隔，创造时间效益的活动。

③ 包装功能。

包装功能是指产品的出厂包装，包括生产过程中制成品和半成品的包装以及物流过程中换装、封装和再包装等功能，包装大体划分为两类：一类是工业包装，或称运输包装、大包装；另一类是商业包装，或称销售包装、小包装。工业包装是为保持商品的品质使用的包装，商业包装是为使商品能顺利抵达消费者手中，提高商品价值、传递信息等使用的包装。可见，包装功能既是生产的终点，又是企业物流的起点。

④ 流通加工功能。

流通加工是产品从生产者向消费者流动的过程中，为了促进销售，维护产品质量，实现物流的高效率所采取的使物品发生物理和化学变化的功能。通过流通加工，可以节约材料、提高成品率、保证供货质量和更好地为用户服务。流通加工是物流过程中"质"的提升，创造的是形质效用，使流通向更深层次发展。

⑤ 配送功能。

配送功能是物流进入最后阶段时，以配货、送发形式完成社会物流，最终实现资源配置的功能，又被称为"小物流"，是现代物流的生动体现。传统物流没有将配送独立作为物流系统实现的功能，未将其看成独立的功能要素，而是将其作为运输中的末端运输对待。然而，现代物流和电子商务物流将配送作为一种现代流通方式，集经营、服务、库存、分拣、装卸、搬运于一身。

⑥ 装卸搬运功能。

装卸搬运是为了加快物品在物流过程中的流通速度而必须具备的功能，本身并不直接创造价值。装卸搬运是物流各环节连接成一体的接口。该节点的质量直接关系到整个物流系统的质量和效率，是运输、储存、包装等物流作业得以顺利实现的根本保证，也是缩短物流移动时间、节约流通费用的重要组成部分。装卸搬运质量的好坏、效率的高低是整个物流过程的关键所在。装卸搬运环节出了问题，物流的其他环节就会停顿。

⑦ 信息处理功能。

物流信息处理功能包括进行以上 6 项活动相关的计划和预测，对物流信息及其有关费用、生产、市场信息进行收集、加工、整理和分析的功能。物流信息是连接运输、储存、装卸、包装各环节的纽带，没有各物流环节信息的通畅和及时供给，就没有物流活动的时间效率和管理效率,也就失去了物流的整体效率。通过收集与物流活动相关的信息,能使物流活动有效、顺利地进行。

(2)物流的增值服务功能。

除了传统的物流服务,电子商务还需要增值物流服务。所谓增值物流服务,是指在完成物流基本功能的基础上,根据客户需求提供的各种延伸业务活动力(见图11-2)。物流的增值服务功能包括以下4层含义和内容。

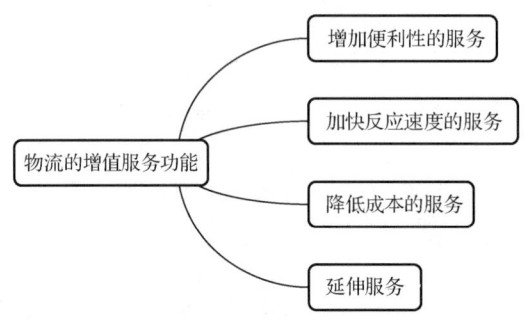

图11-2 物流的增值服务功能

① 增加便利性的服务——使人变懒的服务。

一切简化手续、操作的服务都是增值服务。在提供电子商务的物流服务时,推行一条龙、门到门的服务,提供完备的操作或作业提示,免培训、免维护、省力化设计或安装、代办业务、一张面孔接待客户、24小时营业自动订货、传递信息和转账,以及物流全程追踪等服务,都是对电子商务有用的增值服务。

② 加快反应速度的服务——使流通过程变快的服务。

快速反应已经成为物流发展的方向之一。传统的观点和做法是将加快反应速度变成快速运输,具有重大推广价值的增值性物流服务方案应该是优化电子商务系统的配送中心和物流中心网络,重新设计适合电子商务的流通渠道,以此来减少物流环节,优化物流过程,提高物流系统的反应速度。

③ 降低成本的服务——发掘利润源泉的服务。

在电子商务发展的初期,因电子商务规模尚小而使物流成本居高不下,不少电商企业将物流业务外包给第三方物流企业以降低成本。当电子商务规模达到一定程度后,自营物流会更具成本优势,如京东商城借力于自营物流实现了快速发展。第三方物流企业也通过互相联合以提高效率、降低成本(如菜鸟物流),为没有自营物流的电商企业提供更优质、价格更有吸引力的物流服务。无论自营物流企业还是第三方物流企业,都采用了智能化信息系统、智能化设备以提高物流效率和效益,降低物流成本。

④ 延伸服务——将供应链集成在一起的服务。

在电子商务中,新型物流强调物流服务功能的恰当定位与完善化、系统化。除了传统的储存、运输、包装、流通加工等服务,物流服务向上可以延伸到市场调查与预测、采购及订单处理,向下可以延伸到配送、物流咨询、物流方案选择与规划、库存控制决策建议、货款回收与结算、教育与培训、物流系统设计与规划方案的制订等。

在物流基本功能中,配送和储存解决了电子商务过程中供给者与需求者之间场所和时间分离的问题,是物流创造"场所效用"及"时间效用"的主要功能要素,因此在物流系统中处于主要功能要素的地位。延伸服务最具增值性,但也是最难提供的服务。增值服务需要智慧和远见,能否提供此类增值服务现在已成为衡量物流企业是否真正具有竞争力的标准。

### 3. 物流的分类

由于对象不同、目的不同、范畴不同,物流形成了不同的类型。目前国内还没有统一的物流分类标准方法(见图 11-3),分类方法主要有以下 2 种。

(1) 按照物流活动的空间划分。

① 地区物流是指存在于某一地区内的物流活动。地区物流可以按地理区域划分,如华北地区、华南地区、东北地区等;其也可以按经济区域划分,如苏(州)、(无)锡、常(州)经济区和云南边境贸易区等;其还可以按地理位置划分,如珠江三角洲地区、长江三角洲地区等。

② 国家物流是指在一个国家内部进行的物流活动。这种物流活动主要用于保证国内商品的流通,促进本国流通业的发展。

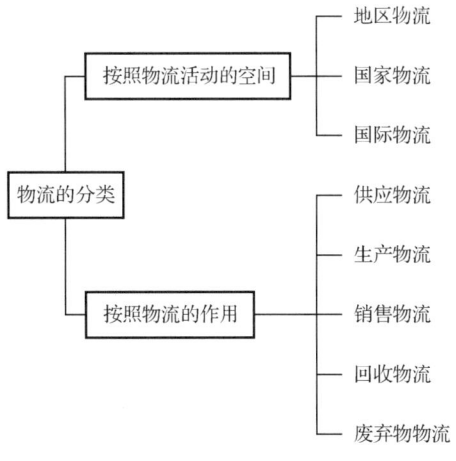

图 11-3 物流的分类

③ 国际物流是指不同国家或地区之间的物流。它是国内物流的延伸和进一步发展,是跨国界的、流通范围扩大的物流。

为了更好地实现经济交流,许多国家注重更新自身的物流观念,升级物流设施,按国际物流标准来改造原来的物流体系。随着国际合作的日渐加深及跨国企业的发展,国与国之间的生产协作关系更加紧密,"多国制造"的产品越来越多,生产环节的衔接也需要依靠国际物流。因此,随着国际分工的发展和国际贸易的加强,国际物流将成为重要的发展方向。

(2) 按照物流的作用划分。

① 供应物流。供应物流是指企业提供原材料、零部件或其他物品时,物品在提供者与需求者之间的实体流动。供应物流不仅要保证供应目标的实现,还要在最低成本、最小消耗、最大保证等限定条件下组织物流活动,因此有很大难度。企业之间竞争的关键在于如何降低物流成本,这也是物流发展的最大难点。供应物流必须有效地解决供应网联、供应方式和库存等问题。

② 生产物流。生产物流是指在生产工艺中的物流活动。企业生产过程中的物流顺序为:原料、零部件、燃料等从企业仓库或企业的"门口"开始,进入生产线的开始端,然后随生产加工过程的推进,在各个环节流动。在物流过程中,原料等被加工,同时产生一些废料、余料,直至生产加工终结,再流至成品仓库,完成企业生产物流过程。

③ 销售物流。销售物流是指企业为保证自身的经营效益,伴随着销售活动,不断将产品所有权转让给用户的物流活动。销售往往在将产品送达用户并经过售后服务才算完成。在这种前提下,销售物流的特点是通过包装、送货、配送等一系列物流活动

来实现销售。这需要物流企业研究送货方式、包装水平、运输路线等，并采取小批量、多批次、定时定量配送等特殊的物流方式达到目的，因而，其研究内容较为广泛。

④ 回收物流。回收物流是指不合格物品的返修、退货及周转使用的包装容器从需方返回到供方所形成的物品实体流动。在生产供应、销售活动中总会产生各种边角余料和废料，对这些物品的回收需要物流活动参与，在企业中，如果回收物品处理不当，往往会影响整个生产环境甚至产品的质量，同时占用空间，造成浪费。

⑤ 废弃物物流。废弃物物流是指对企业产生的无用物进行运输、装卸、处理等的物流活动。从环境保护的角度出发，废弃物物流将废弃物妥善处理，防止造成环境污染。

总之，不同的分类标准，有不同的物流分类方式。每一种分类方式都不能孤立存在，一种物流活动可以有多种不同的物流类型，各个物流类型是相互联系的。

## 二、电子商务物流的含义与特点

### 1. 电子商务物流的含义

电子商务物流的概念是伴随电子商务技术和社会需求的发展而出现的，它是电子商务经济价值实现不可或缺的重要组成部分。从广义角度看，电子商务物流既可以理解为"电子商务时代的物流"，即电子商务对物流管理提出的新要求，也可以理解为"物流管理电子化"，即利用电子商务技术（主要是计算机技术和信息技术）对传统物流管理的改造。因此，电子商务物流是指以计算机网络技术进行物流运作与管理，实现企业间物流资源共享和优化配置的物流方式。

### 2. 电子商务物流的特点

电子商务时代来临，给物流业带来了新发展，使电子商务物流具备了一系列新特点（见图11-4）。

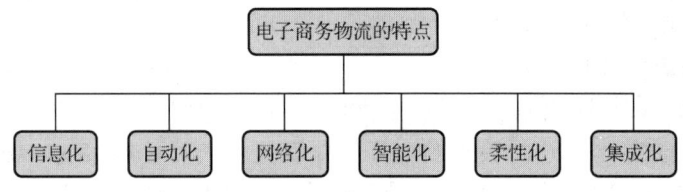

图11-4　电子商务物流的特点

（1）信息化。

在电子商务时代，物流信息化是电子商务的必然要求。物流信息化表现为物流信息的商品化、物流信息收集的数据库化和代码化、物流信息处理的电子化和计算机化、物流信息传递的标准化和实时化、物流信息存储的数字化等。信息化是一切的基础，没有物流的信息化，任何先进的技术设备都不可能应用于物流领域。

（2）自动化。

自动化的基础是信息化，自动化的核心是机电一体化，自动化的外在表现是无人化，自动化的效果是省力化。物流自动化的设施非常多，如条码、语音、射频识别（RFID）系统、自动分拣系统、自动存取系统、自动导向车、货物自动跟踪系统等。

(3) 网络化。

物流领域网络化的基础也是信息化，是电子商务下物流活动的主要特征之一。物流的网络化是物流信息化的必然，其有两层含义：一是物流配送系统信息网络化；二是组织的网络化，即建立企业内部网。当今全球网络资源的可用性及网络技术的普及为物流的网络化提供了良好的外部环境，物流网络化不可阻挡。

(4) 智能化。

智能化是物流自动化、信息化的一种高层次应用。物流作业过程中大量的运筹和决策（如库存水平的确定、运输和搬运路径的选择、自动导向车的运行轨迹和作业控制、自动分拣机的运行、物流配送中心经营管理的决策支持等问题）都需要借助大量的知识才能解决。为了提高物流的现代化水平，物流的智能化已成为电子商务环境下物流发展的新趋势。

(5) 柔性化。

柔性化本来是为实现"以顾客为中心"和敏捷制造（Agile Manufacturing，AM）等理念而在生产领域中提出的。自20世纪90年代以来，国际生产领域纷纷推出弹性制造系统（Flexible Manufacturing System，FMS）、计算机集成制造系统（Computer Integrated Manufacturing System，CIMS）、企业资源计划（Enterprise Resource Planning，ERP）及供应链管理的概念和技术。这些概念和技术的实质是将生产、流通集成，根据需求端的需求组织生产、安排物流活动。因此，柔性化的物流是为了适应生产、流通与消费者的需求而发展起来的新型物流模式。

(6) 集成化。

电子商务环境下的物流系统，在物流基础设施、信息基础设施、商品包装和物流运作模式等各个方面都日益社会化和一体化，在数据与功能、技术与设备、人员和组织等各个层次上都向集成化的方向发展。

## 三、电子商务环境下物流的实现模式

电子商务环境下物流模式主要指获取系统总效益最优化的适应现代社会经济发展的模式。不同的电子商务用户可以根据自身条件选择不同的物流方式。目前，主要有以下几种物流方式（见图11-5）：

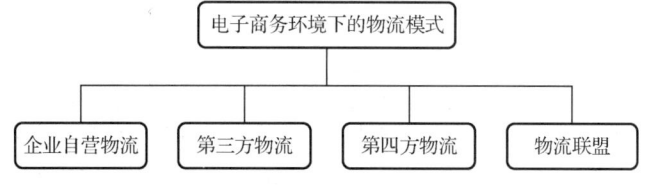

图11-5 电子商务环境下的物流模式

1. 企业自营物流

企业自营物流是指从事电子商务的企业拥有全资或控股的物流公司，负责完成本企业的物流配送业务。一些大型电商平台为了使用户有更好的购物体验，保证产品的物流配送时间及配送品质，纷纷建立自己的物流系统，如京东商城、唯品会、美团等都属于自营物流模式。然而，自营物流因为存在投资成本大、回报周期长、分散企业主业、对现金流影响大不利于企业灵活作业等弊端,并不适合小型的电子商务公司。

2. 第三方物流

第三方物流又称外协物流或合同物流,是发货人与收货人之外的第三方提供物流服务的形式。第三方物流是相对于自营物流而言的,提供第三方物流服务的企业,其前身一般是运输业、仓储业等从事物流及相关活动的企业。

区域性、全国性或全球性的第三方物流企业具有物流网络上的优势。这些企业发展到一定规模后,会将其业务沿着主营业务向供应链的上下游延伸,向上延伸至制造业,向下延伸至销售业。例如,顺丰优选是顺丰企业旗下的电商平台,于 2012 年 5 月 31 日正式上线,它经营精选的特色食品,并通过开放平台引入更为丰富的商品,涵盖全球美食、3C 百货、海淘商品等多个品类,不断满足消费者对高品质生活的需求,后逐渐渗透至电子商务的整个布局。

3. 第四方物流

第四方物流公司主要指以其知识、智力、信息和经验为资本,为物流客户提供一整套的物流系统咨询服务。从事物流咨询服务必须具备良好的物流行业背景和相关经验,但不需要从事具体的物流活动,不用建设物流基础设施,只对整个供应链提供整合方案。第四方物流的关键在于为顾客提供最佳的增值服务,即迅速、高效、低成本和个性化服务等。

第四方物流具有对整个供应链及物流系统进行整合规划、对供应链服务商进行资源整合、信息及服务网络、人才等方面的优势。

4. 物流联盟

物流联盟是基于正式的相互协议而建立的一种物流合作关系,参加联盟的企业汇集、交换或统一物流资源以谋取共同利益;同时,合作企业仍保持各自的独立性。物流联盟为了取得比单独从事物流活动更好的效果,在企业间形成了相互信任、共担风险、共享收益的物流伙伴关系。在选择物流联盟伙伴时,企业可以根据物流企业服务的范围大小和物流功能的整合程度这两个标准,确定物流企业的类型。

**拓展练习**

围绕"短链、智能、共生",京东物流坚持"体验为本、技术驱动、效率制胜",携手社会各界共建全球智能供应链基础网络,打造供应链产业平台,为客户提供全供应链服务和技术解决方案,为消费者提供"有速度更有温度"的高品质物流服务。请举例说明京东物流在以上方面是如何做的。

**【思政小课堂】**

坚持做物流的力量

如果被问中国哪家公司物流服务好,很多人会想到京东。国家邮政局公布的快递满意度数据显示，京东物流满意度已经多年排在前二，与顺丰不相上下，但京东物流又比顺丰便宜一些，所以很多人都会选择京东物流。

许多人不知道，刘强东花了12年打造的京东物流，已经亏损了12年，也就是说从诞生到现在，年年亏损。刘强东在内部信中说到2018年京东物流又亏损了28亿元，按照这样亏损下去，京东融资的钱还能维持两年。而导致亏损的根本原因是内部成本高，外部单量太少。看到这，相信很多朋友都有这样的疑问：既然京东物流年年亏损，为什么刘强东还要坚持做下去？

十几年前，当刘强东提出要自建京东物流时，京东内部高管一致反对，但是他力排众议，不惜得罪投资人和同事，也要坚持自建物流、仓储，并投入技术研发，因为他看到了京东长远的未来。

一方面，京东最大的竞争对手是阿里巴巴，阿里巴巴的电商体系比京东成熟，如果京东没有自建物流，早就被阿里巴巴打败了。另一方面，电商和物流是相互依赖的，电商的本质不是利润之争而是规模之争，任何一家电商公司如果没有规模，就没有掌控快递物流的能力，而电商失去快递，就只能任人宰割。

要以发展的眼光看待问题。虽说京东物流年年亏损，12年来亏损已经达到300亿元人民币，但是并不等同于它会一直亏损。正如刘强东在2016年的内部讲话中说的："京东的价值是什么？中高端消费者90%都在京东上购物，家里几乎所有的东西都在京东买，这就是我们客户的习惯。京东的价值是品质保证，京东送货快、价格便宜。这背后真正的商业价值，不仅是考虑用户体验，而且我们看到中国社会化物流的成本奇高无比。能，我们就做。不能，不管有多赚钱，我们都不做。"

（资料来源：聪明性网易号。文章写于2019年，至2023年京东物流已成立16年——编辑注）

思考：刘强东为什么坚持做京东物流？

启发：坚持做对的事情，即使艰难，没有条件创造条件也要继续做下去。刘强东的决策、京东物流的好口碑源于京东对客户需求和客户体验的重视，这种重视不仅体现在口号上，而且体现在持续坚持的具体行动中。

## 任务二　电子商务仓储与配送

### 任务描述

随着电商的快速发展，电商仓库的出货量大，不同产品的存放、包装要求不尽相同，因此，传统的仓库管理方法不再适合，电商迫切需要适应电子商务发展的仓储管理。仓储是供应链中的重要环节，电商要做好仓储管理，才能管理好与之配套的整个电商产业，一旦仓储出现问题，整个电商供应链也会出现问题。

2018年，国务院办公厅印发的《关于推进电子商务与快递物流协同发展的意见》指出，近年来，我国电子商务与快递物流协同发展不断加深，但仍面临政策法规体系不完善、发展不协调、衔接不顺畅等问题。要全面贯彻党的十九大精神深入实施"互联网+流通"行动计划，提高电子商务与快递物流协同发展的水平。

### 学习目标

1. 了解电子商务仓储和配送的基本流程
2. 通过参观等方式了解电子商务仓储和配送的全过程

### 任务准备

**引导问题1**：顺丰以物流起家立业，其生鲜速配充分利用自己的冷链技术优势。查阅资料，总结其服务的特色、定价、服务范围、服务时效及其他增值服务。

**引导问题2**：查阅资料，了解用科技和人情味带给人们"鲜美生活"的盒马鲜生，总结其仓储与配送管理方面的特色、定价、服务范围、服务时效及其他增值服务。

**引导问题3**：站在消费者体验角度，两个品牌在生鲜类产品仓储与配送管理方面还可再优化吗？给出建议。

### 任务实施

## 一、电子商务仓储的概念与分类

### 1. 电子商务仓储的概念

电子商务仓储专门为电商企业和商家提供仓库管理服务和代发货服务，一般为第三方外包仓库，以数据为核心，以精细化管理为驱动，以效果为目标，结合多年仓储管理和服务的经验，为企业提供高效率的仓储服务。电子商务仓储的特点如图11-6所示。

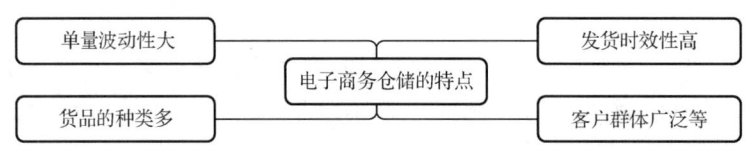

图 11-6　电子商务仓储的特点

因此，电子商务仓储与传统仓储有本质区别，两者的区别如表11-1所示。

表 11-1　电子商务仓储与传统仓储的区别

| 项　目 | 电子商务仓储 | 传　统　仓　储 |
| --- | --- | --- |
| 客户 | 未知终端客户，数量庞大，下单无规律 | 已知终端客户，数量少，有一定的下单规律 |
| 单量 | 日均单量相对较多，刷新频率高，平均订单批量较小 | 日均单量相对较少，创新频率较低，平均订单批量较大 |
| 订单准确率 | 订单的发货准确率要求高，拣货和复核作业的要求高 | 订单的发货准确率要求相对较低 |
| 订单量波动 | 波动性大 | 波动性小，订单已知且有计划性 |
| 配送模式 | 以快递为主 | 以物流配送为主 |

（1）从客户来说，电子商务仓储面向的是未知终端客户，数量庞大，且基本没规律

可言。传统线下仓储面向的客户群体是已知门店或经销商，通常客户数量较少且重复率高，有一定的下单规律。

（2）从单量来说，电子商务仓储的单量每天上百单，甚至上万单，订单量每天刷新频率高（原因在于终端客户下单不规律），平均订单批量较小。而传统线下仓储日均单量相对较少，刷新频率较低，但是平均每单批量较大。

（3）从订单准确率来说，电子商务仓储面对的是未知的终端消费者，订单的发货准确率要求高于传统线下仓储，因此电商仓储对拣货和复核作业的要求更高。

（4）从订单量波动来说，电子商务仓储受到各种电商大促和线上活动的影响，订单增长的波动性大，这就要求电商在进行仓储规划时，充分考虑活动大促期间的各种资源（如场地、人员、设备、系统账户等）；传统线下仓储的订单大多按计划配货，订单已知且有计划性。

（5）从配送模式来说，传统仓储主要以物流配送为主（零担物流、干线物流），快递为辅；而电商仓储多以快递为主（四通一达），也有少数规模较大的电商平台自建物流配送体系。

电子商务仓储相对于传统仓储所需投入的成本较高，专业服务性更强。电商在选择仓储公司时，一定要选择适合自己的公司，避免跟风选择。

**2. 电子商务仓储设施模式的分类**

电子商务仓储设施模式是根据服务对象不同，对专门服务电商企业物流仓储需要的物流地产投资建设和运营管理模式的概括。电子商务仓储设施模式包括2种类型。

（1）由电商企业自己投资建设用以满足自身物流仓储设施需求的电商自建物流仓储设施类型，如京东、亚马逊、唯品会、当当网等一些大型电子商务企业，自建物流仓储设施，满足自身需要；

（2）由专业物流地产商投资建设用以满足电商企业物流仓储设施需求的第三方电商物流仓储设施类型，是面向众多电子商务企业需要的规模化、社会化、平台化、多功能化的物流仓储设施。一般而言，第三方电商物流仓储设施会为不同领域的电商企业服务，例如服务于从事制造业网络贸易业务的阿里巴巴、网盛生意宝、环球资源等，以及服务于从事流通领域网络零售业务的淘宝网等。

仓储的目的是，为了满足供应链上下游的需求，仓储的基本功能包括物品的进出、库存、分拣、包装、配送及信息处理等6个方面，运作流程如下。

（1）电商卖家需要把自己的货品运输到第三方仓库的专用卸货平台，由仓库对应的操作人员进行货品入库登记，把信息录入仓储管理系统；

（2）拣货员对货品进行扫描、粘贴条形码，根据货品的具体属性分派到对应的区域进行放置；

（3）接到订单后，由工作人员根据后台订单信息进行打印操作，粘贴对应的商品信息码；

（4）拣货员对货品进行拣货、审核，使用PDA条码扫描系统进行确认，确保不存在货品存取错误的情况，进行分区放置；

（5）负责打包的人员需要对货品按照事先与电商企业约定的进行二次包装，粘贴单号；

（6）最后，工作人员需要对货品进行称重，确保货品不存在缺失、质量问题，然后将货品交给合作的物流公司发货。

## 二、电子商务物流配送的概念与流程

### 1. 电子商务物流配送的概念

电子商务物流配送是指物流配送企业采用网络化的计算机技术和现代化的硬件设备、软件系统及先进的管理手段，针对社会需求，严格地、守信用地按用户的订货要求，进行一系列分类、编码、整理、配货等理货工作，定时、定点、定量地把货物交给没有范围限度的各类用户，满足其对商品的需求。

### 2. 电子商务物流配送的流程

电子商务物流配送的流程（见图 11-7）主要包括采购作业流程、仓储作业流程、配送作业流程，以及退货及后续处理作业流程。

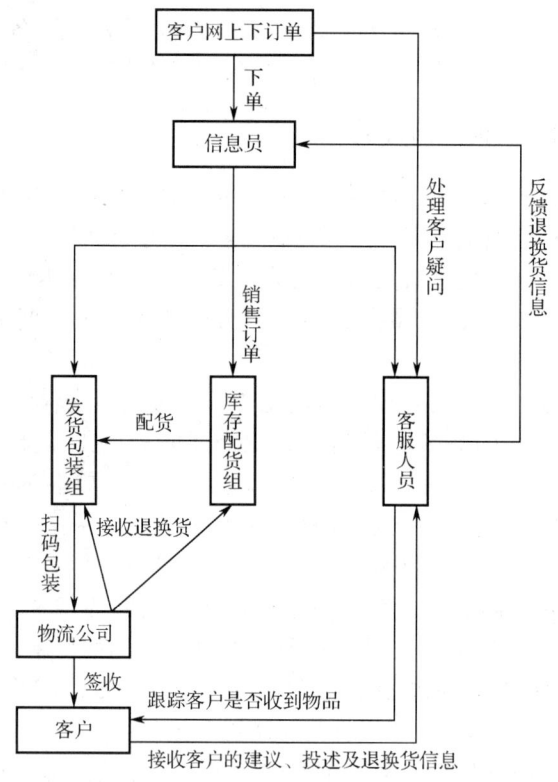

图 11-7 电子商务物流配送的流程

（1）采购作业流程。

采购作业流程处于准备配送商品的阶段，是配送中心运转的基础环节。物流业务管理部门根据用户的要求及库存情况通过电子商务中心向供应商发出采购订单，供应商收到采购订单并加以确认后向业务部门发出供货通知，业务部门再向仓储中心发出接货的信息，仓储中心则根据货物情况准备合适的仓库，最后供应商将发货单通过互联网向仓储中心发送，货物则通过各种运输手段送至仓储中心（见图 11-8）。

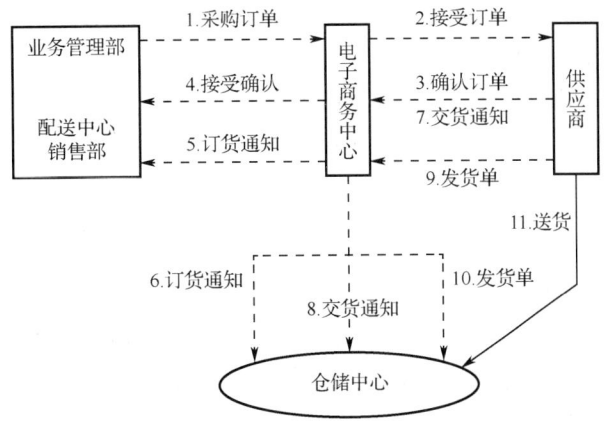

图 11-8　电子商务物流配送采购作业流程

在物流专业化情况下，采购作业流程基本有 2 种模式：一是由提供配送服务的第三方物流企业承担采购任务，直接向生产和经销企业订货或购货；二是物流、商流两者相分离的模式，由货主进行订货和购货，配送中心负责进货和理货等工作，货物所有权属于货主。

（2）仓储作业流程。

仓储作业流程是采购作业流程的延续（见图 11-9）。仓储中心接受业务管理部门的统一管理，它的主要作业区是进货区、拣货区和发货区。当仓储中心收到供应商的送货单和货物后，在进货区对新进货物通过条码扫描仪进行验收，确认发货单与货物一致后，对货物做进一步处理（如验收不合格则退货）。

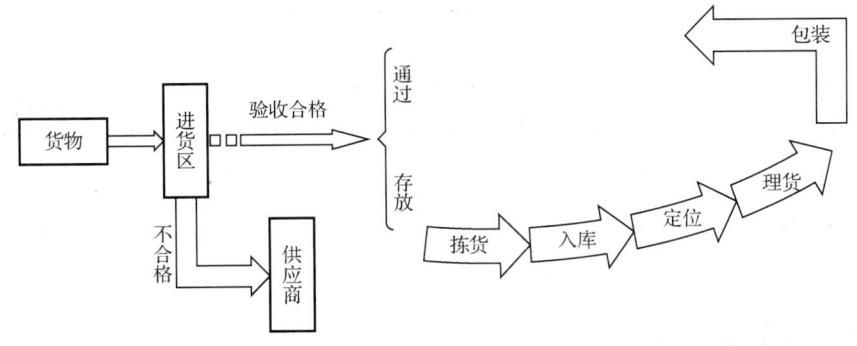

图 11-9　电子商务物流配送仓储作业流程

一部分货物直接放入发货区，进行暂时储存，属于直通型货物。这仅适用周转快的商品，今天进仓、明天出货的商品最适合利用仓库首层暂存区放置。另一部分商品属于存放型货物，要进行入库储备处理，即进入拣货区。出于安全库存的考虑，按照一定时期配送活动和到货周期的要求，有计划地确定能够使配送活动持续进行的库存数量和形式，适用于在仓库存放一段时间的商品。拣货是通过自动分拣输送系统、自动导向系统完成的。货物进入自动化仓库后，当需要发货时，根据发货单上的显示，通过自动分拣输送系统将货物送至相应的装车线，对货物进行包装处理后装车送货。

(3)配送作业流程。

配送作业是物流配送的核心环节。配送部门由业务管理部门统一调度,根据客户的具体要求打印相应的送货单,在运输途中通过地理信息系统(Geographic Information System,GIS)、全球卫星定位系统进行实时监控、及时沟通和反馈配送信息,并在货物到达目的地、经客户确认无误后,凭回单向业务管理部门确认。

(4)退货及后续处理作业流程。

退货及后续处理作业流程是物流配送流程的最后环节。客户因某种原因请求退货,企业应制定相应的退货处理机制。

退货可集中由配送企业送回原仓储地点,由专人清理、登记、查明原因。如是产品质量问题,应进行抽样检验,达不到相应质量标准则应及时通知采购作业流程停止订货,并通知网站管理部门将网页上有关货物的信息及时删除。如退货还可继续使用,则可重新进入库存系统。

此外,电商企业还应建立客户满意度调查和投诉反馈系统,对物流配送系统进行监督和考核。电商企业将物流配送业务外包给专业物流配送企业时,如果缺少必要的监督和约束手段,物流配送环节往往会成为电子商务顺利运行的障碍。

## 三、电子商务物流配送中心

电子商务物流配送中心是指从事配送业务的物流场所或组织。电子商务物流配送中心应基本符合下列要求:主要为特定的客户服务;配送功能健全;有完善的信息网络;辐射范围小;多品种,小批量;以配送为主,储存为辅。确定电子商务物流配送中心的运作类型(见图11-10),对设计新型物流配送中心具有重要作用。

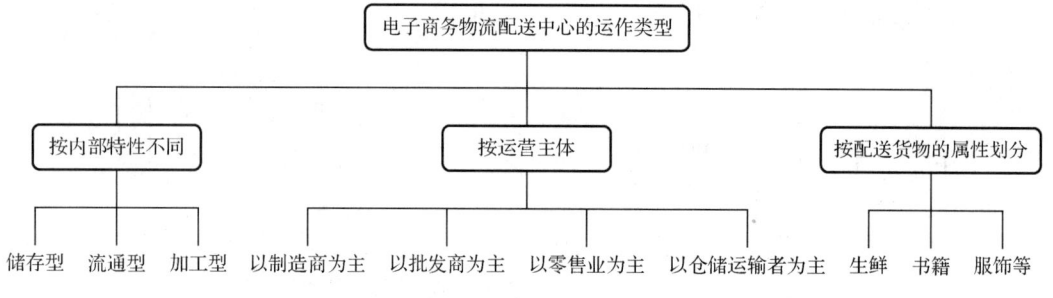

图11-10　电子商务物流配送中心的运作类型

### 1. 按内部特性不同划分

物流配送中心按内部特性不同可划分为以下3类。

(1)储存型配送中心。一般来讲,在买方市场中,企业成品销售需要有较大库存的支持,其配送中心有较强储存功能;在卖方市场中,企业原材料、零部件供应需要有较大库存的支持,这种配送中心也应有较强的储存功能。大范围配送的配送中心需要有较大库存的支持,也可能是储存型配送中心。我国一些配送中心采用集中库存形式,库存量较大,多为储存型。

(2)流通型配送中心。流通型配送中心没有长期储存功能,是以暂存或随进随出方式配货、送货的配送中心。其典型模式是:大量货物整批进入,按一定批量零出。流通型配送中心一般采用大型分货机，进货直接进入分货机传送带，被分送到各用户货位或直接分送到配送汽车上，货物在配送中心仅做短时间停留。

（3）加工型配送中心。加工型配送中心是以流通加工为主要业务的配送中心。加工型配送中心具有加工职能，是根据用户和市场竞争的需要，对配送物加工之后再进行配送的配送中心。这种配送中心内存在分装、包装、初级加工、集中下料、组装产品等加工活动。世界著名连锁店肯德基和麦当劳的配送中心就属于这类配送中心。在工业、建筑领域，混凝土搅拌的配送中心也属于这类配送中心。

### 2. 按运营主体划分

物流配送中心按运营主体可划分为以下4类。

（1）以制造商为主体的物流配送中心，其中的商品由制造商生产制造。物流配送中心用以降低流通费用、提高售后服务质量，及时将预先配齐的元器件运送到规定的加工和装配工位。这种配送中心容易控制商品制造、条码和包装等多方面，容易实现现代化、自动化。

（2）以批发商为主体的物流配送中心，其中的商品来自制造商，物流配送中心的重要工作是对商品进行汇总和再销售，进货和出货活动全部由社会各部门完成，社会化程度高。

（3）以零售业为主体的物流配送中心。零售商发展到一定规模后，可以考虑建立以零售业为主体的物流配送中心，为专业商品零售店、超级市场、百货商店、建材商场、粮油食品商店、酒店饭店等提供配送服务。其社会化程度介于上述两者之间。

（4）以仓储运输业者为主体的物流配送中心。它具有较强运输配送能力，且所处地理位置优越，如港口、铁路和公路枢纽，可迅速将货物配送给用户。该类型的配送中心可提供仓储储位给制造商或供应商，货物仍属于制造商或供应商所有，配送中心只是提供仓储管理和运输配送服务。这种配送中心的现代化程度较高。

### 3. 按配送货物的属性划分

根据配送货物的属性，配送中心可以分为生鲜品配送中心、书籍产品配送中心、服饰产品配送中心、日用品配送中心、医药品配送中心、化妆品配送中心、家电产品配送中心、电子产品配送中心及汽车零件配送中心等。由于配送的产品不同，各配送中心的规划方向也不同。

**拓展练习**

查阅资料并阅读《关于推进电子商务与快递物流协同发展的意见》，结合材料回答问题：

（1）推进电子商务与快递物流协同发展的政策措施主要涉及哪6个方面？

（2）推动电子商务物流发展政策措施可以给企业带来哪些指引？

【思政小课堂】

电商如何做好仓储物流管理

仓储是供应链中的一个重要环节,对电商来说,只有做好仓储管理,才能配套管理好整个电商产业。仓储的位置、大小、布局都会影响整个过程,一旦仓储出现问题,整个电商供应链也会出现问题。掌握以下5点,可以有效管理仓储。

1. 明确管理

电商仓储的全过程为:产品入库记录、库存管理、出库记录、进出库文件管理、报表汇总、账目核对。管理人员规范电商仓储管理,不仅可以避免仓储管理问题,而且可以了解产品的数量和销售。同时,电商仓储应该做仓储应做的事情,尽量不要把仓储的一个角落分成员工宿舍或车库等。

2. 规范盘点

定期盘点仓储产品,汇总成报表,避免无法销售的产品、长期被遗忘产品以及大量临时产品出现。产品要按照品牌、类型安放固定位置和堆叠空间。根据产品的销售量,快速、缓慢、合理地分配堆叠空间。每个堆栈都有标记,标明产品、生产日期和规格。要实现先进先出,避免出现大量产品或无法销售产品。

3. 严格监督

电商仓储场地需干净整洁。除检查仓储状况外,经理还应检查仓储场地的清洁度和整齐度。除定期检查外,经理还应进行突击检查,这样可以发现常见的问题。

4. 合理选址

合理选址最重要。仓储是根据地,企业早期实力有限,没办法租赁专业仓储是正常的。但随着实力变化,企业应租赁专业的第三方仓储,甚至建立自己的仓储,这是一个逐步实现的计划。无论电商企业选择什么位置,都应做好规划和设计,合理利用仓储的每一寸空间,计划产品堆放和搬运通道、各品牌区域划分、仓储装卸位置、不销售产品堆放位置、制造商促销产品位置等。除此之外,还需考虑人员的装卸、进入仓储的方便和货物的临时储存。仓储空间使用应标准化。

5. 物流查询服务

仓储是重要事情,需企业认真对待,物流查询服务也不可怠慢,这样才能实现可持续发展,达成共赢局面。

(资料来源:放心存。)

思考:电子商务仓储对电子商务的重要性是什么?

启发:物流和电子商务是相互成就的,电子商务离不开物流,物流是实现电子商务的保证,实现以"顾客为中心"理念的基础。仓储是物流的核心功能,其管理水平直接影响电子商务的整体运营效果。电子商务作为一个系统,需要各个组成部分有序协作,才能达到预期目标和理想效果。

## 任务三　电子商务供应链

### 任务描述

电子商务供应链是供应链发展的必然趋势，是电子商务和供应链自然结合的产物，其功能在于提高企业对市场需求信息反应的准确性与响应速度，协调降低供应链的整体成本，使供应链的节点企业共同获利。

电子商务与供应链相结合，极大地促进了经济全球化的进程，被誉为信息化社会引发经济领域革命的关键推动力。它大大降低了交易成本，节约了交易时间，更重要的是，电子商务供应链使小公司和大公司站在了同一条起跑线上。同时，大公司也可以利用电子商务供应链及时对市场做出灵活反应。供应链数字化是2021年电商供应链的新变化。今后，供应链数字化将见证物联网、人工智能机器人技术和高级大数据分析在供应链管理中的应用，更多的传感器和网络将出现在供应链的各个节点上，这些创新将提高客户满意度以及重要项目的分析效率和自动化工作。

### 学习目标

1. 了解电子商务供应链的概念
2. 掌握电子商务供应链的流程
3. 熟悉电子商务供应链的功能

### 任务准备

**引导问题**：通过百度搜索上海弘人网络科技有限公司开发的C-WMS，了解公司使命、愿景和价值观，并具体了解其WMS仓库管理系统、TMS运输管理系统、OMS运输管理系统和仓配一体化系统的功能，并进一步了解其在鞋服时尚、数码科技、零售快消、电商行业、三方物流、智慧制造等领域的客户案例，总结其电子商务供应链管理的服务，并举例说明。

### 任务实施

### 一、电子商务供应链的概念

电子商务供应链是指围绕核心企业，以互联网为平台，以电子商务为手段，通过对物流、资金流与信息流的整合和控制，从采购原材料开始，制成中间产品以及最终产品，最后由销售网络把产品送到消费者手中的，将供应链、生产商、分销商、零售商、直到最终客户连成整体的网链结构和模式。借助互联网服务平台，实现供应链交易过程的全程电子化，彻底变革传统的上下游商业协同模式。电子商务供应链具有以下特点。

（1）以核心企业为中心，通过核心企业来构建整个供应链网络；
（2）通过互联网和电子商务来整合供应链中的物流、资金流、信息流，从而及时地响应客户服务；

（3）电子商务供应链与传统供应链一样，两者都是网络结构和模式；

（4）电子商务供应链上各节点企业都是产权相互独立的主体。

构建电子商务供应链的目的在于提高整个供应链的效率和竞争力，从而使供应链中各成员的经营成本最小化、利润最大化。电子商务供应链具有传统供应链不具有的优势：有利于保持现有客户的关系；有利于开拓新客户和新业务；有利于提高营运绩效；有利于分享需要的信息。

## 二、电子商务供应链的流程

电子商务供应链以企业级内部 ERP 管理系统为基础，在统一了人、财、物、产、供、销各个环节的管理，规范了企业的基础信息及业务流程的基础上，建立全国范围内经销商的电子商务协同平台，并实现外部电子商务与企业内部 ERP 系统的集成，实现商务过程的全程贯通。

商业流程发生了变化，电子商务供应链改变了企业的各个方面，从计划到购买再到下订单都是如此。为使电子商务供应链实施成功，企业必须能够在互联网上与它的供应商、客户充分合作，交换有关存货、生产时间表、预测、提升计划和例外处理的信息。许多企业仍不愿共享某些信息，害怕这些信息会落入竞争对手手中，损害企业利益。因此，企业应在共同商业利益的基础上，建立与发展供应链内各成员的相互信任，这是整个供应链顺利运行的基础。

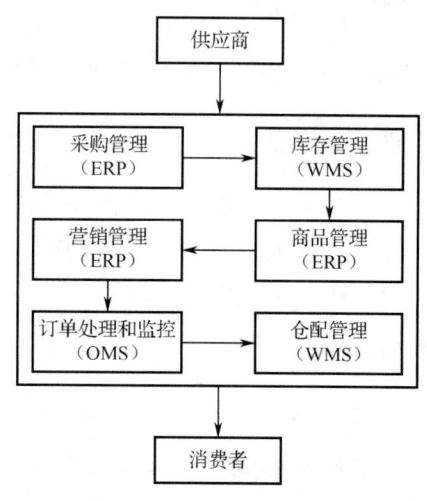

图 11-11  有自建仓库的电商供应链流程

假设电子商务的业务是商品自采、在自有平台上售卖，企业有自己的仓库，通过第三方企业发货，其电商供应链的正向流程（见图 11-11）如下。

（1）供应方为供应商，商品最初在供应商那里；

（2）采购管理。企业系统通过采购计划，建立采购单，把商品从供应商那里采入自己的仓库；

（3）库存管理。仓库系统通过运输单/入库单，关联采购单，或者其他入库方式，对仓库系统中商品的库存进行管理；

（4）商品管理、营销管理。企业系统拿到商品信息和库存信息后，通过自有平台，把商品信息传递给消费者，进行商品售卖；

（5）订单处理和监控。订单系统拿到订单信息后，对订单进行处理（客审、财审、选仓、拆单、合单等），并且对订单进行监控。订单处理好后，把订单信息推送到对应的仓库（用户对电商企业最直接的体验就是物流，所以对订单的处理和监控直接影响用户体验，包括天猫提出的"订单全链路"目的都是提高这里的用户体验）；

（6）仓配管理。仓库系统拿到订单信息后，对订单进行打单、分拣、验货、出库等操作，将订单交给第三方快递公司进行配送；

（7）商品通过快递配送到达消费者手中。

假设电子商务的业务商品来自入驻商家、在自有平台上售卖，无自建仓库，通过第三方公司发货，其电商供应链的正向流程（见图11-12）如下。

（1）入驻商家作为供应方，商品最初在入驻商家那里；

（2）入驻商家通过商家后台系统，发布商品信息和管理商品库存；

（3）商品管理、营销管理。企业商品管理系统审核商家的商品信息，并对商家商品进行管理和售卖；

（4）订单处理和监控。订单处理和监控系统收到订单信息后，对订单进行处理（客户审核、财务信息审核、选商家、拆单、合单等），并且对订单进行监控，订单处理好后，把订单信息推送给对应的商家；

（5）入驻商家通过商家后台系统收到订单信息，对订单进行操作和发货；

（6）商品到达消费者手中。

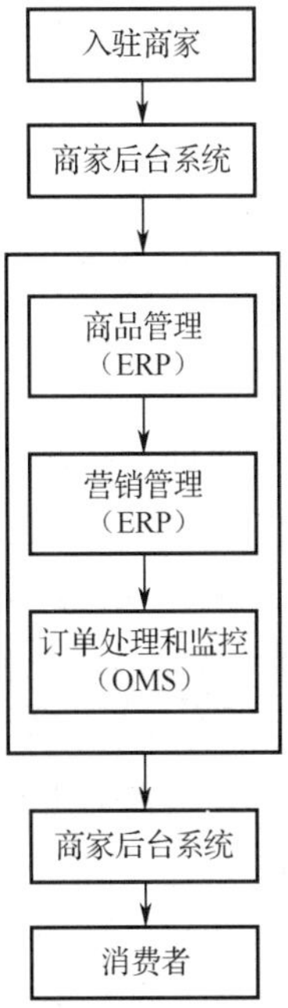

图 11-12　无自建仓库的电商供应链流程

## 三、电子商务供应链的功能

### 1. 订单处理

当接到客户订单时，核心企业要及时分析所需产品的性能要求，判断是否能达到订单中的技术指标，在能够达到要求的条件下进一步分析订单中产品的成本、数量和利润。

### 2. 生产组织

核心企业使用电子商务系统协调与供应商的准时供应程序，与多个供应商之间协调制订生产计划，大大改善了生产组织的管理。

### 3. 采购管理

一方面，通过互联网提供给供应商有关需求信息和商品退回情况，同时获得供应商的报价、商品目录、查询回执，从而形成稳定、高效的采购、供应体系；另一方面，通过网上采购招标等手段，集成采购招标和互联网优势，扩大采购资源选择范围，使采购工作合理化，大大减少采购人员数量，有效降低采购成本。

### 4. 配送与运输管理

通过电子商务系统，对配送中心的发货进行监控，对货物运至仓库进行跟踪，同时实现对配货、补货、拣货和流通加工等作业管理，使配送的整个作业过程实现一体化。

### 5. 库存管理

通过电子商务系统，核心企业通知供应链有关订单的交送延迟或库存告急，使库存管理者和供应商追踪现场库存商品的存量情况，获得及时的信息以便更有准备，实现对储存物资有效的管理。

## 6. 客户服务

应用电子商务系统，核心企业的客户通过互联网可以方便地联络有关服务问题，通知并要求解决所发生的任何服务问题，而核心企业则通过互联网接受客户投诉，向客户提供技术服务，互发紧急通知。

## 7. 支付管理

通过电子商务系统，与网上银行紧密相连，并用电子支付方式替代原来的支票支付方式，用信用卡方式替代原来的现金支付方式，这样既可以降低结算费用，又可以加速货款回笼，提高资金使用效率。

查阅资料并阅读《京东的电商供应链流程》，熟悉京东自营物流的流程和第三方物流的流程，结合材料回答以下2个问题。

（1）京东的物流服务以快速著称，其快速背后的原因有哪些？

（2）京东为什么增加第三方物流服务？

## 【思政小课堂】

### 京东物流欲打造第二增长曲线

2020年10月22日上午，在由京东物流主办的"2020全球智能物流峰会"上，克兰菲尔德大学市场营销与物流系荣誉教授马丁·克里斯托弗借用了一个军事术语来描述这一新的商业世界格局：VUCA。其中V代表波动性，U代表不确定性，C代表复杂性，A代表模糊性。马丁认为："现在的供应链比原先复杂得多，这也为管理供应链带来了全新的维度，如果跟不上时代的步伐，做不到与时俱进，就会被这个社会淘汰。"

在全球产业链和供应链格局遭遇极大挑战之下，京东物流利用10余年积累的基础设施、供应链和技术能力，负责筹建起了全国应急资源管理平台。在会上，王振辉正式对外发布了京东物流科技品牌，并称京东物流科技已经成为继一体化供应链之后京东物流的第二增长曲线。

（资料来源：《中国经营报》。）

思考：京东物流如何通过技术和创新担当社会责任？

启发：回馈社会是一个企业的责任和义务。承担社会责任是企业的分内之事。京东物流通过科技提升行业水平，从发展视角打造供应链物流科技产品和解决方案，体现了大企业的行业价值引领。

### 一、名词解释

物流　回收物流　第三方物流　电子商务仓储　电子商务供应链

## 二、选择题

1. 物流的基本功能不包括（　　）。
   A．仓储　　　　　　B．增值服务　　　　C．运输　　　　　　D．配送
2. （　　）解决了供和需在空间上的矛盾问题创造了空间效用。
   A．仓储　　　　　　B．包装　　　　　　C．运输　　　　　　D．配送
3. （　　）指对企业产生的无用物进行运输、装卸、处理等的物流活动。
   A．供应物流　　　　B．生产物流　　　　C．销售物流　　　　D．废弃物物流
4. （　　）是从环境保护的角度出发，将其妥善处理，以免造成环境污染。
   A．生产物流　　　　B．回收物流　　　　C．废弃物物流　　　D．国家物流
3. 物流按作用的不同，可分为生产物流、供应物流、销售物流和（　　）等。
   A．回收与废弃物物流　　　　　　　　　B．行业物流
   C．地区物流　　　　　　　　　　　　　D．社会物流
4. 自动搬运车属于（　　）工具。
   A．生产　　　　　　B．运输　　　　　　C．仓储　　　　　　D．搬运
5. （　　）是物流自动化、信息化的一种高层次应用。
   A．智能化　　　　　B．柔性化　　　　　C．集成化　　　　　D．网络化
6. （　　）处于准备配送商品的阶段，是配送中心运转的基础环节。
   A．仓储　　　　　　B．运输　　　　　　C．分拣　　　　　　D．搬运
7. （　　）作业流程是采购作业流程的延续。
   A．采购　　　　　　B．仓储　　　　　　C．运输　　　　　　D．搬运
8. 按照物流活动的空间分类，物流可分为（　　）。
   A．地区物流　　　　B．国家物流　　　　C．国际物流　　　　D．供应物流
9. 按内部特性不同，电子商务的物流配送中心可以划分为（　　）。
   A．储存型　　　　　B．流通型　　　　　C．加工型　　　　　D．零售型
10. 以下对电子商务供应链的特点描述正确的是（　　）。
    A．通过核心企业来构建整个供应链网络　　B．能够及时、快速地响应客户服务
    C．各节点企业都是产权相互独立的主体　　D．是一个网络结构和模式

## 三、简答题

1. 从性质角度划分，物流可以分为哪几种类型？
2. 简要回答物流有哪些增值服务。
3. 电子商务环境下物流的实现模式有哪些？请分别对它们进行分析。
4. 简要回答电子商务供应链的含义。
5. 简要回答电子商务供应链的功能。

### 技能训练

查阅并观看视频《阿里巴巴自动化仓库系统》，回答阿里巴巴是如何运用自动化仓库系统提高其物流运转效率的。

# 项目十二
# 客户关系管理

1999年,客户关系管理(Customer Relationship Management, CRM)由高德纳咨询公司提出。随着电子商务的迅速发展,客户关系管理也越来越受到企业的重视。客户关系管理的核心是"以客户为中心",可以帮助企业提高效率和收益。

## 任务一　客户关系管理认知

### 任务描述

沃尔玛有个著名的"啤酒与尿布"的数据挖掘案例。沃尔玛超市在对顾客的购买清单信息进行分析后发现：啤酒和尿布经常同时出现在顾客的购买清单上。然而，在超市货架上，这两种商品离得很远，因此，沃尔玛超市决定重新分布货架，即把啤酒和尿布摆近，使购买尿布的奶爸们容易看到啤酒，最终使啤酒的销量显著增长。

随着互联网迅猛发展，市场不断成熟，市场形态已经明显转为买方市场，企业之间的竞争更加激烈，产品和服务的差异越来越小，以生产为中心、以销售为目的的市场战略逐渐被以客户为中心的战略所取代。谁能掌握客户的需求、加强与客户的关系、有效挖掘和管理客户资源，谁就能获得市场优势，在激烈的竞争中立于不败之地。以客户为中心的客户关系管理成为电子商务时代企业制胜的关键。

### 学习目标

1. 掌握客户关系管理的概念和内涵
2. 了解客户关系管理解决的主要问题
3. 能够运用客户关系管理的理念解决企业管理问题

### 任务准备

**引导问题1**：淘宝在创立初期，为躲避强大竞争对手eBay的围追堵截，创新性地提出淘宝文化。通过网络查阅相关资料，总结淘宝文化是如何对客户进行关怀的。

**引导问题2**：雷军创立小米之初，对客户进行精细化管理，通过粉丝效应取得市场的认可和影响力。通过网络查阅相关资料，总结小米的粉丝文化是如何对客户进行关怀的。

**引导问题3**：Wish是一款移动端的跨境电商零售App，相比于其前辈亚马逊定位于中高端市场，Wish选择差异化定位。通过网络查阅相关资料，总结Wish在市场定位和企业文化中是如何实施客户关系管理的。

### 任务实施

### 一、客户关系管理的含义

客户关系管理的概念最早产生于美国，最初由高德纳咨询公司提出，当时被称为"接触管理"（Contact Management）。20世纪90年代以后，伴随着互联网和电子商务的发展，客户关系管理得到了迅速发展。高德纳咨询公司结合新经济的需求和新技术的发展，于1999年提出了现代企业客户关系管理的新概念。不同的学者或商业机构对客户关系管理的概念都有不同的看法。

客户关系管理是指企业为提高核心竞争力，以客户为中心，利用相应的信息技术以及互联网技术协调企业与顾客间在销售、营销和服务上的交互，从而提升管理方式，向客户提供创新、个性化的客户交互和服务的过程，是改进客户服务水平、提高客户满意度与忠诚度，进而提高企业盈利能力的一种管理理念。其最终目标是吸引新客户、保留老客户，以及将已有客户转为忠实客户，增加市场占有率。客户关系管理的核心思想是：客户是企业的一项重要资产，客户关怀是客户关系管理的核心。

### 1. 客户关系管理是一种管理理念

客户关系管理体现为新型企业管理的指导思想和管理理念，是以客户为中心，将客户视为最重要的企业资产（客户资产），构建一个信息畅通、行动协调反应灵活的客户沟通系统。企业通过与客户交流来掌握其个性化需求，并在此基础上为其提供个性化的产品和服务，不断提高企业带给客户的价值，实现企业和客户双赢的客户关系管理。它不是千方百计地从客户身上为企业谋利益。

客户关系管理是管理有价值客户及其关系的一种商业策略。它吸收了数据库营销、关系营销和复合营销等最新管理思想的精华，通过满足客户的个性化需求，特别是满足最有价值客户的个性化需求，与其建立和保持长期、稳定的关系，使企业在同客户的长期交往中获得更多利润。

### 2. 客户关系管理是一种管理系统和技术

客户关系管理是企业管理中信息技术、软硬件系统集成的管理方法和应用解决方案的综合。客户关系管理作为一种先进的管理模式，要取得成功，必须有强大的技术和工具支持，客户关系管理系统是实施客户关系管理必不可少的支持平台。客户关系管理系统基于网络、通信、计算机等信息技术，能实现企业前台、后台不同职能部门的无缝连接，能够协助管理者更好地完成企业的客户管理。

### 3. 客户关系管理是一种创新的企业管理模式和运营机制

客户关系管理的目的是使企业根据客户特征进行分类管理，强化使客户满意的行为，加强企业与客户、供应商之间的连接，从而优化企业的盈利能力，提高利润并改善客户的满意度。

客户关系管理的核心思想是：客户是企业的一项重要资产，客户关怀是客户关系管理的中心，客户关怀的目的是与所选客户建立长期、有效的业务关系，在与客户的每一个"接触点"上都更加接近客户、了解客户，最大限度地增加利润。

客户关系管理的核心是客户价值管理，它将客户价值分为既成价值、潜在价值和模型价值，通过一对一营销原则，满足不同价值客户的个性化需求，提高客户忠诚度和保有率，实现客户价值持续贡献，从而全面提升企业盈利能力。

尽管客户关系管理最初的定义为企业商务战略，但随着IT的参与，客户关系管理已经成为管理软件、企业管理信息解决方案的一种类型。因此，另一家著名咨询公司盖洛普（Gallup）将其定义为：策略+管理+IT。强调了IT在客户关系管理战略中的地位，同时，也从另一个方面强调其应用不仅仅是IT系统的应用，还和企业战略和管理实践密不可分。

## 二、客户关系管理解决的主要问题

随着工业经济社会向知识经济社会的过渡,经济全球化和服务一体化成为时代的潮流。客户对产品和服务满意与否,成为企业发展的决定性因素。通过客户关系管理,企业可以不断完善客户服务,提高客户满意度,从而留住更多客户,吸引新的客户,增加利润。

### 1. 完善客户服务

客户关系管理的核心理念是以客户为中心,通过改进客户服务水平,提高企业核心竞争力。市场是由需求构成的,满足客户需求是企业生存的本质,客户需求的满足状态制约着企业的获利水平。

售后服务做得好的公司,其市场销售水平会处于上升趋势;反之,那些不注重售后服务的公司,其市场销售水平会处于下降趋势。客户服务正由售后客户关怀变为使客户从购买前、购买中到购买后全过程中获得良好体验。购买前向客户提供产品信息和服务建议,购买期间向客户提供企业产品质量符合的有关标准,并照顾到客户与企业接触时的体验,购买后则集中高效跟进和完成产品的维护和修理。这种售前的沟通、售后的跟进和提供有效的客户关怀,可使客户满意度提升。

### 2. 提高客户满意度

客户关系管理中,对客户全面关怀的最终目的是,提高客户满意度。客户关怀能够很好地促进企业和客户之间的交流,协调客户服务资源,对客户做出最及时的反应。对客户资源进行管理和挖掘,不仅有助于现有产品的销售,还能够满足客户的特定需求,真正做到"以客户为中心",从而维持客户的忠诚度。

### 3. 挖掘关键客户

根据80/20定律,挖掘企业最有价值的客户,利用企业有限的资源和能力服务最有价值的客户是客户关系管理的主要目标之一。高德纳咨询公司认为,客户关系管理就是通过对客户详细资料进行深入分析,提高客户满意度,从而提高企业竞争力的手段。

**拓展练习**

你知道客户关系管理实施成功的关键因素是什么吗?客户关系管理在实施中需要注意哪些事项?

【思政小课堂】

### 我国立法应对"大数据杀熟"

2021年8月13日,据中新网报道,《中华人民共和国个人信息保护法(草案)》(三次审议稿)即将提请十三届全国人大常委会审议。全国人大常委会法工委发言人介绍了三审稿拟作修改的情况。主要包括:

一是，我国宪法规定，国家尊重和保障人权，公民的人格尊严不受侵犯，公民的通信自由和通信秘密受法律保护。制定实施本法对于保障公民的人格尊严和其他权益具有重要意义。据此，拟在草案第一条中增加规定"根据宪法"制定本法。

二是，进一步完善个人信息处理规则，特别是对应用程序过度收集个人信息、"大数据杀熟"等做出有针对性规范。

三是，将不满十四周岁未成年人的个人信息作为敏感个人信息，并要求个人信息处理者对此制定专门的个人信息处理规则。

四是，完善个人信息跨境提供的规则，对按照我国缔结或者参加的国际条约、协定向境外提供个人信息、对转移到境外的个人信息的保护不应低于我国的保护标准等做出规定。

五是，增加个人信息可携带权的规定，完善死者个人信息保护的规定。

六是，对完善个人信息保护投诉、举报工作机制及违法处理个人信息涉嫌犯罪案件的移送提出明确要求。

《中华人民共和国个人信息保护法》已于2021年11月1日起施行。

（资料来源：财经网。）

启发：用法律武器捍卫自己的信息安全权益。

## 任务二　电子商务客户关系管理

### 任务描述

电子商务客户关系管理不同于传统的客户关系管理，它主要借助网络环境下信息获取和交流的便利，对客户信息进行收集和整理。它充分利用数据仓库和数据挖掘等先进的智能化信息处理技术，将大量客户资料加工成有用的信息，以信息技术和网络技术为平台开展客户服务管理，从而提高客户满意度和忠诚度。电子商务客户关系管理是一个系统工程，既要以客户关系管理理论为指导，又要以现代信息技术做支撑，还要结合电子商务新环境的特征。

### 学习目标

1. 掌握电子商务客户关系管理的内容与企业应用
2. 能够分析企业客户关系管理的应用情况，能为企业的客户关系管理提出合理化建议

### 任务准备

引导问题1：通过网络查阅资料，了解京东、唯品会和淘宝三大平台的客户满意度情况，并举例说明。

引导问题2：以上三大平台，你对哪个平台满意度最高？原因是什么，举例说明。

引导问题3：顾客满意度高是否意味着顾客忠诚度也高？具体分析顾客满意度和顾客忠诚度的关系。

**引导问题 4**：如何维持顾客忠诚度？站在消费者角度为三个平台提出合理化建议。

### 任务实施

电子商务客户关系管理（见图 12-1），主要包括：电子商务客户信息管理、电子商务客户满意管理、电子商务客户忠诚管理和电子商务客户服务管理。电子商务客户信息管理是客户关系管理各部分运作的基础，电子商务客户满意管理与电子商务客户忠诚管理是客户关系管理的目标和核心，电子商务客户服务管理是客户关系管理的关键内容。

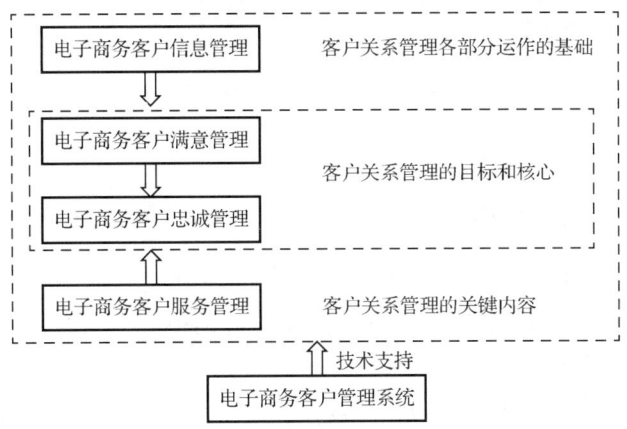

图 12-1　电子商务客户关系管理

## 一、电子商务客户满意管理

菲利普·科特勒认为，客户满意（Customer Satisfaction，CS）是指客户将一种产品或服务的可感知效果和其期望值相比较后，形成的愉悦或失望的感觉状态。当产品或服务的实际感知效果达到消费者的预期时，会使消费者满意，否则会使消费者不满意。

（1）如果客户感知效果大于客户期望值，则客户高度满意，可能会重复购买。

（2）如果客户感知效果小于客户期望值，则客户不满意，可能会产生抱怨或投诉。

（3）如果客户感知效果近似于客户期望值，则客户基本满意或一般满意，可能会持观望态度。

客户的不满通常与核心产品、服务、支持系统及表现关联度小，而企业与客户的互动及客户的感受通常起决定性作用。

电子商务环境下，客户满意度管理的内容、衡量指标、方法都发生了变化和革新。电子商务环境下，企业不仅要注重传统的客户满意度管理办法，还需要结合网络环境的方便、快捷优势，合理把握客户期望，提高客户感知效果，以达到维持和提升客户满意度的目标。

## 二、电子商务客户忠诚管理

客户忠诚是指由于质量、价格、服务等诸多因素的影响，使顾客对某一企业的产品或服务产生感情，形成偏爱并长期重复购买该企业产品或服务的程度，主要表现在：一是态度取向，代表了顾客对企业产品积极取向的程度，也反映了顾客将产品推荐给他人的意愿；二是行为重复，指消费者在实际购买行为上能持续购买某一企业产品的可能性，用顾客购买产品的比例、购买的顺序及购买的可能性等指标来衡量。

客户忠诚是指客户长期与某企业合作，使用该企业的产品。客户忠诚是需要维护和强化的。电子商务的发展提供了多种与客户沟通的技术，电商企业可以通过工具和客户进行有效、充分的沟通，及时挖掘其潜在需求，使其不断感到满意，从而对企业忠诚。

一般认为客户忠诚是由客户满意驱动的，客户满意是客户价值理论的重要组成部分。只有不断提高客户满意度，才能达到客户忠诚的目的，形成客户价值（见图12-2）。

图 12-2　客户价值驱动模型

## 三、电子商务客户服务管理

### 1. 基于客户价值的客户细分

客户细分是指在明确的战略业务模式和特定市场中，依据客户价值、需求和偏好等因素对其进行分类，并提供针对性产品、服务和营销模式。客户细分过程就是对客户需求进行重新认识的过程。

根据客户对企业价值贡献的大小，企业的客户可分为 VIP 客户、主要客户、普通客户和小客户 4 种类型，其中主要客户的数量仅占 4%，但是其重要程度仅次于 VIP 客户（见图 12-3）。

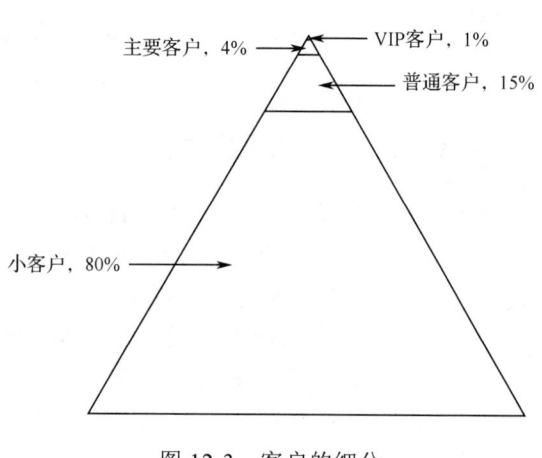

图 12-3　客户的细分

通过对客户进行细分，企业会发现，重要客户的需求与普通客户的需求侧重点是完全不同的。普通客户可以接受标准化服务，而对于主要客户和 VIP 客户，他们则需要个性化服务。对 VIP 客户提供的服务，要注重细节，以满足 VIP 客户的需求。不同的客户为企业提供不同价值。企业的资源和能力是有限的，客户细分可帮助企业找到最有价值的客户，有助于企业提高利润。

### 2. 电子商务客户服务管理的内容

电子商务环境下的客户服务管理是在传统客户服务管理的基础上，以信息技术和网络技术为平台开展的客户服务管理，是一种新兴的客户服务管理理念与模式。电子商务客户服务管理（见图 12-4）包括售前客户服务、售中客户服务、售后客户服务和投诉处理等。

（1）售前客户服务策略。

售前阶段是商品信息发布和客户进行查询的阶段。在此阶段，客户服务应主要做好以下工作：

① 提供商品的搜索和比较服务。每一个网店中都有许多商品，为了方便客户选择，网店应提供搜索服务。同时，网店还应提供对比功能和有关商品的详细信息，以方便客户比较商品，做出购买决策。

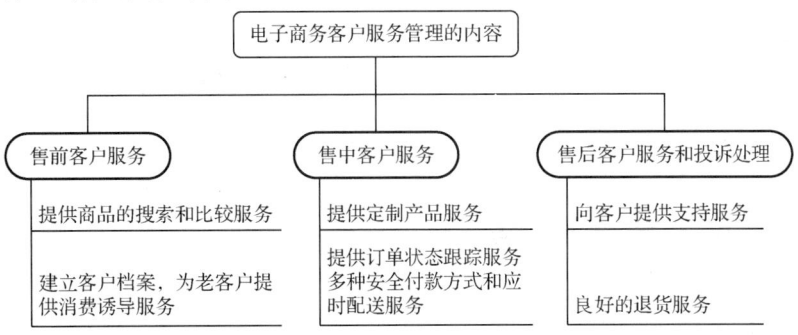

图 12-4　电子商务客户服务管理的内容

② 建立客户档案，为老客户提供消费诱导服务。客户在网站注册时会填写自己的基本资料，这时网站应把客户资料保存在档案库中。当客户再次光顾时也要把其浏览或购买的信息存入档案库。以此为依据，有针对性地开发或刺激其潜在需求。

（2）售中客户服务策略。

① 提供定制产品服务。根据客户的个性化需求，及时生产产品或提供服务。这样不仅可以提高客户满意度，还可以及时了解客户需求。

② 提供订单状态跟踪服务、多种安全付款方式和应时配送服务。客户下单后，电商企业应提供订单状态跟踪服务，现在大部分企业都有这种服务。为了满足客户的多种需求，企业要提供灵活多样的付款方式，以方便客户选择。客户完成在线购物后，商务活动并未结束，此时客户最关心的问题是所购商品能否准时到货，企业应及时配送。

（3）售后客户服务和投诉处理策略。

售后服务是非常重要的客户服务环节，越来越多的企业开始重视售后的延续性服务。只有到售后服务环节，客户才成为企业真正意义上的客户。售后服务开展得好，才能保持、维系客户，培养客户忠诚。

① 向客户提供持续的支持服务。企业可以通过在线技术交流、常见问题解答（FAQ）及在线续订等服务，帮助客户在购买后更好地使用产品或服务。

② 良好的退货服务。大多数电商企业都提供了良好的退货服务，以增强客户在线购买的信心。

**拓展练习**

你知道 CRM 结构模型吗？查阅资料并分享给大家。

**【思政小课堂】**

对电子商务的客户关系管理（CRM）理解的误区主要表现在以下 10 个方面：①营销就是 CRM；②客户模型就是 CRM；③微信就是 CRM；④邮件（短信）就是 CRM；⑤销售管理就是 CRM；⑥开拓新客户不能用 CRM；⑦电商不适合传统 CRM；⑧用 CRM 一定赚钱，是直通车一样的神器；⑨CRM 是 CRM 专员的事情；⑩CRM 一定要有系统落地。

产生以上理解误区,原因有 2 个:一是先入为主的感性理解,二是快餐式阅读的思维。感性理解会让"狭隘 CRM"概念挥之不去,快餐式阅读使读者强迫自己快速获取自认为"有用"的东西,这本质上是一种思维失调。

(资料来源:从前是产品经理。)

启发:CRM 是一种客户导向的运营战略,不是一个软件系统,也不是某些运营管理的奇技。要想使运营通过最大化照顾好客户而获得收益,就必须沉得住气,扎实修炼内功,不断地学习思考,并在不断试错中实践积累,才能提升客户满意和客户忠诚。

## 任务三 客户关系管理系统

### 任务描述

客户关系管理的实现应从两个层面考虑:一是树立管理理念,二是为新的管理模式提供信息技术的支持。客户关系管理系统是以最新的信息技术为手段,充分利用数据仓库和数据挖掘等先进的智能化信息处理技术,将大量客户资料加工成有用的信息,运用先进的管理思想,通过业务流程与组织的深度变革,帮助企业最终实现以客户为中心管理模式的管理系统。通过对客户关系管理系统、呼叫中心、数据挖掘技术等客户关系管理系统关键技术的学习,能在实际中合理利用客户关系管理系统,为企业解决客户管理问题。

### 学习目标

1. 了解客户关系管理系统的组成
2. 熟悉客户关系管理的关键技术
3. 能够使用客户关系管理系统为企业解决管理问题

### 任务准备

**引导问题 1**:沃尔玛作为全球知名的传统零售商,具有创新精神,充分利用现代信息技术赋予企业新活力,查阅网上资料,了解沃尔玛的客户关系管理系统,并举例。

**引导问题 2**:观看纪录片《商战之电商风云》第二集《用户之争》,谈谈观后感。

**引导问题 3**:结合实际体验,谈谈印象深刻的客户关系管理案例。

### 任务实施

#### 一、初识客户关系管理系统

客户关系管理系统,是指利用软件、硬件和网络技术,为企业建立一个客户信息收集、管理、分析和利用的信息系统。它以客户数据的管理为核心,记录企业在市场营销和销售过程中和客户发生的各种交互行为,以及各类有关活动的状态,提供各类数据模型,为后期的分析和决策提供支持。目前比较典型的客户关系管理系统品牌有神州云动 CloudCC、筋斗云 SCRM 系统等。

## 1. 客户关系管理系统的分类

根据客户关系管理系统功能和运行方式的不同，美国的调研机构 Meta Group 把客户关系管理系统分为操作型、协作型和分析型三种（见图 12-5）。

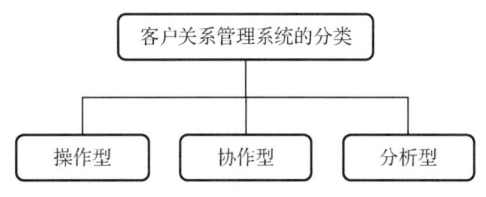

图 12-5　客户关系管理系统的分类

（1）操作型客户关系管理系统。操作型客户关系管理系统主要通过业务流程的定制实施，让企业员工在销售、营销和提供服务时，得以用最佳方法提高效率。如销售自动化、营销自动化、客户服务支持，以及移动销售与现场服务软件工具，都属于操作型客户关系管理系统。操作型客户关系管理系统主要适合第一次使用客户关系管理系统的企业。

（2）协作型客户关系管理系统。协作型客户关系管理系统是一套主要通过提高客户服务请求的响应速度来提升客户满意度的管理系统。客户除了通过传统的信件、电话、传真或直接登门造访等形式与企业接触，还可通过电子邮件、呼叫中心等新的信息手段来达到与客户进行信息交流和商品交易的目的。

（3）分析型客户关系管理系统。分析型客户关系管理系统通过企业资源计划、供应链管理等系统，以及操作型客户关系管理系统、协作型客户关系管理系统等不同渠道收集的各种客户资料，用报表系统地分析找出规律，帮助企业全面了解客户分类、行为、满意度、需求和购买趋势等，为决策提供客观的数据支持。企业可利用上述资料制定正确的经营管理策略。分析型客户关系管理系统就是根据对客户信息的分析，帮助企业"做正确的事，做该做的事"，其特点是智能化，适合管理者或领导使用。

## 2. 客户关系管理系统的主要模块

客户关系管理系统的主要模块（见图 12-6）包括营销自动化、销售自动化、客户服务自动化、商业智能。

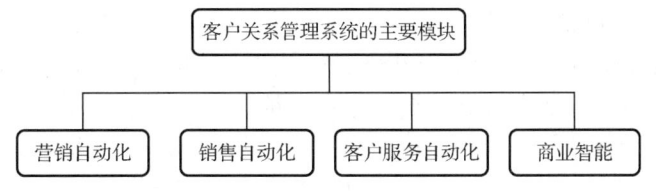

图 12-6　客户关系管理系统的主要模块

（1）营销自动化。

客户关系管理系统能够帮助企业有效收集来自各个营销渠道的客户信息，包括通过搜索引擎推广、网站、短信、微信、呼叫中心等多种方式获取的潜在客户信息，以及举办市场活动、会展等线下收集的客户信息，存储在客户关系管理系统中。该系统可自动化跟进市场活动，获知活动效果，帮助企业有效规划并改善市场活动流程，优化潜在客户开发过程及提高转化率。

（2）销售自动化。

客户关系管理系统的销售自动化功能可以把企业的所有销售环节有机结合起来，在不同的销售部门之间、销售部门与市场之间、销售部门与服务部门之间建立起以客户为中心的、顺畅的工作流程。销售人员可利用客户关系管理系统，对销售过程中的客户行为、潜在客户发展过程等售前售后的工作进行全方位自动化管理。客户关系管理系统能缩短销售周期，降低成本，提高销售成功率。

(3) 客户服务自动化。

客户关系管理系统能够帮助企业实现标准化的服务流程，帮助客服人员更精准地捕捉和跟踪客户问题，提高客户服务的效率与能力，提升客户满意度，服务好老客户，延长客户生命周期，从客户反馈中挖掘潜在的销售机会，让客户为企业贡献更多价值。

(4) 商业智能。

商业智能（Business Intelligence，BI）又称商业智慧，是针对企业业务流程和管理过程中产生的大量数据，如订单、库存、交易账目以及客户资料等，通过数据挖掘将企业中现有的数据转化为有用信息，企业管理者利用这些数据来增进对业务情况的了解，并支持其在业务管理及发展上及时做出正确判断。商业智能为了将数据转化为有用的信息，需要用到数据仓库、联机分析处理（Online Analytical Processing，OLAP）工具和数据挖掘等技术。客户关系管理系统可以共享客户资源，为企业搭建一个完善的客户资源数据库共享平台。

## 二、客户关系管理系统的关键技术

### 1. 呼叫中心技术

呼叫中心又叫客户服务中心，是一种基于计算机电话集成技术，充分利用通信网和计算机网的多功能集成，与企业连为一体的综合信息服务系统。呼叫中心利用现有的各种先进通信手段，有效地为客户提供高质量、高效率、全方位的服务。

现代呼叫中心是指基于 Web 技术的呼叫中心，是将传统呼叫中心的功能拓展到互联网上，同时应用数据挖掘、知识管理技术与客户关系管理系统，通过对存储在客户关系管理系统中的客户数据进行分析，迅速识别出客户，为客户提供一对一的个性化服务。现代呼叫中心包括人工话务处理、自动语音处理、计算机同步处理、统计查询、知识库支持、互联网操作、录音、分析统计、定时自动呼叫服务等功能模块。

呼叫中心作为客户与企业沟通的统一平台，向客户提供全方位、全天候的服务，在企业的营销战略中处于越来越重要的地位。其作用（见图12-7）主要体现在以下4个方面。

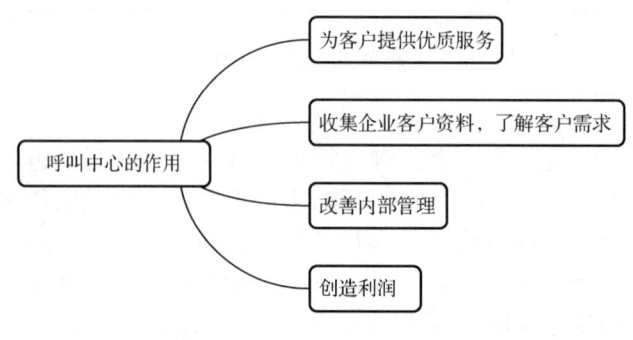

图 12-7　呼叫中心的作用

（1）为客户提供优质服务。呼叫中心向客户提供了一个交互式、专业化、集成式的服务窗口，不但能缩短客户请求的响应时间，而且由于信息技术的应用，特别是在后台数据库系统的支持下，大大提高了服务质量。企业可依靠优质的售前、售中和售后服务吸引和留住客户，最终取得竞争优势，而呼叫中心正是企业提升服务水平的有力手段。

（2）收集企业客户资料，了解客户需求。呼叫中心是一个接收客户投诉及意见的窗口，是获取客户信息的重要渠道。它可以将客户的投诉内容、对企业的意见或建议、对企业业务及产品的咨询内容记载下来，企业相应部门及相应业务人员据此可以了解客户需求和市场需求。

（3）改善内部管理。呼叫中心不但可以接收客户对企业产品和服务的意见和建议，而且还可以获取他们对企业各部门的看法。根据客户意见企业可以改善内部管理体制，减少层次，优化服务结构，提高工作效率。

（4）创造利润。呼叫中心提供的服务可以增加企业销量，使企业的客户数量和营业收入不断增加，形成良性循环。呼叫中心可以间接地为企业创造丰厚的利润。

### 2. 数据挖掘技术

企业不但要关注客户的静态数据和动态数据，更要关注对整个市场的统计分析（市场占有率、月销售额、单笔平均购买量、市场需求量、消费群体数量预期等），数据挖掘能够自动化地分析这些数据，做出归纳性推理，从中挖掘出客户潜在需求，帮助决策者调整市场策略，做出正确的决策。客户关系管理是数据挖掘技术的重要应用领域，数据挖掘是客户关系管理系统中的核心技术。有了数据挖掘技术的支持，才使客户关系管理具有越来越广泛的研究价值和市场价值。

（1）数据挖掘的定义。

数据挖掘（Data Mining，DM）是指从大量的、不完全的、有噪声的、模糊的、随机的实际应用数据中，提取隐含在其中的、人们事先不知道的但又是潜在有用的信息和知识的过程。它是通过分析数据，发现数据内部信息和知识的过程，又称数据库中的知识发现（Knowledge Discovery in Database，KDD）。

（2）数据挖掘的目的。

互联网的全球信息系统发展拥有前所未有的丰富数据。大量信息在给人们带来方便的同时也带来了一堆问题：一是信息过量难以消化；二是信息真假难以辨识；三是信息安全难以保证；四是信息形式不一致，难以统一处理。数据丰富、知识贫乏已经成为典型问题。数据挖掘的目的就是通过各种模型和算法有效地从海量数据中提取各种有价值或规律的信息，实现"数据—信息—知识—价值"的转变过程。

数据挖掘技术应用在客户关系管理中，能够把原始的客户资料转变为商机，实现对现有客户的管理和对潜在客户的挖掘。有了数据挖掘技术的支持，客户关系管理的理念才能得以真正运用。

（3）数据挖掘在客户关系管理中的应用。

客户关系管理要求对大量的客户数据进行分析和管理，数据挖掘技术提供了分析工具，客户关系管理中各方面都会用到数据挖掘技术。因此，数据挖掘技术的正确运用对客户关系管理系统功能的全面实现具有重要意义。

① 数据挖掘在客户细分中的应用。对客户进行细分有利于针对不同类型的客户进

行客户分析,分别制定客户服务策略。客户细分就是把客户根据性别、收入、交易行为等属性细分为具有不同需求和交易习惯的群体。

客户细分可以采用分类方法,也可以采用聚类方法。分类方法可以将客户分为高价值和低价值的客户,然后确定对分类有影响的因素,再将拥有相关属性的客户数据提取出来,选择合适的算法对数据进行处理,得到分类规则。聚类方法是之前并不知道客户可以分为几类,将数据聚类后,再对结果数据进行分析,归纳出这些数据的相似性和共性。

② 数据挖掘在客户识别中的应用。识别客户是企业发现潜在客户、获取新客户的过程,企业应采取必要手段获取潜在客户信息。得到相关信息后,企业应通过实验,观察潜在客户对企业产品或某个营销活动的反应,根据客户的反馈结果建立"客户反应"预测模型,利用数据挖掘技术找出对产品最感兴趣的客户群。数据挖掘结果会显示潜在客户的名单,同时企业还可根据潜在客户的信息分析出哪种类型的人最有可能成为现实客户。数据挖掘技术中的关联分析、聚类和分类功能可以很好地完成这种分析。

③ 数据挖掘在客户忠诚度分析中的应用。

数据挖掘在客户忠诚度分析中主要是对客户的持久性、牢固性和稳定性进行分析,这三个指标综合起来可以反映客户的忠诚度。第一,客户持久性反映的是客户在企业连续消费的时间;第二,客户牢固性反映的是客户受各种因素(如价格、广告宣传等)的影响程度,牢固性高的客户受各种因素的影响较小,会始终购买同一企业的商品或服务;第三,客户稳定性是客户消费周期和频率的表现,每隔一段时间就购买该企业产品的客户被认为是稳定的,而那些偶尔购买、购买时间随机的客户被认为是不稳定的。

### 拓展练习

客户关系管理系统的核心是客户数据管理,根据数据的形式和来源不同,企业关注的客户数据通常可分为三类。请扫描二维码了解三类客户数据的具体介绍。

客户数据的类型

思考:在客户关系管理实施的过程中,如何对客户数据进行合理管理才能在不泄露客户隐私的前提下为客户提供更好的服务?

### 【思政小课堂】

#### 康策医疗客户关系管理系统

随着"互联网+医疗健康"的快速发展,越来越多的行业都在转变经营观念,"以客户为中心,以服务为核心"的理念已经在国内各个行业广泛传播应用。优秀的医疗机构也纷纷通过建立自己的客户服务管理系统来拉近与客户的关系,医院开始重视客户资源,通过部署医院客户关系管理系统来提升自身对客户需求的理解和加强与客户的联系,更好地满足客户的需求,借此来确立和提升企业经营中的竞争优势。医疗机构应"重服务,重信任"建立以医院服务为导向的客户关系管理,通过调动一切信息及渠道资源,高效利用信息数据,促进医疗机构规范管理,精准运营,有效帮助医疗机构提升管理水平、服务能力及实现数字化转型。

康策医疗客户关系管理系统(Hospital Customer Relationship Management,HCRM)根据"客户关系管理"的概念,"以客户为中心"的核心理念,通过信息技术、网络应用和呼叫中心技术为患者与健康需要者提供从院前、院中、院后的全程式医疗健康服务，使医院内各相关机构及人员与客户进行良好的沟通，并能根据所掌握的信息进行客户关系评价。

HCRM 平台包括健康档案管理、会员管理、医生服务、诊后随访、客户跟踪服务信息管理、咨询管理、预约挂号管理、患者投诉管理、短信平台、知识库、通话记录管理、健康关怀及统计分析和决策支持等功能。通过构建 CRM 系统，医院可为每位来院就诊的患者建立健康档案，全面记录并查询其诊疗信息。医生可快速、准确地了解患者既往史、家族史等信息，结合现病史进行综合分析，进而为其制定更精准的个性化诊疗健康方案。该平台帮助医疗卫生系统扩大有医疗需求的客户数量，建立新型的以价值为基础的保健传送模型并以此来加强患者和医院之间的连接，同时降低医疗保健的整体成本，为用户提供更好的就医体验。

（资料来源：上海康策软件有限公司。）

思考：康策医疗客户关系管理系统是如何实现智慧医疗和医院客户管理价值的？

启发：管理信息系统是为了提高内部工作效率的同时更好地服务外部用户，是为了维系良好的长期的客户关系而开发的。先进的技术是一把"利器"，其最终的目的是为了"善其事"。

## 知识巩固

### 一、名词解释

客户关系管理　数据库营销　关系营销　客户满意　客户忠诚　数据挖掘

### 二、单项选择题

1. 客户关系管理以（　　）为中心。
A．客户　　　　　B．关系　　　　　C．服务　　　　　D．管理

2. 客户关系管理的终极目标是（　　）的最大化。
A．客户资源　　　B．客户资产　　　C．客户终身价值　D．客户关系

3. 客户满意中，超出期望的表达式是（　　）。
A．感知服务效果>预期服务　　　　　B．感知服务效果<预期服务
C．感知服务效果=预期服务

4. 客户投诉的最根本原因是（　　）。
A．客户预期的期望被满足　　　　　　B．客户预期的期望没有得到满足
C．产品质量不好　　　　　　　　　　D．后续服务不好

5. 著名的 80/20 定律是指（　　）。
A．企业 80%的销售额来自 20%的老客户
B．企业有 80%的新客户和 20%的老客户
C．企业 80%的员工为 20%的老客户服务
D．企业 80%的利润来自 20%的老客户

6. 在竞争更激烈的行业中，客户满意与客户忠诚的相关性（　　）。
A．较大　　　　　B．较小　　　　　C．无关

7．客户忠诚是建立在（　　　）基础之上，因此提供高品质的产品和无可挑剔的客户服务，增加客户关怀是必不可少的。

　　A．客户的赢利率　　B．客户总成本　　C．客户满意　　D．客户价值

8．下列关于客户满意或客户忠诚的表述中，错误的是（　　　）。

　　A．客户满意是一种心理上的满足

　　B．客户忠诚是一种持续交易的行为

　　C．客户满意是客户关系管理的根本目的

　　D．客户忠诚是客户关系管理的根本目的

9．以下说法中，正确的是（　　　）。

　　A．争取新客户的成本低

　　B．保留老客户的成本低

　　C．争取新客户的成本与保留老客户的成本差不多

　　D．争取新客户和保留老客户的成本要根据实际情况来定

10．（　　　）不属于客户描述性数据。

　　A．降价销售　　　　　　　　　　B．行为爱好

　　C．客户家庭成员情况　　　　　　D．信用情况

### 三、判断题

1．客户关系管理的管理理念是视客户为企业最重要的资产。（　　　）

2．客户关系管理不仅是一种软件，而且是信息技术、软硬件系统集成的管理办法和应用方案的总和。（　　　）

3．大客户和小客户一样都需要关怀。提供标准化的服务也可以使大客户感到满意，不必实施个性化服务。（　　　）

4．操作型客户关系管理就是"做正确的事，做该做的事"，适合管理者或者领导使用。（　　　）

5．呼叫中心就是热线电话，只是投入，不会创造利润。（　　　）

### 四、简答题

1．什么是客户关系管理？其内涵是什么？它解决的主要问题有哪些？

2．电子商务客户关系管理包括哪几部分？

3．客户满意与客户忠诚是什么关系？

4．客户关系管理系统一般分为哪几类？各有什么特点？

5．数据挖掘应用在客户关系管理中的哪些方面？

## 技能训练

调查分析小米商城的客户关系管理应用情况，谈谈它是如何运用客户关系管理的理念和技术解决管理问题的。

# 参 考 文 献

[1] 白东蕊. 电子商务基础[M]. 2版. 北京：人民邮电出版社，2018.
[2] 曹磊. 互联网+：风口[M]. 北京：机械工业出版社，2015.
[3] 陈德人. 电子商务概论与案例分析（微课版）[M]. 北京：人民邮电出版社，2017.
[4] 陈科鹤. 电子商务实务教程[M]. 北京：清华大学出版社，2002.
[5] 戴建中. 电子商务概论[M]. 3版. 北京：清华大学出版社，2016.
[6] 邓丽明. 管理学基础[M]. 北京：高等教育出版社，2003.
[7] 丁晖. 跨境电商多平台运营[M]. 北京：电子工业出版社，2015.
[8] 范鹏. 新零售：吹响第四次零售革命的号角[M]. 北京：电子工业出版社，2018.
[9] 方美琪. 电子商务概论[M]. 2版. 北京：清华大学出版社，2002.
[10] 冯英健. 网络营销基础与实践[M]. 5版. 北京：清华大学出版社，2016.
[11] 格林斯坦，法因曼. 电子商务的安全与风险管理[M]. 北京：华夏出版社，2001.
[12] 洪涛. 高级电子商务教程[M]. 北京：经济管理出版社，2011.
[13] 姜红波. 电子商务概论[M]. 北京：清华大学出版社，2009.
[14] 蒋庆国，焦芳. 成长中的电子商务及其应用[M]. 北京：中国经济出版社，2001.
[15] 库佩. 网络营销学[M]. 上海：上海人民出版社，2002.
[16] 李华. 物联网下电子商务发展的关键问题探讨[J]. 中国商贸，2011（5）.
[17] 李琦. 电子商务概论[M]. 北京：高等教育出版社，2009.
[18] 联合国贸易与发展委员会. 全球电子商务发展研究报告[R]. 北京：人民邮电出版社，2002.
[19] 齐冬梅. 电子政务与管理创新[M]. 天津：天津人民出版社，2006.
[20] 齐佳音，万岩，尹涛. 客户关系管理[M]. 北京：北京邮电大学出版社，2009
[21] 屈燕，钮小萌. 电子商务理论与实务[M]. 2版. 北京：人民邮电出版社，2017.
[22] 宋文官，姜何，华迎. 网络营销[M]. 北京：清华大学出版社，2009.
[23] 宋文官. 电子商务概论[M]. 4版. 北京：清华大学出版社，2017.
[24] 宋文官. 电子商务实用教程[M]. 北京：高等教育出版社，2003.
[25] 陶树平. 电子商务[M]. 2版. 北京：机械工业出版社，2006.
[26] 陶长琪. 信息经济学[M]. 北京：经济科学出版社，2001.
[27] 万守付. 电子商务基础[M]. 4版. 北京：人民邮电出版社，2015.
[28] 汪楠，李佳洋. 电子商务客户关系管理[M]. 北京：中国铁道出版社，2011.
[29] 王伟军. 电子商务概论[M]. 武汉：华中师范大学出版社，2006.
[30] 王学东. 电子商务管理[M]. 北京：高等教育出版社，2001.
[31] 王易，蓝尧. 微信这么玩才赚钱[M]. 北京：机械工业出版社，2013.
[32] 王中元. 电子商务概论与实训教程[M]. 北京：机械工业出版社，2018.
[33] 杨坚争. 电子商务网站典型案例评析[M]. 3版. 西安：西安电子科技大学出版

社，2010.

[34] 杨路明，劳本信，陈文捷，等.客户关系管理[M].重庆：重庆大学出版社，2007.

[35] 姚春荣.电子商务概论[M].武汉：武汉大学出版社，2007.

[36] 岳云康.电子商务实训教程[M].大连：东北财经大学出版社，2008.

[37] 曾强.中国电子商务蓝皮书[M].北京：中国经济出版社，2001.

[38] 张铎，林自葵.电子商务与现代物流[M].北京：北京大学出版社，2002.

[39] 张宽海.电子商务概论[M].北京：电子工业出版社，2009.

[40] 赵守香.网络经济学[M].北京：中国物资出版社，2001.